始于一页，抵达世界

二〇〇〇年以来的西方

2003——2019

刘擎 著

当代世界出版社
THE CONTEMPORARY WORLD PRESS

图书在版编目（CIP）数据

二〇〇〇年以来的西方 / 刘擎著． -- 北京：当代世界出版社，2021.4（2021.4重印）
ISBN 978-7-5090-1013-6

Ⅰ. ①二… Ⅱ. ①刘… Ⅲ. ①思想史－西方国家－现代 Ⅳ. ①B5

中国版本图书馆CIP数据核字（2021）第019447号

| | |
|---|---|
| 书　　名 | 二〇〇〇年以来的西方 |
| 出版发行 | 当代世界出版社 |
| 地　　址 | 北京市东城区地安门东大街70-9号 |
| 网　　址 | http://www.worldpress.org.cn |
| 邮　　箱 | ddsjchubanshe@163.com |
| 编务电话 | （010）83907528 |
| 发行电话 | （010）64284815 |
| 经　　销 | 新华书店 |
| 印　　刷 | 北京华联印刷有限公司 |
| 开　　本 | 635毫米×965毫米　1/16 |
| 印　　张 | 28.5 |
| 字　　数 | 340千字 |
| 版　　次 | 2021年4月第1版 |
| 印　　次 | 2021年4月第2次 |
| 书　　号 | 978-7-5090-1013-6 |
| 定　　价 | 98.00元 |

如发现印装质量问题，请与承印厂联系调换。
版权所有，翻印必究；未经许可，不得转载！

# 目 录

我们如何想象世界（代序）.......... 1

[ 2019 年 ]

序言：近身的世界 .......... 16
脆弱的新共识：美国对华战略的分歧 .......... 21
美国：弹劾总统与政治分裂 .......... 33
欧洲：新的雄心与危险 .......... 41
面对全球气候紧急状态 .......... 49
优绩主义的陷阱及其教训 .......... 57
资本主义的未来 .......... 66
2019 年的获奖者与辞世者 .......... 77

[ 2018 年 ]

动荡世界中的思想迷宫 .......... 82
美国政治的战场 .......... 91
欧洲的艰难岁月 .......... 98

自由主义的死亡与重生 .......... 104
科学探索与政治正确的争论 .......... 109
通向常春藤大学的荆棘之路 .......... 115
思想暗网与文化左派的危机 .......... 121

[ 2017 年 ]

美国的特朗普元年 .......... 128
欧洲的"马克龙时刻" .......... 136
中国的影响力与所谓"锐实力" .......... 140
探究民主的危机 .......... 144
三种呼声：从布拉格、巴黎到波士顿 .......... 148
反性侵运动与女性主义辩论 .......... 151
思想工业与明星学者 .......... 157
人工智能的神话与现实 .......... 163

[ 2016 年 ]

裂变时刻的来临 .......... 168
特朗普与"沉默的大多数" .......... 170
全球化的断层线 .......... 173
全球化议程的再设定 .......... 177
文化认同的裂痕 .......... 179
身份政治与美国传统的界定 .......... 184
民粹主义的威胁 .......... 186

民主政治面临的考验 ......... 192
"自由秩序"的未来 ......... 193

[ 2015 年 ]

震惊之后：辨析恐怖主义的渊源 ......... 195
欧洲移民危机与捍卫西方价值的左右合流 ......... 200
奥巴马的政治遗产 ......... 204
中国经济与中国模式 ......... 207
知识分子的黄昏或黎明 ......... 209
有效利他主义运动的兴起 ......... 213
如何思考会思考的机器 ......... 216
阿伦特逝世四十周年 ......... 218

[ 2014 年 ]

冷战终结二十五年：思想激辩的开启 ......... 221
"历史终结论"的辩驳与重申 ......... 226
资本主义的警钟与丧钟 ......... 228
"中国世纪"的来临 ......... 231
美国退入孤立主义 ......... 232
"一战"百年：历史与警示 ......... 235
福柯逝世三十周年：令人意外的新发现 ......... 237
精英大学的神话与现实 ......... 241
《新共和》的剧变 ......... 243

[ 2013 年 ]

曼德拉未竟的理想 .......... 245

斯诺登风暴 .......... 247

民主的真相：在必胜与失败之间 .......... 251

重访《耶路撒冷的艾希曼》.......... 253

科学与人文的融合与冲突 .......... 255

新老左派的交锋：乔姆斯基对垒齐泽克 .......... 258

经济学家的争议：巴格沃蒂挑战森 .......... 261

[ 2012 年 ]

新利维坦：国家资本主义的崛起 .......... 263

美国衰落论的迷思 .......... 268

科学与人文的再次交战 .......... 272

欧洲危机的政治根源 .......... 277

马克思主义的再兴起 .......... 280

探索国家失败的新著引起反响 .......... 282

[ 2011 年 ]

第四波民主化？.......... 285

占领运动：另一种民主化浪潮 .......... 289

2011 年：觉醒的时刻与开放的未来 .......... 292

欧盟危机与哈贝马斯的方案 .......... 296

德里克·帕菲特的哲学巨著问世 .......... 297

明星学者尼尔·弗格森引发争议 .......... 299

[2010年]

维基解密：喧哗中的辩论 .......... 301

《经济学人》刊登中国特别报道 .......... 306

道德与理性：跨学科的对话 .......... 308

重新思考社会主义 .......... 310

《流浪者》引发文化争论 .......... 311

新视野下的罗尔斯研究 .......... 312

[2009年]

新资本主义还是新世界？.......... 314

备受瞩目的中国模式 .......... 316

达尔文进化论：在争议与误解中传播普及 .......... 320

"气候门"事件与怀疑派的声音 .......... 323

海德格尔与纳粹主义：旧问题与新争论 .......... 326

保守主义的衰落与思想多样性的危机 .......... 328

美国著名大学的开放课程 .......... 330

[2008年]

金融危机下的新"终结论" .......... 333

奥巴马的意义 .......... 335

自由市场与道德腐败 .......... 337

1968年激进运动：四十周年的纪念与反思 ……… 339

数字时代的文化愚昧 ……… 341

关于《犹大福音》的争论 ……… 343

[ 2007年 ]

欧盟五十年：纪念与沉思 ……… 345

宗教与政治：神学灵光的再现 ……… 346

委内瑞拉政局引发的讨论 ……… 348

"大屠杀工业"与学术自由 ……… 349

《齐泽克研究国际学刊》创刊 ……… 351

[ 2006年 ]

拉美政局与左翼思潮的复兴 ……… 352

纪念阿伦特百年诞辰 ……… 353

福山再度成为焦点人物 ……… 354

漫画引发的文化战争 ……… 356

国际知识界声援贾汉贝格鲁 ……… 357

反击对施特劳斯的妖魔化 ……… 358

英国"思想战役"开辟新的公共空间 ……… 359

君特·格拉斯迟到的自白 ……… 360

[ 2005年 ]

萨特百年诞辰纪念 ……… 362

佩里·安德森批评"自由左翼"的国际政治理论 ………… 363

新教皇对理性与宗教的看法引起争议 ………… 364

西方公共知识分子评选 ………… 365

保罗·利科去世 ………… 365

女性主义风潮再起 ………… 366

言论自由与"政治正确" ………… 367

美国主流报刊开展阶级问题讨论 ………… 368

英国历史学家大卫·欧文在奥地利被捕 ………… 369

[ 2004 年 ]

电影《华氏911》的政治风暴 ………… 370

德里达去世的风波 ………… 371

反对"弱智化"的文化战争 ………… 373

围剿乔姆斯基 ………… 374

法国知识界讨论民族的认同危机 ………… 375

亨廷顿新作引发争论 ………… 376

沃尔夫对哈罗德·布鲁姆的指控 ………… 376

电影纪录片《多瑙河》追忆海德格尔 ………… 377

结 语 ………… 378

[ 2003 年 ]

国际著名学者发出反战呼吁 ………… 380

施特劳斯学派与美国右翼势力 ………… 381

"华盛顿共识"引发新的辩论 .......... 382

《伽达默尔传记》引起争论 .......... 383

爱德华·萨义德去世 .......... 384

罗伯特·默顿去世 .......... 385

# 附录

全球秩序的困境与未来 .......... 389

西方社会现状与广义政治学理论 .......... 394

西方主流正在从"单声部"重回"多声部" .......... 408

世界主义与身份政治 .......... 415

谁害怕贝尔纳–亨利·莱维？ .......... 419

萨义德轶事 .......... 426

德里达引发的争议 .......... 430

桑塔格之于我们这个时代 .......... 432

领略罗蒂 .......... 439

# 我们如何想象世界[1]（代序）

## 在知识的意义上，西方也是中国的一部分

**问**：您编写的年度"西方知识界回顾"系列已经是国人了解西方知识界动态的必读篇目。当时写该系列的契机和由来是什么？

**答**：编写这个系列源自一个偶然的契机。2003年上海《社会科学报》的一位编辑想在报纸上做国内学术界和西方学术界热点的年度回顾，他邀请我写西方部分，我就答应了。当时未曾想到，后来连续写了十三年。我觉得，这并不是因为文章本身有多好，而是这样的文章回应了某种智识需求，了解西方思想状况的需求。在世纪之交，中国思想界出现了相当热烈的辩论，特别是所谓自由主义与新左派之间的辩论，主题非常开阔，主要是针对中国社会在转型过程中涉及的思想、政治、经济、社会、正义等方面的问题，而这些辩论多少都有一个知识背景或参照，就是西方的学术思想。

---

[1] 本文原是作者于2016年2月27日在"政见"网站（http://cnpolitics.org/）主办的"政见线上沙龙"第一期中所做的访谈。美国Rice大学人类学博士王菁采访，后由主办方整理、作者审阅成文。此次收入有修订。

当然，这个参照背景的来由我们可以追溯到更早。晚清以来，与西方世界相遇后，中国真正开始发现外部世界，在此过程中发生了深刻的参照背景转换。在中国传统的话语、概念、认知或规范体系之外，我们遇到了一个陌生的参照体系。此后中国社会的现代转型和思想讨论，多少都会参照西方学术思想的背景。从这个意义上说，西方思想不是外在于中国的，而是中国思想构成性的一部分。所以，报纸（或知识性的媒体）有这样的需求，反映了我们期望对自己一直在有意或无意识地沿用的西方知识背景获得更清晰的了解和更自觉的把握。

中国跟西方接触的历史很纠结，有沉重的历史记忆。近几年，国内有相当多的争论，比如对美国的态度就有许多分歧，极端地说，有所谓"亲美派"和"反美派"的分野。但无论持何种立场，我们可能首先需要更深入地了解西方。曾有日本学者说，对于中国首先要做"知华派"。这种态度对我们理解西方也有启发。西方思想内部具有多样性和复杂性，而且包括了各种自我批判的思想传统。这就需要我们采取一种"内部视角"去认识和理解，并在这个基础上以我们的立场来借鉴、反思和批评。这也是我写这个系列综述的主要动机之一，我们要尽可能深入地从内部了解西方，但同时又不盲从，保持一种批判性距离来远观它。我不敢说自己做得多好，但努力寻求一个比较平衡的认识是我的初衷。

我也想特别强调一点，听到有人说这是"年度必读"文本，让我惶恐不安。这当然是一种过誉之辞。在 2003 年开始写的时候，网络信息资源还没有这么发达，而现在，读者的信息资源很丰富，外语水平也越来越高，我就觉得这个写作越来越困难，也一直怀疑自己还要不要继续写下去。

**问**：我们注意到，您的参考资料来源十分广泛，从学术专著、前沿期刊,到《经济学人》《大西洋月刊》等报刊都有涉及。另外还包括类似"前沿"(edge.org)这样的网站,以及与知识界相关的电影和影评(像《华氏911》和纪念海德格尔的《多瑙河》)。在这个信息爆炸的时代,您是如何保持这么大的阅读量,同时又能选择到高质量的信息,为撰文做准备的呢?

**答**:当时媒体邀请我,大概是考虑到我能读英文文献,关注的学科领域比较广。我虽然受的是政治学专业的训练,但关注哲学、历史和其他社会科学,也曾爱好文学艺术,还有过理工科的专业学习经历。所以对这个选题,大概是比较"平衡"的作者人选。但我相信,现在一定有更优秀的年轻人能胜任类似的工作,而且会做得更出色。只不过这个写作很辛苦,我说过这像是"学术民工",首先是个"力气活儿",要读大量的文献,并从中作出得当的筛选。

刚开始几年内地网络的学术资源还不充分。我有一点优势,就是因为在香港中文大学工作过三年,离职的时候被聘为荣誉研究员,保留了我的图书馆系统权限,能够查阅中文大学图书馆订阅的大量电子版英文学术期刊。但实际上,一个人不可能读那么多文献。除了自己因为专业研究经常关注的几个刊物,我依赖一些线索,比如Arts And Letters Daily网站。这是新西兰的哲学教授丹尼斯·达顿创办的网络文摘(目前被《高等教育纪事报》收购了),每天更新,汇集了许多知识分子刊物和网站甚至专业学术刊物的文章。在内容上,注重文学艺术和文化,也包括政治、社会、经济,尤其注重科学,这给了我很多线索。此外我平时读得多的一些,比如《高等教育纪事报》《大西洋月刊》《新共和》等,这些构成了我的信息源。

问题不在于信息多少,现在我们完全不缺信息,而是如何从大量的信息和阅读中进行筛选,这是一个非常大的挑战。以前我每个月都做一点笔记,把将来可能作为综述的题材记下来。后来资讯越来越丰富,发现需要读的文献越来越多,根本来不及读,就收藏起来,但积累到年底，工作量就非常可怕。每年大概从12月初开始，我会淹没在文献的海洋里，阅读和整理收藏的资料。这个过程既愉快又痛苦，因为会读到很多有意思的文章，虽然大多数文章是用不上的。我尽可能做到相对客观、全面地对信息、材料、事件和线索进行评估和取舍。由于截稿时间的压力和篇幅限制，我每次都会陷入紧张焦虑的情绪，特别困难的是在时间压力下做出判断：哪些议题要纳入，哪些要排除；哪些文章要介绍得详尽些，哪些只是点到为止。取舍的标准主要有两点：一方面尽可能保持客观，照顾到重要的事件或线索，警惕自己的个人兴趣和偏见的影响；另一方面，因为篇幅限制，又要避免为了客观而包含过多的内容，陷入漫无边际而杂乱无章。总之，尽量在简约性和包容性之间寻找平衡。我不认为自己成功解决了这两者之间的紧张关系。文章发出来后，也会有朋友提到可能遗漏了某些重要的事件或线索。我想，每个人都依赖自己特定的视角，这个系列的写作当然达不到一种"年鉴"的水平，总是受到个人学识和阅读范围的局限。希望将来有年轻的学人来做这个工作。

**问**：如您所说，信息量大小不是关键，如何筛选信息才是关键。在如此海量的信息中进行选择，不可避免要涉及选择时的理论标准和方法。能具体谈谈您在写这个系列时，是如何在错综复杂的西方知识界选择重要事件的？

**答**：关于选择标准，我想任何人做这样的工作都会不可避免地代入个人特定的视角和框架。我在做这项工作时，一直在问自己一个问题，能否不受自己太多的偏见的约束和影响，有时候非常挣扎。

马克斯·韦伯谈过所谓社会科学的中立性，大家知道纯粹的中立性是做不到的，但韦伯的意思也不是做到完全中立，而是把中立性作为一个可追求的明确目标。这意味着中立性或者说客观性的获得，是通过不断地对主观性进行反思，并且设想站在异己的立场上如何面对问题，由此逐渐逼近中立性，这是一个无尽的过程。

这个写作当然隐含着自己的问题意识。我对西方思想史、现代性的问题特别关注，虽然处理的材料是西方思想界的文献，但我会反复追问：对当今中国的公共讨论而言，哪些事情是重要的和相关的？这是我进行筛选的一个标准。我会尤其注意那些对社会政治和文化发展具有深远影响的线索。因为当代思想的有些东西可能是昙花一现，但有些东西会有长期的影响。当然这里永远会有判断的风险。

对中国未来的发展和公共讨论而言，西方现在奠定的自由主义民主以及市场经济体制这样的基本社会构架，在多大程度上是可持续的？在多大程度上可以被非西方国家借鉴？它们的局限和困境在哪里？这对于西方本身是重要的问题，对中国的发展也具有相关性。所以每年的年度综述，都会涉及对自由主义民主和市场经济体制的辩论，对其社会政治后果的反思。西方内部对这个主题始终存在丰富的讨论，这个辩论也和中国相关，这是我关注的一个焦点。

主题选择的另一个重要方面，是技术文明带来的文化改变。社会科学家和人文知识分子可能不太关注这一点，但从长期的历史来看，人类的技术进步，改变的不仅仅是技术本身，也不仅仅是在物质层面影响人类的生活。实际上，技术文明在很深的意义上改变了我们的生存方式以及对自我存在的理解。所以我会特别关注技术文明对文化变迁的影响，这也是一条主线。

我持续关注的第三个方面，是身份或认同问题。我认为这对中国的公共讨论也有参考价值，包括社群和族裔的认同问题。在文化上和政治上，我是谁？我属于谁？我要成为什么样的人？我对哪个共同体是忠实的？多重身份将引起怎样的分裂和自我矛盾？在宽泛意义上，这涉及"身份政治"和"政治文化"，这也是一个持续出现的焦点。

这三方面大致构成了这个系列的主线。当然，每年会有不同的重大突发事件，会出现重要的著作，以及重要思想家的诞辰与辞世纪念等，这些在西方思想界可能会引起比较多的讨论，自然也会在文章中有所反映。特别是如果对某个思想家的讨论对现代性的反思具有重要启发，我也会尽力去彰显它的思想史意义。以上大致是我做筛选的标准，抽象的泛泛而谈是容易的，但具体到每年的写作，取舍和详略的处理总会有很多纠葛，我处理得未必恰当，也接受大家的检验和批评。

**问**：我们注意到在2003年至2008年，该系列的题目均为"西方知识界重要事件综述"，但从2009年开始，标题成了"西方知识界回顾"，这种变化的原因是什么？

**答**：题目是个技术性问题，但实际上涉及更为实质的问题：我到底想要写什么？在《学海》发表的系列里，我一直沿用"西方知识界重要事件综述"这个题目。但这个题目太学究气了，似乎也不太确切，所以在媒体版上，就用了"知识界回顾"这样一个更含混、包容性更大的题目。在此"知识界"是用来对应"intelligentsia"这个词，但这个英文单词的意思要狭窄一些，主要指受到良好教育而且关注公共思想、文化和政治问题的群体。就范围而言，我着眼于intelligentsia这个领域的活动和状况，所以不是所有的"知识"都与这个写作相关，而是那些具有公共影响的知识或思想。另一个问题是怎么理解"事件"。有些比较容易确定，例如，在2003年关于美国入侵伊拉克的辩论中，哈贝马斯和德里达等著名学人发起签名反战，这是狭隘意义上的event（"事件"），这比较清楚。但我还包括了一些eventful（"事件性的"或"重大的"）的现象，它不是单一的事件，而可能是围绕一个共同议题（比如，当代民主制度的困境、伊斯兰世界现代化等议题）的讨论。这些讨论在思想逻辑上是关联的，但在具体发生的时空意义上并不直接相关，并没有形成一个明确的

"事件",我会把这些线索汇集起来,作为宽泛意义的"事件"来处理。

总体来说,我既想反映狭义的 event,又想把那些 eventful 的线索和趋势关联起来,形成一个主题。所以,对这一系列文章的标题我一直不太满意(如果有好心的、更聪明的朋友能够提供更好的标题,我特别愿意采纳)。不过,这可能也不是多大的问题。大家如果碰巧读了这个系列中的几篇文章,就会发现其明显的诉求就是关注公共思想讨论。

## 技术文明的发展对人类意味着什么

**问**:您提到对技术的关注。的确,在历年的西方知识界回顾中,您都非常关注最新的自然科学与社会人文学科交叉的信息。比如,在 2015 年的回顾中,您重点提到了"如何思考会思考的机器"和"人工智能在伦理上的悖论"。对这些话题的兴趣与您个人的学科背景有关吗?在回顾中涉及科学与人文的博弈点,您的用意是什么?

**答**:我算是曾经的"理工男"吧。十五岁进入大学读化学工程,在东华大学一直读到硕士,对科学技术问题有一定的敏感。但现在我关注科学技术发展不只是由于个人经历,而且是因为科学和技术维度对现代思想甚至人类文明的形态有非常重要的影响。

在 20 世纪五六十年代,人文和科学的分化日益严重,C. P. 斯诺曾提出"两种文化"的问题,引发关注。后来一些学者致力于弥合自然科学和人文学这两种文化之间的分裂,提出第三种文化的概念,试图把人文与自然科学融合起来,像 edge 网站,有一批像哲学家丹尼尔·丹尼特这样的思想家,特别注重把人文社会科学与自然科学的视野结合起来,我认为这很重要。

大家知道,学科的分野是现代教育体系的产物。在古典时代,比如希腊传统里面，科学本来就是哲学的一部分，叫作自然哲学，近代早期仍然如此。启蒙时代的那些思想家，比如伏尔泰等，他们都是所谓"百科全书式"的思想家。我觉得恢复一种综合的视野是有意义的。我们需要把被现代学院体制割裂得越来越细的学科交叉融汇起来，这不仅能帮我们获得更开阔的眼界，而且可能带来一个全新的研究方法，甚至形成新的范式。

在哲学领域，心灵哲学中的许多经典问题，道德意识的发生机制，自由意志和决定论是否兼容等，在纯粹思辨的层面上几乎很难再推进，虽然不断有专业学者的论文发表，但我个人觉得传统哲学的方式慢慢耗尽了自己的潜力。而现在，这些问题与神经科学、认知心理学等方面的研究成果结合起来，这些属于自然科学的研究，与古老的哲学问题在另一个层面上发生了紧密的关联，出现了新的综合。西方学术界近年来有所谓"实验哲学"的运动，在不同的高校和研究机构，把神经科学和认知心理学的实验与传统的心灵哲学、道德哲学关联起来做研究，非常引人注目。

对于人工智能问题的研究，可能有更大的意义和前景。我们可以由此进一步讨论在存在论意义上人类的意识活动和思想到底是什么，甚至人的存在究竟意味着什么。我们是智性的存在，但是我们并没有搞清楚什么是智能。我最近一次的综述中专门写了edge网站关于人工智能的一次大讨论，内容非常丰富，也有许多分歧和争论。大家可以到网站上去了解一百九十多位学者和科学家的观点。我每年写的综述报告有两个版本，一个是简约版，发表在《东方早报·上海书评》上，澎湃网会转载。还有一个更完整的版本，发表在《学海》上，这包括注释。一篇文章大概有五十个注释。其实注释很重要，因为许多问题在有限的篇幅里无法展开，只能给出些线索。有兴趣的读者可以通过注释去追踪原始文献。

在对"人工智能"（artificial intelligence）的讨论中，还出现了所谓"超级智能"(superintelligence)的概念,就是推测机器人的智能不仅能模仿人的智能,而且可能将会超越人的智能,甚至机器人可能反过来控制人类,这对人类前景意味着什么?这些辩论都特别有意思,对未来发展的预测也是众说纷纭。

就目前机器人的智能水平来看,与人类智能有很大反差,就是说有些方面机器人特别聪明,而在另一些方面特别笨拙。加州大学伯克利分校教授艾莉森·戈普尼克对比了这种差异。她说,原先人们以为,下棋和定理论证对于计算机而言最为困难,但后来证明在这两个方面计算机都比人要聪明得多。但在另一些领域,比如辨认水杯和拿起水杯这类简单动作,或者普通幼儿都具备的学习能力,计算机却很难模仿,更不要说孩子对人们是否可信和可靠的辨别能力。她说,因为我们至今还没搞清楚孩子所体现的这些智能的原委,在明白这些问题之前,世界上最高级的计算机也无法胜过人类三岁的孩子。

有些人的观点更为复杂,比如牛津大学"人类未来研究所"的所长尼克·博斯特罗姆教授。在他看来,除了在某些特定的狭隘领域,目前机器思维的总体水平相当低,但将来有可能超过人类,正如机器现在已经比任何生物体更为"强壮"和"迅速"。至于"超级智能"何时出现,我们并没有把握。但他估计,人工智能要从目前的水平到达人类智能水平可能需要很长时间,但一旦到达这个水平,出现超级智能就相对更快。

在这些辩论背后确实还有一个更深的哲学问题:人到底是不是机器?也就是说,人的一切行动,包括意识、情感等"神秘"的灵性活动,说到底能不能被转换为物理的、神经的、粒子的运动?持有"物理主义"立场的学者,相信人没有什么神秘的部分,一切都是物理性的,只不过更为复杂而已。这个观点由来已久,18世纪中叶,法国思想家拉·梅特里的名著《人是机器》就认为,所有可见的生命与非生命的存在形式，都是源自粒子和力，在物理的生命力量之外没有其他空间。而另一些学者，我们姑且称之为"灵性主义者"，他们相信，人在根本意义上不是简单的生物或物理存在，总有一个部分是"灵性"（spiritual），并不能转换为物理过程，因此，人和机器之间有永远不可逾越的鸿沟，机器再发达也不可能成为人。最近讨论的趋势是，持有物理主义观点的人似乎越来越多了。英国皇家学会前主席、剑桥大学天体物理学家马丁·里斯甚至认为，从长期演化论的观点看，人的出现似乎只不过是为了发明出更卓越的超级智能的存在。他说，无论我们如何界定"思维"，人类的有机体思维（organic thinking）只是超大尺度的演化进程中的一个阶段，其思维的速度与强度终将被机器智能所淘汰，尤其在量子计算机诞生之后。生物大脑的抽象思维奠定了所有文化与科学的基础，但这只是一个短暂的历史前奏，是通向"非有机体的后人类时代更强有力的智慧"。

马克斯·韦伯曾说，现代化是一个"祛除魅力"的过程。现在看来，人类本身最后的神秘性似乎也要被祛魅了。很难说这到底令人欣喜还是沮丧。

无论如何，技术文明对人类存在的方式和自我理解有着深远的影响，让我重新思考，人作为道德的、文化的、精神的和政治的存在究竟意味着什么。比如互联网的诞生就出现了"网民"（netizen），这与原来以国家界定的"公民"（citizen）是什么关系？一个学生曾经给我看过一张"在线共同体"的世界地图。我们传统的地图，包括几大洲和几大洋，还有俄罗斯、美国、中国、加拿大等国。但这个"在线共同体地图"显示的是"Facebook 国""Youtube 国""Twitter 国"，还有"QQ 国"等。这张地图很有冲击力，就是说我们可以用完全不同的方式想象世界，也可以用另一种完全不同的方式获得身份认同。说不定在未来的某个世代，你是哪个国家的公民可能没那么重要了，而你是哪个"网络共同体"的成员可能更重要。我相信，人类正处在新的技术文明大突破的前夜，它可能会改变我们的世界图景，改变自我理解的方式和存在方式。这对我们传统的社会、文化和政治安排，都有难以估量的影响。

## 我们如何想象世界

**问**：您说，了解西方知识界动态不仅是为了更好地了解别人，也是为了更好地反观中国、了解自己。您的系列综述在2003年到2008年间，"中国"一词时有提及，但未单独展开。从2009年起，"中国"开始成为重要的组成部分，"中国模式""中国特刊""中国的世纪"等成专题出现。这种变化的原因是什么？

**答**：我越来越多地把中国的议题放在这个系列中，有很多原因。一个直接的原因是：关于中国的讨论已经越来越多地占据西方媒体，特别是知识媒体的版面，这是2007年之后特别突出的现象。世界是彼此相连的，现在中国在世界上占据着越来越重要的位置，而且它对世界未来的格局会有深远影响。我想，这对西方知识界本身是重要的。它的重要意义在于，他们发现了一个"他者"，这个"他者"目前是生机勃勃的、有进取力的，某种意义上说在强有力地崛起。这是一个不同寻常的现象。

对西方而言，现在的中国已经不只是中国问题专家关注的对象，也正在成为他们知识思想发展的一个不容忽视的参照，对西方本身的思考产生意义。所以，将西方知识界、思想界对于中国的讨论带入中国读者的视野，也是非常重要的，这有助于我们内在地理解西方。尤其是在今天全球化的时代，没有一桩纯粹的"地域性"的事务。如果不把西方对中国的感知和理解纳入我们的视野，我们就没有办法充分地理解今天西方思想图景的全貌。

另一方面，西方对中国的讨论，对我们中国人自己也有参考意义。有一种固执的偏见认为，只有自己才最了解自己。但学过心理学、社会学的人知道，这种看法是非常片面的。古人说，"不识庐山真面目，只缘身在此山中"。恰当的自我理解，恰恰需要把自己和所谓"关系性"的自我联系起来，与外部对自己的认识结合起来，完全孤独的自我是无法理解自己的。因此，将西方对中国的理解纳入中国自己的视野，这是一种本来就存在的，也许正是我们在不自觉地沿用的认知方式。我希望介绍如《经济学人》这样严肃和具有学术公信力的媒体的观点，这能帮助我们更自觉地发现"外部的眼光"，来丰富我们的自我认识。

最后，我个人相信，中国的发展，无论人们抱有非常乐观的期许，还是有比较谨慎的预估，都在很大程度上进入了全球秩序，它会对世界有越来越大的影响。这是一个非常重要的议题，我觉得应该受到重视。所以我会每年寻找关于中国的讨论话题，收入这个系列综述。

**问**：您所提出的"新世界主义"强调，汲取古代天下思想中的求同存异等积极特征，同时强调以儒学中的"关系性"思想作为建构民族国家体系的全球认同的源泉。但是这种基于文化间的相互理解的"关系性认同"，倘若是在一个政治权力／权利分配问题上存在矛盾的背景下进行，其所推动建立的"后霸权"的世界秩序有多大功效？

新世界主义沟通世界跨文明间的认同的使命与世界秩序建立存在怎样的关系？跨文明认同是否有助于解决政治权力的"相互依赖"关系中的国际矛盾与冲突？即使在同一文明中，文明的趋同是否仍难以确保合理秩序的达成？

**答**：首先声明一点，对于"新世界主义"这个提法，以及我们希望最终发展出一个学派的目标而言，我们只是刚刚起步，这可能需要非常漫长的学术努力。我们有一系列相关的研究，而我的那篇文章只是一个提纲性的理论表述，也仍然是非常初步的表述。

我们完全清醒地认识到，在概念层面的清理以及提出新的概念，这是必要的理论工作的环节，但远远不足以改变现存的世界秩序的霸权属性。我对自己的文章以及我们学术团体对自身理论努力的局限性，有相当清醒的自觉。但我想澄清一点，你的问题好像是在权力/权利分配的政治现实与一种关系性的自我理解或关系性的全球想象之间做了截然二分，这是有问题的。我们以什么样的方式来想象世界，跟现存的政治权力和权利分配这种结构性的、硬的东西并不是无关的。我恰恰是要对这种观念与现实的二元对立方式提出质疑。

我们如何运用政治权力？权力的构成中是有"理念"参与的。我们如何想象世界？我们想象世界和阐释世界的观念、方法和表述，都是政治权力的一个构成性的部分，这个在政治学中有非常悠久的传统。我们往往把权力想象成一个自在的、坚硬的、固定不变的东西，但这是错误的。实际上每种权力的起源和使用及其正当化，都一直涉及理论的阐释和辩护。比如说现在的民族国家主权，这个威斯特伐利亚体系后面的世界格局，它是有一套论述的，它是以对世界的特定的想象或者说世界图景为基础的。为什么国家不论大小一律平等，彼此不干涉内政？这个似乎理所当然的原则，依赖于在历史中形成的一种特定的世界想象。如果这种世界想象发生了重大改变，目前世界的权力结构和分布就可能出现变化。当然，我在强调文化观念对现实权力影响的同时，也非常清醒地认识到，观念变迁推动现实变化的进程是复杂的，也往往不是直接的。也就是说，新的全球想象和文化观念，一定要通过实践中的政治力量去改变。

但观念的变迁是动力机制中必要的环节。几乎所有重大的历史巨变都是如此。

威斯特伐利亚体系前的欧洲，是封建王国各自为政的割据状态，后来出现了绝对主义国家，再到民族国家的兴起，这个历史演变背后既有政治文化观念的变化，又是通过现实的政治经济权力去落实的，这才能够实现真正的历史性转变。民族国家的想象和现实，从来不是天然的或"现成的"，它是做成的。以民族国家为基础的世界秩序，它有历史的起源和发展，也可能有自己寿命的期限。但改变这个秩序，当然不是仅仅靠新概念的提出和新的想象的形成就能够完成。这可能是一个非常漫长、错综复杂的理论和实践互动的过程。

我们从欧盟的经验清楚地看到了这一演变的过程。欧洲是最早出现民族国家的地区。但现在欧盟出现了。第二次世界大战之后就有了相对完整的欧洲共同体的理念，但直到冷战结束之后，才获得了现实可行的实施条件。这意味着文化观念的改变，要在特定的条件下才能转化为政治经济的实践力量，最终改变一个区域的秩序。虽然目前欧盟出现了很多问题，比如英国可能要退出欧盟[1]，比如这些年持续的债务危机，所以有"疑欧派"的质疑和忧虑，这当然是严重的挑战。但从长期历史的视野来看，欧盟从具体的理念酝酿到基本完成建设，仅仅用了半个世纪，我认为这是惊人的、极为卓越的人类成就。

欧盟的问题再严重，只要不彻底解体，这个成就无论如何都不能被低估。这显示了人类的政治努力能够实现某种近乎乌托邦的目标。欧洲人通过自觉反思自己的历史遗产，包括历史上的灾难和痛苦，有意识地构建一个新的政治共同体，超越了以前被认为完全无

---

[1] 2020年12月31日《英欧贸易与合作协议》生效，英国正式离开欧盟单一市场和关税同盟，彻底脱欧。——编者注

法改变的民族国家结构，这是一个非凡的成就。虽然发展是曲折的，但欧盟的历史还很短暂，需要经过许多曲折发展才能慢慢成熟。

关于如何理解跨文明之间的认同跟相互依赖的秩序之间的紧张关系，我需要提醒一点，所谓"秩序"不是静止不变的局面，也不是完全和谐的局面。秩序本身是针对混乱的，没有冲突就取消了秩序本身要针对的问题。秩序不意味着消灭冲突，而是一种应对冲突和解决冲突的能力与机制。

未来的世界秩序格局也是如此。在不同文明之间建立跨文明的相互理解和认知，并不意味着这个世界没有冲突。世界永远会有冲突。冲突是生生不息、永远在那里的。我们学过辩证唯物主义和历史唯物主义，知道"矛盾"是推动世界发展的一个动力，它永远在那儿。但是秩序的形成意味着我们有越来越多的更有效的方式，来把冲突限制在一定范围和程度之内，或者能够通过一定的机制来解决它，而不必采用大规模的战争和暴力来处理。所谓"秩序"是指能够以恰当的、适度的方式来应对和化解冲突。

# 2019年

## 序言：近身的世界

告别2019年，一个年代（decade）落下帷幕。新世纪迈进第三个十年，世界的面容仍晦暗不清。混沌与动荡经年已久，大变局中的人们或许不再惊慌，但却难以辨识，更无从把握自身的"时代精神"（Zeitgeist）。可谁还会在乎老黑格尔的陈旧概念？既然历史目的论早已被时尚思想抛弃，时间之矢也就无所谓确定的方向。

柏林墙倒塌三十周年，德国在11月举办系列纪念活动。弗朗西斯·福山在柏林墙遗址前接受《德国之声》采访，他对"历史终结论"毫无悔意，并坚信"推倒柏林墙的精神长存"。[1] 云集的欧洲政要们在谈论"冷战终结"的意义，而与此同时"新冷战"的言说已经甚嚣尘上。已经终结的历史斗争似乎正重新开启。

可是"End"一词不只是"终结"，它还有"目标"的含义。福

---

1 "Francis Fukuyama: 'Spirit of 1989 is still around'," *Deutsche Welle*, November 8, 2019 (https://p.dw.com/p/3Sect).

山自己说过，他也是在双重意义上将这个词写入他的书名，因此"历史终结论"也就是"历史目的论"。黑格尔和马克思相信，时间是一个矢量，世界历史有其方向，终将达成人类共同的目标。福山只是这个思想传统晚近的继承者，他认为在历史观的意义上自己是"马克思主义者"，并声称这是中国人不太容易误解他的原因（可是他偷换了马克思确定的最终目标！这解释了为什么中国人不会喜欢他）。[1] 现实进程中的历史"故事"远未终结。但福山的问题是，我们何以能就此断定世界历史（人类的故事）不会有共同的目标？

因为共同的目标依赖于汇聚或趋同的经验证据，福山曾坦言他受到上世纪中叶"趋同理论"（convergence theory）的影响。但当下的现实世界遍布着汇聚的反例：英国脱欧，美国退守，WTO上诉机制停摆，北约组织成员争议四起，经济和政治的民族主义勃兴，分离主义、反移民和排外浪潮的汹涌，贸易争端的加剧，以及全球化的衰落（似乎只有中国仍然积极推进全球化，并畅想人类的共同命运）。的确，在过去的一个年代，我们见证了历史方向的逆转，分裂与离散开始主导时代潮流。人们讲述着各自不同的"小故事"（历史），而"大写的历史"及其目标似乎已消失隐匿。

政治理论家艾伦·沃尔夫在《新共和》发表书评，为福山的新书《身份》（*Identity*）而惋惜，断定这是昙花一现的著作。他赞叹三十年前的那部名著，称之为"大观念"之作，虽然论点错误，却石破惊天、足具分量，正如马克思无论如何也不会是"次要的后李嘉图主义者"。沃尔夫哀叹当下缺乏大观念著作，期盼那种能在纷乱谜团中为人类辨析引导性线索的作品。[2]

但"大观念之作"再次出现了。著名经济学家布兰科·米兰诺

---

[1] "Francis Fukuyama: End of History Revisited," Stanford CDDRL (https://soundcloud.com/user-5799528/francis-fukuyama-end-of-history-revisited).

[2] Alan Wolfe, "Francis Fukuyama's Shrinking Idea," *The New Republic*, January 16, 2019.

维奇在 9 月出版新著《唯有资本主义》，阐述当今世界已汇聚在同一经济体系中，唯有资本主义是"主宰这个世界的体系"，它的语汇成为世界各地的通用语言。米兰诺维奇的论题像是打了半折的终结论，砍去了福山版本中的自由民主制，留下资本主义经济作为世界体系的框架。他论证指出，目前最主要的冲突与竞争汇聚在资本主义体系内部，只是发生在其两种变体之间，"自由优绩制的资本主义"（liberal meritocratic capitalism）以及"政治的资本主义"（political capitalism），分别以美国和中国为范例。两种形态都有各自特点的缺陷，但处在同一体系之内，它们共同的演化将塑造未来几十年的世界历史。这个体系创造了巨大的生产力和利润，但在社会平等和道德状况方面相当令人堪忧，正在侵蚀健康的自由主义价值观及其政治理想。或许，目前的现状只是通向更好世界的道路中一段崎岖坎坷的阶段，正如 19 世纪粗鄙资本主义的改良过程。但这种进步可能没有历史必然性。[1]

姑且不论他使用的范畴是否恰当，米兰诺维奇在分裂与离散的潮流中提出了一种汇聚的论述，这与人们的现实感大相径庭。我们熟知的常识是"冲突导致分裂和离散"，"共通才会汇聚和融合"。这位经济学大师似乎缺乏常识。

然而，人类的大历史恰恰（主要）是一部"冲突而汇聚"的历史，更确切地说，是一个"经由冲突，达至共通，终于汇聚"的故事。这是美国南北战争和战后重建的故事，也是欧洲经由第二次世界大战、战后和平进程，最终走向欧盟创立的故事。

当下的冲突与离散趋势，恰恰因汇聚本身而起。全球化过于迅即也过于紧密地将原本相距遥远的生活方式联系起来，纳入同一个

---

[1] Branko Milanovic, *Capitalism, Alone: The Future of the System That Rules the World* (Harvard University Press, 2019).

相互依赖的复合体系，可称之为"近身的世界"。但这个世界并不是一个"地球村"（麦克卢汉只说对了一半），而更像是"地球城"，汇聚的人们来自不同的"村庄"，带着千差万别的方言、习俗与信仰。差异让生活变得丰富多彩（这是许多人偏爱城市的原因），但也埋伏着冲突的隐患。

疏远的人们可以漠视差异，在遥遥相望中和平共存。但在近身的世界中，彼此迂回和缓冲的灰色地带大大收缩，差异更可能引起分歧，矛盾难以调和，冲突容易加剧（从前完全无法想象，某个运动员的一条推文就足以激发抗议和反弹，掀起一场话语对抗的风暴）。于是，"脱钩"成为一个似乎现成的选项。

但我们很难离开这个近身的世界，或者付出的代价不可承受。正如厌恶城市的人们在踏上返乡之路后，很快会发现记忆中的乡村已面目全非，越来越深入地被织入城市之网。无论在积极或消极的意义上，相互依赖的进程仍然在不断加深。在米兰诺维奇看来，这是唯一仅存的世界。

在这个意义上，离散并不是汇聚的反题，只是汇聚不良的应急症候。因此，"受不了你，却离不开你"（Can't live with you but can't live without you）这句流俗的台词正是我们"时代精神"的侧影，我们完全可能只是处在"冲突而汇聚"的曲折进程中。是的，历史是有方向的，但并不直线前行，黑格尔和马克思都这样说。

但约翰·米尔斯海默不会同意。他相信冷战之后的自由国际秩序只是"大幻觉"（The Great Delusion），至多是短暂间奏，世界再次回归冲突的时代，这是政治的常态。这位现实主义理论大师声称，在自由主义与民族主义的每一次交战中，几乎都是民族主义获胜。他甚至提出了哲学论证：自由主义失败的缘由在于其个体主义的哲学基础，但这是错误的哲学，因为人类"天生就是社群动物"（他邀请了亚里士多德来点赞），必定依赖于共同体而生活。[1]

不过，按照这位理论大师的"政治哲学"，人类至今还会生活在宗族、部落，至多是封建王国的政治社群之中。对于部落人而言，民族国家（更不用说欧盟）完全是妄想的乌托邦。如果人类可以突破部落，走向民族国家"想象的共同体"，那么为什么"想象"必定到此为止？为什么民族国家是政治共同体唯一和最终的形式？米尔斯海默对当下国际冲突的洞察并没有错，但这是依赖特定时代条件的历史政治学解释，本不必用半吊子的哲学伪装成一个"大观念"。

无论如何，这个时代在经验意义上呈现出离散与汇聚的双重性，或许很难断言哪一种才是大趋势。谁知道历史有没有方向？说不定古人说得对，历史是循环的，而历史的线性进步只是启蒙哲学家的幻觉。但是，今天让人们汇聚的力量不只是美好事物的吸引。全球气候危机，极端主义势力对安全的威胁，高新技术发展的多种挑战，以及在世界大部分地区日益扩大的贫富差距——所有这些都不是民族国家能够单独解决的问题。即使在负面的意义上，人类也分享着共同的命运。汇聚不必因为彼此喜欢，而是因为面对着无法独自应对的共同问题，这要求在竞争中保持对话与合作。

那么，"新冷战"是无可避免的吗？有人相信甚至期待"注定一战"，因为《左传》早就说过"非我族类其心必异"。可是，后来陆九渊又说"人同此心心同此理"。中国的传统智慧是如此丰富，让离散与汇聚都会有据可循。但如果米兰诺维奇是对的，如果双方已经处在同一体系之中，那么"新冷战"将是一场（与旧冷战完全不同的）"世界内战"，这大概需要在哈贝马斯所说的"世界内政"

---

[1] John Mearsheimer, *The Great Delusion: Liberal Dreams and International Realities* (Yale University Press, 2019).

(Weltinnenpolitk)的框架中才得以恰当理解以及应对。

未来会怎样呢？中国智慧也穷尽了不同的可能："天下大势，分久必合合久必分"，这是高明的见解。但罗贯中没有读过《人类简史》，看不清长久而缓慢的变量。在大尺度历史的研究考察中，尤瓦尔·赫拉利发现"合久必分只是一时，分久必合才是不变的大趋势"。[1]

## 脆弱的新共识：美国对华战略的分歧

"你听到的撕裂声，是两个巨大经济体开始脱钩的声音。"名作家托马斯·弗里德曼感叹着。他曾期许一个不断"变平"的世界，而今却惊讶于它日益醒目的折痕。《金融时报》将"脱钩"（decoupling）选作年度词汇，因为"美中关系的蜕变可能是我们时代最重要的经济事件"。

变迁的节奏出乎意料地迅即。"新冷战"之说不久前还像是可疑的传言（一年前BBC文章的标题称之为"耸人听闻"），到了2019年已被许多论者当作既成的事实。

"中美国"（Chimerica）一词的发明者尼尔·弗格森教授坦言："在短短一年间，美国人对中国力量增长的恐惧骤然上升。曾经只是少数危言耸听者的立场，现在成为华盛顿的新正统。"2019年3月他在《星期日泰晤士报》发表文章，反省自己"读了太多的基辛格"（作为基辛格"钦定"的传记作者），而忽视了老朋友格雷厄姆·艾利森教授警告的"修昔底德陷阱"及其"注定一战"的前景。他相

---

[1] [以]尤瓦尔·赫拉利:《人类简史:从动物到上帝》，林俊宏译，中信出版集团，2017年，第160页。

信,"虽然我们未必注定要打一场热战,但我们肯定是走上了一场冷战之路"。[1]

12月他在《纽约时报》的文章正式宣布:"中美国"所描述的伙伴式共生经济关系已不复存在,第二次冷战在2019年已经开始。他认为,新冷战未必是坏事,肯定好过"默许一个中国的世界来接管",而且还有可能缓和美国内部的政治分歧。至于美国能否再次赢得冷战,弗格森完全没有把握,因为今天中国带来的挑战远非昔日的苏联能够相比。他预期"这场新冷战会变得更冷",而且将会比特朗普的任期长久得多。[2]

面对剧变的节奏,聪明的弗格森凌乱得露出了机会主义的底色。而矢志不移的理论大师米尔斯海默则如少年般容光焕发。从其名著《大国政治的悲剧》问世以来,他一直几乎孤独地呼喊着"狼来了",十八年之后终于等到了他期待的"狼",也迎来了"进攻性现实主义理论"的荣归时刻,将在国际政治理论中重新压倒充满幻觉的自由主义理论。七十二岁的米尔斯海默2019年在世界各地(包括中国)"巡演"布道:"自由国际秩序"(如其近著的书名所言)是"大幻觉"。

在米尔斯海默看来,这是国际政治"零和博弈"的冷酷逻辑使然,大国必定会伺机扩张,寻求区域霸权,进而引发大国间冲突。因此,冷战后的自由国际秩序"从开始就注定失败,因为它包含着自我毁灭的种子"。8月在澳大利亚"独立研究中心"(CIS)举办的辩论中,当被问及"新冷战"是否会来临,他明确回答说"我们已经在新冷战之中了"。在著名学术刊物《国际安全》春季号发表的论文中,米尔斯海默意味深长地写下一行小标题:"The Liberal International

---

[1] Niall Ferguson, "In this Cold War between Trump and China, beware the enemy within," *The Sunday Times*, March 10, 2019.

[2] Niall Ferguson, "The New Cold War? It's With China, and It Has Already Begun," *The New York Times*, December 2, 2019.

Order, 1990—2019",以墓志铭的格式宣告了这个秩序的寿终正寝之年。[1]

年底传出消息,中美即将签署第一阶段贸易协议,但这个好消息既来得太迟,似乎也不足够好,安抚焦虑尚可,却难以振奋人心。2020年伊始,《经济学人》推出了封面专题"两极分离",告诫人们,"不要被贸易协定所迷惑",因为"地球上最大的裂变"正在发生,"两个超级大国的分裂将会完全改变世界经济,而代价之高难以想象"。[2]

无论以"新冷战"还是"脱钩"来判定当下的势态,都暗示着中国与美国的激烈竞争乃至对抗将成定局。但是,过去三十年的历史见证了太多论断,起初言之凿凿,转瞬过眼云烟。焦虑不安的时候很容易对盘根错节的脉络失去耐心,并将仓促的惊人之语误作深刻的洞见。

美国的对华政策将会转向全面的"遏制"(containment)战略吗?这取决于对中国的认知。冷战之后西方对于中国的发展存在三种主要的论述:崩溃论、演变论与威胁论。它们相互竞争,此消彼长地占据主导地位。崩溃论者不相信中国会发生亲西方的改变,但将赌注压在中国发展的有限时效性。每年都有分析家考察中国经济的结构性危机以及政治隐患,预言这种高速成长不可能长期持续,最终会走向崩溃。演变论者认为,中国在进入自由国际秩序之后,必定被这个秩序所约束和塑造,终将实现和平演化,虽然未必走向"西方化"的道路,但至少能够与西方维持互补合作、良性竞争以及和平共存。而威胁论坚信,中国强劲的崛起以及反西方立场都不可能改变,因此迟早会对美国(乃至整个西方世界)构成严重的威胁。

如今在华盛顿的精英看来,"崩溃"希望渺茫,"演变"遥遥

---

[1] John Mearsheimer, "Bound to Fail: The Rise and Fall of the Liberal International Order," *International Security*, Vol. 43, No. 4 (Spring 2019), pp. 7-50.

[2] "The Superpower Split," *The Economist*, January 2, 2020.

无期，于是"威胁"便成为关于中国的主导性论述。但需要指出的是，崩溃论和演变论虽然衰落却没有灭绝，若今后卷土重来也不会令人意外。

那么，弗格森所谓的"华盛顿的新正统"是什么呢？近两年来，一种"新共识"在西方政界与思想界流传：美国以往基于演变论的对华"接触"（engagement）战略失败了。不断崛起的中国并未按照西方所期望的那样，温和地融入美国创立并主导的国际秩序，而是成为挑战这个秩序的"修正力量"，已经造成了严重的威胁。因此，现在应当放弃过去温和的接触战略，代之以更为强硬的方式以"规制"中国，这是美国发起贸易战的理论基础。许多评论家认为，这是当下美国分歧严重的两大政党精英之间罕见的（甚至唯一）的共识，也是美国外交界、智库以及学术界许多人士的共识。

然而，这种共识会是可靠的吗？基辛格曾对共识问题有过评论。在第二次世界大战之后，美国卷入的大多数（对朝鲜、越南、伊拉克和阿富汗）的战争，最初都获得了两党广泛的支持共识，但"随着战事的发展，国内对战争的支持开始瓦解。然后达到一个转折点，退出战略变成了主要的辩论议题"。他就此总结出一个原则性的教训："如果进入战争只是为了最后有一个退出战略，那么当初就不应该在那里开始。"这是基辛格 2011 年在威尔逊中心一次演讲的开场白。[1]八年之后，在中国贸易谈判僵持的时刻，基辛格再度访问北京，他这番洞见格外令人回味，对中美双方都是如此。如果发起"新冷战"最终只是为了停战，那么今天就不应该开始。

当前华盛顿的新共识很可能是短暂而脆弱的。至少，在 2019 年的大量相关讨论中，已经出现了许多质疑的声音。首先，三十年来

---

[1] The Wilson Center, "Afghanistan: Is There a Regional Endgame?" November 1, 2011 (https://www.wilsoncenter.org/event/afghanistan-there-regional-endgame).

美国的对华政策是否可以化约为单纯的接触战略？其次，这种政策是否真的完全失败？最后，也更重要的是，什么才是恰当的替代性选项？在笔者看来，一个未被明述却更为致命的反诘是：即便接触战略的失败是一个事实，这本身在逻辑上并不意味着其他选项（比如"围堵"战略）将获得成功，或者不会导致同样的甚至更加严重的失败。这种深层的不确定性，塑造了当前各种对策提案的竞争性、尝试性和暂时性的基本特征。

实际上，目前的所谓共识主要是消极性的，就是承认必须反省以往对华战略的失误，但并未达成关于"应当如何应对中国挑战"的积极共识。正如大卫·兰普顿所指出的那样，当接触政策已经不复存在，就会出现对于引导性政策的竞争。[1]

在混乱的争议中，我们仍然可以辨识"强硬派"与"审慎派"的不同取向，他们在如何认识与应对中国的问题上存在明显的分歧。

强硬派的基本取向是坚定"对抗中国"，在媒体、智库、国会和白宫中都有其代表，有些是传统的鹰派人士，也有些是幻灭后的演变论者。最近一个值得关注的动向是重启"当前危险委员会"（Committee on the Present Danger）。这是冷战年代旨在对抗苏联威胁的组织，在里根执政时期影响力达到顶峰，委员会中有数位成员出任总统国家安全事务助理和中央情报局局长等职务。但随着苏联的衰落和解体，这一组织已经名存实亡，只是在2004年为防范伊斯兰极端主义势力有过短暂的活跃期。2019年，在特朗普的前首席战略师史蒂芬·班农的策划和主导下，这一组织再度复活，目标是针对"中国的威胁"。

据《纽约时报》报道，班农、联邦参议员特德·克鲁兹及众议

---

[1] Juan Zhang, "Interview with Professor David M. Lampton," *US-China Perception Monitor* (https://uscnpm.org), August 28, 2019.

院前议长纽特·金里奇等人出席了4月的开业典礼。当他们呼吁"警惕中国"时，全场起立鼓掌。班农宣告：两个大国之间的冲突是不可避免的，这是"我们这个时代的决定性事件，百年之后，人们将因此记住我们"。文章指出，委员会认识到当今美中经济的一体化程度，这使得来自中国的威胁不同于苏联。但为应对这一威胁，华盛顿正越来越多地求助于各种冷战手段。[1]

有趣的是，威胁论也可以和崩溃论发生新的联姻。白宫国家经济委员会主任拉里·库德洛在7月17日接受辛克莱广播公司访谈时表示，贸易战不只用于对抗当下的威胁，而且意在施加压力，最后彻底终结中国的威胁。但究竟如何处理当今中国与昔日苏联的差别呢？破解不了这个难题，乔治·凯南（George Kennan）仍是游荡的幽灵，无法复活为围堵战略的升级版本。

实际上，强硬派推动的对策方案并不那么成功。很难说"当前危险委员会"在塑造对华政策中能发挥什么作用，正如一位被解雇的总统顾问还能有多少政策影响力一样可疑。班农与白宫国家贸易委员会主任彼得·纳瓦罗是"脱钩"战略的始作俑者和积极推手。但沈大伟（David Shambaugh）注意到，即使在特朗普政府内部，对此也存在着矛盾的观点和声音。副总统彭斯在10月24日威尔逊中心的演讲中声称，"时而有人问及，特朗普行政当局是否在寻求与中国脱钩？答案是绝无此事！"直截了当地否认这会是政策的选项。[2]与他一年之前在哈德逊研究所发表的所谓"新铁幕演讲"对比，彭斯似乎显露出相对温和的转变。而国务卿蓬佩奥10月30日在哈德逊研究所的演讲，表现出比彭斯一周前演讲更为强硬的基调，但在

---

1 Ana Swanson, "A New Red Scare Is Reshaping Washington," *The New York Times*, July 22, 2019.

2 David Shambaugh, "U.S.-China Decoupling: How Feasible, How Desirable?" *China-Us Focus* (www.chinausfocus.com), December 10, 2019.

强调中美政治价值观冲突的同时，也指出双方存在着"共同之处"，容留了"有条件缓和"的回旋余地。[1]

显然，华盛顿仍未确立清晰一致和稳定的对华战略。许多智库正跃跃欲试。"国家亚洲研究局"（NBR）11月发表的报告《部分脱离》，试图为美国在与中国的经济竞争中提供新的全面战略。报告颇有新意的标题暗示着脱钩与接触的某种折中，但纵观其四个要点会发现，基本取向是脱离远远压倒接触。这同样会陷入脱钩战略的困境。主撰稿人之一在接受路透社的访谈中透露，他们着力传达的要点是，美国必须联合欧洲等盟友共同应对中国的挑战，但当前外交政策却走向疏远和失去盟友的歧途。[2]

NBR的报告并没有引起多少反响。要求特朗普注重"统一战线"的呼吁早就不绝于耳，蓬佩奥本人也曾在布鲁塞尔的演讲中呼唤"高尚国家的联盟"。但强化欧美同盟的紧迫需求总是会受到"美国优先"的牵制。12月初纪念北约成立七十周年的峰会再次表明，特朗普难以达成兼顾两者的平衡。对于这样一个民族主义者总统来说，国际"统战事业"几乎是不可能的使命，这也使他很难像强硬派期望的那样"坚定地应对中国"。

《纽约时报》的文章评论说，"对于美国能够或应该做些什么并没有什么共识"。美国领导人仍然在面对两难的选择："继续接触的道路，会使美国容易受到经济和安全的威胁"，但走向脱离的道路则"可能削弱两国经济，甚至有一天可能会导致战争"。[3]

强硬派的政策努力并不那么成功，但有效地提升了威胁论的声

---

1 "2019 Herman Kahn Award Remarks: US Secretary of State Mike Pompeo on the China Challenge," October 30, 2019 (https://www.hudson.org/events/1708-herman-kahn-award-gala102019).

2 Charles W. Boustany Jr. and Aaron L. Friedberg, "Partial Disengagement: A New U.S. Strategy for Economic Competition with China," *NBR Special Report* #82, November 2019.

3 转引自 Swanson, "A New Red Scare Is Reshaping Washington"。

音，掀起新一轮对中国的"红色恐慌"。与此同时，中国互联网上强劲的民族主义与反美话语也传到美国。在这种交互的影响下，美国公众对中国的态度正发生明显变化。皮尤研究中心 8 月 13 日发布的调查显示，美国人对中国持负面（unfavorable）看法的比例从一年前的 47% 跃升为 60%，而表示好感（favorable）的比例仅为 26%，这两项指标都创下了（自 2005 年开始这项调查以来的）历史新纪录。[1]

面对这种趋势，许多审慎的人士表达了自己的担忧与不满。《华盛顿邮报》7 月 3 日刊登一封致美国总统和国会议员的公开信，题为《中国不是敌人》，[2] 由哈佛荣休教授傅高义（Ezra Vogel）和前驻华大使芮效俭（Stapleton Roy）等五位中国问题专家撰写，同时有九十五位来自学术界、外交政策界、军界和商界的知名人士签名联署，其中包括十多位最具声誉的中国研究学者。公开信表示"深为关切"美中关系的急剧恶化，直言是美国的许多行动"直接影响了两国关系的螺旋式下滑"，并提出七点陈述，以纠正现行对华政策的取向。

公开信指出，美国对于中国造成的严峻挑战需要予以"坚定和有效的回应"，但目前对待中国的方式根本上是事与愿违的（counterproductive）。相反，应当避免夸大中国取代美国成为世界主导者的可能，因为中国并不是"经济敌手或生死攸关的安全威胁，需要在每个领域予以对抗"。事实上，许多中国官员和精英人士相信"对西方采取温和、务实和真诚合作的方式有助于实现中国的利益"，

---

[1] Pew Research Center, "U.S. Views of China Turn Sharply Negative Amid Trade Tensions," August 2019.

[2] M. Taylor Fravel, J. Stapleton Roy, Michael D. Swaine, Susan A. Thornton and Ezra Vogel, "China Is Not an Enemy," *The Washington Post* (https://www.washingtonpost.com/), July 3, 2019.

而华盛顿的敌对立场会削弱这种声音的影响。美国无法有效地延缓中国的崛起而不损害自身，如果迫使盟国与中国为敌，最终会被孤立的是美国自己而不是中国。专家们建议通过与盟友合作保持威慑，并与中国共同加强危机管控来处理安全风险，同时敦促采取竞争与合作平衡的策略应对经济以及全球性的国际问题。最后他们指出，联署公开信的人数之多表明，"并不存在单一的华盛顿共识——支持对中国采取全面的敌对立场"。

这封联署公开信受到媒体广泛的关注，意味着反对强硬派的审慎观点正在集结并进入公共舆论。但这并不是一时兴起的立场宣示，而是来自学术界（尤其是中国研究领域）许多学者基于长期研究的见识与判断。哈佛大学教授江忆恩（Alastair Iain Johnston）在《国际安全》秋季号发表研究论文《秩序世界中的中国》，通过对经济和安全等多个领域中的证据考察指出，那种判定"中国是挑战国际秩序的修正力量"的主流观点缺乏可靠的经验检测，而依据这种判断来制定对华政策是草率的。[1] 傅高义最近在与日本学者加藤嘉一的对话中指出，那些宣称接触战略失败的美国人对中国没有深入的理解。他们低估了市场开放和国际化对中国变迁的作用。西方的中国问题专家从不相信接触外部世界会让中国放弃自己的文化，但认为这会对成千上万的中国人造成深远的影响。[2]

加州大学谢淑丽（Susan Shirk）教授多次指出，"反华版本的红色恐慌"是有害的，将会破坏两国人民之间仅存的善意。她与夏伟（Orville Schell）教授共同主持完成一份关于中美关系的研究报告，题为《路线矫正》，在2月发布。报告没有回避来自中国的"挑战及

---

[1] Alastair Iain Johnston, "China in a World of Orders: Rethinking Compliance and Challenge in Beijing's International Relations," *International Security*, Vol. 44, No. 2 (Fall 2019), pp. 9-60.
[2] Yoshikazu Kato, "Ten Questions on US-China-Japan Trilateral Relations: A Conversation with Professor Ezra F. Vogel," *Asian Perspectives*, Global Issues, November 2019.

其风险",也对中国一些相关政策提出了批评,但他们反对美国转向新的遏制政策,主张需要更新而不是放弃以往"基于原则立场与中国接触"的战略,建议适时调整对华政策中合作、威慑和施压的权重分布,以"巧妙的竞争"(smart competition)将中美关系带入更具合作性和稳定性的轨道。[1]

同样,著名政论家法里德·扎卡利亚也主张,需要坚持"接触加威慑"的对华战略。他在《外交事务》发表长文《新中国恐惧》,已经引起学术界和智库的热烈反响。作者指出,强硬对抗中国的所谓"新共识"源自对中国挑战的恐慌,但这种恐慌感是严重误判历史的结果。首先是对国际自由秩序真相的误判。这个秩序自始至终都存在例外的挑战和破坏力量(有些甚至来自美国自身),因此从不是完美的秩序(早已有人戏称其为"既不自由,也非国际,而且无序")。它从未有过真正的"黄金时代",但也没有传言中的那种衰退,因为其核心属性——和平与稳定——至今仍然在发挥作用。中国就处在这个秩序中,并没有摧毁它的意图和能力。其次,"新共识"误判了美国对华战略的历史。自尼克松时期以来,美国从来没有奉行过单纯的接触政策,始终与威慑并用。这个战略的宗旨也不是企图让中国演变为"西方式的自由国家",而是约束中国的国际行为,就此目标而言,以几十年的历史尺度来评估,这个战略并没有失败。扎卡利亚批评白邦瑞(Michael Pillsbury)在《百年马拉松》中所构想的中国"意欲统治世界的秘密计划"。从中苏结盟到分裂到市场化改革至今,"如果这是一场马拉松,它已经历了一些奇异的扭曲和转向",足以终结整个"秘密计划"。基于误判和恐慌的对华政策注定是自相矛盾的、不可行的或者代价高昂的。扎卡利亚认为,如果华盛顿能

---

[1] Orville Schell and Susan L. Shirk, "Course Correction: Toward an Effective and Sustainable China Policy," *Task Force Report* (AsiaSociety.org/USChinaTaskForce), February 2019.

够保持冷静，耐心继续奉行接触加威慑政策，就有希望将中国变成一个"负责任的利益攸关者"，这是更明智的政策选择。[1]

联署公开信、谢淑丽等人的报告以及扎卡利亚的文章，都反映出审慎派构想另一种战略选项的努力，实际上是对以往接触战略的更新改造。这种选择试图克服强硬派的简单鲁莽与代价过高的冒险，但也对政策制定者与实施者的判断力和灵活性提出了相当高的要求，其可行性还取决于中美双方沟通互动的诚意与效果，因此具有较大的实践难度。强硬派与审慎派都意识到新的挑战，彼此的分歧与竞争在于何种战略才具有现实可行性和有效性。

面对中国崛起的新趋势，在"恐慌的"强硬派与"不安的"审慎派之外，过去那种乐观而友好的"亲华派"（pandahuggers）已经所剩无几。值得中国欣喜的是，毕竟还有马丁·雅克这样的老朋友在发声。新年前夕，雅克在《卫报》网站发表文章《过去十年属于中国，下一个十年亦将如此》，宣称我们将会看到"以西方为中心的国际体系将继续分崩离析，同时，中国主导的国际机制影响力将与日俱增。这个过程将是不平坦的、不可预测的，有时是令人忧虑的，但最终是不可抗拒的"。[2] 自从 2009 年出版《当中国统治世界》以来，雅克先生始终站在"唱盛中国"的最前列。

无论如何，传说中既成事实的"新冷战"无法照搬旧冷战的剧本重演。

如果接触不再可靠，遏制无法适用，而脱钩代价过高，那么华盛顿的"新共识"注定是脆弱的。特朗普的矛盾在于，既不愿在经济方面脱离与中国的相互依赖，又想在技术等领域构筑壁垒。两者

---

[1] Fareed Zakaria, "The New China Scare: Why America Shouldn't Panic About Its Latest Challenger," *Foreign Affairs*, January/February 2020 Issue.
[2] Martin Jacques, "This decade belonged to China. So will the next one," *The Guardian*, December 31, 2019.

都符合美国利益,但要两全其美则需要一个更杰出的剧本。在此之前,现成的只有"受不了你,也离不开你"的通俗剧台词。

美国也很难组建一个联合对抗中国的同盟。欧洲对外关系委员会最近的民调显示,大多数欧洲人(包括74%的德国人、70%的瑞典人和64%的法国人)在中美冲突中宁愿保持中立。[1]欧洲不可能割裂与美国长久的纽带关系,但也无法承受削弱与中国的贸易关系(平均每天高达十亿欧元的贸易额)。[2]很难想象在一个全面脱钩的对峙格局中欧洲会何去何从,这也需要一个非凡的剧本。

中美贸易谈判漫长而曲折的过程,预示着两国关系可能进入一段僵持与拉锯的时期。在新年之初,欧逸文(Evan Osnos)在《纽约客》发表长文《美中较量的未来》。他在两国各界进行大量采访后得出结论说,最可行的未来是"一种不稳定的共存",这种共存建立在双方都欲求"斗争而不毁灭"的关系基础上。这是一个平庸但可信的剧本。但欧逸文提出了警告:"对每一方而言,最大的风险是盲目,源自无知、傲慢或意识形态的偏见……为了避免灾难发生,双方都必须接受迄今为止尚未接受的真相。"最后他指出,美国要迫使中国回到过去的位置就太天真了,现在要做的是"与中国未来的道德愿景展开竞争"。[3]

这就是一个近身的世界,它构成了这幕戏剧的背景,没有谁能够独善其身。但这未必是一个坏消息。悲观的展望依赖于陈腐的默认假设:文明传统是永恒的,国民性是凝固的,因此价值、制度和组织方式是难以变革的。

---

1 Mark Leonard, "The End of 'Chimerica'," *Project Syndicate* (www.project-syndicate.org), June 25, 2019.
2 Julianne Smith and Torrey Taussig, "The Old World and the Middle Kingdom: Europe Wakes Up to China's Rise," *Foreign Affairs*, September/October 2019 Issue.
3 Evan Osnos, "Fight Fight, Talk Talk: The Future of America's Contest with China," *New Yorker*, January 13, 2020 Issue.

但这个假设是错误的。回顾过去半个世纪的中国历史，许多惊天动地的变革在之前完全难以想象。2 月中旬在中美贸易新一轮磋商之后，人民网和新华网等官媒都转发了一篇公号文章，其中写道："美方提出的一些结构性诉求，乍一看似乎咄咄逼人，但仔细想想，很多何尝不是我们深化改革开放进程中正要做的？"[1] 这是挑战引导变革、冲突促进汇聚的可能性之光在社会微观层面的投影。

在宏观的视野中，文明从来是彼此遭遇的，始于隔膜与误解，经由漫长反复的竞争和冲突，伴随艰难的对话和理解，促成相互塑造和转变，最终得以汇聚在一个求同存异、和平共存的近身世界，虽然远不是"天下大同"。

或许，世界历史在当代最宏伟的戏剧正拉开帷幕，只是没有现成的剧本。

## 美国：弹劾总统与政治分裂

预兆早已显露，美国政局会经历波澜汹涌的 2019 年。从年初创下"政府停摆"最久的历史纪录（长达三十五天），到年底特朗普成为史上第三位被众议院弹劾的总统，伴随着政治裂痕的日益深化，两大政党之间的分裂尤为突出。

弹劾总统是一项基于宪法原则的行动，实际上与党派斗争的逻辑紧密交织。12 月 18 日众议员对弹劾案的投票几乎完全由党派身份所决定，民主党主导的众议院不出意料地通过对特朗普的弹劾。那么，在提交共和党占多数的参议院审判时，弹劾指控几乎没有可

---

[1] 《这次非同寻常的中美谈判，这三个细节很耐人寻味》，载人民网 2019 年 01 月 10 日（http://world.people.com.cn/n1/2019/0110/c1002-30513472.html）。

能获得三分之二多数的六十七张赞成票。然后，特朗普会宣告他从一场政治迫害中幸免于难，或者粉碎了一次政变阴谋。

一场毫无悬念的弹劾行动为什么会开启？两党精英都诉诸宪政原则为自己的立场辩护，也都指控对手在玩弄"党派政治"。对特朗普"滥用权力"与"阻碍国会"的两项指控都依据宪政语言。但参议院多数党领袖米奇·麦康奈尔在弹劾后演讲说，这是美国现代历史上"一次最仓促、最不深入和最不公平的"弹劾。他强调"降低总统弹劾门槛的危险性"，这是一个正当的宪政理由；但指控民主党的弹劾企图"蓄谋已久"却显得荒诞，在逻辑上一项指控是否成立与指控者是否蓄谋完全无关。更为反讽的是，他在谴责众议院弹劾证据不足、仓促草率的同时，却拒绝在参议院审判中传唤证人出庭和文件调查，试图迅速完成一次更加仓促草率的判决。

那么，在党争如此激烈的背景下，还有希望践行法治要求的程序与证据原则吗？众议院的听证与辩论过程呈现出显著的"后真相效应"：在民主党议员看来"确凿的证据"，对共和党议员来说只是"传言"而已。然而，"后真相效应"也与证据的品质成反比。假如累积的证据接近尼克松"水门事件"的确凿程度，那就可能终结后真相的游戏。众议院议长南希·佩洛西暂缓将弹劾指控提交参议院，以此要求参议院确立一个更充分和公正的审判程序，同时也在期待新的证据浮出水面。

《纽约时报》12月29日发表长篇报道，披露了特朗普不顾"有违国家利益"的告诫，坚持冻结对乌克兰军援长达八十四天的过程与内幕细节，以及在五角大楼和白宫官员之间造成的冲突与困扰，读来惊心动魄。[1] 这也许仍然算不上最确凿的证据，但正如《华盛顿

---

[1] Eric Lipton, Maggie Haberman and Mark Mazzetti, "Behind the Ukraine Aid Freeze: 84 Days of Conflict and Confusion," *The New York Times*, December 29, 2019.

邮报》一篇评论所指出的那样，这会对麦康奈尔"迅速而无痛的弹劾审判"计划造成巨大的压力。[1] 2020年1月6日报道，前总统国家安全事务助理约翰·博尔顿表示，如果被参议院传唤，他愿意出庭作证。

许多评论者相信，弹劾争斗是2020年总统大选的前哨战，两党都试图以此争取中间选民。"FiveThirtyEight"网站发表一份综合多家民调数据的分析报告显示，公众对弹劾的态度有所变化。在众议院启动弹劾程序之前，反对率始终高于支持率，从9月底之后支持率超过反对率并保持微弱优势（截至新年1月3日支持率为49.4%，反对率为46.8%）。与此同时，对总统的认可率几乎不受弹劾的影响（波动幅度在2%以内），截至新年1月3日认可率为42.5%，不认可率为53%（与2019年7月31日的数据完全相同）。[2]

党派立场不仅体现在对弹劾总统的态度上，也是影响政治取向的首要因素。皮尤研究中心最近发布的民调表明，在美国公众三十种政治价值的取向与分布中，党派分野是区分政治态度最主要的分界线，远远超过年龄、性别、种族与族裔、教育水平和宗教等因素的影响（12月数据）。而"党派反感"（Partisan Antipathy）变得比以往更加强烈，也更加个人化（10月数据）。[3]

许多人对政治分裂深感忧虑。《纽约时报》专栏作家弗兰克·布鲁尼9月25日发表文章《为什么弹劾特朗普令人恐惧》。他认为弹劾行动虽然正当，但其政治后果却是可怕的。它将强化政治对抗和两党斗争，进一步激怒原本就易怒的特朗普，却不可能将他罢免，

---

[1] Greg Sargent, "Explosive new revelations just weakened Trump's impeachment defenses," *The Washington Post*, December 30, 2019.
[2] Aaron Bycoffe, Ella Koeze and Nathaniel Rakich, "Do Americans Support Removing Trump From Office?" January 3, 2020 (https://projects.fivethirtyeight.com/impeachment-polls/).
[3] Pew Research Center, "In a Politically Polarized Era, Sharp Divides in Both Partisan Coalitions," December, 2019; "Partisan Antipathy: More Intense, More Personal," October, 2019.

这会使美国陷入完全不可预测的疯狂状态。而弹劾即便能揭露特朗普被忽视的罪恶，也不可能改变选民立场，因为"特朗普的本色一开始就显而易见"。在当今政治部落主义的格局中，有人相信"看见了一道反常的彩虹"，有人确信是在"凝视黑暗"。布鲁尼认为"正义之事与明智之事并不总是相同的"，暗示当下最迫切的目标是弥合而不是撕裂分歧。[1]

康奈尔大学政治学教授托马斯·佩平斯基也认为"弹劾争斗要比你想象的更为可怕"，但做出了与布鲁尼不同的判断。他10月底在 Politico 杂志发表文章，引入"政体分裂"（regime cleavage）概念，其标志是"对于政治体制本身的基础发生冲突"，这远比其他政治分裂（政策分歧、左右之争或族群身份矛盾等）更加危险。"在面临政体分裂的社会中，越来越多的公民和官员相信，规范、制度和法律可以被忽视、颠覆或取代。"他指出，美国已经显示出政体分裂的征兆：两党对弹劾问题相持不下，分歧已从政策领域转变为"政治合法性"问题，在政治话语中将对手贴上"非美国、不忠诚甚至叛国"的标签。而将依据宪法秩序弹劾总统的行动等同于"政变"，对行政权的制约遭受质疑，立法机构职能的行使被视为非法，则是政体分裂最清晰的迹象。[2]

佩平斯基认为，在美国政治尚未被政体分裂耗尽的情况下，更有必要认真对待这场弹劾的宪政意义。他期望，经由弹劾案的考验与洗礼，分裂的公众能够重新肯认共同的民主政体原则、捍卫法治、维护三权分立，最终恢复宪政秩序。否则，美国有可能陷入全面的政体分裂。在那种情况下，"不可能选举出一位能够'结束华盛顿的

---

1 Frank Bruni, "Why a Trump Impeachment Should Terrify You," *The New York Times*, September 25, 2019.
2 Thomas Pepinsky, "Why the Impeachment Fight Is Even Scarier Than You Think," *POLITICO Magazine* (www.politico.com), October 31, 2019.

混乱局面'的总统,因为分裂的双方都会将对方视为非法和非民主的。选民将会失去对民主本身尚存的信念"。

这篇文章受到《华盛顿邮报》等多家报刊的关注援引,反映出对分裂危机的共同感受。几篇评论文章都提到一种令人畏惧的前景:假如特朗普在下届大选中失败,特别是在双方得票率接近的情况下,他和支持者们会接受选举结果的正当性吗?不要忘记,甚至在2016年胜选的情况下,特朗普仍然拒不承认希拉里·克林顿获得了更多的普选票,指控那是"作弊"的结果。[1] 那么,如果争取连任的竞选失败,特朗普的支持者有可能走得多远?

《新共和》11月6日发表文章《民团总统》,描述了特朗普的"硬核支持者们"(hard-core supporters)已经准备以暴力对付敌手的可怕景象。特朗普自己多次含蓄地炫耀拥有这样一群支持者:"他们是执法人员、军人、建筑工人,为特朗普而骑行的摩托车手们……这些人都是硬汉(tough people)。"他说自己很希望他们保持和平的方式,但后来又说,"他们通常不会玩硬的,直到他们走到某个特定的地步,到那时情况就会非常糟、非常糟"。这是特朗普在2018年竞选活动和接受媒体采访中谈到的。他在暗示自己留着一张威胁性的底牌。[2]

2020年的大选结果会怎样?如果特朗普默许或鼓励那些硬汉必须开始"玩硬的"了,那么情况会有多糟?会发生暴动最终导致宪政危机吗?这种前景让人不寒而栗,却并非不可想象。

在过去的一年间,特朗普一如既往地不断刷新人们对总统职位的想象。比如,他会在意加拿大电视台在播放老电影《小鬼当家2》时删去了他当年客串路人的七秒钟片段,并为此公开指责加拿大总

---

[1] Daniel W. Drezner, "Why 'lock him up' is almost as bad as 'lock her up'," *The Washington Post*, November 5, 2019.

[2] Alexander Hurst, "The Vigilante President," *The New Republic*, November 6, 2019.

理特鲁多。实际上这是电视台 2014 年开始常用的剪辑版本（为节省播出时间删去了几个无关情节的片段）。但这类"外交小事"又何足挂齿？只要想一想特朗普可以在知会五角大楼、国务院或白宫幕僚之前，直接在推特上发布重大的国家安全决定，更不用说他连绵不断炫耀自夸或侮辱谩骂的推文……"所有这些都发生在今年，甚至都不是他被弹劾的原因"，《纽约客》资深作者苏珊·B. 格拉瑟如是感叹。她因为每周撰写"特朗普的华盛顿"专栏而无法摆脱"难以言表的折磨"。一位德国朋友为她提供了一个新造的德文词来抒怀，竟然有三十三个字母之长，其简化版是"Trumpschmerz"（特朗普痛）。格拉瑟将此选作自己的年度词汇，写下岁末的专栏《特朗普痛之年》。[1]

可是，何必计较这些细枝末节？许多支持特朗普的民众，会同时声称"虽然并不喜欢他这个人"。格拉瑟这样的"白左"知识人困于自己道德洁癖的执念，因此无法理解政治评价的要义所在：是政治家的雄才大略和政绩，而不是其个人道德操守或行事风格。

果真如此吗？圣诞节前一周，福音派旗舰杂志《今日基督教》发表社论，呼吁罢免特朗普，引起轩然大波。社论将"道德"置于核心，指出特朗普的所作所为不仅违宪，而且"几乎是一个在道德上迷失和困惑之人的最佳范例……对于许多不顾其污损的道德记录而继续支持特朗普先生的福音派人士，我们可以这样说：记住你是谁，以及你侍奉的是谁"。[2]

安德鲁·苏利文对此评论说，"终于，有福音派媒体以简洁的语言说出了真相"。他所指的真相是："品格很要紧"（character matters）——不仅在道德的而且在政治的意义上是重要的。"这一直

---

[1] Susan B. Glasser, "Our Year of Trumpschmerz," *The New Yorker*, December 30, 2019.
[2] Mark Galli, "Trump Should Be Removed from Office," *Christianity Today*, December 19, 2019.

是保守派的原则，却在崇拜的骚动中被置之不顾。"苏利文自诩为"欧克肖特式的保守主义者"，年轻时曾担任《新共和》主编。这位立场多变的知名评论家，12月在《纽约》杂志网站发表犀利的文章，笔锋直指政治家的品格议题。[1]

在苏利文看来，正是巨大的品格缺陷，使一位出色的竞选者在胜选后错失良机，并成为狷狭独断的总统，最终走向被弹劾的命运。2016年竞选时期，当其他候选人还在继续"僵尸般的政治和经济"陈词滥调时，特朗普却通达了"许多美国人的积怨和焦虑"，因此脱颖而出。想象一下，如果他能在这个基础上制定总统议程，通过一项基础设施建设的法案，结合对中产和工薪阶层的税收减免，他会获得很高的支持率并轻松获得连任。如果他能有一毫秒的谦逊，承认自己作为新手会犯错，或者能有一丁点的宽宏大量，奇迹就会发生。即使到今天，如果特朗普承认，现在意识到他与乌克兰总统的电话涉嫌"越界"，那么我们会身在一个不同的世界。

然而，所有想象中的"如果"都没有发生，苏利文就此总结出两个核心教训：第一，"特朗普主义在这个国家拥有真正的支持基础"，包含着一些必须回应的需求；第二，特朗普本人完全没有能力回应这些需求，"他是一个如此不稳定、恶毒、具有破坏性的自恋者，以至于威胁到整个政府体制"。因此，这场弹劾在根本上事关特朗普的品格："他是如此深刻和独特地不适合他担任的职位，如此蔑视他曾宣誓要捍卫的宪政民主，他的核心品格是如此败坏，以至于他与法治之间的冲突会引发危机，只是简单的时间问题。"对于这样一个人置身于椭圆形办公室的事实，"如果我们的民主制度还尚存一丝生命，那么弹劾是不可避免的"。

---

[1] Andrew Sullivan, "What We Know about Trump Going Into 2020," *Interesting Times, The New York Magazine* (http://nymag.com/intelligencer), December 20, 2019.

特朗普不可能在参议院的弹劾审判中被罢免，而且他还有可能在 2020 年大选中获胜再执政四年。民调显示，在登记的选民中，有 46% 的人无论如何都不会投票给特朗普，同时有 34% 的人会无条件地投票支持他，还有 17% 的选民将对比权衡民主党的候选人来决定自己的投票。这个比例结构在过去一年中几乎保持不变，甚至在几个"摇摆州"也是如此。多数专家预计，在 2020 年 11 月将会有一场旗鼓相当的激烈竞争。[1]

共和党当中始终存在一个反对特朗普的少数派，他们曾在 2016 年呼吁"绝不要特朗普"（never Trump），现在发起了反对特朗普连任的"林肯计划"（the Lincoln Project）。12 月 18 日，四名保守派精英联名在《纽约时报》发表文章，题为《我们是共和党人，我们决心击败特朗普》。他们声称自己仍然坚持"保守派（或古典自由派）"的立场，虽然与民主党人存在许多政策分歧，但"我们共享的对宪法的忠诚，要求一种共同努力"。他们发起林肯计划的目的，是要阻止特朗普及其追随者"对法治、宪法和美国精神的伤害"。[2]

很难估计"林肯计划"会有多少影响。共和党建制派对特朗普的疑虑与不满由来已久，但在 2016 年大选前，他们就决定接受一项"与魔鬼的交易"，因为这个闯入共和党的政治素人给出了难以拒绝的回报，不只是共和党内无人匹敌的选民支持率，而且在更深远的意义上，是对美国联邦法院系统转向保守派的决定性改造。

鲁思·马库斯在其新著《最高的野心》中指出，特朗普在 2016 年竞选中，很早就公布了一份保守派法官的名单，他预告在当选后将从中提名联邦法院的法官。对于保守派来说，这是一个具有诱惑

---

[1] Jennifer Rubin, "Sorry, Trump. Most Americans don't like you," *The Washington Post*, January 2, 2020.

[2] George T. Conway III, Steve Schmidt, John Weaver, Rick Wilson, "We Are Republicans, and We Want Trump Defeated," *The New York Times*, December 18, 2019.

力的承诺。[1]而且特朗普兑现了这个承诺，执政三年多以来，在共和党掌控的参议院支持下，他提名并通过任命了一百五十八名保守派的法官进入联邦各级法院，包括两名最高法院大法官、四十四名联邦巡回法院法官，以及一百一十二名联邦地区法院法官。相比之下，奥巴马两届任期内只任命了五十五名巡回法院法官。

因此，无论特朗普是否会被罢免或能否连任，他已经留下了史无前例的、将会影响美国政治几十年的政治遗产。

## 欧洲：新的雄心与危险

巴黎圣母院在大火中倾覆，这个四月成为欧洲"残忍的季节"，混合着"记忆与欲望"，交织为无数缅怀的诗文。

明星哲学家贝尔纳-亨利·莱维适时地献上一篇颂词（Ode），他在旁征博引与词不达意之间费力寻思，写下这一象征性事件的启示："燃烧中的巴黎圣母院提醒我们，我们历史和遗产的脆弱，我们建成的事物并不牢靠，以及千年欧洲作为艺术故乡的有限性。"至于如何面对未来，莱维引用雨果的名言作答——"时间是建筑师，但人民是工匠。"[2]

这是告慰却不是回答，因为"时间"这位建筑师已经隐匿了那幅蓝图。曾经召唤人心的"欧洲精神"，曾在柏林墙倒塌之后鼓舞了千万人"重返欧洲"的梦想，以及欧洲一体化的实践，如今都变得面目不清、前景不明。

彷徨的欧洲，在欧盟整体目标与成员国各种诉求之间左右摇摆，

---

1 Ruth Marcus, *Supreme Ambition: Brett Kavanaugh and the Conservative Takeover* (Simon & Schuster, 2019).

2 Bernard-Henri Lévy, "Ode to Our Lady of Europe," *Project Syndicate*, April 17, 2019.

也在中美纷争的大变局中难以抉择：美国正在疏离的盟友，或者中国的潜在新伙伴，或是更具自主性的欧洲。这种格局深藏着悖谬的陷阱，它呼唤心怀使命感的政治家登场，引领欧洲开拓未来，但同时将会以过于严苛的考验摧毁他们。

默克尔深知这种考验的分量，她即将在2021年秋季卸任。马克龙显示出责无旁贷的雄心，他对欧洲的危机有足够清醒的认识吗？《经济学人》11月9日刊登封面报道《马克龙看世界》，并在网站上发表了对他长篇访谈的全文。[1]

马克龙坦言，英国脱欧的曲折过程、美国在战略上的背弃以及欧盟事业进展的举步维艰，"这在五年之前都是难以想象的"。他深信，欧洲正处在"悬崖的边缘"："存在相当大的风险我们将会在地缘政治的意义上消失，或者至少我们将不再掌握自己的命运。"而走向悬崖的命运始于20世纪90年代，从那时开始，欧盟专注于市场的扩张与规制，却逐渐失去了自身的政治目标。这在美国提供的安全保障下，造成了一种永远稳定的幻觉。但随着美国从欧洲和中东的逐步撤退（始于特朗普就任之前），连同其新的保护主义，欧洲的脆弱性便暴露无遗。他警告说，"当世界从基于规则的全球秩序转向由实力强权政治所决定的秩序，欧洲正面对近乎生死存亡的时刻"。在美国背弃和中国崛起的背景下，"如果欧盟不能将自己理解为一种全球力量，那么将会消失"。

为应对这种危险，马克龙认为需要确立"欧洲主权"：这是欧洲战略性的集体能力，以捍卫欧洲的利益（包括安全、隐私、人工智能、数据、环境、工业和贸易等等）。困难是显著的：欧洲内部的分歧、英国脱欧造成的困境、德国联合政府的功能失调与经济疲软，意大

---

[1] "Macron's view of the world," *The Economist*, November 9, 2019; "Transcript: Emmanuel Macron in his own words" (https://www.economist.com/europe/2019/11/07/emmanuel-macron-in-his-own-words-english).

利和西班牙的政治僵局……所有这些障碍以及他对时局的黯淡分析，似乎都未能动摇这位总统的信心，"一种神奇的而且无疑是过度的对自己可以有所作为之能力的信心"。

这种信心并非毫无基础。马克龙是具有宏大视野且精力充沛的外交家，上任以来对五十多个国家进行了上百次访问（包括两次出访中国），他能从容不迫地应对特朗普的威慑，并积极调整和促进与莫斯科以及北京的关系。毕竟，他领导的法国是联合国安理会的常任理事国，也是一个核大国，其军事影响力从欧洲延伸到太平洋地区，而且法国目前的经济发展也相对平稳。就国内政治而言，马克龙及其政党拥有强大的行政权力，并在议会中占据多数席位。他的国内声望也开始恢复，支持率仍然不高（34%），但至少回到了"黄背心"抗议运动之前的水平。

马克龙正积极推动"欧洲干预倡议"（European Intervention Initiative），这是多国（包括英国）组成的联盟计划，以便在危机中共同行动。他还提到了德国倡导的"欧盟防务合作协议"（PESCO），以及用于资助军备研发的欧洲防务基金（金额高达一百三十亿欧元）。所有这一切都是"为辅助北约而设计的"。他对北约"脑死亡"的批评引起了轩然大波，但这表明在集体安全问题上他与默克尔的观点相近：欧洲人"可以依靠他人的时代已经结束"。

马克龙的"欧洲主权"抱负可能实现吗？《经济学人》在导引文章中提出了诸多质疑。以防务为例，二十七个欧盟成员国很难一致同意去建立一个功能完备的武装力量。波兰与波罗的海国家对于疏远美国而寻求与俄罗斯缓和的想法心存警觉，而德国、意大利和西班牙等国家正陷入自身的内部困境，无暇顾及一个宏伟的全球愿景。

的确，历史上很多次要让欧洲成为全球性力量的呼唤最终都落空了。马克龙的欧洲理想很容易受到批评，被视为哲学家不切实际的"幻想"。这位四十一岁的年轻总统坚信，这一次必定有所不同。

他实际上在恳请欧洲的政治同僚们想象:"如果坚固的美欧同盟不复存在,欧洲如何能在一个危险的世界中繁荣兴盛?"马克龙值得一个严肃的回应。[1]

英国在痛苦的思考后做出了选择:面对纷乱复杂的局面,决定抽身而出。"脱欧"并不是脱离欧洲,而是摆脱欧盟体制的束缚,以某种"光荣孤立"的姿态与欧洲大陆保持有弹性的距离。三年多以来反复推倒重来的方案,曲折多变的辩论、谈判和拖延,已经让英国人精疲力竭。不堪忍受的人们终于被鲍里斯·约翰逊的竞选口号击中:"搞定脱欧(Get Brexit Done)!"

12月12日的议会选举成为英国保守党新的高光时刻,以三百六十五个席位获得下议院的绝对多数,这是1987年以来保守党取得的最大胜利。工党作为第二大党在选举中失去了六十个席位,遭受了1983年以来最惨重的失败。脱欧淹没了其他许多政策议题,是工党失败的主要原因之一。但工党领袖杰里米·科尔宾本人"不可信任"的舆论形象也举足轻重,这也不只是右翼媒体对他"污名化"的结果。科尔宾在脱欧问题上犹疑不决,在党内未能有效整合激进左翼和中左立场的成员,在党外也难以凝聚已经多样化的亲和工党的选民。工党的竞选方案包含从环境到医保的众多议题,显得庞杂混乱而焦点不清。在根本上,布莱尔和布朗的"新工党"改革路线,在受到金融危机的重创之后一直未能真正复苏。近十年来,工党试图重新调整自身的意识形态定位,但在构想左翼的社会经济政策方面缺乏真正具有创造性的突破,这是工党面临的更深层也更困难的挑战。[2]

约翰逊在胜选演讲中宣告:脱欧是"英国人民做出的不可辩驳、

---

[1] "A continent in peril: Europe is 'on the edge of a precipice', says France's president. Is he right?" *The Economist*, November 9, 2019.

[2] Sam Knight, "Boris Johnson Wins, and Britain Chooses the Devil It Knows," *The New Yorker*, December 13, 2019.

不可抗拒、无可争议的决定"。虽然这位首相并没有兑现最初承诺（完成脱欧的期限从10月底被推迟到翌年1月底），但无论如何他不再会陷入反复辩论的泥沼。约翰逊做出了新的承诺，在2020年底之前达成与欧盟新的自由贸易协定，而大部分专家和外交家都对此表示怀疑。

过去的难题并没有消失，约翰逊像特蕾莎·梅一样承诺了脱欧的三项目标：（1）英国所有地区离开欧盟单一市场和关税同盟；（2）爱尔兰岛内，不设置爱尔兰共和国与（属于英国的）北爱尔兰地区之间的边境检查；（3）英国内部，不在北爱尔兰和其余地区之间（爱尔兰海两岸）设置贸易边界。但是，这三项目标在逻辑上是无法同时达成的，有学者称之为"脱欧三重悖论"（The Brexit Trilemma），也是让脱欧方案久拖不决的难点之一。[1]

真正解决这个难题需要至少放弃其中的一个目标。如果坚持兑现脱离单一市场和关税同盟的承诺，就必须要么阻隔南北爱尔兰（在欧盟体系下）已经享受的自由通行，其代价是北爱尔兰的民族主义反弹；要么在爱尔兰海设置边界，这将损害英国主权的完整性。

约翰逊并没有打破三重悖论的魔咒，他目前的方案是对北爱尔兰地区做出特殊的复杂安排：将关税同盟与单一市场分开处理，让北爱尔兰与英国共享关税区，但仍然与爱尔兰共和国留在单一市场，因此在爱尔兰海设置了海关检查。彭博社的新闻评论说，这是让北爱尔兰在两个体系中"各站一只脚"。[2]

北爱尔兰的内部分歧由来已久，在宗教信仰上有新教徒与天主

---

[1] Emily Jones and Calum Miller, "The Brexit Impossibility Triangle," *Project Syndicate*, April 12, 2019; Steven Toft, "The Brexit Trilemma – why has Ireland derailed the process?" July 5, 2018 (https://www.crforum.co.uk/blog/the-brexit-trilemma-why-has-ireland-derailed-the-process/#).

[2] Peter Flanagan, "Why Ireland's Border Remains Brexit's Sticking Point," *Bloomberg*(www.bloomberg.com), October 17, 2019.

教徒，在政治上有坚持归属英国的联合派（Unionist），以及主张整个爱尔兰统一的民族主义派（Nationalist）。彼此间长期的冲突在欧盟体系中得到了有效的缓解，但重新被脱欧议程激活。

议会选举之后，利物浦大学乔恩·汤奇教授在《外交政策》发表文章指出，约翰逊的权宜之计没有消除脱欧与爱尔兰和平难以兼容的忧虑。近年来北爱尔兰的民族主义者要求爱尔兰统一的呼声逐渐强劲，在当地民众中获得的支持也越来越高。最近一次独立民调显示，爱尔兰统一的支持与反对率几乎相同（46%对45%）。相反，联合派的民主统一党（DUP）开始从权力中心走向边缘。这次议会选举后，在北爱尔兰地区的当选议员中，联合派的议员史无前例地成为了少数。虽然要想实现爱尔兰统一还有很长的路要走，但总体趋势有利于民族主义者。[1]

与此同时，民族主义也在苏格兰地区再度兴起。反对脱欧、要求独立的苏格兰民族党（SNP）在这次选举中赢得了苏格兰地区五十九个席位中的四十八席。《纽约客》报道透露，该党领袖妮古拉·斯特金表示，她将致信约翰逊首相，要求再次举行脱离英格兰的公投，"给苏格兰一个选择，去寻求另一种未来"。她此前曾多次呼吁，苏格兰最好的未来就是成为"一个平等独立的欧洲民族"。[2]

早在选举前一个多月，纪思道（Nicholas Kristof）就在《纽约时报》的专栏文章中批评约翰逊的政策会激发分离主义浪潮，并想象了一种黯淡的前景："破裂的大不列颠将不再伟大，最终留下的只有英格兰。"[3] 这个图景或许过于悲观，而《经济学人》的一篇评论更值得重

---

1　Jon Tonge, "After Brexit, What's Left for Northern Ireland's Unionists?" *Foreign Policy*(foreignpolicy.com), December 21, 2019.
2　Knight, "Boris Johnson Wins, and Britain Chooses the Devil It Knows."
3　Nicholas Kristof, "Will Great Britain become Little England?" *The New York Times*, November 4, 2019.

视,文章将脱欧的冲击概括为"三个D":"分裂、损害与削弱(divide, damage and diminish)"。在2020年,随着英国失去其作为欧美之间桥梁的角色以及中国在世界增强的影响力,约翰逊首相谈论的"全球性英国"的愿景将会受到前所未有的考验。[1]

远离美国的欧洲可能比人们想象的更加危险,德国是一个容易被忽视的隐患。这如何可能呢?第二次世界大战后的欧洲和平已经持续了七十多年,野心勃勃而令人畏惧的德国早已脱胎换骨,被驯化为温良无害的新德国。思想史家蒂莫西·加顿艾什(Timothy Garton Ash)甚至说过,如今在德国四处可见的是"平庸之善"。但罗伯特·卡根表达了怀疑:"果真如此吗?这是唯一可以想象的德国吗?"他在《外交事务》(5/6月号)发表文章《新德国问题》指出,自由国际秩序的瓦解以及欧盟内部矛盾的加剧,将会改变德国及其在欧洲的作用,致使"德国问题"有可能旧病复发。作为著名的政治历史学家和战略顾问,卡根的博学与雄辩让人很难低估这种危险。[2]

所谓"德国问题",是指它对欧洲和平带来的威胁。德国领土辽阔、人口众多,又位于欧洲的心脏地带,在1871年统一之后就具有足以打破欧洲均势格局的力量,并引发了两次世界大战。第二次世界大战结束后,美国主导的欧洲和平建设规划特别重视解决德国问题。外交家乔治·凯南曾提出,某种形式的欧洲一体化是"唯一可能的方案,来解决德国与其余欧洲国家的关系问题",而这只有在美国的安全承诺保障下才可能实现。

欧洲一体化的方案成功了,德国告别了其曲折而耻辱的过往,转变为世界上最自由和平的民族。但卡根提醒人们切勿忘记,和平的新德国也需要有利的外部条件支持才能够持续,正如旧德国的转

---

[1] "Divided, damaged and diminished," *The Economist*, December 12, 2019.
[2] Robert Kagan, "The New German Question: What Happens When Europe Comes Apart?" *Foreign Affairs*, May/June 2019 Issue.

变。他赞同小说家托马斯·曼的一个观点，善恶主要不是所谓"国民性"问题，而取决于外部事件："并不存在两个德国，一善一恶。邪恶的德国只不过是善良的德国陷入了不幸与罪恶，因而是误入歧途并走向覆灭的善良德国。"因此，维护弃恶从善的新德国，依赖于有利的国际环境，这包括四个要素：美国的安全保障、全球自由贸易体系、民主化浪潮，以及对民族主义的压制。这些要素共同的作用，迫使和鼓励德国从军国主义中解放出来，致力于经济和技术发展，并深刻肯认了自由与民主的价值，抑制了民族主义的倾向，获得了和平与繁荣，最终"埋葬了旧的德国问题"。

但是，形成这些良性要素的历史环境既非寻常也未必永久持续。2009年欧元区危机爆发，在欧盟内部造成了裂痕，开始了新的恶性循环。德国主张的紧缩政策遭到希腊和意大利等国的反弹，还出现了反德"共同阵线"的话题，而德国人对要"资助他人的挥霍享乐"而心生怨恨，萌发了受害者意识。这种局面可以说是19世纪末欧洲内部冲突的"地缘经济版本"。

如果争端仅止于经济层面，并不值得特别担忧。然而近几年的变化则不再能让人保持信心：整个欧洲出现了民族主义的兴起，部分地区民主政治开始衰退。特朗普在国际主义与民族主义的对峙中选择支持后者，他抨击欧洲的中右派与中左派的国家领导人（包括默克尔、马克龙和特蕾莎·梅），而赞赏民粹主义、非自由派的右翼领袖（匈牙利的欧尔班、法国的勒庞、意大利的萨尔维尼和波兰的卡钦斯基）。美国还在反对全球自由贸易体系，而这是巩固欧洲和德国政治稳定的体制。此外，英国脱欧也会对欧洲均势造成负面影响。特朗普公开质疑以往美国承诺提供的安全保障，这将迫使德国和欧洲为防卫自主而发展军事力量。这些趋势意味着，遏制德国问题的战后秩序已经开始松动，所有四个有利要素如今都不再可靠。

也许危机感是多余的，也许德国战后的变化是如此深刻，再也无法逆转。但也有可能，"自由平和的德国人也难以抗拒那些塑造历史的巨大力量"。右翼民族主义的德国选择党（AfD）如今已经跃居联邦议会的第三大党，其领导者宣称已经厌烦了德国人"对内疚的崇拜"，并将移民问题归咎于被他们称为"第二次世界大战获胜方的傀儡"的德国政要。如果某个政党能够以更主流、更温和的方式支持这种情绪，很有可能会找到自己的执政之路。在未来几年，德国可能将身处一个再度民族主义化的欧洲，形形色色崇尚"血与土地"的政党可能掌权。在这种环境中，德国人能够抵御自身的民族主义回潮吗？实力政治曾主导欧洲大陆长达千年，如果其他欧洲国家最终走上这条道路，那么即便是最为自由的德国（哪怕仅仅出于自卫）也很难不加入其中。如果今天的德国是自由世界秩序的产物，那就必须思考在这个秩序瓦解的时候会发生什么。

## 面对全球气候紧急状态

森林在燃烧：从美国加州、巴西亚马孙，到澳大利亚甚至在北极圈，大面积的山火失控。触目惊心的图片和影像传达着气候危机的凶兆，而这只是最可见的部分。

一个真相，即便十分可怕，如果是老生常谈也会让人渐渐习以为常，变得无动于衷甚至心生厌烦，或者干脆怀疑和否认——直到震惊的时刻来临。个体健康状况往往如此，地球的安危也是如此。

现在这个时刻来了，绝非危言耸听：有极大的概率，我们无法达成控制气候变暖的预期目标。不是迟了，而是已经太迟了，就像狼群早已混入羊群，我们终于同意一起来"亡羊补牢"。

地球生态并不会毁灭，但将长期重病不愈（想象一下你将在医院度过余生）。这甚至不是什么"代际间正义"问题，而是当下年轻一代（或者足够长寿的中年人）会遭遇的命运。可这么悲观的前景是不是最好秘而不宣？否则会让人过于绝望。也许如此，除非你不相信长期住院的病人大多会自暴自弃。

这些感想是因为阅读《纽约客》9月发表的长文，题为《如果我们不再假装会怎样？》。[1]作者乔纳森·弗兰岑的核心论点令人沮丧。他相信"气候大灾难（apocalypse）即将来临"，并认为"我们需要承认我们无法防止这场灾难"。这很难让人接受。但在研读了十多篇相关文献之后，我却没有发现有力的反驳论据。弗兰岑很可能是对的。

2019年在（有记录以来）最热年份排名中位居第二，仅相差0.04度次于2016年（更反映趋势的数据是，这个排行榜上最热的前八名全都属于21世纪的第一个十年）。地球开始"发烫"，格陵兰冰盖融化了三千亿吨冰（净损失），明显高于近几年的年度平均值二千四百亿吨。9月22日，数百人聚集于阿尔卑斯山，为山上的冰川举办"葬礼"，宣读"悼词"。炎热的夏季，法国和德国的核电站因为冷却水的温度过高，曾被迫关闭核反应堆的运作。[2]

牛津词典的2019年度词汇是"climate emergency"（气候紧急状态），其词典定义是"要求采取紧急行动来减少或阻止气候变化，避免由此造成的可能无法逆转的环境破坏"。此前，英国、爱尔兰和欧洲议会都相继宣布进入"气候紧急状态"。[3]

11月《生命科学》学刊发表一份声明，题为《世界科学家的气候紧急状态警告》，来自一百五十三个国家的上万名科学家联署支持。他们"清晰而明确地"宣告："地球正面临气候紧急状态。为确保一

---

[1] Jonathan Franzen, "What If We Stopped Pretending?" *The New Yorker*, September 8, 2019.

[2] Henry Fountain, "2019 Was Second Hottest Year on Record," *The New York Times*, January 8, 2020.

[3] Henry Fountain, "Climate Change Is Accelerating, Bringing World 'Dangerously Close' to Irreversible Change," *The New York Times*, December 4, 2019.

个可持续的未来，我们必须改变我们的生活方式……这要求一些重大转变——转变我们全球社会的运作方式，以及与自然生态系统的互动方式。"随后这份声明在"世界科学家联盟"网站继续征集科学家联署。[1]

实际上，科学家的危机警报早已拉响。早在1992年，由美国物理学家、诺贝尔奖获得者亨利·肯德尔领衔，发表《世界科学家致人类的警告》，大约一千七百名知名科学家签名。2017年11月，超过一万五千名科学家联署发表了同题警告的"第二份通知"，发起人是美国生态学教授威廉·J.里普尔，他也是今年这份声明的主要撰稿者之一。[2]

气候危机意识也逐渐深入大众文化。半个多世纪前的科普读物《寂静的春天》当时就引起轰动，后来出现了许多观赏性更强的影视作品。2004年气候灾难电影《后天》吸引了全球大量的观众（虽然作为科幻片，其科学性屈从于虚构性，因而受到几位科学家质疑）。美国前副总统戈尔在气候公共教育的努力产生了相当大的影响，他在2006年主创的纪录片《难以忽视的真相》受到广泛赞誉，获得奥斯卡最佳纪录片奖，编撰的同名图书曾连续数月位居《纽约时报》畅销书排行榜之首。由于在促进公众环保意识方面的卓越成就，戈尔被授予2007年诺贝尔和平奖。[3]

经年累月的教育以及不绝于耳的警告，的确更新了许多人（尤

---

[1] William J. Ripple, Christopher Wolf, Thomas M. Newsome, Phoebe Barnard, William R. Moomaw, "World Scientists' Warning of a Climate Emergency," *BioScience*, Volume 70, Issue 1, January 2020, Pages 8-12.

[2] William J. Ripple, Christopher Wolf, Thomas M. Newsome, Mauro Galetti, Mohammed Alamgir, Eileen Crist, Mahmoud I. Mahmoud, William F. Laurance, 15,364 scientist signatories from 184 countries, "World Scientists' Warning to Humanity: A Second Notice," *BioScience*, Volume 67, Issue 12, December 2017, Pages 1026-1028.

[3] "An Inconvenient Truth," *Wikipedia* (https://en.wikipedia.org/wiki/An_Inconvenient_Truth).

其是年轻一代）的生态环境意识，也带来了可观的行动实践。那么，为什么人类向"环境友好型"生活方式的转变还是远远落后于环境恶化的速度？因为获得正确认知的过程过于缓慢，错过了有利的行动时机。在对危机严重性的认识逐渐达成广泛共识之后，问题已经积重难返而变得日益紧迫，这对减缓气候变化的措施提出难度极高的要求。

在气候危机的认知方面曾经存在三个主要问题：气候是否在持续变暖？"温室效应"会造成严重的负面影响吗？在气候变化的成因中人为因素是否关键？对这些问题一直存在真真假假的辩论。所谓真辩论，是指科学家之间正常发生的观点分歧。气候和环境科学的发展受历史条件的局限，在观测工具、分析模型和判断能力还不够成熟的时期，还很难对相关问题做出理据充分的确定判断，存在着一些合理分歧的空间。

这就让"假辩论"有了可乘之机，利益集团（尤其大型石油公司）选择性地慷慨资助对自身有利的研究，或者贿赂研究人员形成误导性的观点。更复杂的是，真假辩论有时相互交织，让人真假难辨。1992年发表的"海德堡呼吁书"，旨在反对"政府间气候变化专门委员会"（IPCC）关于抑制温室气体排放的报告，有四千名科学家联署签名（其中包括诺贝尔奖获得者）。1995年又有七十九名气候及相关领域的科学家签名发表《莱比锡全球气候变化宣言》，否认"存在关于全球气候变暖的共识"并反对"京都协议书"（后来发现，其中有几位签名者受到石油工业的资助）。这些事件与所谓气候变化"怀疑论"和"否认论"有若即若离的联系。[1]

对气候变化的认知困惑从20世纪90年代中期开始逐步得到澄清，大部分科学家对上述三个问题都做出了肯定的回答。2011年的

---

1 "Climate change denial," *Wikipedia* (https://en.wikipedia.org/wiki/Climate_change_denial).

研究发现，有 97% 的气候科学家在气候变化问题上意见一致，而到今天科学家共同体已经达成了完全而明确的共识。即便如此，怀疑论和否定论的影响并没有销声匿迹，美国总统特朗普本人就持怀疑论的立场。[1]

在 8 月底的联合国气候变化大会上，格蕾塔·桑伯格大声疾呼"How dare you!"。这位十六岁的瑞典少女成为《时代》周刊的年度人物。无论是否喜欢她的愤怒言辞，她对事实的基本认知并不算偏激。[2]

在 11 月的世界科学家声明中有这样一段话："气候危机已经到来而且正在加速，超出了大多数科学家的预期。它对自然生态系统和人类命运的威胁比预期的更为严重。"芝加哥大学出版社在 3 月出版了七位作者合作的研究专著《有见识的专家们》，受到《科学美国人》《卫报》《纽约时报》的关注评论。[3] 作者通过长期的研究调查发现，与怀疑论和否认论的指控相反，科学家不仅没有夸大反而会低估气候变化的速度和威胁性。他们过于谨慎的主要原因是，宁愿克制"偏激"的研究发现来维持当时主流的保守共识，也不愿引发争议，因为这会让官员和公众无所适从，将有限的科学分歧混同于"完全没有可靠的知识"，会为"不作为的立场"提供借口。

气候危机的恶化还有一个特点，它的前半段像是"温水煮青蛙"的故事，温度上升、森林燃烧和冰川融化等趋势只是逐渐加剧，但渐变过程会到达一个临界点，然后会爆发急剧而不可逆转的突变，这就是所谓"翻转点"（tipping point）。比如温盐环流（Thermohaline

---

[1] "Scientific consensus on climate change," *Wikipedia* (https://en.wikipedia.org/wiki/Scientific_consensus_on_climate_change).

[2] Daron Acemoglu, "Are the Climate Kids Right?" *Project Syndicate* (www.project-syndicate.org), November 5, 2019.

[3] Michael Oppenheimer, Naomi Oreskes, Dale Jamieson, Keynyn Brysse, Jessica O'Reilly, Matthew Shindell, and Milena Wazeck, *Discerning Experts: The Practices of Scientific Assessment for Environmental Policy* (University of Chicago Press, 2019).

Circulation）突然大幅度减缓，即便不太可能完全停滞。如果完全停滞，就会出现类似电影《后天》中的可怕景象（尽管许多观众不理解，明明是气候变暖，怎么结果会让人"冻死"）。11月27日《自然》杂志发表蒂莫西·伦顿教授及其研究团队的文章《气候翻转点：风险太高，不可对赌》。在文章列出的全球九大气候翻转点中，有半数以上极为活跃，其中几个已经非常迫近。[1]

在2019年，对于气候危机的真实性、严重性和人为成因，已经没有什么可怀疑的了，连"怀疑派"这个含混的术语已被美联社、《卫报》等媒体废弃，剩下的只有极少数"否认派"（实际上是"抵赖派"）。科学家的预警基本正确，缺陷只在于以往太过温和了。

当认知的障碍完全清除之后，人类需要刻不容缓的行动，再也没有拖延的理由。减缓气候变化的行动，有高低两个目标。2015年《巴黎协定》规定，将全球平均温升在本世纪内控制在2℃以内，这对于签署协定的国家具有法律约束力。但在一些岛屿国家的要求下，还追加了一个更理想些的目标，努力争取控制温升不超过1.5℃，但这个"努力争取"并没有约束力。[2]

无论是哪一种标准，其中的温升幅度都不是与目前的水平相比，而是指"相对于工业化前的水平"。那么现在是什么水平？12月3日联合国的世界气象组织（WMO）发布"临时声明"告知：2019年（1—10月）的全球平均温度比工业化前时期高出大约1.1℃！这就意味着，实际上我们还剩下1℃左右的余额可用（即便平均温度在来年有可能出现极微小的下降）。[3] 要实现2℃以内温升目标，全球人为的

---

1 Timothy M. Lenton et al., "Climate tipping points—too risky to bet against," *Nature*, November 27, 2019.
2 Henry Fountain, "Global Temperatures Are on Course for Another Record This Year," *The New York Times*, July 19, 2016.
3 World Meteorological Organization (WMO), "2019 concludes a decade of exceptional global heat and high-impact weather," December 3, 2019 (Press Release Number: 03122019).

二氧化碳必须在 2030 年减排 20%，在 2075 年要达到"净零排放"。我们做得到吗？人类再也没有拖延的理由（reason），但有许多原因（causes）会严重阻碍所要求的行动。

回到《纽约客》的那篇文章，弗兰岑认为实现这个目标需要满足三项条件。第一，主要污染国家都要采取严厉的措施，关闭大部分能源和交通基础设施，并彻底重组经济。而且必须齐心协力，"如果得克萨斯人还在开采石油并驾驶皮卡车，即便把纽约市变成绿色乌托邦也无济于事"。第二，这些国家采取的行动必须正确，政府的巨额资金不会浪费，也不被侵吞。最后，绝大多数人（包括痛恨政府的许多美国人）都要无所抗拒地接受高税收，并严格管束铺张的家庭生活方式。他们要对必要的极端措施抱有信心，不能将讨厌的新闻当作假新闻置之不理，还需要为其他遥远而受到威胁的国家以及后代人作出牺牲。"每天，他们都要思考死亡，而不是早餐。"[1]

弗兰岑对达成这些条件的可能性非常悲观，因为不相信"人性不久后能发生根本改变"。他提到今年出版的新书《不宜居住的地球》，这本书的畅销表明许多人都有悲观的同感。[2] 但是，坦言悲观的前景并不是主张放弃努力，就像宗教承诺的永恒救赎即便不再可信，人们也不会就此停止行善。他主张应当坦率承认我们达不到预期的目标，这样才不会在希望落空后完全陷入绝望。力所能及的减排努力仍然有强有力的现实和道德的理由，在一定程度上能延缓地球走上不归之路的时间。

的确，实现预期目标会要求十分艰难的改变。弗兰岑在文章中没有明述却暗含的一个论题是，应对气候危机的努力会遇到合作困境，因为气候是一项全球公共品（global public good），对此已经有

---

[1] Jonathan Franzen, "What If We Stopped Pretending?" *The New Yorker*, September 8, 2019.
[2] David Wallace-Wells, *The Uninhabitable Earth: Life After Warming* (Tim Duggan Books, 2019).

大量的学术研究。杜克大学亚历克斯·罗森伯格教授9月底在《纽约时报》上发表文章，对此做了通俗的阐述。[1]

公共品的消费（受益）有两个特征，非竞争性和不可排他性。路灯就是一个典型的例子。我使用路灯的照明丝毫不妨他人使用（非竞争性），但我同时也无法排除他人使用（不可排他性）。实现《巴黎协定》的目标也是如此，一国无法单独从中受益，除非也让别国同时受益。那么谁来为修建路灯支付成本呢？减缓气候变化的努力会面临"囚徒悖论"：如果主要污染国联合起来控制排放，美国就不必努力也可以坐享其成。但如果别的国都不愿付诸行动，那么美国甚至连尝试都没有意义。所以，无论别国怎么做，从"理性"自利的角度计算，美国最优选择都是不限制自己的排放。但每个国家都会做同样的理性计算，结果就导致非理性的共同大灾难。克服囚徒悖论的常用办法，是依靠政府的法律强制。在没有世界政府的前提下，需要世界各国自愿合作，达成一致意见，形成严格而有效的监管和奖惩机制，确保共同遵守协定。但全世界有两百多个国家，有效的合作太难了。

罗森伯格对合作困境的描述并无新意，但他提出一个有趣的办法。想象一下你是生活在19世纪的富翁，发现周边的马路上没有路灯，没有任何人愿意花钱修建。假设当时的路灯极为昂贵，贵得你无法独自承担，而穷人们也无力分担。那应该怎么办？你应该去找爱迪生！花钱资助他的发明，让他研发出既好用又便宜的路灯，便宜到你愿意独自支付而免于夜间行走的不便。罗森伯格说，这就是科学技术的用武之地，现在应该想尽办法去发明各种性价比极高的节能减排新技术和产品，其成本必须非常之低，以至于个别国家或

---

[1] Alex Rosenberg, "What Kind of Problem Is Climate Change?" *The New York Times*, September 30, 2019.

公司愿意独自支付，因为这个成本仍然会低于它们摆脱恶劣环境所获得的收益。于是，"减缓气候变化的这项公共品，对于至少一个消费者（国家或公司）会变得如此有价值，以至于这个消费者愿意独自为自己购买，而其余的人可以免费搭便车"。

这有可能吗？罗森伯格并没有把握，因为科学的发现和突破要借助偶然的运气。但他主张"我们所能做的就是去增加科学使我们脱离困境的机会……去支持纯粹的研究，以不朽之名而不只是金钱，去自由地传播和回报科学研究"。

2019年，大自然和科学家都传达了"气候紧急状态"的讯号。我钦佩弗兰岑"知其不可为而为之"的精神，付诸力所能及的努力，去面对可能失败的未来。同时怀着一丝希望，期盼我们时代的爱迪生，成千上万个爱迪生。

## 优绩主义的陷阱及其教训

美国爆发了有史以来最严重的一起高校招生舞弊丑闻。联邦检察官在3月对五十人提出指控，名演员、商业领袖以及其他富裕的父母涉嫌行贿（金额从五万到一百二十万美元不等），为子女"购买"耶鲁、斯坦福及其他名校的新生入学资格。舆论哗然，美国两党政要也纷纷予以谴责。[1]

公众的愤怒无须解释，因为这践踏了美国人深信不疑的"优绩主义"理想或"优绩制"（meritocracy）原则：社会与经济的奖赏应当依据才能、努力和成就这些"优绩"（merits）来决定。人们在机

---

[1] Jennifer Medina, Katie Benner, and Kate Taylor, "College Admissions Scandal: Actresses, Business Leaders and Other Wealthy Parents Charged," *The New York Times*, March 13, 2019.

会平等的条件下公平竞争，成绩优异者获胜。因此，最好的大学应当录取成绩最出色的学生，收入最高的职位应当留给最有能力的人才。对美国人来说，这是不容挑战的理想原则。

挑战者出现了，他自己就是优绩制竞赛中的赢家，耶鲁大学法学院教授丹尼尔·马科维茨。他评论说，人们对招生丑闻的谴责完全正当，但并没有触及深层的问题，只看到有人破坏游戏规则，却没有看透这个游戏本身是一个陷阱。他的新书《优绩制的陷阱》于9月出版，引起巨大反响。[1] 美国几乎所有主要报刊、广播电视和网络媒体都发表了报道、采访或书评。《纽约时报》刊登多篇评论，《新共和》和《高等教育纪事报》还组织了专题讨论。[2] 作者的核心论旨是，现在"美国生活中主要的痛楚，不是因为优绩制没有充分落实，而是优绩制本身造成的"。优绩制根本无法兑现它许诺的公平竞争与社会阶层流动，在虚假承诺的伪装下只是一个陷阱。这本书力图阐明（如其副标题所言）"美国根本的神话如何滋养了不平等、瓦解了中产阶级并吞噬了精英阶层"。

马科维茨对优绩制提出了三重批判。

首先，优绩制固化了社会等级，折断了人们向上攀登的阶梯，实际上造就了新的世袭制。这是最致命的批判，因为优绩主义的道德吸引力原本就在于打破凝固的世袭等级，让每个人都有改变自己命运的机会，凭借才能和努力向上攀登，保障《独立宣言》中的"追求幸福的权利"，这是所谓"美国梦"的感召力所在。马科维茨论证，

---

[1] Daniel Markovits, *The Meritocracy Trap: How America's Foundational Myth Feeds Inequality, Dismantles the Middle Class, and Devours the Elite* (Penguin Press, 2019).

[2] 《高等教育纪事报》专题讨论："Is Meritocracy Hurting Higher Education?" (forum) *The Chronicle of Higher Education*, September 19, 2019;《新共和》论坛：Reading Politics with the New Republic, "The Rigged Game. Meritocracy: America's most dangerous myth?" September 9, 2019 (https://www.symphonyspace.org/events/reading-politics-with-the-new-republic-the-rigged-game).

美国社会的现状是,精英阶层能够将优越的社会和经济地位"代际传递"给自己的子女。这当然不能依靠被废弃的世袭制度,而是通过教育。

教育本来是社会阶层流动的关键通道,但优质教育是稀缺资源,需要竞争才能获得。争夺优质教育资源是一个全球现象,在亚洲是如此(想想电视剧《天空之城》《你的孩子不是你的孩子》《小欢喜》中的情景,还有"小学不读民办,大学就读民办"之类的广告),美国也不例外。

无数家庭卷入焦灼的战场,但精英阶层最终会以压倒性的优势获胜。这突出体现在著名高校学生的家庭阶层分布。马科维茨援引数据表明,在哈佛、普林斯顿、斯坦福和耶鲁大学等名校,来自收入水平前1%富裕家庭的学生人数,已经超过了后60%中低收入家庭的学生人数总和。目前在贫富学生之间的学业成绩差距,已经超过了20世纪50年代黑人与白人学生之间的差距。早在20世纪60年代,耶鲁大学校长金曼·布鲁斯特曾明确主张,学校录取要根据学生的成绩而不是其家庭背景,希望由此打破精英的世袭。但他的期望落空了,因为精英阶层找到了保持优势的秘诀:通过支付高额费用,让孩子获得最好的升学训练,从幼儿园一直到高中,外加各种昂贵课外补习班和培训项目,让他们的子女在各级入学申请中获得难以匹敌的竞争力。顶层富裕家庭对子女的教育投资是惊人的,每个孩子的累积花费可以高达几百万甚至上千万美元,由此"维护了一个有效的世袭统治阶层"。[1]

第二,推行优绩制的结果是贫富差距的扩大,结果瓦解了中产阶级。由于工作职位和收入等级与教育水平密切关联,可想而知,

---

[1] Thomas Frank, "Is Meritocracy to Blame for Our Yawning Class Divide?" *The New York Times*, September 10, 2019.

优绩制会导致精英阶层与中产阶级之间收入差距的扩大。《纽约客》的一篇文章指出，美国曾经是全世界最主张平等主义（egalitarian）的社会，托克维尔对此留下了深刻的印象。最富有的 1% 人口的收入在国民总收入中的占比，当时在美国不到 10%（而在英国超过了 20%），但今天上升到 20%。在 20 世纪 50 年代，CEO 的工资是普通工作者平均工资的二十倍，而现在达到了三百六十倍。[1] 贫富差别的加剧带来了美国社会结构的变化。整个中产阶级在过去半个世纪内不断衰落，少部分进入上层和精英阶层，而大部分的收入和地位不断下降（这也使中产与底层人口的贫富差距相对缓和），结果形成了顶层与中下层之间严重的两极分化。一个由中产阶级占据美国主导地位的"橄榄型社会"消失了。

第三，优绩制的操作具有欺骗性。与传统的贵族精英不同，新精英阶层的兴起具有道德的正当性，他们宣称自己获得的优越地位全靠努力奋斗和聪明才智，因此这种地位完全是其"应得"（deserve）。但马科维茨指出，这是一个操纵性的作弊体制（rigged system）。精英阶层不只用财富优势获得教育优势，而且他们故意提高了社会职业的技能门槛。金融投资、律师、医生和高新技术等高收入行业，都属于"超级技能工作"（super-skilled jobs），对受雇者要求的资质极高，主要接受精英大学的毕业生，而普通学校的毕业生很难达到准入门槛。因此教育背景的优势也就转换为就业和晋升的优势。[2]

如果用体育竞赛作比，马科维茨似乎是说，精英阶层在双重意义上作弊。首先是在入学竞争中，他们的子女接受了昂贵而优质的强化训练（这是中下阶层完全无力负担的培训），这相当于包揽了

---

[1] Liaquat Ahamed, "The Rich Can't Get Richer Forever, Can They?" *The New Yorker*, August 26, 2019.
[2] Roge Karma, "'The Meritocracy Trap', explained," *Vox*, October 24, 2019.

最优秀的教练和训练设置，因此获得了竞争优势。不仅如此，他们还在就业竞争中改换了比赛项目，原来的比赛是（比如拔河之类）人人可以参加的项目，现在变成了（冰上芭蕾之类）未经特殊训练完全无法入场的项目。这些新设置的项目对获胜者的奖赏（收入）极高，但普通家庭的子女根本达不到准入门槛。马科维茨相信，这些高收入行业的出现，表面上是新型经济发展的需要，其实是精英阶层有意为之——为了将普通人隔离在游戏之外，来确保他们的绝对优势，最终造成了无可战胜的坚固壁垒。因此优绩制的实际操作证明，所谓的机会平等和公平竞争是虚假的承诺，实际上是一个陷阱。

在揭露了优绩制的本质之后，马科维茨还阐述其有害的后果。他强调优绩制同时对穷人和富人以及整个社会都造成了危害。在这场游戏中没有真正的赢家。

中产阶级的损失是显而易见的。他们是优绩竞争的失败者，很难获得精英教育才能提供的"超级技能"，也就失去了向上流动的机会。那些成功"逆袭"的励志故事因为罕见才成为"新闻"，正如彩票的中奖者。他们绝大多数只能做简单平庸的工作，收入可以维持基本生活，却无法为孩子负担私立学校和课外培训，也就难以期待下一代能改变命运。停滞的工资和上升的债务使他们被排除在社会经济的繁荣之外。而这场竞争因为貌似"公平"，他们被淘汰出局的命运只能归咎于自己，视为自己的"应得"。实现美国梦的希望越来越渺茫，中产阶级也就失去了进取精神。他们工作得越来越少，是因为没有多少工作可做，陷入一种"被迫懒散"（enforced idleness）状态，感到自己是对社会无用的人。这种被排斥的感觉导致了普遍的精神沮丧。美国从 2015 年开始，出现连续三年的人口预期寿命下降，这是史无前例的，在发达国家中极为罕见。虽然很难断定因果联系，但药物滥用和抑郁自杀的增加，以及预期寿命的下降，都集中在贫穷和中产阶级的社区。[1]

马科维茨还呈现了一种格外反讽的图景：优绩竞争的赢家陷入了另一种悲惨命运。老派精英阶层的特征是闲散，因为可以不劳而获。而现在的精英主要是"超级技能"的劳工，过着超级繁忙的生活。他们拼命地工作，好像是要向昂贵的教育投资索要更高的回报。《哈佛商业评论》的调查显示，高收入人群每周工作在五十到八十小时之间，而"极端高收入工作"的人群中有9%达到每周一百小时甚至更长。这是一个不断自动强化的循环：更高的收入要求工作时间更长，而更长的工作时间又需要有更高的收入来证明其合理性。于是，衣食无忧的精英们承受着严重的"时间饥荒"（time famine），损害了私人和家庭生活的品质。而他们的下一代，从幼儿时代开始就被培养成有强烈进取心和竞争力的孩子，怀着与父母相似的野心和期望，也带着对失败的担忧和恐惧，精心筹划自己的未来。精英阶层生活在无止境的竞争命运中，必须付出极端的代价才能守护自己的特权地位。[2]

于是，美国社会落入了优绩制的陷阱：一面是中产阶级"无工可做"转向"被迫懒散"，一面是精英阶层"过劳而获"陷入"时间饥荒"。优绩制本身成功了，但这场竞争中的成败双方都过着悲惨的生活。这很接近马克思的一个论题，在资本主义体系中资本家和工人同样处于"异化"状态。

在马科维茨看来，优绩制是一场骗局，实际上成为财富和特权世袭相传的机制，造就了新的"贵族阶层"，滋长了阶级之间的对抗和怨恨。目前的不平等状况是前所未有的，甚至在一代人之前都难

---

[1] Louis Menand, "Is Meritocracy Making Everyone Miserable?" *The New Yorker*, September 23, 2019.
[2] Daniel Markovits, "How Life Became an Endless, Terrible Competition," *The Atlantic*, September 2019 Issue.

以想象。的确，美国人崇尚的是机会平等，而不是结果平等。但这部著作提出一个警告：严重的结果不平等必定将破坏机会平等。作者相信，这种社会分裂的状况会侵蚀公民社会和民主政治，为特朗普的黑暗民粹主义提供推动力量。

那么，我们如何摆脱优绩主义的陷阱呢？马科维茨并没有给出强有力的对策。他承认转变优绩制的难度之高，相当于在大革命时代推翻贵族制度。他建议的改革方案十分有限，着眼于教育与就业两大领域。首先，通过建立更包容和开放的教育体制来促进机会平等。比如，让私立学校接受相当比例的中低收入家庭的学生（否则无法享受捐赠的免税资格），以及政府通过公共补贴来鼓励学校扩大招生。其次，促进中产阶级的就业机会和质量。比如，在医疗、法律和金融等服务系统中，许多工作其实并不需要高等学历就可以胜任。政府应当鼓励增加这类中等技能的工作职位。在他看来，这两个方面的改革是相互促进的，重建更平等的社会秩序会让所有人受益。精英阶层能够（在可接受的范围内）以收入和地位的下降，换取更多的闲暇时间，而中产阶级则通过收入和地位的增长，得以重返美国社会生活的中心。[1] 他构想的改革并不是一场激进的革命，去推翻优绩制的资本主义体系，只是采用了过去福利国家的政府干预路线。

《优绩制的陷阱》获得了广泛的赞誉，但也出现一些批评。几位评论者指出，马科维茨将超高技能和高技能职位的增长，归因于精英阶层的蓄意操纵，这完全没有说服力，而且涉嫌阴谋论。就业结构的变化是全球化和数字革命的产物，当代社会和经济的复杂性，需要高技能的人才来运作，因此教育投入的回报也在增加。[2]

---

1 Daniel Markovits, "Conclusion: What Should We do?" in *The Meritocracy Trap*.
2 参见 William Voegeli, "Meritocracy and Its Discontents," *National Review*, October 28, 2019 Issue; John Staddon, "The Meritocracy Trap: A Review," *Quillette* (quillette.com), October 9, 2019; Thomas Frank, "Is Meritocracy to Blame for Our Yawning Class Divide?" *The New York Times*, September 10, 2019。

马科维茨揭示了严重的不平等对社会造成巨大危害，令人信服。但追究优绩制导致不平等的责任是错置了嫌疑对象。优绩主义从未承诺结果的平等，促进机会平等和阶层流动在逻辑上无法提升结果平等。杜克大学荣休教授约翰·斯塔登在 Quillette 网刊发表的评论指出，即便在一个极端理想的机会平等环境中，天赋才能（natural talents）的差异仍然会在竞争中产生等级差别，无论竞争的目标是什么。[1]

当然，严格的机会平等必须矫正不平等的起点，可以通过补偿措施"拉直"扭曲的起跑线。但在每一次比赛的起步线之前，还存在更早的起步线，而补偿的要求总是可以正当地向更早的阶段延伸——从大学录取延伸到幼儿园入学，一直追溯到遗传天赋这类"道德任意"（morally arbitrary）的运气因素，这会走向类似"运气均等主义"的道路，主张"敏于抱负、钝于天赋"。但我们很可能会发现，"抱负"和"努力"等品性也仍然与遗传有关，那么彻底的补偿措施只能走向（姑且称为）"基因平等主义"的绝境，否则严格的机会平等仍然无法实现。

改变竞争的目标也只能更换获胜的人群而不是等级结构本身，在狩猎时代可能是体力（身强力壮）的等级，而在今天的信息技术时代可能是数学才能的等级。硅谷的程序员和公司的装卸工在五百年前的等级地位可能正好相反。但用一种等级来取代另一种终究也无法达成平等的结果。

显然，竞争是优绩主义的界定性特征，即便是公平的竞争，结果也只能造成等级差异。我们崇尚优绩制并不是出于平等的理由，而是因为自由与效率。作为一种社会组织原则，优绩制有其无可替代的长处：最有效地发掘、选拔和使用社会最需要的人力资源，以

---

[1] John Staddon, "The Meritocracy Trap: A Review."

效益最大化的方式使整个社会受益。"优绩"（merit）的确立当然取决于特定社会的功能需求，其内涵会随文化和时代而变化。但无论是骑马射箭、吟诗作画，还是工程设计，一旦被确立为"优绩"，就成为竞赛的目标，最终会让特定的擅长者胜出。

在我看来，马科维茨对于优绩制是否应当导致平等的问题缺乏融贯的立场，这使得他无从选择究竟是放弃优绩制还是改善它。他最初提出了新颖的挑战性论点——美国目前严重的困境并不是因为优绩制还不够完善，而恰恰是它成功运转造成的。但依据这个论点，只有彻底抛弃优绩制才是摆脱困境的出路，但他建议的促进机会平等的对策，实际上选择了对优绩制的改善。马科维茨在一次访谈中坦言了自己的犹疑不决。他一方面深信优绩制的陷阱危害广泛，但同时又感到许多领域（比如他自己从事的学术研究领域）如果完全抛弃优绩主义，很难想象还能维系。[1] 而这种犹豫蕴含着深刻的启发，促使我们思考平等主义理想的独立维度——平等无法依赖优绩主义实现。

这部著作杰出的贡献在于令人信服地论证了两个重要观点：让优绩制的竞争成为压倒一切的最高原则，会导致社会的分裂，进而危及西方社会赖以生存的民主政治体系。此外，严重的结果不平等也将损害机会平等，反过来会侵蚀优绩制本身的原则。但马科维茨的核心主张带有含混的暗示，声称优绩制是资本主义困境的根源，好像若非如此，本来可以有一个更美好的资本主义社会。但优绩制得以大行其道，可能正是由资本主义的逻辑所驱动。

优绩主义的霸权源自资本主义经济的竞争逻辑和效率最大化原则，这造成了当代西方社会新的危机。但西方社会不只崇尚单一的

---

[1] "When meritocracy wins, everybody loses," *The Ezra Klein Show* (https://podcasts.apple.com/us/podcast/when-meritocracy-wins-everybody-loses).

资本主义逻辑。马科维茨将我们带回政治理论家持久争论的难题：如何应对在自由与平等之间、效率与公平之间、资本主义经济与宪政民主政治之间存在的内在张力？寻求两者调和的努力实际上贯穿于整个现代历史。当今西方社会再次陷入平衡失调的困境，这个教训告诫人们：优绩主义无法单独应对平等与自由之间的紧张，在这两种核心的现代价值之间，我们无法二择其一。

## 资本主义的未来

今天西方思想面对的一个重要命题，是如何在当代条件下重新构想自由与平等的关系。传统左翼的大政府主导的福利国家政策有其明显的弊端，否则很难有"新自由主义"（neo-liberalism）的兴起，及其里根—撒切尔的"黄金时代"。但在经过2007年金融危机的教训之后，资本主义仍然在放任自由主义的延长线上滑行，贫富差距依然不断加剧，阶级裂痕仍在日益深化，正在危及西方国家根本的社会政治基础。

对资本主义的不满往往激发左翼思想的回潮。英国《卫报》6月刊登著名记者安迪·贝克特的长文《新的左派经济学》，介绍了一个"跨大西洋的左翼经济学家运动，正在构建一种替代新自由主义的实践性方案"。[1] 对现实的不满是普遍的，连英国保守党财政大臣菲利普·哈蒙德也承认，市场经济如何运转的理论与现实之间的裂痕已经打开了，"有太多的人感到这个体系对他们不利"。许多左翼经济学家认为，当今资本主义出现了类似20世纪30年代危机的前兆，

---

[1] Andy Beckett, "The new left economics: how a network of thinkers is transforming capitalism," *The Guardian*, June 25, 2019.

开始了各种新的构想和规划,从主张社区财富自治的"社区所有制",到追求更平等的经济权力的"民主经济"等等。其中一部分人属于工党影子内阁财政大臣约翰·麦克唐纳组织的网络,为工党的左翼经济政策提案出谋划策。还有许多人活跃在这个网络之外。

左翼经济思潮也在美国发生影响。皮尤中心6月发布的民调显示,美国人当中仍然有55%的比例对"社会主义"持有负面态度,但表达正面观点的人群比例已经上升到42%(当然,美国人心目中的"社会主义"更接近北欧的社会民主主义)。[1]在民主党候选人竞争下届美国总统的初选辩论中,如何应对不平等成为一个重要议题,出现的提案包括财富税(Wealth Tax),加大所得税区间的税率差,提高遗产税,以及更完善的社会保障体系等等。《纽约客》10月发表报道披露,联邦参议员伊丽莎白·沃伦的财富税方案受到了托马斯·皮凯蒂名著《21世纪资本论》的启发,而具体方案的设计者是三十四岁的法国经济学家加布里埃尔·祖克曼,他是皮凯蒂指导的博士和密切合作者。[2]

新一期《外交事务》(2020年1/2月号)发表专辑"资本主义的未来",旨在清算它"正在面临的自身缺陷"。其中,著名经济学家约瑟夫·斯蒂格利茨、托德·塔克和祖克曼合作发表文章,谴责富豪精英们利用体制保护自己的利益,揭示种种危机的征兆,但他们的解决方案仍然是大幅增税,坚持"资本主义的拯救取决于税收"。更为激进的英国左翼经济学家米亚塔·法恩布拉认为,资本主义已经耗尽了其潜力,现在需要社会主义的方案才能适应当代

---

[1] Pew Research Center, "Stark partisan divisions in Americans' views of 'socialism,' 'capitalism'," June 25, 2019.
[2] Benjamin Wallace-Wells, "The French Economist Who Helped Invent Elizabeth Warren's Wealth Tax," *The New Yorker*, October 19, 2019.

世界的现实。[1]

美国历史学家杰里·马勒则表达了对激进左翼方案的质疑。他批评"巴黎经济学派"（皮凯蒂和祖克曼等）支持的沃伦和伯尼·桑德斯的财富税方案，称之为"新社会主义运动"，已经越过社会民主派的传统边界，断定这场激进运动将严重损害投资与企业创新的能力。他指出，从亚当·斯密开始，资本主义最伟大的捍卫者都承认有必要克服其弊端，以此维护政治安定与社会和谐。而资本主义最伟大的批评者，也总是敬佩其惊人的增长和创新能力，成功的进步运动从来都致力于"驯化市场"，而不是废除它们。然而，"新社会主义者们"的计划与此不同。他们厌恶不平等现象，但解决方案就是简单利索地"剔除顶端的离群值"。他们漠不关心企业是否能保持活力，以及能否将其收益用于公共投资。"他们不关心鹅的健康，因为他们的经济学家假设，金蛋的供应是无止境的。"马勒将这场运动称为"妄想"。[2]

美国民主党候选人提名的竞争还在进行之中，财富税等平等主义提案的前景需要由选民来决定。在法国，马克龙总统已经在2017年的经济改革方案中取消了财富税，而在民众抗议运动之后仍然坚持不能恢复，理由是"鼓励投资和确保劳有所获"。英国议会选举中工党遭受重创有多重原因，但左翼的经济方案显然还需要对选民形成足够的感召力。

思想具有改变历史进程的力量，但左翼思想的历史实践记录并不令人乐观。贝克特在文章中回顾，在20世纪30年代经济衰退到第二次世界大战之后的时期，许多商界领袖认识到需要一种更加平等的经济，并与工党建立密切合作。但随着经济与社会逐渐稳定，

---

[1] Editor, "What's Inside: The Future of Capitalism," *Foreign Affairs*, January/February 2020 Issue.
[2] Jerry Z. Muller, "The Neosocialist Delusion," *Foreign Affairs*, January/February 2020 Issue.

撒切尔主张的右翼方案便显示出更强的吸引力，商界人士也随即改变了立场。那么，左派如何才能让人们抵御右翼政策的诱惑？追求的目标究竟是"终结"还是"转变"人们所熟悉的资本主义？对此新的左翼经济学家们仍然存在分歧。

在贝克特的报道中，有一个更值得关注的线索。几位年轻的左翼经济学家提出了新的"以社会为中心"的视角：寻求一种"适应社会的经济"而不是"屈从经济的社会"。他们期待出现一种不同以往的"更为良性的资本主义"，这是一种以社会为中心的"新的世界观"。[1]

让经济学回归社会也是皮凯蒂的努力。他不久前出版了新著《资本主义与意识形态》[2]（法文版，英文版于 2020 年出版）。米兰诺维奇在书评中谈到，皮凯蒂学术研究的特征体现为一种"方法论的回归"，就是重返经济学原初和关键的功能——"阐明利益并解释个人和社会各阶级在他们日常（物质）生活中的行为"。而半个世纪以来经济学的主导范式，却是把所有人都当作利益最大化的抽象行为者，"从经济学中清空了几乎所有社会内容，呈现了一种既抽象又错误的社会观"。[3]

也许，缺乏社会内容的经济学，恰恰呼应着四十年来漠视社会的资本主义模式，这才是资本主义根本的病症。

在 2019 年的思想讨论中，一个反常识的事实正在浮现。人们熟知的常识是，在资本主义体系中追求平等理想是极其困难的，因为平等主义与资本主义具有内在矛盾。但这种常识掩盖了一个被忽视

---

1　Andy Beckett, "The new left economics: how a network of thinkers is transforming capitalism," *The Guardian*, June 25, 2019.

2　Thomas Piketty, *Capital and Ideology*, trans. by Arthur Goldhammer (Harvard University Press, 2020).

3　Branko Milanovic, "Thomas Piketty's New Book Brings Political Economy Back to Its Sources," *The ProMarketBlog* (https://promarket.org/), September 6, 2019.

已久却重要的事实：在现代条件下，资本主义必须依赖最低限度的社会平等才可能维系，否则将无法存活，更遑论繁荣。原因并不复杂，资本主义需要社会的存在，而社会的整合依赖基本的平等。如果贫富差距过于悬殊，终将造成社会的分裂甚至崩解，那么资本主义也将因无处安身而瓦解。

严重的不平等会导致社会的崩解吗？西方社会的分裂和政治极化与近年来民族主义和民粹主义的兴起有关。对这些现象的成因，学术界存在不同的解释。而皮凯蒂更强调其经济根源而不是文化（身份）原因。他在《欧洲与阶级分化》一文中指出，英国的低收入人群中有70%支持脱欧，但他们并不比精英阶层更加排外。更简单的解释是，欧盟经济以区域间竞争为主，这有利于流动性最强的富裕阶层，如果不消除严重的不平等，民族主义的分裂社会的效应将会持续下去。民粹主义也是如此。[1] 在《资本主义与意识形态》中，皮凯蒂研究发现，半个多世纪前西方左翼政党推进的社会民主派议程相当成功，这使他们所代表的经济中下层人口中，有相当一部分实现了向上流动，成为教育良好和较为富裕的中产或中上阶层。但这改变了左翼政党内部的社会结构，成功向上流动的左派领袖们成为新的精英，皮凯蒂称之为"婆罗门左派"，脱离了那些未能改变命运的下层群体，使后者沦为"不被代表的"（unrepresented）人，这是滋生民粹主义的重要力量。[2]

"不被代表的"人群，恰恰代表了人口中相当比例的"被淘汰出局的人"、"被迫懒惰的人"、"被遗忘的人"和"失去尊严的人"，他们被排除在任何有意义的"自由竞争"游戏之外，身处同一国度，

---

[1] Thomas Piketty, "Europe and the class divide" (https://www.versobooks.com/blogs/4536-europe-and-the-class-divide), December 19, 2019.

[2] Thomas Piketty, "Brahmin Left: New Euro-American Cleavages," in *Capital and Ideology*, chapter 15.

却感到自己是"祖国的陌生人"。被排斥的群体会通过民主政治所有可能的方式表达他们的绝望、愤怒以及反抗,终将开启一场"新的阶级战争"——这是迈克尔·林德教授最新著作的书名。[1]

当前西方一些国家已经出现这种危险的征兆,成为左派、中间派和保守派共同关切的问题。因此,即便资本主义的捍卫者可以对(左派诉求的)平等的内在价值无动于衷,也无法忽视平等对于维系社会基本完整性的工具性意义。"资本主义依赖平等"这个反常识的事实正逐渐逼近人们的视野,而平等的"最低限度"也必定高于半个世纪前的水平。

当资本主义的不平等危及社会整合本身的时候,反思与约束资本主义的"无社会"甚至"反社会"倾向的努力正在兴起。2019年出现了多种在"资本主义"之前附加限定词的构想,探索具有约束性的(包括"人民的"、"共同善的"、"利益攸关者的"以及"以人为中心的")资本主义新模式呈现为一种趋势。

在《外交事务》的专辑中,尤其值得关注的是米兰诺维奇的文章《资本主义的冲突》(这也是他新著《唯有资本主义》的缩减版)。[2] 对于现代西方的资本主义,他做了三个历史阶段的类型划分:最初是19世纪兴起的古典资本主义,随后是从第二次世界大战时期到20世纪80年代初盛行的"社会民主主义的资本主义"(social democratic capitalism),曾主导了西欧和北美的福利国家制度,最后的阶段是晚近四十年的"自由优绩制的资本主义"(liberal meritocratic capitalism)。他认为,在优绩制资本主义中,社会要比古典资本主义时期更加平等,女性和少数族裔被赋予更大权力进入劳动力市场,福利条款和社会转移支付也被用来促进平等,减缓了财富与特权集

---

[1] Michael Lind, *The New Class War: Saving Democracy from The Managerial Elite* (Portfolio, 2020).

[2] Branko Milanovic, "The Clash of Capitalisms," *Foreign Affairs*, January/February 2020 Issue.

中所造成的最严重破坏。这些措施继承了其前任社会民主主义版本的做法。

但是，在全球化和新技术的影响下，经济不平等开始增加。资本收入在总收入中的占比一直在上升，这意味着资本和资本家正变得比劳动力和工人更重要。在美国，最富有的 10% 人群拥有超过 90% 的金融资产，而美国的基尼系数从 1979 年的 0.35 上升到今天的 0.45 左右。上层阶级有优异的教育背景，收入也往往很高。他们相信自己赢得的地位是源自他们的"优绩"，但这掩盖了他们从体制和社会趋势中获得的优势。精英阶层通过金融资本的代际转移，以及对子女教育的巨大投资，导致了"统治阶级的再生产"。

这些观察与马科维茨的看法相似，但米兰诺维奇同时强调了全球化的影响，包括工会的削弱、制造业工作的流失以及工资的停滞。相当一部分大众感到几乎没有从全球化中获益，因此将全球贸易和移民涌入视为自己苦境的根源，这与少数精英的感受有极大的差异，结果是严重的社会对立。精英阶层变得更加隔离戒备，而社会其他阶层越发怨恨。

在米兰诺维奇看来，对于自由优绩制的资本主义，最严重的危机在于"一个自我永续的上层阶级的出现，伴随着日益加剧的不平等"。它未来的命运取决于是否能够进一步演化，进入一个"更先进的阶段"，米兰诺维奇称之为"人民的资本主义"（people's capitalism）。在这个阶段中，资本收入和劳动收入之间应当有更平衡的分配。这将要求"拓宽资本所有制"，远远超出目前 10% 的顶层人口。同时，需要让顶级学校和高薪工作变得更加开放，不受家庭背景的影响。在应对不平等的问题上，人民的资本主义与早前的社会民主主义有相似之处，但主要着眼于寻求在金融资产和技能方面提升平等，而不是收入的再分配。与后者不同，前者只需要温和的再分配政策，因为社会已经达成了更充分的基线平等（baseline of equality)。为实现更大的平等，仍然"应当发展税收的激励措施，来鼓励中产阶级持有更多的金融资产，对非常富有的人群征收更高的遗产税，改善免费公共教育，并建立公共资助的选举竞争"。这些措施的累积效果将会使"资本和技能的所有权"在社会中更加分散。

左翼经济学家在倡导"人民的资本主义"，而保守派的政治人物提出了"共同善的资本主义"（common-good capitalism），出自美国共和党联邦参议员马尔科·卢比奥。[1] 他 11 月在一所大学的演讲中，抨击了自由放任主义那种"不加以引导的市场会解决我们的问题"的观念，认为这种老办法根本行不通，因为它无法建立劳资双方在义务和权利之间的平衡关系。虽然"老办法"可能会带来 GDP 和利润的增长，但它本身不会带来"有尊严的工作"。他批评当前的政府政策只追求经济增长，指出"这种增长常常只能让股东受益"，却牺牲了新的工作和更好的薪酬。卢比奥对当前政治的左右两派都表达了不满，因为右派只注重维护商界谋利和股东投资回报的权利，却忽视他们对于工人和国家应有的义务，同时也忽视了工人分享收益的权利；而左派热烈呼吁每个人获取收益的权利，也强调商人有义务分享他们的成功，却很少谈论工作的义务和商业界的权利。卢比奥所构想的"共同善的资本主义"是"一个自由企业的体制"，其中劳资双方都享有权利也履行义务："工人履行他们工作的义务，也享受他们工作的收益。与此同时，企业享有创造利润的权利，也要将足够的利润重新投资来为美国人创造有尊严的工作。"

卢比奥敏感于"缺乏有尊严的工作"不只是经济问题，还有深远的文化与政治影响。目前的资本主义将造成人群的对立、社会的

---

[1] Marco Rubio, "Catholic Social Doctrine and the Dignity of Work" (Catholic University of America), November 5, 2019 (https://www.thepublicdiscourse.com/2019/11/58194/).

衰败和国家的分裂。因此，他声称自己的目标并不是在左右之间开辟"第三条道路"，而首先是防止这个国家的瓦解。如果需要治理的国家将不复存在，那击败政治对手的竞争也毫无意义。致力于"共同善"和社会的融合，以及强调权利与义务的平衡等，都是社群主义思想的传统口号。卢比奥试图以社群主义的老办法来约束放任资本主义的努力未必奏效，但他明确地意识到当下的危机及其紧迫性。

克劳斯·施瓦布是"世界经济论坛"的创始人和执行主席，12月在 Project Syndicate 发表文章《我们想要什么样的资本主义？》。[1] 他选择的答案是"利益攸关者资本主义"（stakeholder capitalism），这是他在 1971 年首次提出的概念。施瓦布认为，资本主义存在三种不同的模式，西方企业奉行的是"股东资本主义"（shareholder capitalism）模式，其根本目标是追求利润，在新兴市场兴盛的模式是"国家资本主义"（state capitalism），其特点是由国家制定经济发展的方向。而他所倡导的"利益攸关者资本主义"与前两种模式不同，是将"私营企业视为社会的受托人（trustees of society）"。文章批评了主流的"股东资本主义"追求短期和狭隘的利益，论证在当前新的社会与环境的挑战下，他主张的这种"更具社会意识"的经济模式是回应这些挑战的最佳方法。

施瓦布正在准备一份新的《达沃斯宣言》，包括三项指标。首先是确立包括"环境、社会和治理"（ESG）要素在内的"共享价值的创造"，作为企业标准财务指标的补充。第二项指标是调整企业高管的薪资，依据的标准是决策能否促进长期的共享价值的创造，而不只是符合股东利益（这造成过去高管薪资的飞速增长）。最后要求大企业理解，它们自身就是"我们共同未来的主要利益攸关者"，必须

---

[1] Klaus Schwab, "What Kind of Capitalism Do We Want?" *Project Syndicate* (www.project-syndicate.org), December 2, 2019.

发挥其核心能力、创业精神和专业技术，与其他利益攸关者携手合作，共同改善世界状况。

参加美国民主党总统候选人提名的杨安泽，在初选竞争中提出了"以人为中心的资本主义"（Human-centered Capitalism）。他反对"重利轻人"的主流经济模式，认为"劳动力参与率"（labor force participation rate）、"收入中位数"以及"寿命预期"这些指标要比传统的失业率和GDP更准确地衡量经济的健康发展。在他的竞选策略中，最受人瞩目的是"自由红利"（Freedom Dividend）提案，承诺给每个十八岁到六十四岁之间的美国人发放每月一千美元的"全民基本收入"（UBI）。这个方案听上去匪夷所思，但他以（被美国人迷信的）亚裔数学能力论证了其可行性。自由红利的一个重要来源是向亚马逊、谷歌等科技巨头公司征收增值税。[1]

在美国人的常识中，加税是传统左派的方案，但杨安泽的思路与此不同。他以阿拉斯加州政府给本州居民发放的津贴作对比，这项津贴来源于石油公司的部分利润。因为油田本身是该州居民的共同财产，由此获得的利润理应分出一部分让共同财产的每一个所有者（无论贫富）共同受益，它的正当性依据完全不同于所谓"劫富济贫"的加税。以此类比，高科技公司使用了我们每个人的"数据"，由此获得的利润也理应由用户共享。值得注意的是，杨安泽在竞选中提出了"数据财产权"的概念，主张"数字数据应当被当作一种财产权（property right）"。[2]虽然杨安泽没有充分论述全民基本收入与数字财产权之间的关联，但在他竞选网站关于"数据作为财产权"的陈述中包括三项主张，其中之一就是主张"让人们分享由于他们

---

[1] Sy Mukherjee, "Meet Andrew Yang, the Democratic Candidate Who Wants to Give You $1,000 Each Month," *Fortune* (https://fortune.com/), June 28, 2019.

[2] Marty Swant, "Andrew Yang Proposes Digital Data Should Be Treated Like A Property Right," *Forbes* (https://www.forbes.com/), October 1, 2019.

的数据产生的经济价值"。[1]这蕴含了一个新颖的理念：企业在创造经济价值的时候，使用了网民们有形或无形的共同财产，由此获得的利润应当无差异地让所有相关者分享。这是一种基于共同所有权的普遍受益观念，不同于传统左派的思路。所以，杨安泽有理由宣称自己"不是左派也不是右派，而是前进派"（Not Left, Not Right, Forward）。无论他是否成为民主党最终提名的总统候选人，"以人为中心的资本主义"的理念和全民基本收入的提案将被人铭记。

卡尔·波兰尼在1944年出版的名著《大转型》中曾指出，经济原本嵌入社会之中，现代市场经济的发展将劳动力、土地和货币等要素从社会"脱嵌"出来，使市场成为脱离社会而自行运转的机制，经济也从其作为"社会生计策略"的实质性含义，转变为"理性决策"的形式含义，形成了危及社会的资本主义经济。[2]

波兰尼的分析诊断有许多可疑之处，更不用说他构想的拯救方案了。然而，在此后七十五年资本主义的演化进程中，他提出的问题总会有再次引人注目的时刻。或许，当下的西方社会正在面临一个"波兰尼时刻"。而最低限度的平等——让人们达到准入门槛，迈入有希望的公平竞争，并从中普遍受益的基本平等——成为维护社会融合的一项不容忽视的要求。

资本主义在历史上曾不断面对平等主义的挑战，也在这种挑战的压力下演化更新。西方主流思想将激进平等主义视为乌托邦式的幻想，对其可能的灾难性后果始终抱有警觉。然而，注重机会平等的自由竞争，若完全无视相对的结果平等，也很可能造成另一种灾难。当今的资本主义再次面临平等主义的巨大压力，如何应对这场考验关乎其命运。

---

[1] "Data as a Property Right" (https://www.yang2020.com/policies/data-property-right/).
[2] Karl Polanyi, *The Great Transformation: The Political and Economic Origins of Our Time* (Beacon Press, 2001).

## 2019年的获奖者与辞世者

霍尔堡国际纪念奖主要奖励在人文社科领域做出杰出贡献的学者。2019年霍尔堡奖由英国学者保罗·吉尔罗伊（Paul Gilroy）获得。他在英国伯明翰大学的当代文化研究中心获得博士学位，曾任教于伦敦大家、耶鲁大学等高校。他的主要研究领域为当代文化研究，并长期关注种族问题的研究。代表作有《黑色大西洋：现代性和双重意识》《小行动：关于黑人文化政治的思考》《身份政治：从表层到小政治》《反对种族：超出肤色界限的想象的政治文化》。[1]

坦普尔顿奖旨在鼓励科学与宗教的对话。2019年该奖由著名理论物理学家马塞洛·格莱泽（Marcelo Gleiser）获得。他任教于美国达特茅斯学院，长期关注科学与精神世界的联系。对于宗教问题，他持不可知论，强调人类知识的有限性。除进行学术研究外，他撰写了多部科普著作，让他收获了广泛的知名度。代表作有《求知简史：从超越时空到认识自己》《宇宙中紧迫的现实》等。[2]

2019年2月10日，美国学者罗德里克·麦克法夸尔（Roderick MacFarquhar）逝世，享年八十九岁。他是国际知名的历史学家及政治学家、中国问题专家，曾任教于哈佛大学政府系，担任过费正清研究中心主任，主编了《剑桥中华人民共和国史》。

2月20日，爱尔兰最有影响力的历史学家之一大卫·菲茨帕特里克（David Fitzpatrick）逝世，享年七十一岁。他曾任教于都柏林三一学院，著有《政治与爱尔兰生活：战争与革命的地方经验》等。

2月24日，知名历史学家唐纳德·基恩（Donald Keene）逝世，

---

[1] https://holbergprisen.no/en/holbergprisen/prize-winners/paul-gilroy.

[2] https://www.templetonprize.org/laureate/marcelo-gleiser/.

享年九十七岁。他曾任教于哥伦比亚大学，以研究日本历史与文学见长，并翻译了众多日本文学著作。代表作有《日本文学史》《日本人的美意识》等。

3月12日，曾任美国历史协会主席的知名历史学家约瑟夫·米勒（Joseph Miller）逝世，享年八十岁。他是弗吉尼亚大学名誉教授，研究主要聚焦是非洲历史和近代以来非洲奴隶贸易问题，著有《死亡之路：商人资本主义与安哥拉奴隶贸易》等。

3月21日，比利时学者马塞尔·德蒂安（Marcel Detienne）逝世，享年八十四岁。他曾任教于约翰·霍普金斯大学，在古希腊研究领域颇有建树。代表作有《希腊人的献祭美食》等。

5月6日，美国历史学家约翰·卢卡奇（John Lukacs）逝世。享年九十五岁。他曾任教于费城栗山学院，在历史研究中对民粹主义有深刻的反思。他的观点在《民主与民粹主义：恐惧与仇恨》一书中有清晰体现。

7月19日，匈牙利哲学家阿格妮丝·赫勒（Agnes Heller）逝世，享年九十岁。她年轻时师从著名哲学家卢卡奇，后成为知名马克思主义思想家，东欧新马克思主义代表人物之一，也是日常生活批判理论的代表学者之一。她在政治哲学、伦理学、文化批评领域皆有著述，代表作有《超越正义》《日常生活》《现代性理论》等。

7月26日，英国哲学家布莱恩·麦基（Bryan Magee）逝世，享年八十九岁。他曾任职于牛津大学沃夫森学院，因致力于哲学的普及传播而闻名于世。除了知名学者的身份外，他还曾是活跃于大众传媒的知名广播电视主持人。他曾邀请多位思想家进行访谈对话，录制了名为"思想家"的节目，该节目整理成书后，畅销全球，对于哲学的普及产生了深远的影响。

8月5日，非裔美国作家托妮·莫里森（Toni Morrison）逝世，享年八十八岁。她的作品以反映美国黑人生活著称，曾在多所高校主讲黑人文学,并获得了1993年诺贝尔文学奖。代表作有《最蓝的眼睛》《所罗门之歌》等。

8月24日,美国学者李敦白(Sidney Rittenberg)逝世,享年九十八岁。他青年时加入美国共产党,后来到中国,加入中国共产党,并曾任职于中央人民广播电台。他在中国工作生活了三十余年,是众多历史事件的亲历者。代表作有《红幕后的洋人:李敦白回忆录》。

8月31日,享誉世界的著名学者、思想家伊曼纽尔·沃勒斯坦(Immanuel Wallerstein)逝世,享年八十九岁。他是新马克思主义的代表人物,在哲学、历史学、社会学、国际关系研究等领域均有非常重要的理论贡献。他所提出的世界体系理论对学术界产生了重大而深远的影响。他著作等身,《现代世界体系》是具有里程碑意义的研究成果。《所知世界的终结:21世纪的社会科学》《否思社会科学:19世纪范式的局限》等作品也影响广泛。他被誉为20世纪美国最重要的社会理论学者之一。

9月5日,加拿大历史学家德斯蒙德·莫顿(Desmond Morton)逝世,享年八十二岁。他曾任教于麦吉尔大学历史系,著有《加拿大与战争:军事和政治史》《加拿大劳工》《加拿大简史》等。

10月25日,德国历史学家鲁道夫·瓦格纳(Rudolf G. Wagner)逝世,享年七十八岁。他曾任教于海德堡大学汉学系,欧洲汉学会秘书长。他主要从王弼的《道德经注》入手,研究中国古代的文化与政治。曾获得1993年度莱布尼茨奖。

11月20日,美国学者玛丽莲·亚隆(Marilyn Yalom)逝世,享年八十七岁。她以女性研究见长,关注女性身体的历史、婚姻历史中女性的地位演变等。她长期任职于斯坦福大学克莱曼研究所,著有《女皇驾到:西洋棋王后的历史》《妻子的历史》《闺蜜:女性友情史》等。

11月30日,英国历史学家迈克尔·霍华德(Michael Howard)

逝世，享年九十七岁。他先后任教于伦敦国王学院、耶鲁大学等院校，是欧洲战争史方面的研究权威，著有《欧洲历史上的战争》《普法战争》等。

11月30日，美国历史学家布莱恩·蒂尔尼（Brian Tierney）逝世，享年九十七岁。他以研究欧洲中世纪史著称，聚焦中世纪政治思想和教会法律等。他长期任教于康奈尔大学，曾任美国哲学学会会员。他著作等身，代表作有《自由与法律：宽容自然法的理念》《自然权利的观念：关于自然权利、自然法与教会法的研究》等。

11月30日，韩裔美国哲学家金在权（Jaegwon Kim）逝世，享年八十五岁。他是布朗大学名誉退休教授，在心灵哲学界享受世界级声誉。他对心－身随附性关系的研究在心灵哲学界具有里程碑的意义，代表作有《随附性与心灵》《心灵哲学》《物理世界中的心灵》等。

12月2日，美国历史学家罗伯特·马西（Robert K. Massie）逝世，享年九十岁。他长期致力于俄国罗曼诺夫王朝的研究，著有《尼古拉斯与亚里山德拉》《罗曼诺夫家族：最后的篇章》《凯瑟琳大帝：女人的画像》等，曾获普利策奖。

# 2018年

"有何胜利可言？挺住就是一切！"里尔克的名句像最低沉的新年钟声，在2018年的尾声中唤起共鸣。人们默想的心事各自不同，感怀的心绪却有相似的苍凉。

一年多之前，《经济学人》在年度展望中预言："世界各地的人们都在尽力摆脱政治紧张和技术狂热，2018年将会是刺激神经的一年。"[1] 随后，《纽约时报》也有文章预言，"存在一种更深刻、更令人不安的确然性：许多可能非常疯狂的事情将会发生在2018年"，我们正在进入"混沌成为新常态"的时期。[2] 正如被告知的那样，欧美各国经历了持续动荡与纷争不断的2018年。辞典网（Dictionary.com）评选的年度词汇是"Misinformation"（误报信息），而牛津词典的选择是"Toxic"（有毒的）。[3] 令人沮丧的消息接踵而至，以至于"谷歌助手"适时推出了一项新功能——"告诉我一些美好的事情吧"（tell

---

[1] Daniel Franklin, "The World in 2018," *The Economist*, November 22, 2017.

[2] Farhad Manjoo, "In 2018, Expect Chaos To Be the New Normal," *The New York Times*, January 4, 2018, p. B1.

[3] "The meaning of the words of the year," *The Economist*, December 6, 2018.

me something good），鼓励各地人们从日常生活中搜寻微小的好消息，集聚起正面的力量，来驱逐浓重的阴霾。[1]但类似的努力只带来些许短暂的慰藉。12月下旬，《经济学人》发表文章指出，世界各地都弥漫着怀旧情绪，原因则各有不同。发达国家的多数民众感到今不如昔，陷入一种"无所不在的、险恶的衰落感"之中。[2]

可见，在《西方的没落》出版一百周年的今天，斯宾格勒所激发的文化悲观主义情绪仍然深深困扰着西方社会。"西方衰落论"或许从未衰落，而"历史终结论"似乎已经终结，这曾让旁观者浮想联翩。

混沌也将成为西方思想的新常态。所有的神话似乎都烟消云散了，积极的公民在愤怒之中，消极的民众非佛即丧。放眼望去，显赫的政要不是好高骛远、幼稚无能，便是独断任性、堕落腐败。每一种宏大理论要么已经死去，要么就在垂危之中。新鲜的话语层出不穷，却如昙花一现，只带来转瞬即逝的希望。

里尔克在同一首诗中还写道，"所有发生过的事物，总是先于我们的判断，我们无从追赶，难以辨认"。是的，最令人惶恐的处境并非动荡与纷争本身，而是深陷其中却无从辨识、无力把握，于是茫然失措。认知坐标的迷失、判断依据的错乱，或许是时代肖像真正阴郁的侧影，而对时代的思考与辨析是"挺住"的一种实践。

## 动荡世界中的思想迷宫

过去一年的世界动荡不安，但这并不是什么新消息。往年如此，

---

[1] Amit Chowdhry, "Google Assistant: Say 'Tell Me Something Good' To Brighten Your Day," August 22, 2018 (https://www.forbes.com/sites/amitchowdhry/2018/08/22/hey-google-tell-me-something-good/).

[2] "The world is fixated on the past," *The Economist*, December 22, 2018.

来年仍将如此。更值得注意的现象是主导阐释框架的瓦解，各种思路形成"范式竞争"的纷乱格局：所谓的"自由国际秩序"是否濒临崩溃？大国竞争如何避免"修昔底德陷阱"？世界是否进入了"新冷战"时代？美国对"高尚国家"联盟的呼吁是一种新的国际战略构想吗？即便你研读了近百篇最有声誉的报刊评论与学术文献，获得的感知可能依然是凌乱不堪。世界局势扑朔迷离，专家学者莫衷一是，成为 2018 年西方思想的一个显著征兆。

在这一凌乱的局势中存在一个普遍的消极共识，即主导国际关系的既有秩序已经开始失效。《外交事务》杂志曾对三十二位专家作问询调查，其中有二十六位相当肯定或非常确认"自由秩序处在危险之中"。[1] 美国对外关系委员会主席理查德·哈斯感叹，"正在隐退的自由世界秩序既不自由，也不具世界性，而且没有秩序可言"，可以"安息了"。[2] 无论将既有秩序的危机归咎于主导者的无能或是"修正派"和"拒绝派"的颠覆，失序的危险已经迫近，冲突和对抗成为国际视野的焦点。"修昔底德陷阱"与"新冷战"等议题应运而生。这两种论述虽有关联，却是相当不同的阐释思路，前者着眼于力量对比来解释冲突的演变，后者则主要基于政体形态来推测对抗的可能性。

历史上崛起大国与守成大国为争夺霸权而竞争，难得实现和平的权力转移，往往陷入战争的结局，是谓"修昔底德陷阱"。这个术语在时下的国际评论中颇为流行，被《金融时报》选入"2018 年度词汇"系列，但并不是新名词。早在 2011 年 1 月，中美两国时任元首在华盛顿会面，《纽约时报》对此发表评论，其中专门介绍了哈

---

[1] "Is the Liberal Order in Peril?" *Foreign Affairs* Online (https://www.foreignaffairs.com/ask-the-experts/liberal-order-peril).

[2] Richard N. Haass, "Liberal World Order, R.I.P.," *Project Syndicate* (www.project-syndicate.org), March 21, 2018.

佛大学教授格雷厄姆·艾利森创造的这一概念，但当时的评论抱有审慎的乐观预期，如其标题所言："超级大国与后起新贵：有时结局不错"。[1] 时隔七年，乐观的基调转为紧迫的危机意识。艾利森的新著使用了相当惊悚的书名《注定一战》，一年之后就出版了中译本。[2] 但艾利森并不是主战派，他的警世危言旨在防止大国在竞争的恐惧与误判中落入战争的陷阱。他试图论证，避免陷阱仍然是可能的，虽然在历史上只有四分之一的成功先例，但我们可以从历史的经验教训中获得有益的启迪。

然而，对于中美两国的竞争而言，艾利森提供的两个现代成功案例都没有多少示范意义。英国能够和平地将国际领导权转交美国，依赖于文化相似性这一相当苛刻的条件，完全不适用于中美关系。正如他自己在书中坦言的那样，"被一个拥有共同价值观的竞争对手击败是一回事，而被一个价值观迥异的对手超越则的确是另外一回事"。[3] 在意识形态相左的情况下，艾利森列举苏联与美国的争霸作为避免陷阱的成功案例。他先后在《国家利益》网站和《金融时报》发表两篇文章，推崇肯尼迪总统在五十五年前的演讲中提出的战略，主张"安护多样性的世界"（the world safe for diversity），这区别于威尔逊总统倡导的"安护民主的世界"（the world safe for democracy）。肯尼迪从来没有放弃他的反共立场，但却愿意"与敌手共存"，从"为民主而战"转向"为守护和平而容忍多样性"，期望不同的政体之间展开和平竞赛，最终让时间来裁决哪一种制度最为可取。这其实也契合了赫鲁晓夫的"三和路线"（"和平过渡"、"和

---

1  David E. Sanger, "Superpower and Upstart: Sometimes It Ends Well," *The New York Times*, January 23, 2011, p. WK1.
2  Graham Allison, *Destined for War: Can America and China Escape Thucydides's Trap?* (Houghton Mifflin Harcourt, 2017). 中译本为《注定一战：中美能避免修昔底德陷阱吗？》，陈定定、傅强译，上海人民出版社，2019年。
3  [美]格雷厄姆·艾利森：《注定一战：中美能避免修昔底德陷阱吗？》，第200页。

平竞赛"与"和平共处")。艾利森认为,肯尼迪这一"深刻的思想"为"当今正在应对修昔底德陷阱的美国和中国提供了线索"。[1] 约瑟夫·奈和杰弗里·萨克斯等知名学者也撰文论述肯尼迪演讲对当下的借鉴意义。[2]

但是,肯尼迪的战略思想会对谁有吸引力?当年那场"和平竞赛"以苏联解体告终,这究竟是"有益的经验"还是"惨痛的教训"则取决于解读的视角。何况,今天的守成大国还会有耐心等待半个世纪吗?而崛起大国会甘愿退守次强来取悦霸权大国吗?也许,将昔日的美苏争霸作为当前中美竞争的参照模板根本就是一种误会。对于艾利森来说,价值观冲突是他既无法回避又难以处理的问题。在他的论述中,冷战既是应对陷阱的一个方案(如果能避免升级为"热战"),又是滑向陷阱的险境(如果会使冲突不断激化)。艾利森的核心论旨在于,应当淡化政体与价值观的分歧,通过寻求"共同利益"来达成和平。

可是利益并不是与价值无涉的,也远不只是一些可明确计量的指标(比如贸易逆差)。那种抛开价值理念来谈论"只有永恒的利益"的所谓"现实主义"观点,不仅肤浅而且缺乏真正的现实感。如果利益的定义是对于自身而言的重要益处,那么利益只能在"何为重要之事"的价值框架中才能被塑造和理解,也就不可避免地受制于特定的意识形态图景。人类的"共同利益"在根本上无法独立于"共同价值"。搁置价值分歧的权宜之计缺乏可持续的有效性,在高度相

---

1 Graham Allison, "How JFK Would Have Confronted a Rapidly Rising China," *The National Interest* (https://nationalinterest.org), June 27, 2018; Graham Allison, "The US is hunkering down for a new cold war with China," *Financial Times* (https://www.ft.com), October 13, 2018.

2 Joseph Nye, "The Two Sides of American Exceptionalism," *Project Syndicate* (www.project-syndicate.org), September 4, 2018; Jeffrey D. Sachs, "From Exceptionalism to Internationalism" in *A New Foreign Policy: Beyond American Exceptionalism Hardcover* (Columbia University Press, 2018), Chapter 1.

互依赖的国际环境下越来越难以维系。避免修昔底德陷阱最终依赖于共同价值的塑造，这是极为艰难的事业，需要付出巨大的耐心和努力。

但美国已经失去耐心了——这是10月4日副总统彭斯在哈德逊研究所的演讲试图发出的信号，一个明确而危险的信号。彭斯认为，美国曾相信中国在向世界开放的过程中"将不可避免地成为一个自由国家"，但这种天真的希望落空了。在他看来，中国对美国的挑战不只限于经贸和技术领域，而且指向其价值理想。他明确表示，特朗普政府将不再继续以往的宽容放任政策，决意强硬地回应中国的挑战，以此"捍卫我们的国家利益和最珍视的理想"。[1] 彭斯讲话的强硬基调也是美国对自身挫折感的反弹。他所谓"乐观的希望"实际上是寄希望于中国在开放进程中发生"和平演变"。但四十年过去了，这个希望越来越渺茫。显然，西方政界与思想界的许多人士误判了中国的发展方向，他们低估了中国政府捍卫自身政治事业的抱负与意志。

《外交事务》杂志3/4月号发表《重估中国》一文，作者是奥巴马总统任期时的助理国务卿库尔特·坎贝尔和国家安全事务副助理伊利·拉特纳。文章检讨了美国对华"接触"政策的失误，承认这种政策基于一个错误的深层信念，即"美国的力量和霸权能够容易地将中国塑造为美国所期望的扩大"，而结果却是"美国的期望与中国的现实之间差距不断扩大"。两位作者最后建议，一种更好方案的起点是美国以"新的谦逊"来看待自身改变中国的能力，既不寻求孤立和削弱，也不试图去转变中国，而是将政策立足于对中国更为

---

[1] "Vice President Mike Pence's Remarks on the Administration's Policy Towards China," October 4, 2018 (https://www.hudson.org/events/1610-vice-president-mike-pence-s-remarks-on-the-administration-s-policy-towards-china102018).

现实的设想。[1]《外交事务》随后在 7/8 月号刊登专辑"美国误判了中国吗？"，包括王缉思、芮效俭、范亚伦（Aaron Friedberg）和约瑟夫·奈等多位学者，针对《重估中国》一文就美国的接触政策展开辩论，坎贝尔和拉特纳最后予以回应。学者之间仍然存在分歧。芮效俭指出，接触政策未必是在寻求以美国的形象来塑造中国，而是有其现实主义维度，对促进美国的利益是有所成效的。约瑟夫·奈认为，言称接触政策无法转变中国的观点，还需要更长的时间来检测。[2] 这一议题还引起了《国家利益》等杂志的后续讨论。[3]

实际上，美国的对华政策一直具有接触与围堵的双重性，在交错展开中时常陷入进退失据的困境：接触政策失效，因为和平演变希望渺茫；而围堵战略不再可能，因为中国已经全面进入西方经济体系的内部。彭斯在哈德逊研究所的演讲不只带有明显的围堵倾向，而且将反击从贸易纷争扩大到文化与政治领域，这令人回想起丘吉尔 1946 年 3 月的"铁幕演讲"，因此被一些评论家称为"新铁幕演讲"。随后，围绕"新冷战"的辩论再度成为焦点议题。

"新冷战"（也被称为"冷战 2.0"和"第二次冷战"）并不是新术语。早在 1998 年，美国外交家、围堵战略的倡导者乔治·凯南就将"北约东扩"视为"新冷战的开始"。此后近二十年间，"新冷战"的讨论主要围绕俄罗斯对欧美的挑战及其可能前景，尤其在 2014 年俄罗斯"收复"克里米亚的事件中成为热点。而近年来，"新冷战"的议题也开始针对中国。2018 年，《国家利益》杂志在 5/6 月号发表

---

[1] Kurt M. Campbell and Ely Ratner, "The China Reckoning: How Beijing Defied American Expectations," *Foreign Affairs*, March/April 2018 Issue.

[2] Wang Jisi; J. Stapleton Roy; Aaron Friedberg; Thomas Christensen and Patricia Kim; Joseph S. Nye, Jr.; Eric Li; Kurt M. Campbell and Ely Ratner, "Did America Get China Wrong? The Engagement Debate," *Foreign Affairs*, July/August 2018 Issue.

[3] James Curran, "How America's Foreign Policy Establishment Got China Wrong," *The National Interest* (https://nationalinterest.org), December 17, 2018.

长篇文章《美国对阵俄罗斯与中国：欢迎来到第二次冷战》，作者迈克尔·林德是"新美国"智库的联合创始人，也是许多著名报刊的撰稿人。[1]他从地缘政治、历史、外交、军事、经济和技术等多个角度全面分析了第二次冷战的可能，得出两个核心论点。首先，"第二次冷战的深层原因，是第一次冷战后美国寻求全球霸权，遭到了中国人与俄罗斯人的抵抗"；其次，"如果美国的胜利要被界定为达成美国的全球霸权而不顾他们的抵抗，尤其是中国的抵抗，那么美国将在第二次冷战中被打败"。林德认为，美国不可能实现那些"新冷战勇士们"谈论的目标，包括让中国接受美国在东亚的永久军事支配，接受由美国及其盟友（而没有中国参与）制定的世界贸易的各种规则，让俄罗斯默许北约在俄边界地带的永久存在，让俄罗斯将克里米亚归还乌克兰。

林德在文章最后提议，美国应当放弃全球霸权的目标，转向谋求新的全球"暂行协议"（modus vivendi），具有鲜明的多元主义和实用主义取向。在地缘政治方面，重新承认被放弃的"势力范围"划分，是缓解大国冲突更为有效的方式；而在经济方面，"取代华盛顿共识的不是北京共识，而是经济多元主义"。如果双边主义和"微多边主义"（minilateralism）符合更多国家的经济利益，那么抛弃为全球经济制定单一规则的方案也不足惜。林德认为，将美国利益等同于创造和维护"美国治下的世界和平"（Pax Americana）是愚蠢的，既会遭到对手的抗拒，也不会得到盟友的支持，"只有平衡自身的资源和承诺，美国才能够引领世界从新的冷战回到新的'冷和平'"。

林德的文章为"新冷战"勾勒出相对完整的轮廓，并提出了逆全球化背景下应对大国冲突的实用主义策略。而许多论者则质疑"新

---

[1] Michael Lind, "America vs. Russia and China: Welcome to Cold War II," *The National Interest*, No. 155, May/June 2018.

冷战"概念本身的恰当性，这种质疑有显而易见的论据。旧的冷战已经结束，解体的"苏联阵营"不可能重新集结，经济高度一体化的世界也不可能分裂为两个相对自足、彼此对抗的经济体。此外，除了美国之外，也没有国家热衷于输出自己的价值观念。简而言之，在政治、经济、地缘和世界观意义上全面对抗的两大阵营不复存在，因此"新冷战"是一个时代错置的概念。

的确，旧冷战的模式不可能重现，但"新冷战"成为受人关注的议题并非毫无缘由。政体形式与思想观念的竞争并没有随着苏联的解体而告终，所谓"冷战思维"也不会轻易淡出。美国感到自身面临的挑战，不仅来自经济与科技的新势力，而且嵌入了强有力的国家意识形态。被美国视为国际秩序的"修正派"势力正在有力地阻击它所主导的"自由国际秩序"进程——将第二次世界大战后在大西洋国家构建的"自由秩序"，逐步向全球扩展。当下，因于挫败感的美国尚未形成完整的应对战略，但新的国际议程可能已经在谋划之中，这一点也并非毫无踪迹可循。

12月4日，美国国务卿蓬佩奥在G20峰会刚刚结束后，便赶到布鲁塞尔的德国马歇尔基金会发表讲话。[1]他强调，特朗普的"美国优先"政策并不意味着放弃美国的领导作用，"恰恰相反，秉承我们伟大民主制的最出色的传统，我们正在集结全世界的高尚国家（noble nations）来建立一个新的自由秩序，防止战争并为所有人实现更大的繁荣"。整个演讲的主旨是改造"自由国际秩序"，因为原有的秩序已经失效。何以失效？演讲中有两个段落值得注意。他声称，"在冷战结束后，我们听任这个自由秩序开始受到侵蚀"，因此"某些坏分子（bad actors）利用我们缺乏领导力的机会为他们自己谋利，这

---

[1] Michael Pompeo, "Restoring the Role of the Nation-State in the Liberal International Order," December 4, 2018 (https://www.state.gov/secretary/remarks/2018/12/287770.htm).

是美国退却(retreat)所产生的恶果。特朗普总统决意逆转这个局面"。在此,蓬佩奥委婉地将部分责任归咎于美国几位前任总统。所谓冷战后的"听任"是暗指从克林顿到奥巴马执政时期的姑息放任政策,实际上导致了美国的"退却",出现了"缺乏领导力的机会",才让"坏分子"有了可乘之机。于是,蓬佩奥完全颠倒了外界的普遍印象:特朗普政府不是放弃而是真正担负起了强有力的领导角色,逆转以往软弱无力的"退却"局面。

建立"新的自由秩序"依据所谓的"有原则的现实主义"(principled realism),蕴含价值标准和利益诉求的双重性,方法是清理门户与排斥异端并举。

首先,以民族国家主权为核心,以双边主义方式重新谈判国际协议,放弃运转失灵的国际机制。"国际机构必须有助于促进合作,从而支撑安全和自由世界的价值观,否则它们就必须被改造或被取消。"因此,"本届政府将合法地撤出或重新谈判过时的或者有害的条约、贸易协定,以及其他不符合我们主权利益或者我们盟国利益的国际协议"。

其次,排斥和压制"违规者","当条约遭到破坏时,违规者必须受到反击,条约必须得到修改或被废弃"。

最后,他诉诸危机感,"我们所面临的威胁来自那些强势的国家和行为者,其野心是要以其自身不自由的形态来重塑国际秩序",因此"尤为迫切地呼吁"盟友拿出勇气。

蓬佩奥演讲的要义在于,重新确立盟友与对手的边界,号召"高尚国家"联合起来,"放弃幻想,准备战斗"。抛开既有的国际秩序重起炉灶,从过度扩张也过于包容的全球性国际机制中撤离,收缩到最初的大西洋国家圈及其可靠盟友,而申请加入"高尚国家"俱乐部的外部成员需要经过严格的资格审核。

这会是美国新战略的雏形吗?即便如此,也很难说这是特朗普的规划，还是美国共和党精英的构想。有趣的是，《经济学人》在12月发表的《再造自由主义》长篇宣言中，有一个段落与蓬佩奥的论旨有相似之处。文章指出，辞世不久的美国联邦资深参议员约翰·麦凯恩在十年前提出过一个"民主国家联盟"（league of democracies）的想法。这个联盟的成员"尊崇自由、民主的价值观，同时在这些问题上相互问责"，该文认为"这个想法值得重温"，这个联盟作为不同于联合国的另一个平台是"可信而有用的"。[1]

彭斯与蓬佩奥的演讲显示，美国正在改变"自由秩序"的含义和取向，从以往包容开放的全球主义，转向党同伐异的敌我划界；从信奉"人同此心，心同此理"的普遍价值，转向"非我族类，其心必异"的戒心。然而，雄心勃勃的"新自由秩序"最终可能是一厢情愿。特朗普的鲁莽与多变真的可以算作意志与灵活性的体现吗？执政以来对欧洲持粗鄙态度的特朗普，还有能力集结所谓的"高尚国家"吗？这种新的构想更可能导向"新无序"而不是新秩序，冲突和对抗可能进一步加剧。无论如何，卡尔·施米特的信徒们，以及宣告"历史终结论已经终结"的有识之士们，将会欣然见证历史斗争重新开启的一幕。

## 美国政治的战场

特朗普执政的第二年，在联邦政府部分关门的状态中落幕。这种状态延续至新年，创下了美国"政府停摆"最久的历史记录，或许还会再次停摆，也可能以总统宣布进入"国家紧急状态"而告终。《纽

---

[1] "A liberal world order to fight for" (the Part V of "Reinventing Liberalism for the 21st Century"), *The Economist*, September 15, 2018, pp. 52-54.

约时报》报道说，特朗普曾在浏览媒体大标题时感叹道，"我干得很棒，但每天都像一场战争！"[1]

特朗普是一名顽拗的斗士，而且格外痴迷于自己的"硬汉男人"形象。所谓"性格决定命运"之说并不全然可信，但一个强势元首的性格必定会影响其国家的命运。整个2018年美国政坛硝烟弥漫：从国际到国内，从"零容忍"非法移民到避难所中移民子女的处境，从"通俄门"调查到前私人律师迈克尔科恩被判刑，从移民问题到边境安全，从大法官任命到中期选举，从两党对峙到白宫内部的人事纠纷……事关政治的领域几乎全部演变为"战场"（battlefields）。

早在竞选期间，特朗普的好战品行就展露无遗，因此以上种种状况并不出人意料。只是当时有许多人相信，美国的立宪体制与公共领域具有强大的制约力量，终将驯化特朗普的"野性"与"任性"，使他转变成一个"规范的"总统。这种预期显然落空了。也许，第一夫人对其丈夫的见识更为真切。《华盛顿邮报》曾引述梅拉尼娅的原话说，"如果遭受攻击，他会猛烈十倍地予以还击"。[2] 所有制约力量在特朗普看来都是对他的个人攻击，激发他几乎本能的更为勇猛的反击，使他更偏离人们对正常总统的期望，从而导致更密集的质疑批评。

2018年伊始，作家迈克尔·沃尔夫推出《火与怒》；8月，前白宫通讯主任奥马罗萨·纽曼出版《精神失常》；9月，鲍勃·伍德沃德出版《恐惧：特朗普在白宫》。三本先后出版的畅销书，都揭露了

---

[1] Peter Baker and Maggie Haberman, "Isolated Leader Sees 'a War Every Day'," *The New York Times*, December 23, 2018, p. A1.

[2] Sarah Ellison, "Meet Melania Trump's enforcer. It's not her husband," *The Washington Post* (https://www.washingtonpost.com), December 10, 2018.

白宫惊悚慑人的内幕，引发舆论风暴。[1]三位作者风格颇为不同。沃尔夫笔法劲爆，长于秘闻轶事，颇有政治八卦色彩，让人半信半疑。纽曼的揭秘来自亲历证据，但她不是中立的观察者，她在白宫任职一年后被解雇，或有"复仇"之嫌。但伍德沃德则是声誉卓著的记者和作家，因早年与卡·伯恩斯坦一起报道"水门事件"而一举成名，撰写过八部以总统为题的书籍（从尼克松到奥巴马），曾两次荣获普利策新闻奖。《恐惧：特朗普在白宫》一书以严谨扎实的证据（包括几百小时的访谈录音）见长，更为可信深入，也更令人震惊。

与此同时，《纽约时报》9月6日罕见地发表了一篇匿名文章，题为《特朗普行政当局内部的寂静抵抗》。作者自称是一位白宫高级官员，指出特朗普陷入了一个他尚未充分理解的困境：他自己的许多高级官员正在"从内部不懈努力，以挫败他的部分议程和最糟糕的倾向"，而作者本人就是这种内部抵抗的参与者。作者虽然同属共和党，但尖锐抨击总统的道德水准和领导能力（失德、鲁莽、狭隘、不称职），更无法接受这个国家"与他一起沉沦"。作者说，美国公众应该知道"房间里还有成年人"，"我们充分意识到正在发生什么。我们在努力做正确的事，即使是在特朗普不会这样做的时候"。[2]这篇文章引起特朗普的震怒，指控匿名作者涉嫌叛国罪。媒体对"谁是白宫内鬼"的猜测也造成连锁性恐慌，从副总统到部长等众多高级官员纷纷公开声明"不是我写的"。[3]匿名文章与三部畅销书相互

---

[1] Michael Wolff, *Fire and Fury: Inside the Trump White House* (Henry Holt and Company, 2018); Omarosa Manigault Newman, *Unhinged: An Insider's Account of the Trump White House* (Gallery Books, 2018); Bob Woodward, *Fear: Trump in the White House* (Simon & Schuster, 2018).

[2] (Anonymous Senior Administration Official), "The Quiet Resistance Inside the Trump Administration," *The New York Times*, September 6, 2018, p. A23.

[3] Peter Baker, Maggie Haberman and Eileen Sullivan, "Fingers Point, Denials Spread And Fury Rises." *The New York Times*, September 7, 2018, p. A1.

佐证，坐实了白宫的乱象。正如《恐惧：特朗普在白宫》中引述的前白宫秘书罗布·波特所言："这不再是总统职位，这也不再是白宫。这里只有一个想要如其所是做自己的人。"[1]

然而，对特朗普的频繁曝光究竟能起什么作用呢？爱德华·卢斯在《金融时报》的评论中写道：美国民众起初对特朗普的虚伪、自恋与无知感到震惊，但随着一次次揭秘材料的出炉，已经渐渐麻木。时至如今，这些"猛料"已经无法使人震惊了。"特朗普极不适合当总统，但显然任何人都对此束手无策。"[2] 卢斯表达的无奈与无力感或许真切，但这并不是公众甘于无所作为的信号，而是在政治极化背景下，对立双方无法妥协又难以推进合作的征兆。战斗仍在继续并且日渐激烈，只是常常打得难解难分。

特朗普提名的大法官人选布雷特·卡瓦诺遭到民主党的强力阻击，10月6日，他在经历了性骚扰指控、调查和听证的风暴之后，以两票微弱优势（五十票对四十八票）获得参议院批准，进入联邦最高法院。11月中期选举的竞争更为激烈，两大政党全力动员，投票率创下历史新高。最终，民主党获得了值得欣慰的成绩，在众议院夺回三十多个席位成为多数党，女性与少数群体的议员数量也明显上升。但原先期望的"大蓝潮"实际上"既不够大，也不太蓝"。"不够大"是指翻转力度不够强劲，未能在参议院获得多数席位，在众议院也远不及共和党在2010年中期选举中掀起的"海啸"（夺回六十三个席位）。"不太蓝"是指文化进步主义的色调不足，民主党多名呼声很高的进步派候选人最终未能如愿以偿，几位文化立场相对保守的民主党候选人获胜。在谋求连任的民主党参议员中，此前投票反对卡瓦诺出任大法官的三位议员都失去了席位，而唯

---

[1] Bob Woodward, *Fear: Trump in the White House*, Chapter 30.
[2] Edward Luce, "The devil's workshop: Bob Woodward on Trump's chaotic White House," *Financial Times* (https://www.ft.com), September 11, 2018.

一的"反水者"乔·曼钦则获得连任。但无论如何，此次中期选举打破了共和党在国会两院同时占据多数席位的优势，对特朗普未来两年的执政形成了制衡与挑战。

然而，特朗普并不会因为中期选举的挫折而收敛锋芒，并在选举后立即解雇了司法部长。他不仅有越挫越勇的斗志，而且已经拥有体制化的政治资本。这位体制外的政治素人，借（共和党之）壳上位的总统，并没有被共和党建制派所驯化。相反，他已经成功地驾驭了（或者说"绑架了"）共和党，这是他执政两年来最突出的一项成就。

著名政治学家迈克尔·曼德尔鲍姆12月在《美国利益》网站上发表文章指出，特朗普已经成为"一位共和党的总统"，因为他在共和党的经典政治议程中有所成就。[1] 减税措施、放松政府管制的经营自由，以及（直到年底前的）股市持续繁荣，赢得了经济保守派的支持。而他任命的三十名联邦上诉法院和五十名联邦地区法院的法官，尤其是两位进入最高法院的保守派大法官，可能长久地改变"文化战争"的力量对比，抵御来自进步派的"价值侵蚀"，这将赢得文化保守派的支持。当然，这并不意味着特朗普拥有多么广泛的民众基础。自现代民调以来，特朗普是唯一在前两年任期中从未达到50%支持率的总统，他的民众支持率一直低于对他的反对率。但是，他在共和党选民中享有高达九成的好评。由于在党内的这种声望，他谋求连任时很难受到其他共和党候选人的挑战。

但在另一方面，强势的特朗普又是一位"弱总统"。曼德尔鲍姆认为，"以历史尺度来衡量，特朗普的成就是平庸的"。这些成就至少一半归因于共和党在国会两院占据多数的优势。况且，他仍然未

---

[1] Michael Mandelbaum, "The Trump Presidency, Year Two," *The American Interest* (https://www.the-american-interest.com), December 26, 2018.

能废除"奥巴马医保",也尚未建造美墨边境墙。此外,特朗普还存在三个弱项。首先是缺乏执政经验,对政府必须处理的问题无从把握。"虽然总统席位并不是知识测验,但无知并不是资产。"其次,他缺乏一群能干而忠诚的执行者,难以形成一个联结总统、高级官员与整个官僚机构的网络来执行他的计划,就像一辆汽车的方向盘与底盘缺乏有效的连接。最后,特朗普任命的许多高级官员常常与他的政策偏好相左,甚至拒绝执行他的政策。所有这些弱项都会削弱总统的执政能力。

然而,共和党已经别无选择。那些"绝不要特朗普"(Never-Trump)的共和党人还能做什么呢?政论家大卫·弗鲁姆曾是小布什总统的演讲撰稿人,他在1月出版《特朗普制》一书,批判特朗普对美国民主造成的威胁,清晰而深入地阐释了共和党摆脱"特朗普制"的复兴规划。[1] 但真正的困局在于(如他自己在一次访谈中承认的那样),特朗普能在选举中胜出,这是共和党其他更优秀的候选人以及更好的竞选策略难以企及的,这在2020年仍然是一个难题。[2]

学术界的保守派2018年出版了《特朗普与政治哲学》,这是主标题相同的两部姊妹篇论文集(副标题分别是"爱国主义、世界主义与公民美德"以及"领袖、政治家风范与暴政"),总篇幅达七百页之巨,其中不少作者具有施特劳斯派的倾向(比如圣母大学的扎科特夫妇),更多的作者是年轻学人,包括哈佛大学的讲师亚当·桑德尔(迈克尔·桑德尔之子)。[3] 两部文集援用经典政治哲学(从柏

---

1 David Frum, *Trumpocracy: The Corruption of the American Republic* (Harper, 2018).
2 Ross Douthat and David Frum, "Has the U.S. Become a 'Trumpocracy'," *The New York Times* (https://www.nytimes.com), January 23, 2018.
3 Angel Jaramillo Torres and Marc Benjamin Sable, eds., *Trump and Political Philosophy: Leadership, Statesmanship, and Tyranny* (Palgrave Macmillan, 2018); Marc Benjamin Sable and Angel Jaramillo Torres, eds., *Trump and Political Philosophy: Patriotism, Cosmopolitanism, and Civic Virtue* (Palgrave Macmillan, 2018).

拉图到卡尔·施米特）的视角来探究特朗普现象，其中不少论文思考精深，颇有洞见，但出版之后几乎无人问津（在亚马逊网站上，两部文集的打分人数和评论数量均为零）。

除了著书立说之外，许多反对特朗普的共和党人或许只剩下怀旧了，在对麦凯恩参议员和老布什总统的悼念中缅怀"过去的好时光"。虽然两位逝者在任时期的表现绝非无可挑剔，但在与时任总统的对比中，他们是老派、敬业以及体面的长者，变得格外可敬。在老布什总统的葬礼上，特朗普的孤立是如此醒目，他一脸萧瑟地挺过了难堪的场面。他知道自己是孤立的，但他也坚信共和党别无选择。

《纽约客》的一篇文章指出，在特朗普任期两年中，高级官员的更换率高达65%，以至于无法及时任命正式的接替者。在新年开始的时候，代理职位包括司法部长、国防部长、内政部长、白宫办公厅主任、环境保护署主管和常驻联合国代表等。随着国防部长马蒂斯的辞职，"房间里的成年人"已经所剩无几。对特朗普的束缚变得更少，可能也更加危险。[1]《纽约时报》评论说，特朗普越来越依赖自己的本能行事，比任职以来的任何时候都更加相信自己的判断，更少受任何人的影响。于是，"每天都像一场战争"，他像阅读"战报"一样每天花费大量时间（六到八小时）观看电视和媒体的消息，时而亢奋时而沮丧，也越来越像是总统的"孤身奋战"。[2]

在圣诞节前夕，特朗普发出一条推文："我孤身一人（可怜的我）在白宫，等待民主党人回来，对急需的边境安全达成协议"。他所急需的是用五十亿美元来造墙，也就是竞选中曾发誓要造的那道"宏

---

[1] Susan B. Glasser, "Is Optimism Dead in the Trump Era?" *The New Yorker* (https://www.newyorker.com), January 4, 2019.

[2] Peter Baker and Maggie Haberman, "Isolated Leader Sees 'a War Every Day'," *The New York Times*, December 23, 2018, p. A1.

伟的、美丽的"墙。但人们没有忘记，他当初承诺要让墨西哥付钱来造这堵墙。在新年之初与国会的商谈中，特朗普愤然离席，威胁要动用"国家紧急状态"来造墙。无论成败，他要向基本盘选民表明"我穷尽了一切手段"。这是一场跨年的持久战，但绝不会是特朗普任期内的最后一战。

盖洛普民调显示，在2018年年初特朗普的支持率是39%，而经过了整整一年风云，在12月底他的支持率仍然是完全相同的39%。《纽约客》年底的一篇专栏文章说，无论特朗普给美国和世界造成多少动荡，人们对他的评价几乎凝固不变。而所有这些疯狂的事情，在一年之后来看，可能只是暴风前的宁静。[1]

的确，政治内在地蕴含斗争性，但政治本身具有多重维度，并不等同于斗争，而斗争也未必以强对抗的方式展开。对抗性的斗争是所谓"特朗普制"下美国政治的一个突出特征。它会将美国引向何处？套用特朗普的口头禅——"再看吧"（We'll see）。

## 欧洲的艰难岁月

在1918年第一次世界大战停战协定的签署地贡比涅（Compiegne），马克龙与默克尔相聚。在11月10日停战百年之际，他们为"一战"纪念碑前的新牌匾揭幕，铭文中刻着"再次确认法德两国的和解对于欧洲和平的意义"。这是向欧洲理想致敬的时刻，但现实的考验异常严峻。一年多之前，马克龙当选法国总统，随后默克尔领导的"基联盟"在德国大选中胜出，曾为德法"双轮驱动"的欧洲事业带来了新的动力。但重获的信心在一年之后已经笼罩在忧虑的阴影之中。

---

[1] Susan B. Glasser, *"Is Optimism Dead in the Trump Era?"*.

理查德·哈斯在《欧洲的混乱》一文中写道:"巴黎的部分地区在燃烧,英国被脱欧吞噬和分裂,领导意大利的是一个抵制欧盟预算规则的笨拙的左右翼联盟,德国正在应对政治重组而且处在向新领导人过渡的初期阶段,匈牙利和波兰已经皈依反自由主义,而西班牙正在面对加泰罗尼亚民族主义的挑战。"[1]许多关于欧洲的报道评论,都不约而同地在标题中使用了"混乱"(disarray)一词。在彭博社的采访报道中,丹麦前首相、北约组织秘书长拉斯穆森说,他对"欧洲无领导"的状况感到担忧,而美国也已无法发挥引领作用,这使人怀疑"西方"是否还是一个有意义的实体。[2]

什么样的政治家才能胜任欧洲的领导角色?作为理想主义的改革家和欧盟的积极倡导者,雄心勃勃的政坛新星马克龙曾被寄予很高的期望,现在却陷入了执政危机。当他从G20峰会返回巴黎的时候,"黄背心抗议运动"已经风起云涌。《金融时报》专栏作家吉迪恩·拉赫曼发表文章,分析了"马克龙议程"的三个关键方面,即"国内经济改革、更深度的欧洲一体化以及全球治理"。理想情景中的"三部曲"进程如下:首先,马克龙在法国的改革获得成功;其次,他说服德国一起推进欧盟改革的规划,"建立一个真正的欧洲经济政府";最后,依凭得到巩固的欧盟,来反击世界各地的民族主义势力。而当下马克龙的国内议程遭遇挫折,他的欧洲和国际议程也可能随之落空。拉赫曼指出,法国存在难以解决的矛盾,公众"既要求减税,又要求改善公共服务",因此领导法国看起来像是"一项不可能完成的工作"。法国连续几任总统,虽然风格迥异但最终都遭到公众鄙视:萨科齐太华而不实,奥朗德太平庸,如今马克龙则被指责为"过于

---

[1] Richard N. Haass, "Europe in Disarray," *Project Syndicate* (www.project-syndicate.org), December 13, 2018.
[2] Marc Champion, "Disarray in Europe and U.S. Leaves a Hole Where 'the West' Was," *Bloomberg* (https://www.bloomberg.com), December 16, 2018.

高傲"。本来法国民众期望马克龙能够打破这种恶性循环，成为全球自由价值的引领者，"但现在看来，马克龙拯救世界的可能性似乎已微乎其微。他能保住自己的总统职位都将是幸运的了"。[1]

马克龙能够成功渡过这场危机吗？他在2019年1月13日发表"告国民书"，邀请国民从1月15日起参与为期两个月的全国大辩论。[2] 他承诺倾听民意，向公民咨政，鼓励理性和文明的辩论，并给出了具体的辩论议题。他呼吁互助与团结，期望"一起将愤怒转化成解决问题的办法"，同时也表达了坚守改革议程的决心。这场"既不是选举，也不是全民公投"的全国大辩论，是一项前所未有的创举，极富法国式民主的精神和哲学气质，而且契合马克龙的风格，但它能否化解这场执政危机仍需接受现实的考验。

在德国，沉稳老练的默克尔度过了艰难的一年。在2017年大选之后，她经过长达半年的曲折协商才组成了联合政府。6月，默克尔再度陷入难民问题的泥沼，必须同时调解内阁的分歧、德国的党派争议以及欧盟成员国之间的矛盾。在10月的地方选举中，基民盟及其姐妹党基社盟在黑森州和巴伐利亚州遭遇重创。10月底，默克尔宣布，她将辞去基民盟主席，并在2021年总理任期结束后离职。

《纽约客》12月刊登的长篇文章透露，在2016年特朗普胜选后的第八天，奥巴马最后一次作为总统出访柏林与默克尔会面。当时默克尔将要完成第三届总理任期，对是否继续执政十分犹豫，而奥巴马敦促她谋求连任，因为面对英国脱欧、席卷欧洲的民粹主义浪潮以及特朗普执政的不确定性，欧洲需要默克尔担负起凝聚的使命。在特朗普上任几个月之后，默克尔明确表示"我们欧洲人必须掌握

---

[1] Gideon Rachman, "Macron protests show that leading France is an impossible job," *Financial Times* (https://www.ft.com), December 10, 2018.

[2] "Letter from M. Emmanuel Macron to the French people" (https://www.elysee.fr/emmanuel-macron/2019/01/13/letter-to-the-french-people-from-emmanuel-macron.en), January 13, 2019.

自己的命运"。[1]

默克尔对欧盟事业的承诺深受其"政治导师"赫尔穆特·科尔的影响。科尔在执政期间完成了德国的统一，也是欧洲一体化最热忱的倡导者和有力的推动者。牛津大学欧洲史教授蒂莫西·加顿艾什曾在文章中提及他与科尔会面的一段谈话。科尔对他说："你能意识到吗？现在坐在你对面的人是阿道夫·希特勒的直接继承者。"[2] 作为希特勒之后统一德国的第一任总理，科尔具有极为深刻的历史责任感——担负德国对欧洲和平的使命，而欧盟正是确保欧洲持久和平的规划。

然而，在科尔辞世一周年之际，德国政界围绕移民问题发生严重分歧，危及德国在欧盟的地位。6月28日，瑞典前首相卡尔·比尔特发表文章指出，德国正陷入一场是否要继承科尔政治遗产的斗争，他称之为"德国的灵魂之战"。表面的争论是，德国要不要把先前在其他欧盟国家注册过的那些难民驱逐出境，但更深层的问题是，德国"应当单独自行其是，还是继续寻求共同的欧洲方案"。若是按照科尔的政治思考，德国必须考虑自身政策对欧洲的影响，不会把问题甩给周边的小国，因为它们的安全问题也就是德国自己的问题。尽管流入欧洲的移民和难民数量已经远远低于2015年和2016年，但移民仍是整个欧洲大陆的热点问题。在民粹主义和民族主义的大潮下，德国关于移民的争论不断升级，已成为"德国的灵魂之战"，这将决定未来德国在欧洲的角色，以及整个欧洲一体化的前景。[3]

6月29日凌晨5点，欧盟峰会经过长达十二个小时艰苦卓绝的

---

1　Susan B. Glasser, "How Trump Made War on Angela Merkel and Europe," *The New Yorker*, December 24 & 31, 2018 Issue.

2　Timothy Garton Ash, "The Crisis of Europe: How the Union Came Together and Why It's Falling Apart," *Foreign Affairs*, September/October 2012 Issue.

3　Carl Bildt, "The Battle for Germany's Soul," *Project Syndicate* (www.project-syndicate.org), June 28, 2018.

谈判，达成一项安置难民的协议，默克尔称之为"良好的妥协"。《大西洋月刊》发表文章说，"默克尔再次证明了自己是一个不可思议的危机幸存者"。这是一个留有隐患的协议，但体现了她挫败对手、保持权力的典型秘诀："一次次，她设法拼凑起混杂的联盟和过渡性协议，能让足够多的人满意并留有足够多的时间来维持她的总理职位，直到下一次危机来临，到时候她将再次如法炮制。"文章以《默克尔，逃离大师》为题，言下之意是她只能逃离危机和缓解问题，却无法真正解决问题。[1]

的确，默克尔不能，但面对当下的欧洲难题又有谁敢于奢谈"解决"？能够"挺过"危机而幸存已经足以值得欣慰。默克尔平息了内阁的争斗，防止了联合政府的解体，化解了欧盟成员国彼此推诿的僵局，尽管只是暂时的。12月7日，基民盟党代会选举卡伦鲍尔担任新的党主席，她常被人称作"小默克尔"，也是最符合默克尔心愿的继任者。在担任基民盟党主席长达十八年之后，默克尔终于卸任，她的告别演讲朴实无华，最后说"是时候翻开新的一页了"。德国（甚至欧洲）的"默克尔时代"将在三年之后落幕。[2]

英国在久拖不决的脱欧进程中备受煎熬。许多媒体将英国脱欧比作一场"痛苦的离婚"。英国不是一个当事人而是一个国家，其中有党派之争、地区差异和立场分歧，"脱欧"在软硬快慢的各种脱欧方案的争议中陷入僵局。与此同时，反对脱欧的声音也越发强烈，加顿艾什教授是其中的积极分子。他11月在《卫报》发表文章向英国同胞呼吁："如果我们在民众投票中决定回头留下，那么欧洲的大门仍然敞开着。否则，我们可以吞下特蕾莎·梅谈成的协议，并从

---

[1] Yasmeen Serhan, "Angela Merkel, Escape Artist," *The Atlantic*, July 3, 2018.
[2] Kate Connolly, "Merkel bows out to applause as CDU votes on successor," *The Guardian*, December 7, 2018.

此过上不欢乐的生活。"[1] 他在 12 月 12 日又发表了一封写给欧洲的公开信，恳请欧盟的朋友们发出清晰、简单和积极的讯息——"我们要你们留下"。[2] 基民盟新任主席卡伦鲍尔与二十多位德国政界与商业界著名人物，在 1 月 18 日《泰晤士报》上发表《德国友人敦促英国留在欧盟》的联署公开信，表示"英国已经成为我们作为欧洲人的一部分"，"英国人应该知道我们心底的愿望，我们要他们留下"。公开信表达了对英国人民选择的尊重，但如果英国决定留下，"我们的大门将总是敞开的"。[3] 根据 Survation 公司 11 月初公布的一份两万人样本的调查，其中有 54% 的受访者支持留在欧盟。

特蕾莎·梅在 12 月 12 日挺过了"不信任投票"的威胁，但在新年 1 月中旬议会下院的表决中，她代表英国政府与欧盟达成的脱欧协议被比例悬殊的投票否决。在 1 月底下院的投票中，"二次公投"、"不脱欧"和"推迟脱欧期限"等几项修正案均遭到否决。通过的修正案使特蕾莎·梅获得"授权"，"对'脱欧'协议做具有法律约束力的调整"，这意味着她将与欧盟重新谈判新的协议条款，但前景并不乐观。

右翼的德国选择党正在酝酿德国脱欧的计划。实际上，许多成员国都有反对欧盟的群体和势力，将欧盟视为不切实际的乌托邦。但是脱欧或者解散欧盟更现实可行吗？会不会是一场更惊悚的噩梦？英国脱欧的痛苦过程就是一个缩影。欧洲一体化注定是艰难而漫长的历程，也必定经历曲折反复的斗争。2019 年 1 月 25 日，法国《解放报》发表了三十位著名知识分子联署的公开信《欧洲之家

---

[1] Timothy Garton Ash, "Europe's door is still open – but Britain will have to move fast," *The Guardian*, November 17, 2018.

[2] Timothy Garton Ash, "My message to Europe: tell us you want Britain to stay," *The Guardian*, December 13, 2018.

[3] "Times Letters: 'German friends' urge Britain to stay in EU," *The Times* (https://www.thetimes.co.uk), January 18, 2019.

失火了——欧洲爱国者宣言》。[1] 这封公开信由法国明星哲学家贝尔纳—亨利·莱维起草，认为欧洲正处在20世纪30年代以来最危险的时期，自由民主的价值观遭遇严峻挑战，呼吁公众以行动反击民族主义、民粹主义和身份主义者的猖獗蔓延，以捍卫欧洲精神和自由价值，为迎接5月来临的欧洲议会选举做好准备。联署人还包括作家帕慕克、昆德拉、麦克尤恩、鲁西迪、耶利内克和历史学家亚当·米奇尼克等。公开信被翻译为多种语言，英文版《为欧洲而战，否则破坏者们将摧毁它》在《卫报》发表。[2]

当然，这不会是最后的呼吁，也不会是最后的斗争。曾经战乱的欧洲祈求和平与安全，而在和平中生活已久的人们要求保障、富裕、自由、平等、公正和尊严。不同的诉求，在新老欧洲国家、不同语言和不同阶层之间，形成各自对于欧盟不同的立场和态度，这注定了疑欧派和脱欧派会持久存在，并将持久地危及人们对欧盟事业的信心。但信心是相对视野而言的，如果回到贡比涅，在百年尺度的历史视野下，或许更能领会欧洲已经走过了多么艰难而非凡的历程。

## 自由主义的死亡与重生

在2018年，有大量的著作文章论述"自由主义的死亡"。这已经不再让人惊慌失措或欣喜若狂（取决于你的立场），反倒会令人不胜其烦。不是吗？这些年类似的死亡通知早已不绝于耳，难道这次的修辞更加情真意切？也许，自由主义只是奄奄一息垂而未死，必

---

[1] «Il y a le feu à la Maison Europe», le manifeste des patriotes européens, *Libération* (https://www.liberation.fr), 25 janvier 2019.

[2] Bernard-Henri Lévy, Milan Kundera, Salman Rushdie, Elfriede Jelinek, Orhan Pamuk and 25 others, "Fight for Europe – or the wreckers will destroy it," *The Guardian*, January 25, 2019.

须紧急抢救使之复活，或者应当不断诅咒让它尽快死透（仍然取决于你的态度）。

网络杂志 Aeon 在 6 月底发表题为《自由主义的多次死亡》的文章，作者丹尼尔·科尔和奥勒利安·克拉优图是印第安纳大学的法学教授和政治学教授。[1] 作者对谷歌收录的三千多万本图书做出词频分析，发现自由主义的最初死亡发生在 19 世纪 70 年代，在进入 20 世纪时又多死了几次，"而自 1920 年之后就几乎一直连续不断地死亡"。相比之下，威权主义似乎从不死亡，而保守主义只是偶然死亡，那么为什么"自由主义会如此频繁而持续地被宣告死亡"？作者指出，"自由主义"的词义含混不清，也不是统一融贯的政治理论，还可以用来指称不同的治理体制，包括法国的重农学派的自由放任（laissez-faire）、放任自由主义（libertarian）的"守夜人国家"、罗斯福新政、德国秩序自由派的"法秩序国家"等。有学者研究发现了近三十种自由主义的不同定义。由于这种内在的多样性，一种自由主义的没落或消失可能不会牵连其全部理论的命运。比如，在废除福利国家的同时，法治立宪、自由市场和个人权利自由仍然可能存留。新自由主义者（neoliberals）会为此叫好，但进步主义自由派则将此视为现代自由主义的严重颓败。由此看来，自由主义具有法律、政治、经济和道德（或宗教）等多种支柱，其中个别支柱的损毁不足以倾覆自由主义的整个大厦，这就给任何宣告自由主义死亡的人造成了麻烦。

当然，具有内在多样性的自由主义家族也分享了一些基本原则。文章指出，自由主义者几乎都同意，个人的改善与社会的进步都是可能的，方式是通过培育亚当·斯密所说的"道德情操"，依照科学

---

[1] Daniel H. Cole and Aurelian Craiutu, "The many deaths of liberalism," *Aeon* (https://aeon.co), June 28, 2018.

方法将理性应用于证据。他们相信制度结构（社会建立的宪制法律规则和政策）总是实验性的,也基于人类可错性（fallibility）的假设,主张自由主义需要一种反意识形态的开放、谦逊和宽容品质（虽然做得并不总是到位）,认真对待对话和尊重分歧的意义重要性。作者认为,自由主义百年来的进步是非常可观的：在自由世界"许多生活中'极大之恶',包括奴隶制、赤贫、失业、基于种族和阶级的法律差异以及宗教歧视,已被消除或极大地缓解"。但弊端和问题也持续存在。自由主义者有远大抱负,但自由社会的现实永远无法企及理想。其中一个原因是自由主义蕴含着多种彼此冲突的目标（比如,更大的个人自主性与更充分的平等之间存在冲突）。"由于这种内在紧张,自由主义携带着自我破坏的种子。"虽然获得了种种进步,但自由主义的成就总是局部的、暂时的和不完善的。而成功本身也是一个暧昧不清的概念。康德有"人性的曲木"之说,那么自由社会的成员要期待高于局部的成就便是不恰当的。文章最后写道："自由主义与我们对它感受的疑虑如影随形,这些疑虑应当促使我们留意甚至赞美自由主义的批评者指出的它的真正缺陷。"但我们不必去理会那些"宣告整个自由主义规划已死或存在致命缺陷"的先知们。

悲观主义总是比乐观主义显得深刻,更不用说在令人悲观的时期了。《当下的启蒙》是 2018 年初出版的新书,作者是哈佛大学著名心理学家史蒂芬·平克。[1] 这部"为理性、科学、人文主义和进步辩护"（副标题）的著作展示出相对乐观的人类发展图景,延续和发展了其《人性中的善良天使》（2011）的主题,虽然在当下有些反潮流的意味,但是引起了相当热烈的反响,公开发表的书评有一百六十多篇。

---

[1] Steven Pinker, *Enlightenment Now: The Case for Science, Reason, Humanism, and Progress* (Viking, 2018).

《当下的启蒙》获得主流报刊的盛赞以及比尔·盖茨等社会名流的力荐，同时也引起许多批评，其中最为尖锐的回应来自英国政治哲学家约翰·格雷，他在《新政治家》杂志发表的书评题为《未被启蒙的思考：平克令人难堪的新著是献给慌乱自由派们的一份虚弱的布道词》。[1] 这并不令人意外，格雷多年前对《人性中的善良天使》就发表过讥评，称之为"和平的妄想"，认为平克论证的人类变得更少暴力的观点完全是"一派胡言"（nonsense）。平克当时就和格雷有过交锋，两人争执不下。

格雷当然不是这部新著唯一的批判者。平克将"理性、科学与世俗人文主义"作为启蒙的主轴，遭到"以偏概全"的批评，许多评论者指出启蒙运动有内在的多样性，启蒙思想家有些不是科学人文主义者，其中有宗教信徒，也有种族主义者。而且，平克塑造的启蒙传统排除或淡化了卢梭和马克思的影响，让许多人无法接受。有几位学者特别不满于他对尼采断章取义的引用。还有批判者质疑他对启蒙运动的赞颂，因为启蒙"给这个世界带来了种族主义、奴隶制、帝国主义与种族灭绝"。另有一些批评针对平克宣扬的进步主义观念。社会变得越来越好的看法似乎违背许多人的当下感受：气候变暖，毒品滥用，校园枪击，特朗普现象，英国脱欧，民粹主义……凡此种种，似乎意味着"启蒙的终结与进步的逆转"。与此相关的批评是针对平克使用数据的严谨性，他选择了支持自己论点的有利数据，而忽视了一些不利的证据。还有一些批评认为平克没有看到启蒙运动的自我瓦解倾向，人工智能和社交媒体都是科学和理性"进步"的产物，最终可能会毁灭启蒙的理想。

2019 年 1 月，平克在网络杂志 *Quillette* 上发表了一篇长达万言

---

[1] John Gray, "Unenlightened thinking: Steven Pinker's embarrassing new book is a feeble sermon for rattled liberals," *New Statesman*, February 22, 2018.

的回应文章，集中对以上这些典型的批评意见一一作答。[1]实际上，这些批评并不新颖，一直是启蒙与反启蒙之间常见的对立观点，也有启蒙内部多样性之间的分歧。平克承认启蒙可以有多种阐释，他完全没有想要垄断对启蒙的阐释权，而是提供一种言之有理的阐释，而且在他看来是对当下最有启发性的一种启蒙传统。平克与他大部分批评者（包括格雷）之间的分歧，在当初的启蒙运动思想家之间就已经发生。今天的争议也可以视为延续了启蒙家族内部经久不息的争论传统。

无论倾向于乐观还是悲观的态度，严肃的智识努力都不应当回避启蒙传统存在的复杂问题，也需要直面（作为启蒙运动重要遗产之一的）自由主义的当代困境。9月15日出版的《经济学人》在纪念创刊一百七十五周年的时刻，在封面上呈现了一份"复兴自由主义的宣言"，开篇有两页长的《宣言》（作为导言），随后是正文《为21世纪再造自由主义》，长达十页（一万多字），并附有五十种参考文献。[2]正文有六个部分，包括对自由主义的概论、市场经济问题、移民与开放社会、福利与征税、世界秩序，以及最后对集结起来重振自由主义的召唤。

导言中指出，《经济学人》在一百七十五年前创刊时，就致力于推动自由主义——"一种对个体尊严、开放市场和有限政府的普遍承诺，以及一种依靠辩论和改革带来人类进步的信念"，而不是如今美国大学校园中流行的左翼"进步主义"，也不是法国时评人构想的右翼"极端自由主义"。令人忧虑的是，"自由主义造就了现代世界，但现代世界正在背离自由主义"。如果要复兴自由主义的活力，必须

---

[1] Steven Pinker, "Enlightenment Wars: Some Reflections on 'Enlightenment Now,' One Year Later," *Quillette* (https://quillette.com), January 14, 2019.

[2] "A Manifesto for Renewing Liberalism"；"Reinventing Liberalism for the 21st Century," *The Economist*, September 15, 2018, pp. 13-14; pp. 45-54.

反省它失去活力的多种成因。在社会经济方面,需要反省自由主义崇尚的"优绩制"(meritocracy)竞争对造成贫富差别与社会固化的影响。在文化方面,需要检讨"身份政治"的局限,在正当回应族群歧视的过程中,没有防止它演变为"宗派愤怒"的倾向。在国际与地缘政治方面,自由派也没有拿出足够的智慧和勇气来捍卫第二次世界大战后形成的同盟和自由制度体系。在政治上,当政的自由派已经变得越来越保守,倾向于维持现状,而完全忘记了自由主义最初的激进立场。针对当下的潮流,《经济学人》仍然相信自由主义理念的力量,因此发表了一份自由主义复兴的宣言,这是"一种为了人民的自由主义"。正文在最后引用了创刊人詹姆斯·威尔逊对这份杂志的承诺:展开"一场在推进前行的智性与阻碍我们进步的无价值的胆怯无知之间的严酷竞争",相信这种竞争会最好地服务于自由主义的目标。

这份万言书很像是"关于自由主义若干历史问题的决议",列举自由主义的辉煌业绩和伟大历史进步,同时严肃对待当下面临的各种挑战和困境,并为21世纪自由主义的再造提出构想。

## 科学探索与政治正确的争论

我们的身体与人格特征究竟是由先天的遗传因素决定的,还是在社会文化的环境中养成的?这种非此即彼的提问方式本身是错误的。所谓"先天"对"养成"(nature vs. nurture)的争论由来已久,但学术界很少有人信奉"基因决定一切"的极端立场,也没有人会完全否认遗传因素的作用。

主张种族(race)之间有先天的智力高下之分,是种族主义的观点,但这种言论出自詹姆斯·沃森之口则相当令人困扰。沃森被誉为"DNA之父"(DNA双螺旋结构的发现者之一),1962年获诺贝尔奖,还曾主持"人类基因组项目",是蜚声世界的生物学家。在2007年他就因发表"他们(黑人)的智力与我们(白人)不同"等言论,引起舆论哗然和学界抨击,最终他为此公开道歉,随后从他工作了四十年的冷泉港实验室退休。

2018年,美国公共广播公司(PBS)完成了纪录片《解密沃森》的制作。[1]在12月中旬发布的预告片中,沃森对于被人贴上种族主义者的标签似乎流露出轻蔑态度,引人关切。新年第二天纪录片正式播出后,沃森在访谈中明确重申了曾遭批评的观点——"黑人与白人之间的平均智商存在差异",并将此归因于"基因差异"。十天之后,冷泉港实验室发表声明,谴责沃森"误用科学为偏见辩护",宣布解除他所有的荣誉头衔(包括名誉主席、荣休教授和名誉董事)。[2]在其官方推特发布的这项声明之下,很快出现了几百条读者留言。[3]令人吃惊的是,绝大多数评论对沃森表示同情,许多人提出了一个貌似有理的质疑:沃森的观点可能在政治上不正确,但如果在科学上是真实的呢?难道科学真理应当屈从于政治正确的管制吗?

对于这种铿锵有力的质疑,有一种斩钉截铁的回应,即沃森的这种观点首先在科学上是错误的(虽然他是一位科学大师),因为在生物学意义上,种族类别(白人、黑人、黄种人等)并不存在,这早已是学术界的普遍共识。[4]许多人误以为不同的肤色表达了种族之

---

1 *American Masters: Decoding Watson*, Premiere date: January 2, 2019 (http://www.pbs.org/wnet/americanmasters/american-masters-decoding-watson-about/10863/).

2 "Statement by Cold Spring Harbor Laboratory addressing remarks by Dr. James D. Watson in '*American Masters: Decoding Watson*'," January 11, 2019 (https://www.cshl.edu/statement-by-cold-spring-harbor-laboratory-addressing-remarks-by-dr-james-d-watson-in-american-masters-decoding-watson/).

3 冷泉港声明的推特:https://twitter.com/cshl/status/1083765175017267201。

4 Elizabeth Kolbert, "There's No Scientific Basis for Race—It's a Made-Up Label," in *The Race Issue*, a special issue of *National Geographic*, April 2018 (https://www.nationalgeographic.com/magazine/2018/04/race-genetics-science-africa).

间显著的群体基因差异，但肤色差异并没有这种代表性。基因差异主要存在于个体之间，但差异性高低完全不对应所谓的种族分类。比如，一个人与种族内部某个成员的基因差异，很可能超过与种族之外某位成员的差异程度。社会生活中使用的种族分类，是文化和政治塑造的概念（所谓"社会建构"），并不具有对应的生物学依据。这是目前生物学和人类学界的主流观点，已经有大量的研究证据支持，也有许多相关的科普作品传播。

那么，生物学真相与政治正确从此就能和谐共处了吗？未必。哈佛大学教授大卫·莱克微妙地发出了一种不和谐的"噪音"，可能"软化"了斩钉截铁的正确答案，激起广泛争议。莱克年仅四十五岁，已经在遗传学领域做出许多重要贡献（包括 2010 年领导研究团队，发现了几万年前尼安德特人与现代人类杂交的证据），位列 2015 年《自然》杂志"十大重要科学人物"。他不仅在专业上出类拔萃，在政治上也持进步主义立场，曾公开反对沃森的种族主义言论。这样一位"又红又专"的年轻科学家，何以会触及政治正确的敏感神经呢？

2018 年 3 月，牛津大学出版社推出了莱克的科普新著《我们是谁以及我们如何到达这里》，阐述"古人类 DNA 与人类过往的新科学"。[1] 同时 3 月 23 日的《纽约时报》发表了其中节选的片段，题为《现代遗传学时代的"种族"》（网络版标题为《遗传学在如何改变我们对'种族'的理解》）。[2] 文章开篇阐明了一个共识，即从基因的视角来看，人类群体之间非常相似，不存在足够的差异来支持"生物学意义的种族"概念，因此，"种族是一个'社会建构'，是一种随时间和国家变化的人群分类方式"。

---

[1] David Reich, *Who We Are and How We Got Here: Ancient DNA and the New Science of the Human Past* (Oxford University Press, 2018).

[2] David Reich, "'Race' in The Age of Modern Genetics (How Genetics is Changing Our Understanding of 'Race')," *The New York Times*, March 23, 2018, p. SR1.

但他话锋一转，认为这种"共识"慢慢转变为一种"正统"（orthodox）："在依照当今种族标准来分类的人群之间，平均遗传差异是如此微不足道，以至于在论及任何有意义的生物学特性时，这些差异可以忽略不计。"这种正统观点进一步要求我们，应该"对人群之间遗传差异的任何研究保持忧虑"，因为这种研究（无论动机多么良好）都会被置于"滑坡"之上，导致各种"关于生物差异的伪科学论述"，它们曾被用于合理化奴隶贸易、优生学运动和纳粹大屠杀。

莱克试图挑战这种正统观点，却是以相当审慎和微妙的方式，这使得文章具有明显的两面性。一方面，他反复强调"种族"这个概念在生物学上没有意义（在用"race"一词时，几乎都冠以引号），而且以自己最新的研究发现举例，所谓"白人"绝非衍生于远古以来就存在的一种人群，而是四种有差异的古代人群的混合，彼此的差异程度如同今天的欧洲人与东亚人。实际上，莱克整本书最突出的论旨是，古人类DNA研究证明，自后冰川时代的人类大扩张以来，任何地方的人群基因都发生了多次巨变。因此，人类本质上是混血的（mongrel），任何"纯种"观念都是幻觉，"寻求回归神秘纯洁性的各种意识形态都是对硬科学的公然违抗"。

另一方面，莱克认为不应当回避研究不同人群（populations）之间的遗传差异。他明确反对一种流行的误解：由于人类来自共同的祖先，人群相互分离的时间不久，不足以在自然选择压力下形成重要的遗传差异。"但这不是事实"，"东亚人、欧洲人、西非人和澳大利亚人的祖先（直到最近为止）几乎完全相互隔绝了四万年或更长的时间，足以让进化力量发生作用"。人群之间的遗传差异不仅客观存在，而且会影响某些遗传疾病、特定的身体性状甚至行为和认知能力在人群之间的概率性差异。

莱克文章的两面性呈现内在张力：否定生物学的"种族"概念，但承认"人群"之间的遗传差异，那么"人群"不会成为"种族"

隐秘的代名词吗？展开这种遗传学研究，不只限于疾病防控，而且拓展到行为与认知领域，不会让种族主义话语"借尸还魂"吗？这当然会激发知识分子的警觉。

加州大学圣克鲁兹分校社会学教授詹妮·里尔多集结全球六十六名学者（其中包括几位生物学家，以及社会科学、历史、法律、人类学领域的学者），3月30日在BuzzFeed网站上发表一封联署公开信《如何不去讨论种族与遗传学》。[1] 公开信赞赏了莱克对沃森的批评，但指出他在《纽约时报》上的文章有严重的误导倾向，他误解了人们对生物医学研究的批评中所表达的关切。公开信指出，遗传变异并非不重要，但"并不遵循种族界限"，并强调应当汲取历史的教训，对于人类遗传变异的研究会以很多方式被误解和滥用。随后《纽约杂志》《国家》《科学美国人》《大西洋月刊》等相继发布文章，有支持者赞赏莱克的严谨态度和科学勇气，有反对者指责他不过是"科学种族主义的一个最新例子"。相关的争议延伸到加拿大、欧洲多国，以及韩国和印度的报刊媒体。[2]

在笔者看来，绝大多数回应和评论都没有超出莱克本人的视野和论述水平。尤其是那篇来势汹汹的联署公开信，不过是用莱克自身观点的一面来攻击另一面，并以断章取义的引用（去掉原文中"种族"一词所带有的引号），将莱克所用的人群概念等同于种族概念，然后教导他，不能用人群差异来支持种族的概念，而这本来就是莱克明确强调的观点。莱克认为，即便发现人群之间的平均遗传差异，

---

[1] Jenny Reardo and other 66 scientists and researchers, "How Not to Talk about Race and Genomics," *Buzzfeed* (https://www.buzzfeednews.com), March 30, 2018.

[2] John Edward Terrell, "'Plug and Play' Genetics, Racial Migrations and Human History," *Scientific American*, May 29, 2018; Andrew Sullivan, "Denying Genetics is Not Shutting Down Racism, It is Fueling it," *New York Magazine*, March 30, 2018; Edward Burmila, "Scientific Racism Isn't 'Back': It Never Went Away," *The Nation*, April 6, 2018; Ian Holmes, "What Happens When Geneticists Talk Sloppily About Race," *The Atlantic*, April 25, 2018.

也可以控制其不利的政治文化影响，正如人类的男女两种性别之间存在基因差别，我们仍然可以言之有理地倡导和推进两性之间的平等。从性别平等之中，我们可以获得启发来处理如何平等地对待人群之间的差异。但公开信完全不顾莱克引入性别差异的语境与论证取向，挑剔说对男女性别的划分也要非常谨慎，因为这会压制几百万"非男非女"的另类性别人口。这种完全错失了对方要点的批评很难说是正当的，更像是政治正确敏感性的竞赛。公开信发表在 BuzzFeed 这份从商业小报努力向严肃刊物转型的网站上。莱克没有回应，其他报纸也没有反响。

实际上，莱克比他众多的批评者更为清醒地意识到真正的困难所在：在"人群"与"种族"这两个概念之间存在着复杂而危险的联系。3 月 30 日他在《纽约时报》发表回应众多读者评论的文章《如何谈论"种族"与遗传学》，承认人群概念往往会与"今天的'种族'范畴相关联"（correlated）。[1] 因此，研究人群遗传差异是一把双刃剑：在很多情况下它会揭露"种族"概念的虚假性，瓦解绝大多数的刻板印象，但遗传学的发现也有可能会确证某些刻板印象。在这种情况下，科学发现的只言片语会被某些愿意信奉种族主义观点的人用来证明自己正确。恰恰因为存在这种可能性，莱克才要在文章中直面这个问题。

那么，莱克如何应对这个难题？他在文章中已经提出自己的思考。首先，作为科学家，他坚持将学术的诚实置于优先地位。人群遗传差异的客观存在是人们在日常生活中可以感知的。如果科学家回避或掩盖这种差异及其效应，会使公众丧失对科学的信任，而且造成一种知识真空，伪科学的种族主义话语便可能乘虚而入。其次，承认人群差异的确有可能造成歧视的危险。大卫·莱克的父亲沃尔

---

[1] David Reich, "How to Talk about Race and Genomics," *The New York Times*, March 30, 2018.

特·莱克是美国"大屠杀纪念馆"的首任馆长,他对种族歧视具有很强的敏感性,因此一再强调他本人分享着"正统观点"的忧虑(许多批评者不过是重复莱克多次表达过的忧虑)。但他的应对策略有两个方面。第一,差异本身并不导致歧视,歧视是对差异的特定阐释和行动。他在文章中举例,男女性别的生物差异最为显著,但性别歧视是对这种差异的特定阐释。第二,在客观的生物学意义上,人群之间的遗传差异远低于个体之间的差异,"种族"对于特定个体的生物能力的预测功效是微不足道的,任何一个群体中的个人都可能在任何一个领域中表现卓越。因此群体间遗传差异的冲击是温和的。

在特朗普时代的美国,在种族主义格外敏感的时期,在科学探索中维护有益的政治正确变得更为艰巨。很难说莱克彻底解决了他自己提出的难题,但他并不是没有社会政治敏锐性的科学家。他为平衡科学探索和道德诉求提供了有益的思考。实际上,差异本身并不直接导致歧视,两者之间需要特定的政治和文化阐释才能联结。如果差异本身可以使歧视正当化,那么,由于个体之间的遗传差异更加显著,个体对个体的歧视也变得在道德上是可接受的,高智商的个体就有理由歧视其他人为"脑残"(扬言"智商是硬伤"),或者高个子也就可以正当嘲笑矮个子为"二等残疾",那么"正常人"对残障人士的歧视就更为正当了。伦理批判不应导向刻意回避或压制严肃的科学探索,而应当着眼于改善我们的政治与文化观念,在接受差异事实的前提下,以平等的尊重方式去对待差异,这才是政治正确应当着力的关键。

## 通向常春藤大学的荆棘之路

种族类别是一种社会建构,但严格说来所有社会范畴都是如此

（只是它们与物理现实之间的关联或有不同），阐明"建构"特征本身并不否定这些范畴的有效性和适用性，而是强调它们都是被特定文化与政治所塑造的范畴，也会随历史条件而改变。种族（或族裔）依然是当今世界各国通用的身份识别范畴之一，与遗传的体征有关，但更深刻的关联是文化养成。在西方的亚裔学生常常学业出色，这种所谓"亚裔效应"（Asian effect）主要是由文化传统的养成所致。

目前亚裔美国人口有 2140 万（其中华裔 508 万），占美国总人口的 6.7%，而去年哈佛大学录取的新生中亚裔占比高达 22.9%。一般人对此的直接反应会是："哇，好厉害！"但力求满分的亚裔学生家长会问，"怎么才 22%？为什么不是 100% 啊？"——这是美国一个脱口秀节目中的片段。现实的情况是，如果仅仅依照学业成绩录取，亚裔学生将会占据哈佛的几乎半壁校园。但即便如此又怎么样呢？假如有一天哈佛半个校园变得像北大，这是不可接受的吗？无论如何，有证据显示，哈佛校方对学生族裔分布的均衡问题有所关切，可能为此采用了不利于亚裔申请者的招生措施，涉嫌针对特定族裔的歧视。[1]

2018 年 10 月 15 日，哈佛涉嫌歧视亚裔的诉讼案在波士顿联邦地区法院正式开庭，控辩双方争论激烈，审理过程长达三周，并于 11 月 2 日结束，几个月之后才可能有裁决结果，此前还将举行法庭听证会。这个诉讼案经过了长达四年的筹措准备和多次听证，预计最终将会上诉到联邦最高法院，引起了社会和各大媒体的高度关注，仅《高等教育纪事报》杂志就发表了二十八篇相关的报道和评论。[2]

---

[1] Anemona Hartocollis, "Harvard Rates Asian-Americans As Less Likable, Plaintiffs Claim," *The New York Times*, June 16, 2018, p. A1.

[2] Special Report, "Harvard on Trial," *The Chronicle of Higher Education*, November 1, 2018 (https://www.chronicle.com/specialreport/Harvard-on-Trial/229).

亚裔是美国的少数族裔，但与人口占比对照，亚裔学生在哈佛（以及美国多数名牌大学）并不处于"代表性不足"（under-represented）的状况，为什么会引发歧视的争议和诉讼？因为在起诉方看来，哈佛背离了"一视同仁、择优录取"的原则，这是亚裔群体最为熟悉和崇尚的公平观念，也是对他们最为有利的公平标准。亚裔学生的平均学业成绩明显优于其他族裔，尤其是 SAT 的数学考分（满分为 800 分）更是遥遥领先。

美国大学招生同样以"择优录取"为主要原则，反映了美国的"优绩制"（meritocracy）的价值取向，但其公平原则也包含对弱势群体的"补偿正义"观念，突出体现于"平权法案"（Affirmative Action，又译作"肯定性措施"）。此外，美国大学还会兼顾"文化多样性"的目标，可能会考虑校园的"族裔平衡"（racial balancing）。择优录取、补偿正义和文化多样性，这三重维度之间存在张力，每个大学有自己的侧重与应对策略。几十年来围绕"平权法案"的辩论和诉讼连绵不绝，可见平衡公允的决定何等困难。

平权法案的补偿措施，无论基于家庭收入还是种族背景，都很难惠及亚裔学生。亚裔美国人不算弱势群体，收入中位数不仅超过其他少数族裔，也超过了美国白人，而且在历史上也不曾遭受与黑人同样严重和持久的奴役与歧视。同时，由于亚裔在美国名校学生中已经占据"超额代表的"（over-represented）比例，也很难从族裔多样性的诉求中受益。因此，只有简单的"择优录取"原则对亚裔学生最为有利。

美国没有"高考"体系，大多采用综合评价方式，学业成绩（SAT 和高中成绩）只是评价指标之一。哈佛大学对申请者进行"整体评级"（overall rating），其中还包括课外活动、体育技能、个性和推荐信等指标。早年的亚裔学生在"课外活动"（包括领导力和特长等）方面表现相对较弱，但随着亚裔申请者数量的急剧提升，相关的咨询培训机构和辅导项目也应运而生，近几年来亚裔学生的课外活动表现也毫不逊色，实际上任何明确客观的要求都难不倒他们。然而，"个性评价"（personal rating）却是内涵模糊、难以测量的指标，也成为控方起诉的一个焦点。《高等教育纪事报》报道，控方聘请了一位杜克大学的经济学家，对哈佛招生数据进行分析。他在法庭提供证词说，他的模型分析表明"哈佛招生官员对亚裔美国人申请者的个性评价打了更低的评分，这降低了他们的录取机会，虽然他们获得了很高的学业与课外活动评分"。[1]

这起诉讼案的控辩双方都面临某种困境。对于亚裔学生而言，支持完全无视种族因素的"族盲"（race-blind）录取政策，对扩大自己的升学机会最为有利，这也意味着废除平权法案。实际上这次代表亚裔团体的起诉方，就是一个著名的反平权法案的非营利机构，名为"学生公平入学"组织（简称SFFA），其发起人是反对"逆向歧视"（白人因平权法案遭受）的著名斗士。因此许多媒体将此案称作"哈佛平权法案诉讼案"。但"族盲"录取政策，会在客观上挤压处在最底层的拉丁裔和非洲裔学生的入学机会，已经遭到了一些反弹和抗议。这起诉讼可能会引发与其他少数族群的矛盾，是亚裔群体希望防止却又难以完全避免的难题。

对哈佛大学来说，实际的关切是亚裔学生占比过大，会导致在校学生的族裔分布失衡。有十六所精英大学（包括所有常春藤学校）明确表示，如果采用"族盲"录取政策，那就"不再可能有效地寻求那种推进它们教育使命的多样性水平"。但哈佛大学又不愿使用极具争议的"种族配额"（racial quota）方案，因此就通过降低亚裔申请者的"个性评分"来控制配额。《纽约时报》评论说，这是哈佛试

---

[1] Nell Gluckman, "What's New in Harvard's Admissions Procedures: Explicit Instructions on Race," *The Chronicle of Higher Education* (https://www.chronicle.com), October 26, 2018.

图避免亚裔学生过多的"秘密系统",这可能强化了关于亚裔的某种刻板印象,因此涉嫌歧视。[1]

哈佛大学法学院亚裔教授珍妮·格尔森在《纽约客》发表文章指出,平权法案的存废问题与亚裔遭受歧视的问题不能混为一谈。作者认为,应该首先查明歧视是否存在的事实真相,但这并不意味着必须废除平权法案,对于代表性不足的其他少数族裔申请者,应当将种族作为评估的考虑因素之一。[2] 但她完全没有提出有效的方案来解决真正的难题:如何在达成多样性目标的同时避免对亚裔申请者使用更苛刻的录取标准。

在申请名校中遭遇的额外阻力,加剧了亚裔学生的升学压力。他们必须付出更为艰辛的努力,获得更为卓越的成绩来弥补个性指标方面的所谓"短板"。这种竞争压力也会溢出,传递给其他族裔(包括白人)的学生,形成一种类似"军备竞赛"的态势。在声誉良好的高中,尤其在亚裔学生比例超高的名牌高中,学生普遍感到不堪重负。早在2004年,美国著名记者爱德华·休姆斯出版《梦想的学校》一书,刻画了加州惠特尼高中的情景:一些学生每天只有四小时睡眠,要喝四杯拿铁,最终获得GPA 4.0的成绩。[3] 然而,惠特尼这所顶尖高中有三分之二是亚裔学生(白人只占12%)。这其中竞争的残酷性也有所谓"亚裔效应"的压力在起作用。

近二十年来,亚裔美国人的数量急剧增长,"亚裔效应"连同其他多种因素,正在深刻改变美国"自由放任"的校园文化。高中生普遍感到不堪重负,身体和精神疾病加剧,自杀案件频发。媒体持

---

[1] Anemona Hartocollis, "A Peek Behind the Ivy: How to Get Into Harvard," *The New York Times*, October 20, 2018, p. A1.

[2] Jeannie Suk Gersen, "Anti-Asian Bias, Not Affirmative Action, Is on Trial in the Harvard Case," *The New Yorker* ((https://www.newyorker.com), October 11, 2018.

[3] Edward Humes, *School of Dreams: Making the Grade at a Top American High School* (Harvest, 2004).

续不断地报道这些令人担忧的现象，同时也有教育管理者和专家学者发出"减负"和"让孩子成为孩子"之类的呼吁。对中国读者来说，这一切都似曾相识。

努力学习改变命运，这是普遍的文化现象，但在亚洲格外突出，在海外亚裔人群中"名校梦"也最为执着。但所谓"亚裔效应"也可能只是"移民效应"。有研究指出，亚洲的第一代移民出于生存的紧迫感，会强化对子女进行严苛培养的亚洲传统，但这种效应会在后代子女中递减。《纽约时报》6月发表题为《最后的虎爸虎妈》一文，作者瑞恩·帕克是来自韩国的第二代移民，他和妻子现在都是美国的"成功人士"。他坦言，自己在童年时代被老师同学视为"天才"的优异成绩，绝不是"亚裔天赋"的结果，而是来自父亲的严酷训练。此后他一直在纠结一个问题："长期令我怨恨的童年经历是否同样造就了我在学业和专业方面的成就？倘若如此，用幸福换取成功是否值得？"

帕克和妻子决定，要给自己的两个女儿完全不一样的童年：让她们感受到重视和支持，让家庭不成为训练营，而是"充满喜悦和乐趣"的地方，让她们永远明白父母之爱并不取决于她们"完美的成绩单"。即便她们最后的命运可能会被其祖父视为"失败"，他们也会欣然接受这种衰落。帕克很了解蔡美儿在《虎妈战歌》中展示的成功案例，为了避免"家族没落"，她选择了做"虎妈"来实施极端严苛的教育方式。但帕克认为"大部分第二代亚裔美国人并不会与她为伍"。相反，许多研究表明，二代移民在很大程度上正在放弃传统的亚洲教育方式，转而采取西方的方法，尤其注重培养开放而温暖的亲子关系。第一代亚洲移民以传统方式教育子女，信奉"以现在的痛苦努力，换来日后的精英地位"，这造就了所谓"第二代优势"，但这种优势很难传递到孙辈，通常导致"第三代衰落"的现象。第三代移民往往会"吸收美国的文化价值，不再对成功抱有狂热的激情，他们在各种真正的意义上已经不再是移民了"。

帕克抚养孩子的方式，试图将某种程度的严格要求与温暖的关爱结合起来。他完全无法仿效他父亲"不惜一切代价获得成功"的移民思维。但他最后说，"这或许正标志着我们移民父母的终极胜利：我们成了美国人"。[1]

## 思想暗网与文化左派的危机

在美国的主流媒体上几乎很难获得这样的信息，比如，没进过大学的黑人当中，有60%认为种族并不影响他们的命运——这是皮尤公司的调查数据。他们也听不到这样的质疑：为什么黑人可以为自己的黑色（blackness）自豪，而白人这样说则是危险的，这是因为要抗衡不对称的权力结构吗？但是，处在权力结构中（据说是）优势地位的白人学生，在校园里喝醉了大声喧哗"白人伟大"，不仅会被指责为种族主义行径，而且会受到校方处分，而处在权力结构劣势的黑人，在学校毕业典礼上宣扬黑人伟大的发言，则会赢得喝彩与欢呼。历史上存在对黑人的奴役和种族主义歧视，但因为存在这个历史事实，一个白人表达了与黑人同样的种族自豪感就应该受到惩罚吗？为什么这是可以被接受的？因为黑人天然豁免种族主义的病毒吗？但民权运动那一代的黑人领袖并不支持这种"天然豁免"的看法，相反，他们认为黑人也可能成为种族主义者。这些离经叛道的信息、质疑和论述，时而引经据典，时而调用数据，出自科尔曼·休斯发表在网络杂志上的文章。[2]

---

1　Ryan Park, "The Last of the Tiger Parents," *The New York Times*, June 24, 2018, p. SR1.
2　休斯发表在 Quillette 的文章目录：https://quillette.com/author/coleman-cruz-hughes/。

休斯是哥伦比亚大学哲学专业的本科生，重要的（或幸运的）是，他自己是一名黑人。这位名不见经传的作者从4月开始发表文章，在推特上被高频转发，许多网站谈话节目邀请他去做访谈，《华盛顿邮报》专栏作者也费心去回应他。几个月以后他开始在《华尔街日报》发表文章。休斯的这种声音是稀少的，但是他"并不是一个人在战斗"。追根溯源会发现，他属于一个正在兴起的知识分子群落，名为"思想暗网"（Intellectual Dark Web）。[1] 休斯是其中最年轻的核心成员。

思想暗网还很年轻，2018年初在YouTube网站上发布了自己的通告[2]，很快在社交媒体上形成热点，但主流舆论无人问津。直到5月8日《纽约时报》资深编辑与作者巴里·韦斯发表了长篇报道[3]，思想暗网的知识分子才被暴露在公共聚光灯下，即刻引发了主流媒体和知名网站的报道和评论。《洛杉矶书评》的文章认为"思想暗网是特朗普任总统以来的第一场思想运动"。[4] 那么，思想暗网究竟是什么？

这个群体是一个松散的联盟，彼此之间没有根本的同质性，无论在职业、种族、性别、年龄方面，还是就社会知名度和政治倾向而言，都有相当大的差异。在第一版官网所列出的二十多位核心成员的名单中，有名牌大学颇有声誉的教授，有知名公共知识分子和智库专家，有社会政治活动家和评论家，也有媒体人、自由撰稿人和演员以及网站谈话节目的主持人。他们与思想暗网的联系紧密度也各有不同。发起人是数学家、经济学家和投资管理人埃里克·温

---

[1] http://intellectualdark.website/.

[2] "What is The Intellectual Dark Web?" *The Rubin Report*, January 30, 2018 (https://www.youtube.com/watch?v=n5HN-KT9rj0).

[3] Bari Weiss, "Meet the Renegades of the Intellectual Dark Web," *The New York Times* (https://www.nytimes.com), May 8, 2018.

[4] Jacob Hamburger, "The 'Intellectual Dark Web' Is Nothing New," *Los Angeles Review of Books* (https://lareviewofbooks.org/), July 18, 2018.

斯坦，是他发明了"思想暗网"这一名称。核心成员包括他的弟弟布雷特·温斯坦及其妻子希瑟·赫英，两位都是生物学家。其著名成员还有在舆论界备受争议的多伦多大学心理学教授乔丹·彼得森，作家、神经科学家山姆·哈里斯，专栏作家、独立制片人本·夏皮罗，哈佛大学史蒂芬·平克教授，纽约大学社会心理学家乔纳森·海特，布朗大学经济学家格伦·劳瑞，哥伦比亚大学语言学教授和专栏作家约翰·麦克沃特，著名政治活动家阿亚安·希尔西·阿里以及她的丈夫哈佛历史学家尼尔·弗格森等。[1]

思想暗网的核心成员在政治光谱中处在非常不同的位置。温斯坦兄弟与赫英在上届大选中投票给伯尼·桑德斯，哈里斯则是希拉里的公开支持者。而夏皮罗曾是右倾新闻网站 Breibart 的编辑，是反对特朗普的极端保守派。这样一群五光十色的知识分子有何共同之处呢？根据网站和韦斯的文章介绍，他们的结盟不是出于他们所属的身份或"部落"的亲和关系，而是基于另外两个共同之处。首先，他们愿意展开激烈的争辩，但永远保持"文明"的交谈方式，绝不进行人身攻击。争论的问题包括宗教、堕胎、性别认同、种族、移民、意识的本质等，他们在这些问题上的观点与他们各自的党派部落中的正统意见相左。其次，他们坚持智识的诚实，因此"抵制去鹦鹉学舌那些政治便利或政治正确的东西"。每个成员都认为他们受到了政治正确风气的打压，这也是他们的第二个共同之处。思想暗网的许多成员都不同程度地受到他们所属"部落"和网络公众的攻击，在某种意义上，他们是自己原先阵营的"变节者"或"异议人士"。休斯曾是一名激进的左翼学生，现在被问及在意识形态光谱中站在哪个位置，他的回答是，在当下我们都允许性别的流变，政治立场

---

[1] 参见"Leaders of The Intellectual Dark Web"(https://intellectualdarkweb.site/vanguards-of-the-intellectual-dark-web/)。

也可以流变。

思想暗网的主要言论平台不在主流媒体，而是在播客和网络谈话节目，以及一份澳大利亚的网络杂志 *Quillette*。他们的言论开始吸引越来越广泛的受众，并与他们发生共鸣。网络谈话节目"鲁宾报道"在6月底做了一期四位成员的实况讨论视频节目，在 YouTube 播出后，吸引了一百三十一万人次观看。[1] 在西方社会政治极化的情景下，有许多人同时抵触左右两极阵营的标准言论口径，他们在这群另类的变节者发出的声音中，听到了自己心里所想却不愿意公开表达的意见，因此获得了某种共鸣。这是思想暗网在主流媒体之外受到欢迎的部分原因。

然而，思想暗网运动是否能在当下两极化的思想争斗的僵局中开拓出新局面？这是令人怀疑的，至少有待观察。一些主流报刊以及著名网络刊物（如 *Politico* 和 *Vox*）都提出了批评性的分析。[2]《洛杉矶书评》刊登的评论认为，思想暗网实际上是暗藏的保守主义运动，而且他们对政治正确的批评并不像他们自以为的那么新颖。早在20世纪80年代末和90年代初类似的论辩已有先例。思想暗网的成员带着"打破传统"的标签，实际上不愿或不敢提及他们有自己的前辈先驱。他们不用假装自己的理念"与保守主义没有历史渊源"。他们的某些批评意见并无恶意，而且具有有效的社会科学依据，这些论述也并非不能被左派和主流媒体吸纳和接受。在道德和经验实证

---

1 "Jordan Peterson, Ben Shapiro, Eric Weinstein, and Dave Rubin LIVE!" *The Rubin Report*, June 29, 2018 (https://www.youtube.com/watch?v=PagNM_oxssE&t=328s).

2 Daniel W. Drezner, "The Ideas Industry meets the intellectual dark web," *The Washington Post* (https://www.washingtonpost.com/), May 11, 2018; Douglas Murray, "Inside the intellectual dark web," *The Spectator* (https://www.spectator.co.uk/), February 21, 2018; Henry Farrell, "The 'Intellectual Dark Web,' explained: what Jordan Peterson has in common with the alt-right," *Vox* (https://www.vox.com/), May 10, 2018; Amelia Lester, The Voice of the 'Intellectual Dark Web, *Politico Magazine*, November/December 2018.

层面，他们都不应当满足于对新奇和跨政治派别的追求。目前，思想暗网的成员受到了过度的赞誉，包括《纽约时报》《大西洋月刊》发表的评论文章，以及彼得森应邀出席2018年阿斯彭思想节（Aspen Ideas Festival）。虽然，他们相信，自己的发现已经能让他们去塑造一个新的思想中心的基础，但"最近的历史表明，他们的理念更可能在右派那里找到归宿"。如果思想暗网最终走出黑暗阴影，"也许会被证明是下一轮回潮的保守主义运动的强大武器"。[1]

思想暗网运动究竟是新的第三势力，还是暗藏的保守主义，或者不过是追逐名利的投机性华丽伪装，现在还难有定论。许多评论试图用现成的标签来固化他们，这本身是相当笨拙的。按照埃里克·温斯坦最新的说法，他们是一个"另类的意义构建集体"（alternative sense-making collective），这本身让人捉摸不定。[2] 这个知识分子群落刚形成不久，而且成员之间存在差异性，未来会有怎样的前景仍然是一个开放的问题。即便思想暗网无法开创一种新的立场或派别，也至少作为一个征兆，反映了文化左派的困境。

《华尔街日报》10月2日的文章报道了波特兰州立大学助理教授彼得·博格西昂及其两位同伙实施的一场学术恶作剧，假冒文化左派的道德立场，以其偏爱的学术风格与修辞伪造了二十篇论文（其中有一篇摘取希特勒的《我的奋斗》部分段落，改编为一份女权主义的宣言），投寄给颇有声誉的学术刊物，竟然有七篇通过匿名评审，获得发表或被接受发表，这在学术界和教育界引起哗然[3]，令人想起

---

1　Jacob Hamburger, "The 'Intellectual Dark Web' Is Nothing New," *Los Angeles Review of Books* (https://lareviewofbooks.org/), July 18, 2018.

2　Kevin Shau, "The Intellectual Dark Web and Enlightened Discourse," *Medium* (https://medium.com/), September 9, 2018.

3　Jillian Kay Melchior, "Fake News Comes to Academia: How three scholars gulled academic journals to publish hoax papers on 'grievance studies'," *The Wall Street Journal* (https://www.wsj.com), October 5, 2018.

二十多年前《社会文本》发生的丑闻"索卡尔事件"[1],并被称为索卡尔事件2.0版。与索卡尔相似,博格西昂的恶作剧具有特定的针对性,是受后现代主义影响的左翼取向的研究领域,主要包括性别、身份、少数族裔、女权主义和文化研究等。这些研究有很强的道德诉求,主要是揭示"非对称的权力结构"对边缘群体的压制,并为文化和政治的反抗提供正当性辩护,被称为"申冤型研究"(grievance studies)。这些伪造的论文被接受发表,显示了这些领域的严肃的学术标准受到政治偏见的侵蚀。严格地说,因为恶作剧作为一项"实证研究"缺乏"对照组"样本,得出的结论未必可靠。

但在恶作剧发生之后,许多相关者的自我辩白,以及波特兰州立大学对博格西昂的打压,更令人关切。[2] 从事"申冤型研究"的进步学者曾是边缘性的异端,他们从反建制立场起步,如今已经演变为主流,文化左翼的批判也成为在学术象牙塔中攀升的通途。他们最终成为一种批判性的建制派,彰显了文化左派如何寄生在一个他们既攻击却又依赖的权力体制中,面对挑战他们的新异端,不约而同地表现出党同伐异的当权派面目,成为新的压制性权力。当文化左翼成为教条的时候,他们也与自己的思想先驱(那些后结构主义大师们)渐行渐远。

在这种背景下,《争议思想学刊》宣告创刊引起了关注。[3] 三位创刊编辑都是著名学者,包括杰夫·麦克马汉、弗朗西斯卡·密涅瓦和彼得·辛格,这份刊物最引人注目的特色是允许作者匿名发表文章,但同样接受同行评审。之所以创建这份刊物是为了保护学术自由,

---

1 关于"索卡尔事件"的分析,参见拙作《后现代主义的困境》,载《二十一世纪》1998年6月号。
2 Peter Boghossian, James A. Lindsay, and Helen Pluckrose, "Academic Grievance Studies and the Corruption of Scholarship," *Areo* (https://areomagazine.com), October 2, 2018.
3 Tom Bartlett, "Here Comes 'The Journal of Controversial Ideas.' Cue the Outcry," *The Chronicle of Higher Education*, November 30, 2018 Issue.

创刊人在接受媒体访谈时表示,学者对一些有价值的研究议题发表异端见解是有压力和风险的,甚至收到过"死亡威胁"信。他们相信,这样一份刊物在目前的学术文化生态中是有意义的。新刊将在2019年出版第一期。

# 2017年

　　天际晦暗的时刻，很难分辨是暮色还是晨曦。2017年初，《华盛顿邮报》决定在报头下方刻写一句铭文："民主死于黑暗"（*Democracy Dies in Darkness*）。黑暗的隐喻不只是在警示特朗普对民主政治的威胁，甚至不只是对美国动荡时局的忧患，而是对西方文明再次陷入严峻危机的预告。2017年西方思想的流变透露出多种明暗交织的迹象：美国社会的分裂在加剧，欧洲开启了"马克龙时刻"的转机，中国的影响力正在改变世界格局，民主的危机再次成为焦点议题，反性侵运动席卷全球，"思想工业"的兴起正在转变公共领域的结构，而人工智能的发展令人兴奋也让人忧虑。对于西方世界而言，2017年仍然是一个不确定的时刻。但有一些长期的结构性证据表明，这个晦暗时刻更可能是漫漫长夜前的黄昏，而不是黎明将至的预兆。

## 美国的特朗普元年

　　2017年的美国政治很容易被视为"一场喧哗的闹剧"。闹剧是真的，但不是仅此而已。特朗普及其现象背后有着不可低估的政治文化意义。

就任总统的第一年，特朗普在身陷重围之中取得的成绩乏善可陈。他实质性的主要政绩——作为"圣诞节大礼"的《减税与就业法》，以及 4 月将年轻的保守派法官尼尔·戈萨奇送上美国最高法院大法官的位置——对于任何一位共和党总统而言（在参众两院的多数优势下）都是轻而易举之事，它们之所以显得隆重而喧哗，主要在于特朗普费尽周折克服了他自己制造的额外障碍。这位在任总统延续着竞选时期的战斗精神——善于制造和激化对立而不是化解冲突，勇于攻击而不是倾听异议并寻求妥协。但他在遭遇强大抵抗的逆境中生存下来，没有辞职也没有被弹劾，守住了自己的总统职位，这本身是他更难得的成就。

从宣誓就职的第二天开始，特朗普就不断遭遇对新任总统前所未有的抵抗。华盛顿特区有近百万人参加了"女性游行"，抗议活动从美国辐射到全球各地（远至南极）。4 月，成千上万名科学家走上街头"为科学游行"（March for Science）。8 月，夏洛茨维尔的右翼游行与冲突发生之后，特朗普的言论激怒了更多人。总统艺术与人文委员会十七位成员中，有十六位联署公开信抗议并集体辞职，白宫随后宣布聘任该委员会的行政命令不再延续。而在另外两个新近成立的白宫顾问机构（美国制造业委员会、总统战略与政策论坛）中，也有多位著名人士退出以示抗议，特朗普干脆直接宣布解散这两个机构。

连绵不断的抗议以及媒体的负面评论，每时每刻都困扰着这位总统的感知与心态。《纽约时报》的一篇长篇报道分析指出，特朗普每天都会花大量时间关注电视和媒体的反应，并时刻准备反击。对他来说，这个总统职位是"他在那个美妙的胜选之夜获得的奖品，一个在他每个苏醒的时刻都必须奋力守护的奖品，而推特是他的王者之剑"。[1] 他反击每一个批评和贬低自己的言论，包括自己的内阁成员。当国务卿蒂勒森出言不逊斥责其为"白痴"（moron）时，特朗普立即发推文回应，"我们必须用智商测试来比较一下，而且我可以告诉你谁将会胜出"（许多评论表示，这条推文已经测出了他的智商）。此外，特朗普信口开河的言论中夹带着大量的不实之词。一位研究谎言的专家在《华盛顿邮报》上发表文章，据她统计，在执政的二百九十八天中，特朗普做过的"虚假、误导或前后不一的陈述"高达 1628 次（平均每天 5.5 次）。[2] 他毫无忌讳的言行又给媒体和脱口秀节目输送了大量素材，造就了更多的批评或嘲讽，这使他感到必须不断反击。如此一来，便形成了永久化的反馈循环。

特朗普的固执己见并没有妨碍他的反复无常。最初一些言之凿凿的理念（包括决意从阿富汗撤军，判定"中国是货币操纵者"以及宣称北约"已经过时"等），都发生了逆转。根据美国全国广播公司（NBC）新闻公布的统计，从当选到执政百日，特朗普在十三个政策问题上变换了三十二种立场，成为"现代历史上最难以预测的美国领导人"。[3] 他易变的风格同样体现在白宫高层官员的频繁变动之中，变动的高层人员有任职六个月的白宫办公厅主任普利巴斯和新闻发言人斯派塞，七个月的首席战略师班农和白宫顾问格卡，还有二十三天的国家安全事务助理弗林，以及最短十天的通讯主任斯卡拉穆奇。在 2017 年，大约 34% 的高级官员辞职、被解雇或调任，变更比例之高史无前例（此前的纪录是里根总统第一年的 17%）。[4]

---

[1] Maggie Haberman, Glenn Thrush and Peter Baker, "Inside Trump's Hour-by-Hour Battle for Self-Preservation," *The New York Times*, December 10, 2017, Page A1.

[2] Bella DePaulo, "I study liars. I've never seen one like President Trump." *The Washington Post*, December 8, 2017.

[3] Jane C. Timm, "Tracking President Trump's Flip-Flops," NBC NEWS, May 12, 2017.

[4] Eli Stokols, "Trump White House Saw Record Number of First-Year Staff Departures," *The Wall Street Journal*, December 28, 2017.

对特朗普精神健康状态的疑虑从大选开始就从未平息。10月6日《新闻周刊》报道，二十七位心理医生与精神卫生专家联名发表了一份名为《特朗普的危险案例》的报告，评估他有"暴力、不成熟和缺乏安全感"等多种精神障碍。由于总统的健康事关国家安全，这些专家认为，有必要向公众预警"这位总统的危险性"。这是出于"道德与公民的责任"，高于他们本应遵循的"职业中立性规则"。实际上，连班农也曾在访谈中说过，特朗普"就像个十一岁的孩子"。[1]《纽约书评》一篇文章的作者指出，"这是第一次，美国有了一位行事不像成年人的总统"，他那些不成熟的品行不只孩子气，而且是"大多数家长努力要让自己孩子去避免的"。因此，这届行政当局的运行机制就是，特朗普制造混乱，然后由白宫里的"成年人"来帮他清理。这些"成年人"在管教他、让他长大并防止他失控，他们时而成功，但常常失败。[2] 的确，特朗普"没有总统的样子"（unpresidential）。

在许多人眼里，他只是一个虚张声势的自恋症患者，一个自称"天才"的弱智，不可能成就大业，也很难获得连任。或许三年之后，美国政治将重回正轨。政治学家约瑟夫·奈评论说，特朗普现象很可能是"美国历史曲线上的一次异常波动"。[3] 也许，这最终不过是一场闹剧，借用莎士比亚的名言来形容，"充满着喧哗与骚动，却没有任何意义"。但特朗普绝不是一个笑话，特朗普现象也不是一场闹剧。诸如此类的蔑视论调或许能满足一些人对特朗普的反感心态，但这种认知包含着危险的误解和误判。

特朗普登上政治舞台具有真实的民意基础，主要来自两种（相互重叠或独立的）否定性的民众意愿：对多元文化主义的抵制，以

---

[1] Dr. Lance Dodes et al., "'The Most Dangerous Man in the World': Trump Is Violent, Immature and Insecure, Psych Experts Say," *Newsweek*, October 6, 2017.

[2] James Mann, "The Adults in the Room," *The New York Review of Books* (October 26, 2017 Issue).

[3] Joseph S. Nye, "How Much Does Trump Matter?" *Project Syndicate*, September 5, 2017.

及对建制派政治的反抗。特朗普执政也带着并不含混的政治议程，简而言之就是"还我美国"：不仅从全球化的得益者那里，也从建制派的政客那里，以及从少数族裔和边缘群体那里"夺回我们的国家"。特朗普的政治议程吸引和集结了一大批经济与文化上的受挫者，这些人构成了他的选民基本盘。所谓的"特朗普主义"以反全球化、反建制派、反少数族裔与边缘群体为特征，这样的政治议程是任何政治建制派（无论民主党还是共和党）都无法容纳和胜任的，这也注定了特朗普的政治实际上是一场"造反"的政治运动，正如许多评论家指出的那样，他实际上形成了一个"借（共和党之）壳上市"的"第三政党"。

特朗普具有"造反派"的特征，但他通过合法的选举程序获得权力，也必须遵循立宪体制的游戏规则来行使权力。许多人曾预测他会被制度的力量逐渐驯化，但这似乎低估了他反叛的野性。身处美国的立宪传统，特朗普如同一头困兽，既不愿接受建制派（所谓"房间里的成年人"）的驯化，也无法彻底突破体制的笼子。这种冲突状态解释了白宫大部分的混乱与喧闹，而他"精神障碍"的病象至少部分地来自他挣扎中的挫败感。他欣赏普京或埃尔多安那样的强势领导人，羡慕他们更能自由发挥而更少受到限制的权力。

他的许多承诺落空了。他没能完全废除（更不用说替代）"奥巴马医保计划"，发誓要修建的"长城"还无影无踪，基础建设大发展也仍然是纸上谈兵。但在否定性的意义上，特朗普绝非无所作为。美国已经退出了TPP、联合国教科文组织、巴黎气候协议，并可能退出北美自由贸易协定和伊朗核问题协议。他也成功地撤销了许多奥巴马以"行政命令"方式签署的政策和条规。同样重要的是，他一直在冲击体制限制的边界，试图将频繁的"反常"言行"正常化"，改变总统规范（norms）的定义。而这种重新界定本身，也是对共和党建制派的"绑架"努力，使僵化的体制屈从于新总统的"活力"。

特朗普主义会在曲折中步步为营吗？竞选的奇迹效应能在执政时期延续多久？特朗普仍然面临着许多艰难的挑战。在国际事务中，特朗普已经被大部分盟国视为"信誉最低、危险最大"的美国总统。在美国国内，"通俄门"的调查仍然在进展，弹劾动议时隐时现。而解雇"正在成为麻烦的"特别检察官罗伯特·穆勒可能会造成更大的麻烦。作为一个反叛的当政者，特朗普处在各种交错的压力之中：主流媒体的抨击、社会运动的抵抗、民主党的对抗、共和党建制派的要求、白宫西翼的内斗、家族亲属（尤其是女儿和女婿）的诉求，以及其选民基本盘的要求。12月中旬，在盖洛普发布的民意调查中，特朗普的支持率降至35%，低于现代历史（在这个任期的节点）上的任何一位前任总统。[1]

目前的经济形势对特朗普有利。《经济学人》发表文章指出，特朗普是美国经济复苏的幸运继承者，"自他当选之后美国股市增长了25%，但从2009年以来增长了195%，失业率在奥巴马时期已经从10%的峰值下降到4.7%，在特朗普执政后继续下降到4.1%"。特朗普当然会毫不谦让地将所有经济成就归功于自己[2]，而《减税与就业法》的光环很可能会破灭。Vox杂志发布芝加哥大学商学院向全美四十二位著名经济学家（包括多位诺贝尔奖得主）所做的调查，其中同意这项法令会刺激经济增长的仅有一人，多数人反对，其余少数无法确定，而所有四十二位经济学家都认为，这项法令会增加债务。[3] 另外有许多经济学家和评论者指出，虽然这项减税法令声称会极大地惠及中下层阶级，但实际上其将加剧贫富差距，所谓"涓滴

---

[1] Jen Kirby, "Trump has the lowest approval of any modern president at the end of his first year," *Vox*, December 21, 2017.

[2] "Can the Trump boom last? America's long-running economic expansion," *The Economist*, December 14, 2017.

[3] Ezra Klein, "Out of 42 top economists, only 1 believes the GOP tax bills would help the economy." *Vox*, November 22, 2017.

效应"(trickle-down effects)的神话从未实现过。[1]

然而，经济冲击会影响特朗普的选民基本盘吗？如果经济政策未能满足那些经济受挫者的期望，甚至低于他们在建制派执政时期获得的收入与福利水平，那么他可能会失去一部分反建制派的选民支持。但是，对于多元文化主义的抵制者而言，他们的身份关切往往高于经济需求，他们可能会不离不弃地留守在基本盘的核心。凝聚这些选民依赖于意识形态的话语力量，特朗普主义需要自己的意识形态建筑师。像威廉·克里斯托尔之类的新保守派（neocon）思想精英是不可指望的，他们大都激烈反对特朗普或与他保持距离，认为他完全不符合保守主义的真精神，有些人甚至成为"绝不要特朗普"运动的核心人物。克里斯托尔主编的《旗帜周刊》在11月发表社论《投降》，指责共和党建制派毫无抵抗地"向特朗普势力投降"。[2]

然而，特朗普主义已经吸引了另一群原本处在边缘的保守派思想家。《纽约客》《新共和》《纽约书评》等杂志都发表长篇文章，开始关注他们的来龙去脉。[3] 这些人主要是与加州的保守派智库"克莱门特研究所"有关的成员，在智识血统上属于雅法（Harry Jaffa）开创的所谓"西岸施特劳斯派"。早在2016年大选期间，他们就创办了支持特朗普的网刊《美国荣光杂志》（*Journal of American Greatness*），试图为他奠定清晰融贯的意识形态论述。而该智库出版的季刊《克莱门特书评》现在被称为"高雅特朗普主义的圣经"。2017年，这个群体中有多名成员进入特朗普政府任职，包括高级国家安全顾问迈克尔·安东和立法事务主任马克·肖特等。这种情景

---

1 Annie Lowrey, "The Trickle-Down Mythmaking Begins," *The Atlantic*, December 22, 2017.
2 Editorial, "The Surrender," *The Weekly Standard*, November 2017 Issue.
3 Kelefa Sanneh, "A New Trumpist Magazine Débuts at the Harvard Club," *New Yorker*, February 25, 2017 Issue; Jeet Heer, "The Pro-Trump Intellectuals Who Want to Overthrow America," *The New Republic*, October 5, 2016; Jacob Heilbrunn, "Donald Trump's Brains," *The New York Review of Books*, December 21, 2017 Issue.

有点像早年艾伦·布鲁姆担任掌门的"东岸施特劳斯派"对小布什政府的影响。在特朗普时代，沉寂多年的"西岸施特劳斯派"迎来复兴，压倒了家族内部竞争的对手。

意外的变节事故也会发生。年轻的政治哲学家朱利叶斯·克赖因曾在哈佛大学受过哈维·曼斯菲尔德指导，早在2015年9月就力排众议撰文支持特朗普，称其为"最有分量的候选人"。他也是《美国荣光杂志》的创办者之一，随后又创立在理论上完善特朗普主义的新杂志《美国事务》。但特朗普执政以来的作为令他深感失望，"夏洛茨维尔事件"之后，他在《纽约时报》上发表文章，高调承认"我投了特朗普的票，现在后悔不堪"。[1] 一位年轻的特朗普主义思想健将幡然悔悟，哗变为反特朗普的斗士，这引起了许多媒体的关注。他在接受美国国家公共广播电台（NPR）采访时说，特朗普完全是没有政治理想的政客；同时他表达了对班农的极度蔑视，说后者"在思想理念上完全是无能的和错乱的"。[2]

班农当然不会理会这种书生精英的看法。自称为"列宁主义者"的班农是更为彻底的"造反派"，他无法忍受建制派的束缚，在体制之外开辟了另外一条"群众运动"的战线，推进他所理解的更为激进的特朗普主义。在离开白宫之后，班农公然向共和党建制派发出战书，并自夸是他将民粹主义与经济民族主义的两大利器授予特朗普，成为其获胜的法宝。然而，班农力挺身陷性丑闻的候选人罗伊·摩尔，结果使亚拉巴马州迎来了二十五年以来第一位民主党联邦参议员。在《名利场》发表的长篇报道中，班农申辩说，把选举失利与政治失败相提并论是错误的，"我不是一个政治操作员，我是革命家"。

---

[1] Julius Krein, "I Voted for Trump. And I Sorely Regret It." *The New York Times*, August 20, 2017, p. SR1.

[2] Ailsa Chang (Host), "Julius Krein: 'I Voted For Trump. And I Sorely Regret It.'" NPR (Morning Edition), August 21, 2017.

就在 2018 年伊始，特朗普与班农公开决裂，并指责他"不仅失去了职位也丧失了心智"。[1] 但班农没有气馁，他相信革命之路总是漫长而坎坷的。他正在考虑自己在 2020 年参加总统竞选的可能。他清楚地知道存在一群愤怒的美国民众，而他拥有杰出的才能去激发、煽动和凝聚他们的愤怒，并将其转化为政治运动的力量。特朗普主义的革命潜力还远未耗尽。

因此，"特朗普元年"并不是一个误称，即便他无法成功连任。他登上权力舞台的中心，开启了美国政治的一个新时代，一个社会分裂与政治极化不断加剧的时代，一个持久的"文化内战"（cultural civil war）时代。终结特朗普主义需要美国建制派的深刻改革，需要不同身份政治派别之间的对话与和解，需要政治文化的重建，这将是艰难而漫长的历程。

## 欧洲的"马克龙时刻"

2017 年是欧洲重获信心的一年。象征转机的时刻出现在 5 月 7 日夜晚，当卢浮宫广场奏响"欧盟盟歌"——贝多芬的《欢乐颂》，马克龙在音乐与欢呼声中走上讲台发表胜选演讲。这一场景预示着欧洲一体化的重新启程，与一个多月前罗马的阴郁气氛形成了鲜明对比。当时参与欧盟特别峰会的领导人还在承受"2016 年冲击"的"创后症"，面对反欧盟的浪潮（英国脱欧公投，特朗普胜选，欧洲各国本土主义、民族主义与右翼民粹主义的兴起）充满忧思，也对即将来临的法国与德国的选举前景深感疑虑。黯然悲观的情绪笼罩了本

---

[1] Gabriel Sherman, "Bannon 2020: Is Steve Bannon Going To Run For President?" *Vanity Fair*, December 21, 2017.

该庆贺的《罗马条约》签署六十周年纪念日。[1]而法国大选的结果驱散了阴云，欧美舆论视之为关键的转折，并称之为"马克龙时刻"。

更早的逆转发生在3月的荷兰大选，首相马克·吕特领导自由民主党赢得了议会多数席位，压倒了主张退欧的自由党党魁基尔特·威尔德斯。在5月马克龙以压倒性优势击败"国民阵线"的勒庞之后，默克尔领导的基民盟/基社盟也在9月的德国大选中胜出，遏制了德国选择党的势头。这三次选举的结果有力地回击了欧洲极右翼政党势力的扩张，也鼓舞了已经开始回暖的欧元区经济。据《金融时报》报道，10月，德国的经济信心指数上升到六年以来的最高点，而整个欧元区的经济信心指数连续十四个月攀升，达到2001年1月以来的最高水平，失业率下降到九年来的最低水平。欧盟也积极推进国际自由贸易，先后与加拿大和日本达成协议，并与澳大利亚、新西兰以及南美洲"共同市场集团"展开贸易谈判。[2]马克龙9月在索邦大学发表演讲，坚定地表达了重启欧盟规划的决心，并提出了长远、宏大又不失现实感的欧盟改革方案，引起了热烈的反响。[3]

德国哲学家哈贝马斯多次表达了对马克龙的赞誉与期望。他在4月接受法国《世界报》的访谈中指出，右翼民粹主义兴起的主要根源在于欧盟领导力的失败，无法使成员国开展有效的合作。强制实行的金融危机应对政策不仅未能解决问题，反而加深了欧洲南部与北部的裂痕。而马克龙具有改革家的气质，他展现出不同于欧盟政客的三种非凡特征——塑造政策的勇气、让欧盟的精英规划服从于民主政治的承诺，以及令人信服的思想论辩能力。[4]10月，哈贝马

---

1 Herman van Rompuy et al., "Europe's Reform Opportunity," *Project Syndicate*, April 6, 2017.

2 Mehreen Khan, "Eurozone economic confidence at almost 17-year high," *Financial Times*, October 31, 2017.

3 Nicholas Vinocur and Maïa De La Baume, "Emmanuel Macron's plan to conquer Europe," *Politico*, September 26, 2017.

4 Jürgen Habermas, "Une rupture dans l'histoire de la République," *Le Monde*, April 20, 2017.

斯在德国《明镜》周刊发表文章《马克龙对欧洲意味着什么？》，认为马克龙给欧洲带来了新的机遇，呼吁德国抓住时机积极协同合作，但他也怀疑默克尔能否响应法国新总统的大胆倡议。[1]

许多学者表示，在欧洲一体化的进程中，法国和德国始终发挥着关键作用，欧盟复兴的希望也在于形成"法德轴心"的强健政治领导力与治理能力，从而用真正积极的改革方案，为那些使欧洲选民背弃建制政治的诸多问题提供可靠的解决方式。就此而言，所谓的"马克龙时刻"并不是一个现成的答案，只是一个解决问题的机会。

"欧洲一体化将错过一个罕见的机遇吗？"这是《金融时报》副主编菲利普·斯蒂芬斯的疑问。他在11月初发表文章指出，德国多年来一直因为找不到一位出色的法国政治家伙伴而抱憾，总是哀叹其独自担当领导欧洲的重任而无人分担。现在"默克尔政府的这个愿望得到了满足，甚至是超额的满足"。马克龙的欧洲主义视野带有鲜明的理想主义气质，同时具有现实主义的务实精神。在他就任后的几个月，法国削减了预算赤字，放松了劳工法并削减了税负。这些脚踏实地的努力也扩大了马克龙的话语权优势。"对欧洲一体化事业来说，这是再好不过的时机了。"但德国政府陷入了一种困境，这也正是英国作为欧盟成员国长期以来未能挣脱的困境——将欧洲一体化视为利益计算的"一系列零和交易"，而不是"支撑欧洲大陆和平与繁荣的支柱"。德国曾经有更加开阔的视野，这并不是由于利他主义，而是由于充分理解德国的国家利益（经济福祉、国土安全以及两德的统一）全都依赖于战后的欧洲秩序。欧盟不只是德国与法国实现和解的方案，也解答了那个"著名的德国问题"："如何容纳这个对欧洲来说太大，对世界而言又太小的国家？"而在当前，如果德国的政治家消极应付马克龙的欧元区预算计划，认为这不过是

---

[1] Jürgen Habermas, "What Macron Means for Europe," *Spiegel* (Online), October 26, 2017.

一个"要求德国纳税人掏更多钱"的计划，那么他们就放弃了"那种对国家利益更高瞻远瞩的理解"。德国各派的政治家们仍然处在复杂的协商谈判阶段。但重要的是，他们能够在达成妥协之后表达明确的政治意愿。法国如今有了一位勇敢主张推进欧洲一体化的领导人，"马克龙正在等待柏林的答复"。[1]

同样，欧盟外交家、瑞典前首相比尔特在12月也发表文章，探究"欧洲能否持续这个马克龙时刻"。他指出，英国脱欧没有造成"多米诺骨牌效应"，欧洲一体化的事业渡过了一场危机，但其前景远非一片光明。右翼民粹主义政党在匈牙利与波兰已经掌控政权，在西欧国家的政治影响力也在逐步上升，这对欧盟事业构成了持久的挑战。2016年的反欧盟浪潮眼下似乎已经退潮，但很有可能卷土重来。"维持马克龙当选总统所启动的动力并兑现其承诺，需要在未来几个月内果断采取行动。"现在，"马克龙正在焦急等待着柏林的新政府，但下一届政府能否支持他的欧盟改革议程还远不清楚"。[2]

但马克龙不只是等待，他积极"干预"了德国新政府的组阁。12月初，德国社民党主席舒尔茨表示，他接到马克龙"无数次电话"，敦促他与默克尔阵营展开组阁谈判。年底双方的谈判议案已经开始启动，这是打破组阁僵局的重要一步。然而，欧洲一体化还存在着更深刻的问题。12月初，欧洲对外关系委员会主任马克·莱昂纳德发表文章《欧洲的危机始于家庭内部》，他引用布鲁金斯学会的一份报告指出，在过去三十年间，欧盟成员国之间文化与制度的差异变化不大，但各成员国内部的分歧日益严重，远大于国与国之间的差异。英国在决定脱欧后陷入政治混乱，荷兰大选后用了长达七个月时间才组建新政府，而德国由于默克尔的组阁谈判失败，"看守政府"延

---

[1] Philip Stephens, "Europe's choice: French ambition or German bean-counting," *Financial Times*, November 2, 2017.

[2] Carl Bildt, "Can Europe Sustain the Macron Moment?" *Project Syndicate*, December 13, 2017.

续至新年,这些迹象都显示了国家内部政治极化的严峻状况。莱昂纳德认为,欧盟的绝大部分国家都是"对半开的社会"——"一半是世界主义,一半是社群主义"。在任何给定的时刻,政府只是代表了"在持续不断的文化战争中获得最近一轮胜利的那一方",政府的立场只能随着双方拉锯战的结果而变化。[1]

目前的欧盟仍然是以欧元区为主体的"货币联盟",还远未达成有效的"财政联盟"(fiscal union)与"政治联盟"。这种"部分一体化"的格局造成了结构性的治理缺陷。面对持二十三种不同语言的二十七个成员国,欧盟推行的任何一项政治或经济政策都可能是具有高度争议的,不仅在不同成员国之间,而且在各成员国内部,都会引发分歧与冲突。欧盟的治理机制常常陷入"温和则无效,强硬遭反弹"的困局之中。目前一体化与反对一体化之间的分野越来越明显,欧盟处在不进则退却又进退两难的困境之中。"马克龙时刻"可能会产生一次推进的动力,但这个机遇的潜力能否被充分发挥出来,是否会遭遇新一轮的反弹,都具有很高的不确定性。

## 中国的影响力与所谓"锐实力"

当逆全球化的浪潮在西方社会汹涌不息时,中国则展现出逆流而上、引领全球化前行的姿态。日益走近世界舞台中央的中国,再一次引起西方舆论的高度重视与关注。《时代》周刊以"中国赢了"作为11月13日一期的封面。伊恩·布雷默在当期的封面文章中写道,在这个时刻"中国,而非美国,是全球经济中最强大的角色"。与第二次世界大战结束后主导国际体系的美国模式相比,"今天中国的政

---

[1] Mark Leonard, "Europe's Crisis Starts at Home," *Project Syndicate*, December 4, 2017.

治和经济体制的配备更完善，甚至更可持续"。中国政府能够迅速集中资源，对特定发展目标（如人工智能的开发）予以大量投入，在技术变革的速度和规模无比重要的时代，这一特征具有竞争优势。在这方面，美国政府及其倡导的代议民主制和自由市场资本主义并不具有竞争力。"美国人和欧洲人一直假定，人类发展的长期弧线是向自由主义民主趋近的。但如果他们错了呢？"当然，布雷默是政治风险研究的专家，他也谈到中国存在的局限与可能面临的风险，"步入聚光灯下的中国并不确保能赢得未来"。但他在结语中写道，"如果你必须为一个国家押注，想选择一个如今处在最有利的位置来对伙伴与对手扩张其影响力的国家，那么美国大概不是你明智的选择，聪明的赌注或许是投向中国"。[1]

最近一期《纽约客》刊登长文《让中国再次伟大》，作者是获得普利策奖的著名记者欧逸文，他曾在北京居住长达十年之久。文章以讨论电影《战狼2》的轰动效应开篇，描述了中国正在以前所未有的雄心与渴望面对外部世界。通过大量访谈、历史回顾与社会经济分析，作者对比了美中两国近几年来此消彼长的国际影响力。引人瞩目的"一带一路"倡议启动了历史上投入最大的海外基础建设项目，计划的投资高达一万亿美元之巨，七倍于美国1947年的"马歇尔计划"总投资（按目前价格计算为一千三百亿美元）。文章引用北京一位学者的话说，"特朗普为中国提供了战略机遇"来填补美国正在退出的国际领域，扩展自己的全球影响。然而欧逸文也指出，在对几十位中美专家的访谈中，几乎没有任何人预期"中国很快就会取代美国的世界超强角色"。中国在许多领域正面临着挑战，也未必愿意仿效美国，去担当全球公共品的提供者和规则仲裁者。因此，

---

[1] Ian Bremmer, "How China's Economy Is Poised to Win the Future," *Time*, November 13, 2017 Issue.

"更可能的是，世界正在进入一个缺乏突出领导者的时代"。[1]

无论如何，中国的崛起正在改变世界的格局与力量对比。中国在增强硬实力的同时，也越来越注重发展自己的软实力。然而，一些西方分析家现在发现，硬实力和软实力都无法确切地描述中国的某些影响力，进而他们提出了一个新的概念——"锐实力"（sharp power）。11月以来，锐实力这个术语迅速传播，许多主流报刊相继发表文章展开讨论。这个新概念首先出现在《外交事务》11月发表的文章《锐实力的含义》中，作者克里斯托弗·沃尔克与杰西卡·路德维格都是美国"国家民主基金会"（NED）的研究人员。他们指出，在冷战结束后，许多西方观察家从软实力的视角来理解威权主义国家的影响努力。然而，这些努力的技术手法"虽然不是那种公然强制意义上的硬实力，但也不是真正的软实力"。许多在媒体、智库、文化和学术等领域展开的努力，主要不是用吸引和说服的方式来"赢得人心"。这种影响努力"穿透了目标国家的政治与信息环境"，在此意义上它是"锐利的"。文章认为，在两种政体目前正在展开的新竞争中，锐实力是威权主义国家的刀锋。[2]

随后，由美国国家民主基金会主办的"民主研究国际论坛"发表了长达一百五十多页的文集报告《锐实力：正在上升的威权主义影响》。报告在前言中指出，中俄两国的影响手段在形式和基调上存在差异，但与此同时，都通过民主体制的开放性来施加其影响。因此以往的软实力概念已经不足以解释现状，需要重新思考。报告考察了中国和俄罗斯对拉丁美洲以及中欧几个新兴民主国家的影响，

---

1　Evan Osnos, "Making China Great Again," *New Yorker*, January 8, 2018 Issue.
2　Christopher Walker and Jessica Ludwig, "The Meaning of Sharp Power: How Authoritarian States Project Influence," *Foreign Affairs*, November 16, 2017.

并重申对民主价值与理想的支持。[1]《经济学人》12月16日刊登封面文章《如何应对中国的"锐实力"》，认为西方需要回应中国新的影响，但不能简单地用建造壁垒的隔离方式，因为与以前的苏联不同，中国已经成为世界经济的一部分。西方需要发现一种具有政治家风范的中间道路，而提倡透明性是解决问题的关键所在。[2]

约瑟夫·奈是最早（1990）使用软实力概念的美国政治学家，他发表文章《中国的软实力与锐实力》，对这一讨论做出了回应。他首先在概念上做出澄清，软实力"有时被用来形容任何不涉及强力（force）的实力行使，但这是错误的。实力有时取决于谁的军队或经济更有优势，但也可以取决于谁的故事更引人入胜"。如果"锐实力"这一术语是"信息战"的简称，那么它与软实力就有着明显的区别，"锐实力是硬实力的一种类型"。操纵信息是在使用硬实力，虽然信息是无形的，但"无形性"（intangibility）并非软实力的特征。例如，口头威胁就同时具有无形性和强制性。作者认为，软实力的一个重要特征是"自愿性"（voluntarism），而硬实力依靠的是威胁和利诱。"在公共外交中，真相与开放性在软实力和锐实力之间划出了分界线。"当一个国家的官方新闻机构在其他国家公开传播新闻时，这是在行使软实力的技术，但如果通过秘密支持其他国家的媒体来传达自己的声音，那就违背了自愿性，而跨入了锐实力的边界。当然，广告和说服总是需要某种程度的框架预设，这会限制自愿性。但将极端的欺骗置入框架之中就可能被视为强制，虽非暴力性的强制，但它阻碍了有意义的选择。"在信息时代，最稀缺的资源是关注度与公信力（credibility）。"如果某种公共外交手法被普遍视为政治宣传，就失去了公信力，也就难以增进软实力。在约瑟夫·奈看来，中国的

---

[1] NED New Forum Report, "Sharp Power: Rising Authoritarian Influence," December 5, 2017 (https://www.ned.org/sharp-power-rising-authoritarian-influence-forum-report/).

[2] "What to do about China's 'sharp power'," *The Economist*, December 14, 2017.

经济成就生成了硬实力，也因为提供了有力的叙述而形成了软实力。但硬实力若使用不当会削弱中国叙事的软实力。他主张西方国家在回应中国的锐实力时，必须谨慎避免反应过度。抵制中国正当的软实力工具可能会事与愿违。"中国的软实力有时可能会演变为锐实力，但仅仅因此就阻止中国的软实力努力将会是一个错误，而同样重要的是仔细监测软硬实力之间的分界线。"作者认为，软实力常常用于竞争性的目标，但未必只能成为零和游戏。"如果中美两国都希望避免冲突，增进彼此吸引力的交流项目将惠及双方。"在许多议题上，两国都能从合作中获益。而软实力有助于建立相互之间的信任，并创建促成合作的网络。[1]

在西方思想界，曾有人惊呼"中国将统治世界"，也曾有人预言"即将到来的中国崩溃"。对中国的赞赏与质疑一直并行相随，而告诫"中国威胁"的声音也层出不穷。对中国锐实力的警觉不只是"中国威胁论"的又一种翻版，还标志着西方意识形态由向外扩张转向对外防御。这可能是当前西方思想界发生的最发人深思的变化之一。

## 探究民主的危机

西方学术界对民主问题的研究，以往偏重于所谓威权政体向民主转型及巩固的条件与困境等问题，但近十年来有越来越多的研究转向对"成熟民主国家"自身的反思。在2017年的思想界，"西方民主的危机"成为格外突出的议题，并带有鲜明的现实关切，两次重要的学术会议都明显体现了这一趋势。耶鲁大学10月6日举办的会议以"民主政体何以崩溃？"为题，邀请了十多位著名的政治

---

1　Joseph S. Nye, "China's Soft and Sharp Power," *Project Syndicate*, Januanry 4, 2018.

理论家，着眼于讨论两个问题：导致民主退化或瓦解的关键因素是什么？这些因素是否可能在当今的美国产生同样的效应？会议全程的视频随后在 YouTube 网站上发布。[1] 斯坦福大学在 11 月 3 日、4 日召开两天的会议，主题是"全球各种民粹主义对于民主的威胁"，二十五位政治学家参与会议，主办方在网上公布了全部的会议论文。[2]

民主的衰退成为这两次会议共同关切的焦点议题。在斯坦福大学召开的会议上，民主理论的权威学者拉里·戴蒙德在论文报告中指出，当今世界进入了"民主错乱的新时期"（The New Era of Democratic Distemper），其以三个趋势为标志。首先，民主的衰退已经蔓延到核心的自由民主制国家，特别是欧洲和美国。自"民主第三波"开始以来，这是第一次出现对发达国家的民主前景产生严重质疑。其次，整个世界的政治光谱向威权主义一端明显偏移，核心民主国家中非自由势力的兴起，新兴民主国家中有些已经逆转为威权政体，而俄罗斯、埃及和伊朗等威权国家中威权主义的倾向更为坚固。最后，越来越多的专制政体以强大的威权国家为楷模，在"另类选择"的激励下逐渐摆脱了民主化的压力。这三种趋势造就了"意识形态的反叙述"，即"民主已经过时，它导致混乱和停滞，而集中化的权力才是进步的通途"。这种论调日益高涨，正在催生一个新的"威权主义的全球时代精神"。

福山提交的论文题为《民粹主义与身份》，其就民粹主义的兴起提出了身份与经济的复合解释（从中也可以预见他在即将出版的《身份》一书中的观点）。身份的特征之一是对"承认"（recognition）的要求，即对内在自我或集体自我的尊严要求"主体间的承认"。这种要求"使身份政治具有内在的政治性，因为承认主要是通过政治

---

[1] 参见 https://www.youtube.com/watch?v=SJldi2BlXR4&t=3636s。
[2] 参见 http://fsi.stanford.edu/docs/global-populisms-conference-memos。

行动获得的"。他认为,许多被归为经济范畴的现象实际上源自人们对身份和尊严的关切,因此很难将这两种因素拆解开来。人们对"经济正义"或"同工同酬"的要求往往不是出于对资源本身的关切,而是因为"资源是地位和尊严的标志"。单纯的经济学解释放弃了这个面向,这种局限性由来已久,是因为忽视了柏拉图所谓的"血气"(*thymos*),"这是人类心智的一部分,要求承认一个人的尊严"。在近年的政治选举中,那些支持特雷莎·梅、特朗普和勒庞等人的核心选民并不是经济上最为穷苦的底层,这些人更支持传统的左翼政党。而民粹主义政治家的支持者来自中下阶层,在收入分配的五等分结构中处于中间三层。他们并不是饥饿的群体,也并非在经济上无路可走,但在技术变革和全球化的冲击下,他们经历了"相对社会地位的巨大损失",而且担心自己的处境每况愈下,落入下层阶级。因此,"经济关切在当代民粹主义政治中会以身份的形态来展现"。福山的解释蕴含着一个推论:如果这些选民"更多地关切身份而不是经济问题",那么他们就未必会被传统的左翼经济政策吸引,也不一定因为民粹主义政客未能兑现其经济许诺而背弃他们。这意味着要克服民粹主义的挑战,我们"需要一种语言和一套实际的措施来正面应对身份问题"。

在移民问题上,福山也试图以集体身份的视角提出更为复杂的分析。他认为有必要检讨当下流行的批评意见——将民粹主义者的反移民倾向简单地归咎于种族主义、仇外情绪、族裔偏见或无知。这些驱动因素确实存在,但还存在其他几种可能的原因需要辨别。民粹主义的支持者或许并不反对移民本身,而是出于法治的理由反对非法和不受控制的移民;可能担心移民难以同化,无法融入主流文化,甚至抵触和改变主流文化的价值;可能担心移民增长的节奏和速度过快,由量变导致质变;可能担心移民享受的福利待遇远远超过他们对税基的贡献(这在欧洲一些高福利国家是更严重的问题);

还有些选民的关切出于党派立场，担心自己反对的党派获得移民选票的可能性更大。

当前民主衰退的成因存在多种解释，既有经济因素，也有社会文化因素。在耶鲁大学会议的报告中，著名政治经济学家亚当·普热沃尔斯基指出，中产阶级丧失对未来的信心是一个重要原因。在过去两百年中，西方文明的一个重要信念是财富不断增长，一代更比一代强。但现在这个信念被动摇了。1970年，美国三十岁左右的年轻人中有90%认为自己比父辈年轻时的生活质量更好，而到2010年，这个比例下降到50%。1980年以来，中产阶级的收入增长基本停滞，现在有64%的欧洲人和60%的美国人认为下一代的生活会比自己更差。1973年之前，生产率与工人收入的增长几乎是同步的，此后便开始明显脱节。经济不平等日益加剧，导致了"阶级妥协"的瓦解。人们对现有体制缺乏信心，政治与宗教极端主义的兴起使边缘党派和候选人有了可乘之机。而美国的社会分歧与政治极化越来越严重，达到了1820年来前所未有的程度，这使得两大政党的中间力量失去了民众动员力，最终破坏了政党体系的稳定作用。普泽沃斯基认为，特朗普只是这些政治危机的征兆而不是其根源，在他任期结束之后，同样的结构性问题仍然存在。但他也指出，目前美国民主危机的形态是"恶化而不是崩溃"。这种危机也曾出现在第一次世界大战之后、麦卡锡主义肆虐以及尼克松执政的时期，而政治制度最终克服了这些危机。但过去并不能确保未来，对于当下的危机，真正可行的应对方案尚未成形。

哈佛大学的青年政治学者亚沙·芒克在发言中指出，民主社会实际上还没有经受过长期经济停滞的考验。经济问题并不是简单的收入多少，还与人们的相对获得感与相对剥夺感有重要关联。如果目前经济停滞的趋势再持续二三十年，那么民主体制可能就会崩溃。在身份政治的问题上，许多人转向种族认同可能存在相当复杂的原因。如果相信美国人口中有那么多人是种族主义者，这就是一个种族主义的社会，那么我们就会陷入无能为力的绝境。但如果种族意识在某些条件下是可以改变的，我们就需要建立某种联合来创造这些条件。美国已经是一个多元族裔的社会，在族群身份的冲突中，仅仅揭露非正义和歧视是不够的，我们需要用积极的建设性来替代。

## 三种呼声：从布拉格、巴黎到波士顿

忧患是思想的内在品格，但各种立场的思想者都深感危机迫近，这是时代精神的征兆。2017年先后在布拉格、巴黎和波士顿发布的三份公开宣言，是当下政治风云与文化纷争的缩影，不同派别的知识分子试图提出自己的诊断、分析与期望，并集结起来以群体性的呼声介入公共论辩。

《布拉格民主复兴呼吁书》在5月发布，由来自全球的六十多位著名学者和政治活动家发起（最后有两百多位签署者），包括诺贝尔文学奖获得者阿列克谢耶维奇，爱沙尼亚前总统伊尔韦斯，波兰政治家与知识分子米奇尼克，埃及政治学家艾姆尔·哈姆扎维，以色列政治学家什洛莫·阿维内里，法国哲学家莱维，英国思想史家加顿艾什，美国政治学家拉里·戴蒙德、福山、威廉·加尔斯顿和黎安友等。[1]

呼吁书开篇写道，"自由主义民主正受到威胁，所有珍惜它的人都必须来捍卫"。这种威胁既来自外部的威权主义势力，也来自新兴和成熟民主国家的倒退。这种内外交困的局势，侵蚀着人们对民主

---

[1] "The Prague Appeal for Democratic Renewal," May 31, 2017 (https://freedomhouse.org/blog/prague-appeal-democratic-renewal).

价值的信念，动摇了对民主体制功效的信心，使民主进程遭受了历史性的停顿，并可能使民主在"逆转浪潮"中陷入崩溃的危险。"民主的支持者们必须联合起来制止这一退缩，为民主的道德、思想和政治的复兴事业结成一个新的联盟。"新的民主战役的出发点是"重申基本原则"，这些原则激励了两百多年来现代民主的发展，"植根于对人之尊严的信仰，并坚信自由主义民主是最能够维护这种尊严并使其蓬勃发展的政治体制"。捍卫民主的价值并不是"纯粹理想主义的事业"，而是体面的、包容性的社会的先决条件，是整个社会和经济进步的框架，也是维护国际和平与安全的基础。呼吁书构想的"新的民主复兴联盟"，是充当振兴民主理念的道德和思想的催化剂，通过展开一场有原则、有觉察力、有激情的"理念之战"，来改变当前的思想和文化氛围。"没有借口沉默或无所作为。在这个民主岌岌可危的时代，我们不敢依靠安全的幻想。目前的危机为民主动员提供了一个机会，我们必须抓住这个机会。"

这份自由主义倾向的呼吁书很难说有多大的感召力，至少保守派阵营对"时代的危机"有着不同的理解与回应。10月7日，欧洲十名保守主义倾向的学者和知识分子，以九种语言同时发布一份联署的《巴黎声明：我们可以信靠的欧洲》，签署人中包括英国政治哲学家罗杰·斯克鲁顿爵士，法国宗教思想史家莱米·布拉格和波兰哲学家、政治家理夏德·雷古特科等，他们感受到的危机是"欧洲在幻象、自欺与意识形态的扭曲中，正在将自身的文明遗产挥霍殆尽"，他们出于"对欧洲精神与想象的共同关切"而聚集到一起，撰写了这份声明，其核心论旨是抨击"虚假的欧洲"。

目前欧盟致力于建构的欧洲，是一个"掩盖在伪宗教普世主义情感下的金钱与法规的帝国"，虽然自诩为"普世共同体的先驱"，但实际上"既不是普世的，更称不上是共同体"。他们呼吁重建"真正的欧洲"，一个"我们能够信靠的欧洲"，其基础是民族国家体制和基督教传统奠定的价值原则。这种在民族国家相互承认主权的基础上展开的自由交往，形成了"多样一体"（unity-in-diversity）的欧洲，这才是"欧洲文明的标志"。这份欧洲遗产既不是自然的，也不是必然的，因此需要付诸努力和斗争来捍卫。这份声明坚持某些传统的价值立场，包括对文化等级的维护、对家庭和社群团结的重视。他们认为，欧洲未来的威胁并非来自俄罗斯的冒进或穆斯林移民，而是"虚假的欧洲"的幻象与欺骗，包括欧盟的技术官僚、放任的多元文化主义、价值虚无主义和文化的商业化。声明最后呼吁，"拒绝那种无国界的多元文化世界的乌托邦幻想"，"重申民族国家的主权，恢复对欧洲未来的共同政治责任的尊严"。这份声明表达了欧美文化战争的一种保守主义立场，与自由派的布拉格呼吁形成对比，但双方都是新形势下的老调重弹，都没有在主流舆论界引起显著的反响。[1]

信奉基督教传统的思想取向未必保守和排外。11月20日，三百多名基督教神学家聚集在波士顿老南教会（Old South Church），共同签署了《波士顿宣言：对美国基督徒的呼吁》。[2] 他们是出席美国宗教学会（AAR）和圣经文学学会（SBL）年会的部分与会者。宣言的发起者以身披麻布、额涂圣灰的传统仪式，谴责美国福音派等宗教保守势力滥用和扭曲圣经教义，敦促他们悔过自新。这份宣言具有悲愤的基调——对权势者性侵犯的愤怒、对陷入"白人至上论"歧途的福音派的愤怒，要求忏悔作为美国原罪及其延续之罪的种族主义。基于这种愤慨，宣言表示："我们承诺追随耶稣走上代价巨大的门徒之路，为卑微者、失败者和被遗弃者寻求正义。我们宣告，在今天

---

[1] "The Paris Statement: A Europe We Can Believe In," October 7, 2017 (https://thetrueeurope.eu/).

[2] "The Boston Declaration: A Prophetic Appeal to Christians of the United States," November 20, 2017 (https://thebostondeclaration.com).

追随耶稣,意味着从我们信仰的最深处发起抗争,反抗贫穷、经济剥削、种族主义、性别歧视和一切形式的压迫。"宣言的宗旨是要求遵循和践行"爱你的邻人一如爱你自己"的箴言。

宣言的主要发起者之一、波士顿大学神学院副院长帕梅拉·莱特西博士指出,真正的福音教义与当今保守派圈子中"兜售"的东西相当不同,在宗教和政治意义上都相差甚远。"我们聚集于此,因为耶稣教导'爱我们的邻人',因为我们拒绝让那些人借基督教之名来支持对女性的虐待,对移民关闭国门以及让连篇累牍的谎言常态化。"[1]谴责仇恨、召唤博爱是这份宣言的核心诉求。

## 反性侵运动与女性主义辩论

《时代》周刊将2017年度人物授予"打破沉默者"(The Silence Breakers),向控诉和反抗性侵犯与性骚扰的社会运动致敬。封面刊登了五位女士的合影,她们勇敢打破沉默、公开陈述自己遭受性侵扰的经历。照片还包括只露出手臂的"第六个人",据杂志主编介绍,这代表着许多匿名的指控者,迫于压力与风险无法暴露身份,但愿意分享自己的遭遇。演员艾希莉·贾德是哈维·韦恩斯坦最早的指控者之一,她对韦恩斯坦的指控成为这场运动的导火索。10月中旬,演员艾莉莎·米兰诺在推特上发出倡议,邀请曾遭受性侵的受害者们以"#MeToo"(我也是)作为状态更新的标签,以唤起社会关注。在短短几周内,这个标签在社交媒体上的使用率达到五百万次,从而触发了一场席卷全球的社会运动,许多国家都开始了自己

---

[1] Susan Thistlethwaite, "Repent and Believe in the Gospel! Over 300 Christian Theologians Challenge the Corruption of U.S. Christianity," *Huffington Post*, November 20, 2017.

的"#MeToo"运动，法国则创造了自己的特色标签，称之为"拱猪"运动（#Balancetonporc）。

原本孤立分散的受害者及其支持者通过社交媒体结成广泛的联盟，各大主流媒体迅即呼应，声势浩大的舆论鼓舞了更多的受害者提出指控。到12月中旬，美国政界、演艺界、传媒界以及商业和企业行业中，至少有九十八位（其中有一位女性）知名人士受到公开的性侵指控，他们大多被解雇或被迫辞职。12月7日，受到性骚扰指控的联邦参议员艾尔·弗兰肯宣布辞职。12月12日，肯塔基州的州众议员丹·约翰逊召开新闻发布会否认媒体曝光的性侵指控，随后于次日早晨开枪自杀。

反抗性侵扰的公开行动在美国大约有二十六年的历史，"#MeToo"最早是2006年由黑人社会活动家塔拉纳·伯克发明和传播的标签，但从未形成像今天这样广泛和强劲的社会运动，它不仅挑战了位高权重的施害者，也促发了意识与观念的变革。在《华尔街日报》10月的一项调查中，49%的男性受访者表示，有关"#MeToo"的新闻报道促使他们更认真地思考自己对待女性的行为。[1]

好莱坞是性骚扰的"重灾区"，也处在反性侵风暴的中心。《纽约客》的资深记者达纳·古德伊尔最近发表文章《好莱坞可能改变自己的方式吗？》，报道了"后韦恩斯坦时代"正在展开的严厉"整治"（remediation）行动。[2] 目前好莱坞的整个风气正在发生剧变，"零容忍"政策冲击着惯常的言谈举止，所有场合使用的语言（包括在餐馆向人问候的方式）都会受到影响。一位性骚扰问题调查员表示，一旦接到举报，他们会"即刻"（不是过几天或一周，而是立即开始）展开调查。与此同时，整治行动也在清算历史旧账，现在已基本完成。

---

1 Carrie Dann, "NBC/WSJ Poll: Nearly Half of Working Women Say They've Experienced Harassment," NBC NEWS, October 30, 2017.

2 Dana Goodyear, "Can Hollywood Change Its Ways?" *New Yorker*, January 8, 2018 Issue.

那些被指控者的照片已从墙上取下,他们的名字会被从捐赠的建筑物上抹去,电影在替换演员之后重拍,网上图书馆的相关资料会被撤下,电影被搁置。这位调查者说,"与被告者的任何关联,现在完全是有毒的,经过一波波的清除,然后是苏联式的抹除(erasure)"。的确,那些曾经盛气凌人的施害者必须受到应有的惩处,但清除历史的做法不免让人发生警觉的联想。

应当如何对待有性侵问题的作者与其作品之间的关系?凯文·史派西已被逐出第六季《纸牌屋》,新电影《金钱世界》删除了他的全部镜头,在更换演员补拍后刚刚上映。那么如何处理已经发行的作品呢?是否应当禁映甚至销毁伍迪·艾伦以及(尤其是)罗曼·波兰斯基的电影?在学术界也有同样的问题。贝卡·罗斯菲尔德在《高等教育纪事报》上发表文章指出,存在一些重要甚至经典性的学术作品,其作者的性操守堪忧甚至不可接受,他们本人应当受到谴责或惩处(如果仍然在世),但"赞颂思想"要与"赞颂人生"脱离。基于作者的道德操守来查封他们重要研究的做法可能是有害的。[1]无论如何,这场运动再度触发了一些令人困扰的难题:社会正义是否要求文化的道德清洗?这会损害艺术与学术的自由以及历史记忆的完整性吗?

另外,这场运动对政治的影响仍然是有限的。《大西洋月刊》发表文章指出,身陷性丑闻是罗伊·摩尔在亚拉巴马州联邦参议员补选中落败的一个重要原因,但有调查显示,亚拉巴马州选民的党派分歧远比性别差异更为显著:共和党的女性选民仍然有90%投票支持摩尔(只比其男性选民低2%),她们相信摩尔的性侵行为属实的比例也仅比男性选民高4%,且比民主党男性选民低40%。另有研

---

[1] Becca Rothfeld, "Can Sexual Predators Be Good Scholars?" *The Chronicle of Higher Education*, December 7, 2017.

究指出，就性别政治问题而言，两党极化趋势的驱动要素不是性别本身（男性或女性）而是性别立场（是否相信男女应当平等）。10月，皮尤中心的一项调查显示，对于"这个国家对女性权利的伸张走得还不够远"这一陈述，在民主党男性中的支持者要比共和党女性中的支持者高出31%。这意味着"民主党并没有变成女性的党派，而是正在成为女性主义者的党派"。[1]

任何一场社会运动都会有支持者和反对者，"#MeToo"运动也不例外。争议很快就出现了（虽然明显的反弹到2018年初才开始）。值得关注的意见不是来自保守派阵营的抨击，而是自由派甚至女性主义内部的批评。11月22日，在线杂志 Quillette 发表了四位女性学者和作家（包括杂志主编）的批评意见。12月18日，英国左翼网刊 Spiked 汇集了十三位女性知识分子的异议。这些作者都坚持男女平等以及反性侵的立场，但对"#MeToo"运动的发展趋势感到忧虑甚至强烈的不满，简要概括起来主要集中在以下几个方面。[2]

首先，运动目前的趋势可能在女性主义内部导致一种文化转向，"从女性的赋权（empowerment）目标，转向赋予女性受害者的地位"。最令人不安的倾向是运动演变为一种"告解的竞争"——"一个女人的证言越可怕，她可能从网上姊妹那里获得的同情就越多。"沉默多年容忍施害者逍遥法外、现在才站出来的指控者们赢得了欢呼，被誉为"女英雄"和"强大的女性主义者"，而那些提倡并做到了当

---

[1] Peter Beinart, "The Growing Partisan Divide Over Feminism," *The Atlantic*, December 15, 2017.
[2] 以下四点概括，选择了两个刊物上十七位作者的部分意见，予以分类综合。*Quillette*, "Are Women Really Victims? Four Women Weigh In," November 22, 2017 (http://quillette.com/2017/11/22/women-victims-four-women-respond/); *Spiked*, "Meet The Women Worried About #Metoo: Thirteen bold women on why we must reject victimhood," December 18, 2017 (http://www.spiked-online.com/newsite/article/meet-the-women-worried-about-metoo/20639#.WmQl5qiWY2y).

即明确有力地拒绝侵扰，并快乐地继续自己生活的众多女性，现在却被嘲讽为"受害人的责难者"。在当下的风潮中，好像愿意充当受害者才是唯一"正确的女人类型"。将女性视为脆弱的受害者，而不是胜任公共生活的行动者，使受害成为武器，固化女性的脆弱性，挫伤女性的适应力，这是从以往取得胜利的女性进步事业中倒退。

其次，对性侵扰的定义越来越宽泛，使运动失去重心和焦点。真正的受害者在暴力或隐性权力的威胁下陷入困境，不得不忍受侵害，她们不仅值得同情，也需要声援和司法救助。然而，将任何不合心意的一句赞美、一个玩笑、一声口哨甚至一次眨眼都界定为性骚扰，这将使整个运动琐碎化（trivialized）。"当28%的年轻人认为眨眼也可以是性骚扰，社会就可能怀疑女性判断危险和应对公共生活的能力。"女性主义应当鼓励女性施展独立自主的能动性，而不是将女性"婴儿化"。将职场上危及女性生涯的性骚扰与无关紧要的社会麻烦相提并论，这样的运动只是满足了"中产阶级的记者，饥渴于名望的政客以及显示美德的明星"，"普通工薪阶层的女性根本不会去理睬"。与世界其他地方的姐妹们相比，西方女性享有非常优越的地位和法律保护，"却把自己刻画为身处危难的少女，无力应对成人世界，永远需要援救"。

再次，这场运动揭露了严重的性犯罪以及女性被轻视的程度，这是健康的。但现在"它已经演变为一场群体性的歇斯底里"。许多男性被指控有无法合理定罪的越轨行为，并得到迅速而可怕的惩罚，"但没有清晰的定义也没有法定时效，这在法律上和道德上是荒谬的"。运动忽视了正当程序与无罪推定的法律传统，逐渐演变为一场群众性的揭发和公审运动。甚至有位女性主义者在推特上声称，"我实际上毫不关心无辜的男人们由于受到性侵犯/骚扰的不实指控而失业"。这是在引导人们"发展围攻心态或建立战区"，而这种行为会使运动演变为一场针对男性的大规模"猎巫"(witch-hunt)行动,从而制造群体性的道德恐慌。"在2017年,我们几乎可以凭借一项指控就摧毁任何一个男人。"

最后,这场运动的极端趋势正在制造两性关系的对立。假定男性霸权的结构是根深蒂固且无处不在的,男人天然属于"邪恶的压迫阶级",而女人则生活在恐怖的性压迫之下。"这个文化时刻已经转变成女性受害者的狂欢以及对男性的妖魔化。"这将把男女关系塑造为潜在的施害者与受害者的敌对关系,或至少将本来复杂丰富的两性关系转变为谨小慎微、彼此提防的关系。"如果我还是一个在寻找伴侣的年轻女子,我不希望生活在这样一个世界:一个男人在吻我之前必须确认一份联署协议。"厌女症确实存在,"但如果女性将自己描述得如此脆弱,无法以健全的常识感应日常生活的微小变化,那么厌女症的态度将会盛行起来"。

这些对"#Metoo"运动的批评和抨击,有许多是片面和过激的,但也并非无可反驳。在事实层面上,以社交媒体为主要载体的自发社会运动缺乏明确的组织和领导,本身包含了复杂多样的方面和倾向。批评者很容易选取任何一个有问题的侧面或支流,以偏概全地攻击整个运动。更为重要的是,这些批评者在强调程序正当的同时,完全漠视了一个事实——"#Metoo"运动的激进性恰恰是对程序主义功能失灵的反弹。在职场和校园中,长期以来存在着大量的严格意义上(以人们普遍认可的标准而言)的性侵犯与性骚扰行为,但受害者或投诉无门或举报无果,纸上的法律与规章在实践中变得形同虚设,积怨已久的伤痛爆发为运动的力量,为受害者伸张正义。运动的宗旨并不是要瓦解法律和程序,而是要激活和改造沉睡已久的程序正义,让它在实践中恢复活力。的确,法律程序的稳定性与社会运动的激进性之间存在着张力,如何平衡与协调两者的关系是复杂而困难的问题,这需要在运动进程中被认真对待和解决,而不应当成为将运动污名化的一个理由。

就批评者的立场而言，这些作者几乎都属于自由派或左翼阵营，甚至大多都自认为是女性主义者，这也反映出女性主义本身在发展中的内部差异与分裂，而这些分歧由来已久且难以调和。类似的意见分歧更为突出地体现在年底之后发生的两场争论之中。2018年1月，反性侵运动遭遇了明显的反弹。法国著名演员凯瑟琳·德纳芙等百名知名女性联署了一份公开信，对运动提出批评，并引发了激烈争论。在美国，刚刚荣获金球奖的喜剧演员阿齐兹·安萨里受到化名的性骚扰指控，由于事件的性质处于"灰色地带"，媒体与网络上出现了大规模的意见冲突。

韦氏词典选择将"feminism"（女性主义）作为2017年度词汇。"#Metoo"运动带来了女性主义的新一波兴起。然而，女性群体并不是同质化的，她们不仅有经济阶层、教育程度和种族认同等区别，也并非天然地支持女性主义。在女性主义者内部，也存在复杂的代际差异以及不同学派之间的分歧，体现为对多种诉求的不同优先级排序，以及对女性主义实践的不同战略构想。无论如何，2017年的反性侵运动重新定义了社会对待女性的标准——什么是可以接受的，什么是不可容忍的。历史上每一次女性主义运动的进展都遭遇了反弹，但"时代精神"正在发生改变，每一次回潮都可能激发新的反思和勇气，从而开启下一次运动的大门。

## 思想工业与明星学者

公共领域正在发生一场工业革命，过去的"思想市场"（the marketplace of ideas）已经转变为"思想工业"（the Ideas Industry）。牛津大学出版社在4月出版《思想工业》，作者丹尼尔·德雷兹纳是塔夫茨大学国际政治系教授，曾经从事智库研究工作并为《华盛顿邮报》撰写专栏，他对思想工业的成因与特征提出了独到的观察分析，《新共和》和《金融时报》等多家报刊对此发表了书评。[1]

德雷兹纳指出，今天的知识阶层已经不再可能像20世纪50年代《党派评论》的撰稿人那样远离市场、社会或国家，而是受到多种力量的显著影响。《外交政策》杂志每年隆重推出的百名全球思想家名单，各种高端会议、演讲和论坛的兴起，使知识分子以过去难以想象的方式与政治、经济和文化的精英们相聚结交。各种"大观念"活动风起云涌，包括TED年会、阿斯彭思想节、梅肯研究院全球会议，以及达沃斯世界经济论坛、博鳌亚洲论坛和瓦尔代俱乐部等，这些活动往往邀请具有挑衅性新观点的思想家，他们更能够满足与会者的好奇心，也更能吸引媒体的关注。"21世纪的公共领域比以往更开阔、声音更响亮，也更有利可图。"

热衷于传播挑衅性思想的平台、论坛和渠道数量爆炸式增长，同时带来了大量的运作资金，这在思想工业的兴起过程中发挥了重要作用。思想需求的激增会使整个知识阶层受益，但思想工业有其特定的奖赏偏好。在此，作者区分了公共领域中两种不同类型的参与者——公共知识分子（public intellectual）与"思想领袖"（thought leader），他们都介入思想创造活动，但彼此的风格和目的有所不同。作者借用以赛亚·伯林的比喻说，公共知识分子是知道许多事情的"狐狸"，而思想领袖是专注于一件大事的"刺猬"。前者是批评家、悲观的怀疑论者，而后者是创造者、乐观的布道者。公共知识分子通常是受过良好学术训练的大学教授，比如诺姆·乔姆斯基、保罗·克鲁格曼、玛莎·努斯鲍姆或者吉尔·莱波雷，他们崇尚专业学术标

---

[1] Daniel W. Drezner, *The Ideas Industry: How Pessimists, Partisans, and Plutocrats are Transforming the Marketplace of Ideas* (Oxford University Press, 2017). 以下观点源自此书的导言部分。

准，善于在众多议题上展开批评分析。而思想领袖充满自信地传播自己创造的新理论，比如罗伯特·卡根、尼尔·弗格森、托马斯·弗里德曼或者娜奥米·克莱恩，他们能够以一个视角或一套系统思想来解释非常广阔的现象，并愿意影响和改变人们的观念。

德雷兹纳分析指出，目前思想工业的需求与奖赏明显地倾向于思想领袖而不是公共知识分子，原因在于三种相互关联的趋势：对体制权威信任的衰落、社会政治的极化以及经济不平等的迅速加剧。这三种要素形成了动荡不安与高度不确定的社会氛围与心态，也塑造了思想工业的供需结构。人们对新思想以及思考世界的方式产生了强烈的需求，迫切期待具有开阔明确理念的思想领袖，而不是在学理上纠缠于细枝末节的公共知识分子。公共领域的革命就像农业革命和制造业革命一样，会带来赢家和输家，导致知识阶层的大动荡，也会改变目前的思想生态系统。作者认为，思想工业的结构性不平衡需要被认真对待，但简单地抨击思想领袖降低了公共话语的品质是一种苛责。在思想世界中，实际情况远比"今不如昔"的伤怀论调复杂得多。数十年来，学者们一直抱怨大众文化的粗鄙状况，那么面对更加广泛的对新思想的渴望，以及回应这种渴望的努力，我们就不该沮丧或苛求。实际上，两类人物在民主社会的公共领域中都各自发挥着重要的作用。公共知识分子常常被指责具有精英主义倾向，但他们的批判揭露了伪装成智慧的陈词滥调。而思想领袖往往由于涉嫌学术上的草率肤浅而受到嘲讽，但他们创立和传播的新观念，能够在风云变幻的时代提供具有启发性的视角和方法，以激发人们去重新想象这个世界。

随着思想工业的兴起，各个国家都出现了一批活跃在大众媒体与网络上的明星学者，他们在获得广泛声誉的同时也引发了许多质疑。《纽约时报杂志》10月18日刊登长篇特写《当革命向卡迪袭来》，讲述了一位四十岁声名鹊起的女学者在学术上受挫的经历。[1]埃米·卡迪在普林斯顿大学获得社会心理学博士学位，随后在哈佛大学商学院任教。她在2012年的TED演讲中介绍了自己与合作者的一项研究成果——"权力姿态"（power poses）效应，即如果我们有意识地摆出更为权威和自信的身体姿势，那么就会在社会交往中逐渐变得更加从容自信。她建议大家坚持练习各种自信的身体语言，这将有助于获得更出色的工作和生活成就。这个演讲视频在网络上的访问量高达四千三百万次，造成了现象级的轰动效应，卡迪的著作也一跃成为风靡市场的畅销书。

几乎与此同时，社会心理学界正兴起一场"方法论改革运动"，对许多既有的权威成果发起了挑战。卡迪的研究也受到了学术同行的质疑，许多学者以新的研究方法发现，所谓权力姿态效应缺乏实验的"可重现性"（replication）。卡迪的反驳与自我辩护招致了更强劲的同行批评，她显赫的名声与丰厚的商业收入也在社交媒体上遭受攻击。在陷入多年激烈争论的漩涡之后，卡迪的合作者终于接受了批评，公开声明"权力姿态效应"是不真实的。卡迪感到被孤立并十分沮丧，但仍然奔赴拉斯维加斯的演讲台，面对万名听众宣讲她的理论。然而，她已经感到自己在专业领域很难再有容身之地。2017年春季，卡迪离开了哈佛大学，放弃了她的终身教职。

德国享誉世界的哲学家大多是"高冷"的格调。终身居住在哥尼斯堡的康德或者黑森林小木屋中的海德格尔，只是"知识小众"钦慕的偶像。但这一切已经发生了变化。《外交政策》杂志在7/8月号发表文章《德国哲学终于爆红，这将是它的毁灭吗？》，作者斯图尔特·杰夫里斯是《卫报》的专栏作家（其2016年出版的研

---

[1] Susan Dominus, "When the Revolution Came for Amy Cuddy," *The New York Times Magazine*, October 18, 2017.

究法兰克福学派的著作《深渊大饭店》获得广泛的赞誉）。他探讨了当今德国出现的"摇滚明星"哲学家的现象，及其与德国哲学演变的渊源。[1]

在新一波的德国哲学家中，理查德·大卫·普雷希特是最著名也最受追捧的人物之一。他1994年在科隆大学获得哲学博士学位，目前担任吕讷堡大学的荣誉教授，写作小说和非虚构作品，其中探索自我问题的大众哲学读物《我是谁？》被译作三十二种语言（包括中文），全球销售总量超过百万册。他英俊的外表与极富魅力的表达备受媒体青睐，不仅作为嘉宾频频亮相，而且还在德国电视二台（ZDF）开办了一档自己的电视节目，直接冠名为《普雷希特》，据称吸引了近百万观众。在某种程度上，普雷希特几乎是法国哲学家莱维的"德国翻版"。

但专业哲学界对他颇有微词，有人称他为"哲学表演家"或者"职业的普及者"，普雷希特对此却毫无愧疚之感。他一直主张，哲学必须走出象牙塔与大众对话，从而保持这个学科的现实相关性。他心目中的哲学家是富有吸引力的人，过着振奋而坚定的生活。他们这一代的哲学要探寻自己的道路与观念，与前辈教授们那种"无用的学院派哲学"相距甚远。

上一代德国哲学家并不缺乏关切时代的问题意识，只是他们不愿直接面向大众发言，法兰克福学派的灵魂人物阿多诺就是如此。有篇文章回顾了他的一场戏剧性遭遇。1969年4月22日，阿多诺在歌德大学举办系列演讲，正要开场时被学生抗议者打断。有人在黑板上写下"如果让阿多诺留在安宁之处，资本主义将永远不会停止"。然后有三名女性抗议者裸露胸脯围绕着他，朝他身上投撒花瓣，

---

[1] Stuart Jeffries, "German Philosophy Has Finally Gone Viral. Will That Be Its Undoing?" *Foreign Policy*, July/August 2017 Issue.

阿多诺仓皇逃离演讲厅。之后他陷入抑郁并取消了演讲，几个月后就去世了。这次所谓的"胸袭行动"（*Busenaktion*）事件后来被一位评论者阐释为实践与理论的对峙：一边是赤裸的肉体在实践"批判"，一边是苦涩失望的批判理论大师，"不是赤裸裸的暴力而是裸体的力量，才让这位哲学家无言以对"。骄傲的德国哲学似乎经不起任何现实的挑衅，而这正是抗议者选择针对阿多诺的原因："他表面上是一位马克思主义者，但内心却蔑视他们的行动呼吁。当革命需要行动的时候，他退却到理论之中。"

从阿多诺之死到今天明星哲学家的兴起，德国哲学界发生了深刻的变化，而转折性人物是哈贝马斯（阿多诺曾经的助手，也是法兰克福学派的第二代领袖）。他在1979年的访谈中就质疑了批判理论的前提——"工具理性已经获得了如此支配性的地位，以至于无从走出幻觉的总体系统，在此只有孤立的个人才能在灵光闪现中获得洞见。"在他看来，这种洞见既有精英主义又有悲观无望的局限。哈贝马斯以俄狄浦斯式的弑父反叛改变了德国哲学的方向。他自己的学术生涯不仅实现了哲学与政治理论、社会学和法学理论的综合，而且深度参与了公共领域的思想论辩，包括反思纳粹德国的罪行及构想欧盟的民主立宪原则。哈贝马斯实际上承担了一种桥梁的作用——从阿多诺悲观而精英化的哲学风格，通向新消费主义的哲学复兴。然而，批评者仍然会指责，与哈贝马斯追求的"交往理性"的乌托邦理想相比，很难说那些热衷于电视节目和畅销著作的新浪潮哲学家们具有同等的品格。因此，至关重要的问题在于哲学的大众化消费是否会失去思想的复杂性？德国哲学对日常生活的批判分析传统是否会在流行化中衰落？倘若如此，哲学的这种新消费主义版本实际上只是掩盖其衰落的面具，而不是复兴的标志。如果它确实在走向衰落，那么德国哲学已经签订了歌德所谓的"浮士德协议"——交付深刻换取流行。

然而，流行并不注定流于肤浅，马库斯·加布里尔为此提供了一个范例。这位 1980 年出生的年轻学者，在二十九岁时成为德国有史以来最年轻的哲学教授，目前在波恩大学就任认识论讲席教授，已经发表了二十部哲学著作，其中既有精深的研究专著，也有较为通俗的作品。

在广受赞誉的《为什么世界不存在》一书中，他同时批判了科学的傲慢以及后现代的相对主义黑洞，而且写作的文风遵循了维特根斯坦确立的原则——"凡是能被言说之事，都能被清晰地言说"。这部著作获得了国际畅销的商业成功，同时也保持了思想的深刻与严谨。他的新书《我不是一个大脑：21 世纪的心灵哲学》也是如此。加布里尔的成就证明，那些以为大众不能也不该阅读哲学的前辈哲学家过于保守了，严肃的哲学家依然可以吸引广泛的读者而无须变得圆滑或肤浅。在德国哲学的当代潮流中，可能蕴含着比"浮士德协议"的隐喻更为微妙复杂的线索。无论如何，2017 年的德国哲学呈现出某种繁荣的景象。《哲学杂志》发行量达到了十万份，选读哲学课程的学生在过去三年中增加了三分之一，而每年 6 月的"科隆哲学节"能吸引上万名游客到访这个城市。

## 人工智能的神话与现实

人工智能的发展趋势不仅影响着人们的实际生活，也对人类的生存意义造成冲击，这带来一个颇为反讽的现象——人工智能的研究群体及其热衷者大都是理性主义的世俗论者，然而在他们中间以及相关的媒体报道中却开始盛行宗教性的语言，包括人工智能的"神谕"、技术"福音传道者"以及各种关于天使、神灵和天启的言说等。《永世》（*Aeon*）网刊 6 月 13 日发表一篇文章，题为"fAIth"

（在英文"信仰"一词中大写"AI"），试图解释这一现象。[1]作者贝丝·辛格勒供职于剑桥大学的科学与宗教研究所，她的观察着眼于人工智能讨论中的"奇点论"（singularitarianism）以及"超人类主义"（transhumanism）等话语如何引发了存在论意义上的困惑。

谷歌的库兹韦尔（Ray Kurzweil）常被媒体称为"先知"。他在《奇点将至》一书中描述了所谓的"加速回报定律"，预测（计算机、遗传学、纳米技术、机器人和人工智能等）技术将呈现指数级增长。机器智能将首先企及人类智能的水平，一旦达到转折性的"奇点"（singularity），就会以递归式的、自我改进的螺旋方式迅速提升，成为"超级智能"（superintelligence），将无限超越所有人类智能的总和，并将从地球向外辐射，直到充盈整个宇宙。汉斯·莫拉维克（Hans Moravec）曾担任卡内基·梅隆大学机器人研究所的首席科学家，他将奇点描述为一种智能的"心灵之火"（mind fire）："能够从我们的世界蔓延出去，将宇宙中的一切吞噬到赛博空间的计算之中，它以这种形式在技术同一性中表征所有存在的统一性，绕过了我们对智能、物质和物理的理解。"奇点也常被视为机器智能与人类的融合时刻。出于对"人机合体"的猜想，许多奇点论者热衷于展望一种"超人类"（transhuman）的未来：人类能够通过科学技术手段不断"演进"，克服目前身体和心灵形态的限制，甚至获得永生。

辛格勒指出，一旦奇点被构想为一个实存，那么如何与这样一个全知、全能甚至可能是全善的非人类造物交流就成为一个宗教性的问题，类似于托马斯·阿奎那渴望与上帝对话的探寻。在网络论坛上，持理性主义的"奇点论"者已经将自己带入了一种存在论的苦恼之中，宗教因此成为一个无法摆脱的麻烦问题。理性主义者鄙

---

[1] Beth Singler, "fAIth," *Aeon*, June 13, 2017 (https://aeon.co/essays/why-is-the-language-of-transhumanists-and-religion-so-similar).

夷宗教，并将其视为"更为原始的人类的非理性遗迹"，他们认为宗教许诺了天堂与来世，只是用作对"人类必死论"的安抚。但末世论的修辞又反复出现在他们的讨论中，因为"超人类主义者"对肉身的蔑视非常接近于某种诺斯替教派对所有具象事物的拒斥。这是犹太－基督教思想的一支，构想了一种不可逾越的二元对立，其中一方是上帝，另一方是此世存在的不完整和败坏的显现。文学评论家马克·奥康奈尔（Mark O'Connell）在其新著《成为一部机器》中指出，宗教和科学都是超越我们与生俱来的脆弱境况的方式，它们是"反叛人类如其所是之存在"的不同版本。某些"超人类主义者"致力于新的宗教，并试图建立自己的教会，包括"图灵教会"、"宇宙工程师秩序"以及"永久生命教会"等，但他们吸引信众的努力却进展缓慢。

对人工智能前景的预言，无论是悲观的人类毁灭，还是乐观的获得永生，都带有浓厚的神学修辞和隐喻："有神一般的无限知识（奇点），有对有限世界的逃离（上传我们的心智），有主显圣容的时刻或世界末日（奇点作为一个"被提"时刻），有先知（即使他们为谷歌工作），也有恶魔和地狱（即便只是计算机模拟的永恒受难）以及穿着西装的布道者（就像宗教传教士一样）。"在关于人工智能未来的讨论、规划与希望中，宗教理念有意无意地在叙述中发挥着作用。辛格勒认为，无论我们是不是自视为世俗的，古老的宗教传统仍然深刻地塑造着我们的思想和语词。

当然，关于技术奇点与"超人类主义"之类的论述，在人工智能研究界饱受争议。被誉为"硅谷精神布道师"的皮耶罗·斯加鲁菲（Piero Scaruffi）一直反对"奇点论"，他认为这种猜想是论证非常薄弱的"神话"，实际上是"用倒叙方式讲述的宗教历史"。"神创论"的一种阐释被称为上帝的"智能设计"（intelligent design），神的智能在创生世界的源头开启了宇宙的复杂性和生命奇迹。而"奇点论"

则倒转了这个叙事,将神秘的创生时刻投向未来,来自人类创造但终将高于人类的超级智能机器,来自它将带来的一个奇点时刻,从而开启人类无法完全理解的神秘宇宙。如果说传统宗教的拯救来自外在的神圣力量,那么"奇点论"的新弥赛亚源自人类自己的制造。在这个意义上,"奇点论"是信奉人造神的新宗教。

对大多数人来说,哲学或宗教性的谈论仍然虚无缥缈,但无法忽视人工智能对经济的冲击,这是更为现实而紧迫的关切。在日益自动化的世界中,绝大部分工作可能会走向一个消亡的时刻,有人称之为"经济奇点"。《纽约客》10月23日一期的封面预告了这种暗淡的前景:昂首阔步的机器人向街边行乞的人类施舍。当期的封面文章为《迎接我们新的机器人君王》,这期杂志通过对美国和中国几家高度智能化公司的采访,描述了"经济奇点"已在当下初露迹象。[1]

自动化首先导致了制造业人力需求的大幅下降,目前美国劳动力分布中制造业的就业人员已经低于10%。机器人正在取代人类从事越来越多的工作,而科学家还在研发更加智能的机器人。"十年前是工业机器人协助工人完成任务,而现在(那些留存下来)的工人却只能辅助机器人来完成它们的任务。"那些按照严格自动化流程劳动的工人被称为"肉机器人"(meat robots)。大量的失业工人转向快餐店或大型零售店去寻找工作(尽管薪酬和福利不如从前)。但即使这样的工作也正在流失,因为店面零售行业在网络销售日益兴盛的压力下迅速萎缩。而且像麦当劳这样的快餐店也在引进"数字订餐亭",这一举措将会淘汰大量收银员。运输驾驶员是另一个可能的就业出路。但像优步和谷歌等公司正在大力投资自动驾驶技术,自

---

[1] Sheelah Kolhatkar, "Welcoming Our New Robot Overlords," *The New Yorker*, October 23, 2017 Issue.

动化的冲击也正在波及驾驶员这种传统工作。建筑施工行业也不例外，纽约一家公司推出了一套"激光导引"的施工系统，每天砌砖的数量达到 800～1200 块，是普通泥瓦工的两倍还多。

  对于低技能的工人来说，仓库的搬运、挑选和放入货架的工作似乎成为一个就业的亮点。亚马逊是全球最大的在线零售商，目前仅美国的分销中心就雇用了九万多名员工。但仓库作业的人力密集型特点也恰恰是吸引自动化的目标要素。2012 年亚马逊斥资近八亿美元收购了一家名为科瓦（Kiva）的机器人公司，这种机器人可以代替人工移动货架，每年一个仓库就可节省二千二百万美元，整个公司能节省数十亿美元。在这种激励下，亚马逊目前正在寻求收购或开发系统，取代人工挑选货物。而波士顿一家仓库技术公司 Symbotic 的自动化创新更为彻底，已经打造出结构和机制全新的仓库，其中根本没有人的空间。文章作者在上海采访了剑桥工业集团。这家公司是中国向人工智能和工业自动化方向迅猛发展的一个缩影。公司的首席执行官黄钢（Gerry Wong）播放着幻灯片向作者讲解人类技术革命的四个历史阶段。他最后打出的一张幻灯片上写着"未来：'黑暗工厂'"。的确，在不需要工人的未来工厂中，照明是多余的。

  人工智能的发展让劳动变得更为轻松和简单，让生产更有效率，消费更为便捷，但同时也正在导致大量的失业以及更大的贫富差距。这一切给人类社会带来的政治、经济与文化的冲击可能只是刚刚开始，其广泛而深远的挑战意义令人兴奋也发人深省。

# 2016年

**裂变时刻的来临**

  从金融危机爆发的2008年开始，宣告西方体制濒临崩溃的声音便不绝于耳。而到2016年年底，在欧美经历了一系列令人震惊的事变之后，断言"自由秩序的终结"已无需任何先见之明，几乎成为舆论界的时尚，因为证据是如此重大、直接而明确：英国公投退出欧盟，法国、意大利与荷兰的脱欧势力正跃跃欲试，而匈牙利和波兰已被民族主义的政治领导人俘获，欧盟似乎危在旦夕。特朗普宣扬的"美国优先"政纲与大西洋彼岸的反全球化运动遥相呼应，这也意味着美国将试图摆脱不堪重负的引领责任。怀着"自由世界的灯塔"会黯然失色的忧虑，有人将"最后的希望"寄予德国总理默克尔的连任可能，这是过于沉重且前景不明的寄托。

  美国大选结束后的第三天，福山在《金融时报》发表文章坦言，"我们似乎正进入一个民粹主义的民族主义新时代，在这个时代里，自20世纪50年代起构建的主导性的自由秩序开始遭到来自愤怒而强健的民主多数派的攻击。我们可能会滑入一个充满竞争而愤怒的民族主义世界，这种风险是巨大的，而如果真的发生，这将标志着一个与1989年柏林墙倒塌同样重大的时刻"。[1] 今年西方思想界最为频繁和突出的议题是欧洲一体化的破裂、全球化的逆转、民族主义的回潮、宗教保守力量的复兴、右翼民粹主义的兴起、自由主义的危机、民主政治的衰败以及国际自由秩序的崩溃。所有这一切似乎都明白无误地显示，2016年将被铭记为一个历史转折点：第二次世界大战之后持续七十年的西方自由秩序就此终结。《纽约时报》专栏作家罗杰·科恩感慨道，"苏联曾被证明易受失爱（unloved）之殇，而今愤怒的季节正降临西方"。[2]

然而，时代的季风并不是历史判断的可靠指南。在二十五年之前，宣告"自由秩序的最终胜利"也至少具有同样重大、直接而明确的证据：苏联解体，德国统一，欧共体首脑会议通过《欧洲联盟条约》，出狱不久的曼德拉在南非展开寻求和平与和解的政治努力，美国的"沙漠风暴行动"将科威特从伊拉克的侵占中"解放"出来……时任美国总统老布什随后在国情咨文中宣称，1991年发生的这些变化几乎是"圣经尺度"的巨变。[3] 那么，时下对"自由秩序"失败的绝望真会比当初"最终胜利"的欢悦更为持久吗？如果彼时预言的"历史终结"未曾落实，那么此刻断言"自由秩序的终结"会更加可信吗？理解2016年世界变局的思想努力，需要在时代的潮汐之下探寻结构性的力量和趋势。

这里将着眼于两种重要的结构性裂变现象，以及由此产生的政治后果。首先是经济层面上的"差异性全球化"。全球化几乎在所有

---

1 Francis Fukuyama, "US against the world? Trump's America and the new global order," *Financial Times*, November 11, 2016.
2 Roger Cohen, "The Rage of 2016," *The New York Times*, December 6, 2016, Page S1.
3 参见牛津大学历史学家弗兰科潘的文章：Peter Frankopan, "Literary Life: The return of history," *Financial Times*, March 25, 2016。

国家内部造成了新的受益者与挫败者之间的断层，而现存的政治经济秩序未能有效地应对国内的不平等，导致民众意愿的分裂，出现了支持与反对全球化的群体对立。其次，在文化层面上，伴随着大量的人口、资本、信息和商品的跨国界流动，各国本地的传统价值、生活方式以及文化认同都遭受到全球主义的强烈冲击。尤其在移民和难民大量涌入以及恐怖主义袭击时而发生的新形势下，文化冲击在许多欧美国家引起了更为敏感和尖锐的反应，而主流的多元文化主义与全球主义未能提出有效的方案来回应这种冲击，形成了民众文化认同的分裂格局。最后，全球化及其许诺的自由、繁荣、开放和包容的事业（比如接纳移民和收容难民）往往需要付出巨大的经济、社会和文化的代价。对于特定人群而言，这些代价可能过高，或者未被公平地分担，或者损失大于收益。因此，许多国家都出现了反全球化和对现存"自由秩序"不满的群体，他们的不满既有经济利益的得失权衡，也有文化认同的缘由。这种不满在民主社会中表达为政治诉求，但建制派政党由于固执和僵化失去了应有的敏感性与回应能力，而原本边缘性的政治力量乘虚而入，及时俘获了不满的群体，汇聚和强化了他们的不满，并以"人民的名义"成为他们的政治代表，发起对建制派的愤怒反叛，促成风起云涌的民粹主义现象。

## 特朗普与"沉默的大多数"

社会的经济断层、民众的文化裂痕以及由此导致的民粹主义兴起，构成了2016年世界变局的主要特征，突出地体现在充满戏剧性的美国总统竞选中。叱咤风云的特朗普成为今年《时代》周刊与《金融时报》的年度人物。这位"政治素人"几乎单枪匹马地闯入美国政坛，突破建制派的重重围剿，出乎大多数观察家和民意调查的预测，最终击败资深政客希拉里，当选新一届美国总统，引起舆论一片哗然。在难以计数的分析评论文章中，如何解释特朗普的崛起成为一个思考的焦点。为什么主流媒体会发生如此严重的误判？是因为忽视了所谓的"沉默的大多数"吗？

半个世纪之前，左翼激进运动的疾风骤雨席卷了美国政坛，但赢得 1968 年总统大选的却是保守派政客尼克松，他宣称自己回应了"沉默的大多数"要求恢复"法律与秩序"的愿望，此后"沉默的大多数"这一术语开始流行。特朗普在竞选中同样打出了"沉默的大多数"的旗号。然而，他并没有赢得大多数选民的支持。最新统计结果表明，希拉里获得的普选票超出特朗普二百八十六万张（优势率 2.01%）。三个关键州（密歇根州、威斯康星州、宾夕法尼亚州）的竞争非常激烈，特朗普在这三个州超出对手的选票总和仅有七万七千张，却获得了决定性的四十六张选举人票。[1]这是一场势均力敌的竞争，反映出民众的分裂。

因此，所谓"沉默的大多数"是一个杜撰，那些愤怒的民众既不是大多数，实际上也并不沉默。已故的著名哲学家理查德·罗蒂早在 1998 年出版的《筑就我们的国家》一书中就觉察到了这种愤怒，并预言特朗普式的政治强人有朝一日将会崛起。[2]而纪录片导演迈克尔·摩尔从夏季开始反复发出"特朗普将会获胜"的警告，在列举的五大理由中，他明确意识到那些在经济与文化上双重受挫者们的愤怒。[3]的确，他们并没有沉默，只是长期被建制派精英和主流媒体忽视，或者说被遗忘了。

---

[1] 数据来源：https://en.wikipedia.org/wiki/United_States_presidential_election,_2016。

[2] Edward Helmore, "'Something will crack': supposed prophecy of Donald Trump goes viral," *The Guardian*, November 20, 2016.

[3] 参见 http://michaelmoore.com/trumpwillwin/。

《被遗忘的那个人》是犹他州画家乔恩·麦克诺顿2010年的作品。在画面中，美国四十四位历届总统聚集在白宫前，围绕着一名年轻白人——他坐在长凳上神情沮丧。奥巴马脚踩《美国宪法》的第一页，双手抱臂背对"被遗忘的那个人"。在目睹这个场景的历届总统中，华盛顿、林肯和里根表现出明显的关切，试图引起奥巴马的注意，而富兰克林·罗斯福与比尔·克林顿却为此鼓掌。这幅画作问世六年之后，在不久前被福克斯电视台的一位主持人收购，据说将作为送给特朗普的礼物悬挂于白宫。[1]

在大选年，被遗忘的人群终于醒目地进入了公共视野，也使得民众的分裂格局更加显著。《时代》周刊在年度人物一期的封面上，将特朗普称为"美利坚分众国总统"（President of the Divided States of America）。在经济上，全球化在美国同时造就了加州硅谷那样的受益者人群以及五大湖周边"铁锈地带"地区的挫败者人群；而在文化上，自由派长期推动文化多元主义身份认同，受到城市中受过良好教育的"进步人士"以及少数族裔的支持，但这与传统美国的所谓"WASP"（白人盎格鲁—撒克逊新教徒）身份认同相抵触，后者的声音虽然在主流媒体中受到"政治正确"的规训而不断式微，却仍然深藏于美国郊区与乡村的居民之中。经济断层与认同差异的叠加效应，在政治强人的对抗性竞争之中，转变为选民的政治极化。于是，美国出现了一种看似悖论性的局面：如果特朗普胜选是民粹主义的胜利，标志着民主的危机，那么特朗普败选也会被证明是民主的危机，因为那些"被遗忘的人群"仍然未获得充分的政治表达。而事实上，当社会分裂达到如此严峻的程度，无论谁当选执政，民主都将始终处在危机之中。民主政治不只意味着民众意见的多样性在政治议程中得到充分的体现，其健康运行还依赖于最低限度的政

---

[1] Peter Schjeldahl, "Year of 'The Forgotten Man'," *The New Yorker*, December 24, 2016.

治共识。

西方国家面临着第二次世界大战以来前所未有的国内社会分裂，要求改变惯常的政治思考与政治机制来克服极化的分裂、寻求基本的共识。2016年的世界变局标志着一个"裂变时刻"，民主政治再次面临深刻的挑战，这不是第一次，也不会是最后一次。民主政治的历史本身就是不断经历挑战的历史。

## 全球化的断层线

显然，如英国国际问题权威专家罗宾·尼布莱特所言，今年的一些重要事件和现象是人们"对全球化深切不安的明显征兆"。[1]《金融时报》主编莱昂内尔·巴伯分析指出，今年有两个方面的动向值得重视，首先，欧美出现了"一种奉行本土主义、保护主义以及沉湎于文化乡愁的新型政治"，他称之为"第四条道路"。其次，西方民主国家对于全球化的幻灭感越来越普遍。他认为，第二次世界大战之后的全球化现象由三个阶段性趋势构成，即风靡于20世纪80年代里根—撒切尔时期的"去管制化"（deregulation），1994年"乌干达回合谈判"驱动的全球贸易自由化，以及中国市场经济的开放。这些趋势的结果是对资本、物资、服务和劳动力逐渐放弃管控，典型体现在欧洲单一市场和单一货币的形成，并在2007年夏季走向极致。"在2016年，我们终于看到这个（可以称其为全球化2.0版的）时期结束了。"[2]

---

[1] Robin Niblett, "Liberalism in Retreat: The Demise of a Dream," *Foreign Affairs*, January/February 2017 Issue.

[2] Lionel Barber, "The Year of the Demagogue: how 2016 changed democracy," *Financial Times*, December 15, 2016.

新一波全球化的独特问题在于其造成了一条横跨国界的断层线：所有国家内部都同时存在着全球化的受益者与受挫者，也都出现了全球主义价值的支持者与反对者。这意味着国家内部对于全球化的分歧日益严重、出现两极化的趋势，也意味着任何政治精英以"人民的名义"顽强抵制或强行推进全球化的举措，实际上只能取悦部分民意而背离另一部分民意，从而将加剧已然严峻的民众分裂与政治极化的困境。我们可以预见，全球化的进程并不会由此终结，可能在势均力敌的双方不断角力之中以更为曲折的方式展开，也可能在新的妥协中以更加平衡温和的方案缓慢推进。

全球化的断层线现象受到许多学者的关注。今年哈佛大学出版社推出的经济学新著《全球不平等》受到广泛的关注与好评，被认为是在托马斯·皮凯蒂等学者研究的基础上获得的一项重要成果。[1] 作者布兰科·米兰诺维奇是出生在南斯拉夫的美籍经济学家，曾在世界银行任职，目前是卢森堡收入研究中心纽约办公室的高级研究员。他的研究著作基于经验数据提出了一个长时段不平等的解释模式。在工业化初期，国家内部的不平等（阶层间的不平等）是造成贫富悬殊的主要原因，到了工业化后期，国家间的不平等（地域间的不平等）变得更为突出。而自1988年以来，新一轮全球化缩小了国与国之间的贫富差距，却加剧了国内基于阶层的不平等。米兰诺维奇使用了"公民身份租金"（citizenship rent）的概念来说明这种变化。用通俗的语言说，就是：在新一轮全球化之前，一个人在全球收入分布中的位置最主要地取决于其公民身份，或者说在哪个国家工作，这远比做什么工作重要得多；而在全球化之后，公民身份

---

[1] Branko Milanovic, *Global Inequality: A New Approach for the Age of Globalization* (Harvard University Press, 2016). 这部著作获得的荣誉包括2016 Bruno Kreisky Prize for Best Political Book, Karl-Renner-Institut; An *Economist* Best Book of 2016; A *Financial Times* Best Economics Book of 2016; A *Livemint* Best Book of 2016。

对收入水平仍然非常重要,但其权重有小幅降低("公民身份租金"有所贬值),而从事的职业类别变得相对重要。

米兰诺维奇绘制了一张图表,显示在1988年之后的三十年间全球实际收入的累计增长率。在此期间,全球收入增长率的中位数在25%左右,但各阶层的收入增长率出现了严重分化。处在全球收入分布45%~65%水平的人群(他们是全球意义上的中产阶级),收入增长率最高(增幅在70%左右),这其中很大一部分是中国的新兴中产阶级。而西方国家的中产阶级,以全球标准来衡量仍然属于高收入阶层,处在全球收入分布的80%~95%水平(属于前五分之一),但他们在这三十年间的收入几乎没有增长或增幅极低。全球收入最高的前1%人群(分布位于99%~100%的水平)收入增幅在40%以上。[1]

这里需要区别"收入不平等的程度"与"收入不平等程度的变化"这两个概念。在发达国家与发展中国家之间,至今仍然存在着程度严重的收入不平等,但其差距在全球化过程中持续降低(在2000年之后尤其显著),这主要归功于一些发展中国家(中国、印度、印度尼西亚和巴西等国)"新兴中产阶级"的出现,他们提高了这些国家的平均收入水平,也是全球化的受益者。而全球(无论发达国家还是发展中国家)的精英,都在此过程中获得了大幅度的收入增长。严峻的困境出现于发达国家的中产阶级,他们在过去三十年间的收入增长基本停滞或非常缓慢,与本国富裕阶层以及精英阶层之间的收入差距日益扩大。

发达国家内部不平等的加剧具有直接的政治影响,在民主体制中往往表达为具有民粹主义倾向的民众抗议、社会运动以及党

---

[1] "Globalisation and inequality: The new wave," *The Economist*, April 2, 2016. 米兰诺维奇在新著中将这张图表的数据更新到2011年。

派势力的兴起。2016年2月福山在德国柏林的演讲中指出，全球化同时造就了赢家和输家。在美国，受益者是受过高等教育的人群，而受教育水准较低的白人工薪阶层是其受害者，他们形成了对立的两个群体。实际上，大多数发达国家的工薪阶层都是全球化的受害者，他们感到生活变得更为艰难而复杂，成为威权型民粹主义政客的支持者。[1]他后来在《金融时报》发表的文章还指出，美国两大政党都未真正帮助那些全球化中的受挫者。共和党代表着大型跨国公司的利益，支持开放移民和自由贸易的政策，这两方面都会损害白人工薪阶层的实际收入。民主党则着眼于身份政治问题，在满足多种身份族群诉求的同时，却忽视了白人工薪阶层的诉求。[2]

　　全球化对发达国家造成的冲击，及其引起的反弹对未来前景的影响，成为许多经济评论家关注的焦点。《金融时报》专栏作家沃尔夫冈·明肖4月底发表文章分析"全球化挫败者的复仇"，认为全球化在西方发达国家正陷入失败，并将引起政治反弹。这些国家未能有效地应对全球化造成的各种经济冲击，包括二十年来实际平均收入的停滞、全球金融危机及其对长期经济增长的负面影响。与此同时，技术进步与全球化的叠加效应更为严酷，在过去损害了老一代的工人阶层，而如今对中产阶级下层的技术工作者也构成了威胁。文章引用经济数据表明，欧洲国家中对全球化不满的民众比例正在上升。这是一种警示信号，全球化与欧洲一体化并没有如其所愿，造就一种无人更穷（worse off）而有人更富（better off）的局面。如果政治家对此无所作为，必将会有民众自发的政治行动。[3]

---

1　Francis Fukuyama, "Democracy's Failure to Perform" (https://www.youtube.com/watch?v=gF8CJSQf238).
2　Francis Fukuyama, "US against the world? Trump's America and the new global order," *Financial Times*, November 11, 2016.
3　Wolfgang Münchau, "The Revenge of Globalisation's Losers," *Financial Times*, April 25, 2016.

## 全球化议程的再设定

2016年是全球化的负面效应集聚爆发的一年，但要为全球化敲响丧钟或许还为时过早。无论"逆全球化"的趋势多么强劲，这仍然只是故事的一半。构成故事另一半的人群及其力量并未退场，并将重新集结。《经济学人》发表的数据表明，各国认同"全球化力量是好的"的人群比例几乎都高于反对者，只有在法国双方的人数几乎相等，而在亚洲国家和地区支持全球化的人群是压倒性的多数。[1]

但在全球化断层线的影响下，未来的全球化必须做出调整。不同立场的学者提出了自己的改革方案。《金融时报》副主编及首席经济评论家马丁·沃尔夫9月发表文章也指出，全球化进程有濒临崩溃的可能。他指出了不平等问题的严重性与敏感性，但认为不能将一切问题都归咎于全球化，技术更新与产业升级等其他因素也对就业和收入造成了负面冲击。而全球化进程如果停滞不前或者出现逆转，将会损害经济增长并减少全球穷人的发展机遇。因此，我们需要采用不同于以往的内外政策来改善管理机制，推动全球化进程。[2]

著名左翼经济学家皮凯蒂11月在法国《世界报》发表文章指出，我们必须重新思考全球化，并提出另一种全球化的议程。在他看来，特朗普获胜的主要原因在于美国过去几十年间积累的经济不平等和地域间差异的爆发，但特朗普对公司利润大幅减税的方案只会加剧这种不平等。当前紧迫的问题是"全球化必须在根本上重新定位"（fundamentally re-oriented），使得国际协议能够回应我们时代面对的重大挑战——不平等的加剧以及全球气候变暖。我们需要促进一种以公平与可持续发展为目标的全球化模式。他主张调整国际贸易

---

[1] "What the world thinks about globalisation," *The Economist*, November 18, 2016.

[2] Martin Wolf, "The tide of globalisation is turning," *Financial Times*, September 7, 2016.

的着眼点，贸易自由化不再是主要焦点，"贸易必须再次成为服务于更高目标的手段，它从来不应当变成除此之外的其他东西"。他建议在贸易协议的制定过程中必须考虑其财政和环境的影响，通过税收和司法监督进行限制。皮凯蒂认为，"现在到了转变全球化的政治话语的时候了"，贸易是好事，但公平与可持续的发展也要求具备公共服务系统、基础建设系统、健康与教育系统，而这些要求本身进而要求一种公平的税收体系。如果达不到这些要求，特朗普主义将会大行其道。[1]

著名自由派经济学家劳伦斯·萨默斯（曾任美国财政部长和哈佛大学校长）12月初在《纽约时报》发表文章，也提出需要反思全球化的得失并为此"重新定位"。他指出，就统计数据而言，2016年的世界经济与之前几年完全相似，重要的变化在于政治方面。第二次世界大战以来，西方大多数政治领导人形成了一种共识，认为减少贸易壁垒将促进繁荣与和平，而当前广泛的反全球化运动标志着这种共识的解体。在非西方国家，土耳其、俄罗斯和印度的领导人呼吁民族自豪感、自身传统的文化价值和优势，而贬低开放性与人权的普世价值。民族主义的复兴和对全球化的抵抗成为普遍现象，这源自许多人群的一种无力感——他们的生活被自身无法控制的力量侵扰。在地理意义、文化意义上，也在缺乏共享认同的意义上，人与人之间的距离感加剧了。他们对其领导人保护自己的能力失去了信心。人们的不安全感往往会"招致返祖现象"。第二次世界大战以来的世界，尽管存在许多问题与挑战，但在人类解放、增进繁荣、延长寿命和减少暴力等方面取得了史无前例的进步，而现在所有这些成就都可能处在危险之中。因此，我们需要改变全球经济对话的

---

[1] 文章的英文版在《卫报》网站上刊登：https://www.theguardian.com/commentisfree/ 2016/nov/16/globalization-trump-inequality-thomas-piketty。

方向，转向提升"负责任的民族主义"，而不是谈论世界一体化。首先，让国际社会介入这种对话的关键是全球合作，经济外交需要聚焦于一种措施，使各国政府扩大扶助国内中产阶级工人的政策范围。其次，需要在防止资本收入逃税方面做出全球努力，从中获得的收益将有助于为中产阶级提供更多的支持。最后，为了防止企业出于躲避更严格的劳动与环境保护标准而转移到别处，需要通过国际对话来建立相关的全球最低标准与协调措施。最后，藩篱与围墙并不能有效地阻止不合意的人员流动。对于史无前例的难民潮，唯一持久的解决方式是创造条件，使人们能够留在自己的家园。支持难民来源国的建设获得的全球收益，将会远大于在接受国内部为难民提供有限的支持。萨默斯认为，2016年发生的诸多事件将被铭记为一个转折点——我们要么从此开始背离全球化，要么开始对全球化的战略做出朝向大众利益的重新定位。而未来几年的选择事关重大。[1]

## 文化认同的裂痕

在全球化造成的经济断层线上，还交叠着另一种裂痕，即文化身份（认同）的分野。在每个国家内部，经济断层与文化裂痕彼此交织，却并不完全重叠。在过去几十年间，通过倡导"全球主义"、"文化多元主义"、"身份政治"和"差异政治"等论述，欧美左翼和自由派的政治家与知识分子致力于推动"包容他者"和文化多样性，使平等与尊重的价值得以在更广泛的人群中实现。但与此同时，这种进步主义的论述和政策逐渐获取了文化霸权的地位，原本挑战正统的道德事业变成了一种新的正统。"政治正确"在媒体与教育界造

---

[1] Lawrence H. Summers, "It's Time for a Reset," *The New York Times*, December 5, 2016.

成某种禁忌,一些保守主义倾向的人群感到自己在文化上被边缘化,受到规训与压制。2016年,大西洋两岸遭遇到保守主义文化强劲的反弹。

"我们要夺回我们的国家"(We want our country back),这是来自英国脱欧派与美国特朗普支持者们的怒吼。往日那些藏匿在角落里的窃窃私语,如今汇聚为响亮的抗议之声。而更为重要的是,这种声音的政治代言人开始在西方核心国家的权力舞台上登场亮相。信奉世界主义价值的卡梅伦首相辞职之后,他的接任者特蕾莎·梅直截了当地说:"如果你还相信你是个世界公民,那你就是个无名之地的公民(citizen of nowhere)。你根本不懂'公民身份'这个词本身的意思。"《经济学人》刊发文章指出,近年来世界各地的民族主义者都在扩展地盘,并结成联盟。[1] 自由派人士所主张的世界主义、全球主义和文化多元主义的进步事业,连同他们的道德优越感受到严重的挫伤。许多人突然发现自己的国家和同胞从未如此陌生,惊恐与沮丧时而转化为对"野蛮的种族主义"的斥责。但这个令人畏惧的标签开始丧失原有的震慑力,政治正确的禁忌开始松动。2016年,我们见证了地方主义与民族主义的造反,以"祖国"和"人民"的名义向全球主义者复仇。野蛮与率真的界限一时变得模糊不清。

到底发生了什么?应该如何理解和应对文化身份的分裂对立?纽约大学著名社会心理学家乔纳森·海特9月发表一篇长文,提出了相当独特而精湛的阐释。[2] 作者首先回顾了全球主义文化的兴起。"世界价值观调查"(WVS)对六十个国家的调查数据表明,在过去三十年间这些国家几乎都比以往更加富裕,这在价值观方面促成了两个重要的总体趋势转变:首先是疏离传统价值(宗教、礼仪和敬

---

[1] "League of nationalists," *The Economist*, November 19, 2016.
[2] Jonathan Haidt, "When and Why Nationalism Beats Globalism," *The American Interest*, 12.1 (September/October 2016), pp. 1-8.

重权威等），转向"世俗理性"的价值（向变革、进步和基于理性考虑的社会方案开放）；其次是淡化经济和物质保障的"生存价值观"（常见于家庭、部落和其他地方性群体之中），转向强调个人权利以及普遍保护原则的"自我表达"或"解放的价值"。随着繁荣与安全程度的增加，这些社会变得更加开放和宽容。全球化与互联网使人们更容易接触来自其他文化的食物、电影和消费品，"这种开放性几乎不可避免地导致了世界主义态度的兴起"。由此，世界各国都出现了一批信奉普遍主义的全球主义者，他们把自己的同胞都视为"世界公民"。

约翰·列侬1971年的名作《想象》是全球主义的颂歌，他邀请人们"想象一下没有国家，这并不难做到，没有什么要为之杀戮或送命的，也没有宗教，想象所有人生活在和平中。你或许会说我是个梦想者，但我不是孤身一个，我希望有一天你会加入我们，那世界将会如同一体"。海特认为，这是多元文化全球主义者的天堂愿景，但对那些具有本土情怀的爱国者而言，那种"没有国家的想象"不仅天真幼稚，而且是亵渎性的和叛国的。他们偏爱自己的国家与文化传统，相信与自己的国家有一种特殊的纽带约束，而这种约束对公民和政府施加了双向的道德义务：公民有义务爱戴和服务于国家，而政府有责任保护本国的公民，并将他们的利益置于外国人的利益之上。这种民族主义的认同本身未必涉嫌种族主义，在道德上也无卑下之处，并且有助于形成共享的身份认同、规范意识和历史感，从而促进社会信任。如果一个社会缺乏这种共享的感知，反而容易导致涂尔干所说的失范状态（anomie）。[1]《纽约时报》的专栏作家罗斯·多塞特在11月发表的文章中也强调，列侬所"想象"的价值难

---

1 Jonathan Haidt, "When and Why Nationalism Beats Globalism," *The American Interest*, 12.1 (September/October 2016), p. 3.

以满足人类生活的需求：“人们怀有世界主义所无法满足的（社群）团结的愿望，具有再分配所无法实现的非物质性利益，具有世俗主义无法回应的对神圣性的渴望。”[1]

实际上，全球主义者即使在西方发达国家也只是部分人群，他们集中在首都和大都市、商业中心和大学城，在年轻的城市精英中占据主流。因为教育和文化地位上的优势，他们主导着主流舆论的价值和态度取向，但欧美社会仍然存在着大量的民众信奉民族主义和传统价值，他们对全球主义抱有怀疑甚至敌意。过去几十年间，西方出现了全球主义价值观的持续兴盛，这造成了一种错觉——仿佛民族主义以及地方性认同都不过是蒙昧的遗迹，而且已行将就木，但实际上它们远比全球主义者想象的更为普遍和持久。正如哈佛大学政治学教授斯蒂芬·沃尔特指出的那样："后冷战的自由派人士低估了民族主义以及其他地方认同（教派、族裔和部落纽带等）的作用。他们假定，这些返祖性的依附会逐渐消亡，仅仅局限于非政治性的文化表达，或会在精心设计的民主制度中被因势利导地平衡和应对。但实际上，许多地方的许多人更加在乎民族身份、历史上的敌人、领土象征物以及传统文化价值，超过关心（自由派所定义的）'自由'。"[2]

由此可见，西方社会实际上同时存在着全球主义与民族主义（以及其他地方性传统）两种文化认同与价值观，不同取向的两类人群之间隐含着持久的分歧，但在过去几十年间基本能够和平共处。为什么最近几年彼此的紧张日益严重，以至于在今年全面爆发？

海特分析指出，在经济因素之外，近年来大量外国移民的涌入，造成了复杂的社会冲击，加剧了双方的紧张并转化为明显的政治冲

---

[1] Ross Douthat, "The Crisis for Liberalism," *New York Times*, November 20, 2016, p. SR11.
[2] Stephen Walt, "The Collapse of the Liberal World Order," *Foreign Policy*, June 26, 2016.

突。在他看来，全球主义者与民族主义者针对欧洲移民政策的争辩，并不是高尚与卑下之争，而是两种道德视野的冲突。坚持对陌生人（尤其是处于危难中的陌生人）负有救助的义务，与主张保持自身共同体的完整性，这两者都是合理的道德诉求，却又是以赛亚·伯林所说的彼此"不可公度"的价值。因此，真正的问题在于合理地平衡这两种诉求。但一部分全球主义者常常以"种族主义"之类简单化的指控代替必要的同情理解，这激化了民族主义的极端化反弹。海特认为，在这场争论中使用"种族主义"的标签是浅薄而缺乏解释力的。一些民族主义者的确会表现出类似于种族主义的言行，但这是结果而不是原因。严格意义上的种族主义者是仅仅因为厌恶（异己的）差异本身而无理由地排斥外国人。但多数民族主义者的排外情绪却有自己的理由：感到外来者的价值观格格不入，或者感到他们的行为令人厌恶，或者感到自己所珍视的事物受到了威胁……这些感受或许与现实不尽相符或者被煽动家夸大，但无论如何，"如果我们要理解近来右翼民粹主义运动的兴起，那么'种族主义'不能成为终结点，而必须是探究的起点"。

借助其他社会心理学家的研究成果，海特强调，民族主义者在感受到所谓"规范性威胁"的时候会变得格外极端、非理性甚至诉诸暴力。因此，他提议一种"降低规范性威胁"的移民政策方案，这必须同时考虑三项指标，即外国出生居民的比例，每个移入群体与本地文化的道德差异程度，以及每一群体的孩子可以实现的同化程度。他认为，全球主义者有可能吸引民众远离右翼民族主义政治，但前提是必须重新思考民族认同与道德凝聚共同体的价值，这需要在移民问题上放弃"多元文化的"方案而采纳"同化方案"。作者最后写道，在2016年之后西方国家面临的重大问题或许是"我们如何在尊重（而不是淡化或摧毁）世界上许多（带有自身传统和道德秩序的）地方的、民族的以及其他'狭区性'身份的同时，收获全球合作在贸易、文化、教育、人权和环境保护等方面的成果？全球主义者与民族主义者在一个什么样的世界中能够和平共处？"[1]

## 身份政治与美国传统的界定

美国著名知识分子、哥伦比亚大学教授马克·里拉11月在《纽约时报》发表文章，批评分析"身份自由主义"（identity liberalism）的政治失败。[2] 这篇文章引发了一些争议，作者随后在国家公共广播电台（NPR）的访谈中做出了回应。实际上，里拉并不反对文化多样性，正如他在文章中指出的那样，美国的多样性是一件"美好的事情"。问题在于"多样性应当如何塑造政治"。对此，新一代自由主义的标准答案是认识和"赞美"差异。的确，强调身份的特殊性具有正面的道德教益，尤其有助于少数族裔和边缘文化认同的群体获得尊重。但在政治上，着眼于差异，将此作为民主政治的基础则是灾难性的错误。里拉提醒自由主义者，"美国政治中第一场身份运动是三K党人，至今仍然存在。那些玩弄身份游戏的人应当作好失败的准备"。他认为，我们需要一种"后身份自由主义"：着眼于扩展自由主义的基础，为此需要诉诸具有美国共性的整体的"美国人"、面向一个作为（共同生活其中、必须彼此相助的）"公民国家"的美国发言，并重视绝大多数人关注的问题。这是值得汲取的过去"前身份自由主义"的成功经验。而对于触及性取向和宗教等之类的"高度充满象征性并可能驱赶潜在同盟的狭窄议题"，"后身份自由主义"会带着恰当的尺度感平稳而敏感地应对。在文章的结尾，里拉意味深长地

---

1　Jonathan Haidt, "When and Why Nationalism Beats Globalism," p. 8.
2　Mark Lilla, "The End of Identity Liberalism," *New York Times*, November 20, 2016, p. SR1.

回忆他多年前的经历：他应邀在佛罗里达工会的大会中讨论罗斯福著名的"四大自由演讲"。不同性别和肤色的人聚集在一起，聆听罗斯福当年的演讲录音，沉浸于共同分享的自由信念，这使他感到震撼，也提醒他罗斯福所说的"世界上每个人的自由"才是现代美国自由主义的真正基础。

里拉的反思蕴含着"求同存异"的取向，强调美国的自由主义传统是立足于共同的普遍价值来容纳多样性，他担忧固执于差异的"身份自由主义"可能会自毁根基。显然，特朗普的成功秘诀之一，正是从自由派那里夺回了这个身份政治的王牌，他呼唤那种狭义的美国身份认同，传承白人盎格鲁-撒克逊新教徒（WASP）文化的正统美国人，其著名的竞选口号"让美国再次伟大"被许多评论（包括《纽约客》《纽约时报》《新政治家》发表的三篇文章）解读为"让美国再次变白"。[1]

虽然著名政治学家亨廷顿曾在《我们是谁》一书中将WASP当作美国认同的核心传统，但"正统美国"的概念本身是具有高度争议性的。从历史角度看，早年美国的移民主体来自欧洲，欧洲文化和宗教塑造了美国的主流文化。但在理念层面上，新大陆的移民中有许多是欧洲的"弃儿"，清教徒遭受的宗教压制使他们要建立一个开放和包容他者的"新世界"。所以，与欧洲大陆那种基于"血与土地"的民族身份认同不同，美国的认同又是观念性的：凡是信奉美国理想（自由、平等、人权、民主和立宪等）的人，不问来历，都可以是"美国人"，这种普遍主义也构成了美国文化和认同的一种"正统"：这是始于《独立宣言》倡导的普遍权利，经由林肯的废奴主义，

---

[1] 参见 Charles M. Blow, "Trump: Making America White Again," *The New York Times*, November 21, 2016, Page A23; Lola Adesioye, "'Make America White Again': how US racial politics led to the election of Donald Trump," *New Statesman*, November 21, 2016; Toni Morrison, "Making America White Again," *New Yorker*, November 21, 2016 Issue。

到马丁·路德·金的民权运动所代表的传统。如果将这条政治文化线索从美国的传统中割裂，那么美国不过是老欧洲的民族国家的"美洲翻版"，而丧失了其"新大陆"的精神特质。

无论如何，全球主义文化在今年遭遇的反弹值得深思，但这并不是所谓的终结。正如《经济学人》的文章指出的，年轻人并不惧怕全球化带来的种种变化。在法国，虽然只有37%的人认同"全球化的力量是好的"这一观点，但其支持率在十八至二十四岁的年轻人当中高达77%。因此，"新的民族主义者正趾高气扬地许诺要封锁国界，并使社会恢复到过去的同质性，但如果下一代人沉住气，未来可能会再度走向世界主义"。[1]

## 民粹主义的威胁

在2016年的政治评论中，民粹主义（populism）或许是使用频率最高的术语。英国独立党领导人法拉奇，美国当选总统的特朗普，法国"民族阵线"主席勒庞，匈牙利总理欧尔班，以及土耳其总统埃尔多安，他们似乎呈现出某种"家族相似"的特点：强硬而富有煽动力，鼓吹极端的理念和政策，宣称代表底层民众，诉诸他们被漠视的利益和被压抑的愤怒，发誓要从根本上改变腐败或无能的建制派精英们所造就的黑暗现状，并许诺带给民众一个崭新的光明未来。民粹主义似乎是一个现成的概念，用来概括这些新兴政治势力的特征。2016年学术界和媒体涌现出大量关于民粹主义的历史、理论与实践的论述。澳大利亚的《对话》杂志汇集了十八位著名政治

---

[1] "League of nationalists," *The Economist*, November 19, 2016.

学家(包括中国学者俞可平)的简要观点[1];《外交事务》在年末刊出"民粹主义的力量"专辑[2];同时至少有三部相关专著适时面世。[3]这些媒体关注的焦点议题包括：如何理解民粹主义的兴起？民粹主义与民主究竟是什么关系？它本身是一种民主形态或病症，还是对民主的威胁？它会导向法西斯主义吗？应该如何应对民粹主义政治势力的蔓延？

然而，民粹主义的概念相当复杂，也容易被滥用。早在半个世纪前，伦敦政治经济学院为此召开过学术研讨会，与会者们一致同意，民粹主义这个术语虽然有用，但含义太过模糊以至于无法形成某种单一的定义。[4]这种状况几乎延续至今，但今年出版的《什么是民粹主义》一书对于这一概念的澄清做出了突出的贡献，格外引人注目。作者扬-维尔纳·米勒是普林斯顿大学的政治理论教授，也是活跃于欧美思想界的著名知识分子。他先后在《卫报》《波士顿评论》《伦敦书评》等报刊发表文章，对民粹主义的辨析和针对当下政治现象的阐释都具有敏锐而深邃的见解。[5]

米勒反对时下对民粹主义一词的过度宽泛使用。民粹主义可能表现为反建制、敌视精英、愤怒、非理性、不负责任、仇富、排外……

---

1 "We the People: the charms and contradictions of populism," *The Conversation*, November 2, 2016（https://theconversation.com/we-the-people-the-charms-and-contradictions-of-populism-63769）.

2 专辑包括七篇论文，参见编者导言：Gideon Rose, "The Power of Populism," *Foreign Affairs*, November/December 2016 Issue。

3 论著包括 Benjamin Moffitt, *The Global Rise of Populism: Performance, Political Style, and Representation* (Stanford University Press, 2016); John Judis, *The Populist Explosion: How the Great Recession Transformed American and European Politics* (Columbia Global Reports, 2016); Jan-Werner Müller, *What is Populism* (University of Pennsylvania Press, 2016)。

4 "What is Populism?" *The Economist*, December 19, 2016.

5 以下对于米勒观点的综述主要依据作者的三篇文章：Jan-Werner Müller, "Trump, Erdoğan, Farage: The attractions of populism for politicians, the dangers for democracy," *The Guardian*, September 2, 2016; "Real Citizens," *Boston Review*, October 26, 2016; "Capitalism in One Family," *London Review of Books*, Vol. 38, No. 23 (December 1, 2016), pp. 10-14.

但所有这些都不是其独有的特征。米勒认为,民粹主义的"界定性特征"(defining feature)不是反对精英,而是对"人民"代表性的垄断:民粹主义者们宣称,他们而且只有他们才代表"真正的人民"及其意志和利益。这种对政治代表性的道德垄断才是民粹主义的独特之处。诉诸人民的意志意味着信奉"人民主权"原则,因此民粹主义与民主政治具有令人迷惑的相似性,也总是如影随形。米勒认为,民粹主义是代议制民主"永恒的影子",但它必须通过抹杀现代社会的多元性才可能维持其对代表性的垄断,因此必须压制和排斥部分民众的意志和利益,从而反讽地陷入它所指控的那种精英政治罪行(压制与排斥)。在根本上,反多元主义的结构性特征使民粹主义不仅是反自由的,最终也是反民主的。

在一个复杂多元的现代民主社会中,绝不存在单一的政治意志,更不用说单一的政治观点了。这是所有欧美社会的政治现实。英国脱欧公投中,有48%的投票者选择留在欧盟;美国总统大选中,希拉里超出特朗普二百八十六万张普选票;欧尔班在匈牙利策划公投"抵制布鲁塞尔在移民问题上发号施令",但投票人数未达到一半,实际上失去了法定效力。但所有这些事实都不妨碍民粹主义政客声称代表全体人民。法拉奇宣称,英国公投的结果是"真正的人民的胜利",这意味着反对脱欧的公民算不上"纯正的英国人";特朗普也曾在竞选集会中宣称"真正重要的事情是人民的联合一体,因为其他人毫无意义"。显然,民粹主义者需要制造一个神话:世上存在一个真正的"人民"群体,一个同质性的、永远正直的人民群体,全体人民可以通过一个声音表达心声,而民粹主义者自己就是这个声音,是人民独一无二的道德代表。

民粹主义会给民主政治带来两个直接有害的后果。首先,民粹主义者将指控其他所有的政治竞争者为非法,这不是指政策上的分歧(这种分歧本身是民主政治的特征之一),而是将政治对手妖魔化,

"揭露"他们的人格扭曲或道德腐败。美国一名极右翼电台的节目主持人（特朗普的狂热支持者，且收到特朗普本人的电话致谢）在网站上发布消息说，希拉里和奥巴马真的都是从地狱中上来的人，"如果走近他们，你会闻到地狱的硫黄气味"。其次，更为重要的是，民粹主义者否认多元主义，坚持将公民之间的分歧转化为"人民与非人民的对抗"，主张将那些异己人群——不支持他们或者不认同他们"人民"观念的那些人——排除在"真正的人民"之外。（米勒早年曾发表过研究卡尔·施米特的专著，可以想见他对民粹主义反多元主义的敏感性来自他对施米特"同质化人民"的批判性研究。）

米勒针对许多对民粹主义的流行误解展开了批判分析。首先，据说民粹主义更具有直接民主的倾向，会使政治更贴近民众。但米勒认为，民粹主义者并不反对代议制民主，只要他们自己是代议制民主的代表，他们也可以不反对精英，只要精英是他们所定义的"人民"的代言人。他们呼吁要让"人民自己发出声音"，但完全不关心广泛的民主参与，他们热衷于政治和道德的断言，而不是促进开放的、自下而上的公民辩论。他们制造民意的方式是在（直接或间接的）民主程序之外来定义人民。其次，有大量研究表明，右翼民粹主义的支持者与其社会经济状况并不直接相关。特朗普的支持者并非低收入人群，美国大多数经济状况最差（年收入不足五万美元）的人群在总统大选中投票给希拉里。将民粹主义的支持者群体与现代化的失败者相联系缺乏真正的经验证据基础。实际上，特朗普的成功之处在于，使许多白人（仍然占美国人口的绝大多数）相信自己已经变得像是受压迫的少数族群，从而将"白人身份运动"与"美国人民"关联起来。最后，许多自由派分析家认为，民粹主义政客一旦上台执政就会自我瓦解，因为他们没有真正可行的政策。在他们看来，民粹主义本质上是一种抗议政治，而抗议者无法统治，因为在逻辑上人们不能抗议自己。米勒认为，这是一种自我安慰的错觉。

民粹主义执政并不必定落入自相矛盾。执政的民粹主义者当然会面临种种失败，但他们总是可以将所有失败都归咎于那些"反人民的精英"的破坏，这就是民粹主义者往往偏爱阴谋论的原因之一。人民必须永远正确，一切失败都是敌人的阴谋所致，而国内或国外的敌人又总是取之不尽的。

实际上，在俄罗斯、土耳其、匈牙利和波兰等国，民粹主义政客已经成为执政者。当政的民粹主义者非常注重控制非政府力量。打压民间批评意见当然不限于民粹主义政府，但公民社会中存在反对力量的事实，会对民粹主义政客造成特殊的"象征性难题"：这会瓦解他们所宣称的独一无二的代表性。因此，他们竭力需要"证明"所谓的公民社会根本不是公民社会，"证明"任何民间的反对都与"真正的人民"毫无关系。这就是为什么普京、欧尔班和波兰的"法律与正义党"（PiS）总是试图将异议组织"鉴定"为受外来势力操纵或者本身就是外国间谍的组织。为了制造统一的人民，那些抵制代表性垄断的人群必须被噤声或名誉扫地，或者促使他们离开自己的国家，将他们从"纯粹的人民"中剥离出去（近几年来，大约有10%的波兰人、5%的匈牙利人移居国外）。由此，民粹主义政客不仅造就了自己的国家，而且造就了他们一直以其之名发言的同质化的人民，民粹主义因此可以成为某种"自我实现的预言"（self-fulfilling prophecy）。在此存在着一个悲剧性的反讽：当权的民粹主义者恰恰犯下了他们所指控的精英犯下的那种政治罪，即排斥公民和篡夺国家，他们最终会做出所谓建制派的行径，只不过合理化辩护或自觉意识的色彩更浓重。因此，认为"大众反叛"的民粹主义领袖有可能改善民主的想法是一种深刻的幻觉，民粹主义者不过是另一种类型的精英，他们试图借助政治纯粹性的集体幻象来掌控权力。

那么，应当如何应对民粹主义势力的蔓延？米勒认为，首先，我们需要防止对民粹主义一词的滥用，不应当将美国的伯尼·桑德斯、英国的杰里米·科尔宾、希腊激进左翼联盟（Syriza）、西班牙左翼政党"我们能"（Podemos）与特朗普、法拉奇、埃尔多安混同为一个类别，统称其为民粹主义。因为只有后者才宣称自己是"真正的人民"的唯一代表，而前者承认社会的政治多元性，并在此基础上试图重塑社会民主。

其次，应该认清民粹主义者们对民主的威胁，而不是夸大他们对精英权力有益的矫正作用。但同时需要在政治上与他们接触，而且不是用民粹主义的方式（排斥和妖魔化）来对待民粹主义者。

再次，需要将民粹主义政客与其支持者区别开来。民粹主义者虚构了"真正的人民"及其"统一的意志"，但他们触及的政治问题并非完全虚构：西方国家日益严重的不平等，以及许多公民被排除在政治进程之外，这些都不是杜撰的问题。那些支持他们的民众也并非只是受到煽动蛊惑，陷入非理性的情绪爆发。理性与情绪的分野本来并不那么泾渭分明，情绪当然可以出自理由，这不意味着我们必须接受所有这些理由，但宣称所有民粹主义的支持者都只是被"愤怒驱使"，便将永远无法对他们的理由展开真正严肃的讨论。

最后，必须直面"我们时代特有的真实冲突"，主要不是所谓的"精英对峙人民"的冲突，而是更为开放的倡导者与某种封闭的支持者之间的冲突。这种冲突包含着切实的利益关切，应当让贸易协议等政策转向更有利于工薪阶层的层面，由此赢得选民的支持，这当然是抵制民粹主义的一部分。但米勒告诫说，利益之战并不是一切，"自由主义者也必须踏入身份政治的危险领地"，必须打破民粹主义者编造的"纯粹的人民"的幻象，并塑造一种"更有吸引力的、最终是多元主义的英国性和美国性的概念"。

## 民主政治面临的考验

民粹主义将造成什么样的后果？米勒认为，至少会让一个国家浪费多年的时间和机会，就像贝卢斯科尼在意大利的情况。而在美国，它可能意味着毫无保留的裙带资本主义以及破坏权力制衡机制的企图，而最坏的情况则是美国发生"政体变更"（regime change）。美国难道会发生"颜色革命"吗？《金融时报》的主编莱昂内尔·巴伯抱有同样的忧虑。他认为两百多年来美国一直是多元主义、宽容和法治等民主价值的标志，然而它在2016年陷入了一场高风险的政治赌博，其结果难以预料。特朗普的立场是英国脱欧者更极端的镜像，要求不惜代价地遵从他言称的"人民的意志"，而任何反对意见——无论是来自媒体、反对派还是司法机构——都有被定性为"人民公敌"的风险，"这不只是民粹主义的猖獗，这是对政治本身的否定"。[1]

那么，民粹主义会滑向法西斯主义吗？政治理论家雪莉·伯曼教授在《外交事务》发表文章认为，民粹主义不是法西斯主义，但有可能成为其温床。她分析指出，法西斯主义与民粹主义都是极端主义，两者具有相似性，但彼此的差异更为明显："目前的极端主义者宣称，他们并不是要抛弃而是要改善民主，他们批判当代民主运转不良，但并没有另辟蹊径，只是给出含混的许诺：要使政府更强有力、更有效率和更负责任。"另外，两者的历史背景也相当不同。但她认为，匈牙利和土耳其的民粹主义更加危险，因为那里民主政治的根基不深。而在具有长期民主传统的英美两国，民粹主义很难转变为法西斯主义。因此就其特征而言，对目前右翼极端主义者更

---

[1] Lionel Barber, "The Year of the Demagogue: How 2016 Changed Democracy," *Financial Times*, December 15, 2016.

恰当的定性是民粹主义，而不是法西斯主义，他们固然是反自由的，却未必是反民主的，这两者的区别并非无足轻重。如果民粹主义者上台执政，民主机制的持续存在将会通过下一轮选举将他们淘汰出局。"让国家从其错误中恢复，这是民主政治最大的优势。"[1]

## "自由秩序"的未来

从更大的历史尺度中考察，2016年的变局是西方自由秩序冒进扩张的反弹效应，如果没有重大的战略性改变，仍将面对难以摆脱的困境与风险。所谓"自由秩序"初建于第二次世界大战之后（以"马歇尔计划"为标志），实际上主要是局部世界——西方"自由世界"的政治经济秩序。但在冷战结束后，"自由秩序"在新一轮全球化过程中迅速向外扩张，在带动新兴经济体巨大发展的同时，也引发了广泛的不满与冲突。

首先，西方秩序更为直接和深入地卷入了（包括中国、印度以及南美国家在内的）人口总数高达三十多亿的新兴经济体的内部秩序，引发了非西方国家在文化、政治和经济上"抵制西方化"的各种反弹，与此同时，全球劳动力市场的形成与资本流动也加剧了西方国家内部的经济不平等，造成中产阶级的挫折与失望，这都构成了对自由秩序正当性的质疑。

其次，冷战时代中曾被基本限制在其地理区域的"伊斯兰世界"，也在新一轮全球化进程中（再次）与西方世界更为直接地相遇。伊斯兰文明本身也是一种普遍世界秩序，与西方文明秩序如何和平相

---

[1] Sheri Berman, "Populism Is Not Fascism," *Foreign Affairs*, Volume 95, Number 6 (November/December 2016 Issue).

处是一个悠久的难题。目前全球有十六亿穆斯林人口，高生育率将带来其人口的迅速增长。在未来的全球秩序中，伊斯兰文明可能将发挥难以估量的重要影响。至少就目前境况而言，西亚与北非地区的战乱与失序，宗教极端势力与恐怖主义的兴起，欧洲的难民危机以及文化与宗教的冲突，都显示出西方自由秩序的过度扩张正在导致其不可承受的后果。

最后，2016年对于人工智能棋手"阿尔法狗"（Alphago）与人类围棋大师对决的热烈反响，以及学术界对"后人类"问题的新一轮探索，都预示了新技术文明不可预知的前景。新技术革命尤其是人工智能和基因生物工程的迅速发展，对现有的生产、劳动和消费的结构性冲击，以及对文化变迁的深远影响，同时蕴含着崭新的可能和巨大的风险。如果"后人类社会"真的不期而至，西方自由秩序目前面临的许多重大政治、经济与文化问题并不是被解决，而是可能被完全取消或根本改变。

# 2015年

## 震惊之后：辨析恐怖主义的渊源

巴黎，西方的文化之都，年初经受的伤痛未愈，又在岁末遭遇了更为血腥的袭击。2015年成为世界震惊之年。

震惊的感受来自恐怖袭击的残暴、突发及其目标的不可预测。《伦敦书评》的一篇文章如是写道："黎巴嫩内战前的贝鲁特曾以'中东的巴黎'为人知晓，而今天的巴黎却越来越像西欧的贝鲁特，一个涌动着族裔冲突、人质劫持和自杀式炸弹的城市。"[1]贝鲁特的情景今天可以发生在巴黎，明天也可能发生在伦敦、柏林、纽约或者任何地方（甚至北京在圣诞节期间也发出了预防恐怖袭击的公告）。所谓的"伊斯兰国"（ISIS）在2015年11月公布的最新"敌国名单"列入了全球六十个国家。没有谁能够独善其身，暗自庆幸"风景这边独好"。

---

1 Adam Shatz, "Magical Thinking about ISIS," *London Review of Books*, Vol. 37, No. 23 (December 3, 2015), pp. 11-14.

更深层的震惊源自思想上的晦暗不明。从"《查理周刊》事件"到"黑色星期五",它们都激发了西方思想界风暴般的讨论:什么是恐怖主义的根源?如何才能有效地遏制与防范恐怖主义?西方世界的生活方式将就此被改变吗?所有这些问题都难以获得确定无疑的答案。但受惊的心灵往往急需一个简明的解答才可能平复。在迫切与焦躁中,窃窃私语已久的一个词语浮现出来——伊斯兰。那么,所谓"伊斯兰国"的兴起与伊斯兰宗教传统之间究竟有什么样的关联?这是相当敏感和令人困惑的问题,也成为当下辩论的一个焦点。

驱逐困扰的一个方式是将两者做干净的切割。奥巴马总统声明,ISIS"不是伊斯兰的"!世界各地的穆斯林领袖联名发出了同样的声音,这也是西方思想界的主流立场。美国官方呼吁用"达伊沙"(Daesh)来替代以往媒体常用的"ISIS"或"ISIL"的指称。但困惑与质疑之声仍然遍布社交媒体的各个角落。"切割"声明或者"更名"手法似乎很难平息实际上持续存在的激烈争议。

《大西洋月刊》冒天下之大不韪,在2月发表了2015年该刊最受关注的长文《ISIS究竟要什么?》(网络版有近两万条留言评论)。[1]格雷姆·伍德承认,将ISIS问题仅仅视为"伊斯兰的麻烦"是流于表面的,甚至为其辩白,因为伊斯兰教允许多种不同的阐释,ISIS的支持者们只是在道德上固执于自己选择的一种特定阐释。但是,反过来简单地将它"指控为非伊斯兰的(un-Islamic)却可能无济于事",因为"这个哈里发的许多实践在平白写就的经文中得到了背书"。伍德的文章遭到了强烈的反弹,他随后在《大西洋月刊》网站做出

---

[1] Graeme Wood, "What ISIS Really Wants?" *The Atlantic*, Vol. 315, Issue 2 (March 2015), pp.78-94.

澄清、修正与回应,但并没有收回基本观点。[1]

　　普林斯顿大学的伯纳德·海克尔教授被带入了辩论的漩涡,因为他被伍德誉为"在 ISIS 意识形态问题上最具发言权的世俗权威学者",也是其文章所援引的主要学术依据。海克尔是普林斯顿大学近东研究教授,并主持"当代中东、北非与中亚的跨区域研究所"。他在接受美国进步中心(CAP)主办的政治评论"思进网"(http://thinkprogress.org/)采访时指出,ISIS 是在特定历史脉络下的偶然产物,"伊斯兰教中没有什么注定的东西会导致 ISIS"。虽然伊斯兰经文必须经由阐释才能被理解,而阐释总是具有时代性。ISIS 却认为,任何对旧有阐释的挑战都是叛教行径。他们声称"我们必须返回第七世纪",这是要否定过去一千年伊斯兰教法传统的法理复杂性。因此,ISIS 的问题在于其"非历史的神学",假装一千多年的历史都没有发生过,以此为他们的暴行辩护。但与此同时,海克尔没有放弃自己原初的看法。"许多人说伊斯兰是一种和平的宗教,但这是什么意思呢?基督教有时是和平的宗教,有时是战争的宗教,这取决于我们在讨论哪个时代,并不存在'和平的宗教'这回事。"他承认,有大量伊斯兰经文提倡更多的和平主义、更少的暴力,甚至以宽容和开明的教义来接受非穆斯林群体。但 ISIS 援引的经文仍然存在于伊斯兰传统中(比如,"烧死叛教者"就在其法典之中)。"ISIS 是穆斯林,但他们要么是陷入严重错误的穆斯林,要么是迷失于异端邪说的穆斯林。"最后海克尔强调,对 ISIS 的诊断与应对不应仅仅局限于宗教维度,而必须将此理解为"逊尼派阿拉伯世界更深层的结构性问题的症状",包括政治、经济、就业和教育等诸多方面的原因,

---

[1] Graeme Wood, "'What ISIS Really Wants?': The Response" (February 24, 2015), http://www.theatlantic.com/international/archive/2015/02/what-isis-really-wants-reader-response-atlantic/385710/.

这需要阿拉伯社会本身开启漫长的改革。[1]

《大西洋月刊》网站随后发表了宗教研究教授卡内·达戈里的批评文章，这篇文章首先质疑了伍德专业资质的可信性：一名非穆斯林的作家何以有自信辨识《古兰经》和《圣训集》的"平白含义"？何以判断什么样的阐释是"严肃的"？"引经据典"的解说并不是正当和严肃阐释的证据。此外，作者指责伍德的观点会使众多穆斯林陷入进退两难的境地：如果他们选择沉默，会被那些要求他们"发声"的人谴责，但如果他们公开表达在宗教上与ISIS的决裂，又会被看作是在自我欺骗或欺骗众人。

《新政治家》刊发文章《"伊斯兰国"有多么伊斯兰》，提出了丰富的证据和论证。作者迈赫迪·哈桑通过深度采访众多伊斯兰研究学者、反恐专家、前恐怖分子、心理学家以及穆斯林领袖，得出了与伍德完全相反的结论：ISIS没有多少伊斯兰属性，他们对《古兰经》的粗暴解读也不是其政治暴力的核心所在。[2] 此外，乔治敦大学的年轻学者苏哈伊拉·西迪基在著名网络杂志 Jadaliyya 上发表的文章也别有洞见。她反对过度纠缠于ISIS的宗教本真性问题，转而考察伊斯兰教的法律原则与实践及其在历史上既稳定又灵活的传统，以此为对比，论证ISIS的原则和实践完全背弃了伊斯兰传统。[3]

马克思主义者理解问题从来不会拘泥于宗教。法国著名左翼哲学家阿兰·巴迪欧于11月23日在法国北部城市奥贝维利埃发表演

---

[1] Jack Jenkins, "What the Atlantic Left Out about ISIS According to Their Own Expert" (February 20, 2015), http://thinkprogress.org/world/2015/02/20/3625446/atlantic-left-isis-conversation-bernard-haykel/.

[2] Mehdi Hasan, "How Islamic is Islamic State?" *New Statesman*, Vol. 144 (5252), March 6-March 12, 2015, pp. 26-31, 33.

[3] Sohaira Siddiqui, "Beyond Authenticity: ISIS and the Islamic Legal Tradition" (February 24, 2015), http://www.jadaliyya.com/pages/index/20944/beyond-authenticity_isis-and-the-islamic-legal-tra.

讲，现场视频几天后被上传到YouTube。[1] 12月11日，以《我们的创伤不是新近的：巴迪欧论巴黎暴行》为题、长达二十六页的演讲英译文本在多家左派网站上发布。[2] 巴迪欧主张，真正的思考应当始于这样一个原则："没有任何人的作为是莫名其妙的。"所有非理性的、罪恶的、病态的行为也同样构成思考的对象。"宣称不可思议永远是一种思想的失败，而思想的失败恰恰是非理性和罪恶行径的胜利。"他的思考提供了一个宏大的阐释图景，分析资本主义主导的现代文明何以造就了三种病态的当代主体性，即"西方的主体性"、"渴望西方的主体性"以及"虚无主义的主体性"。而ISIS正是资本主义病态主体性的产物，宗教只是一个相关而非本质的因素。在本质上，ISIS是当代法西斯的一种形态，宗教只是为其提供了身份标识和神圣外衣。他呼吁年轻人、流民无产者和知识分子开启新的思维方式，为"重归解放的政治"创造条件。他相信"在当下的危机中，我们有可能创造第四种主体形象：寻求超越全球资本主义的支配，而自身不陷入虚无主义"，"这将赋予我们一种消化和废除猖獗的法西斯化的能力"。

法国人类学家斯科特·阿特兰曾领导研究团队多年实地考察恐怖主义团体成员和活动。他在网络杂志《永生》（*Aeon*）发表长文指出，西方有许多人轻蔑地将ISIS视为"虚无主义的冲动"，但他们的研究工作却发现了更为险恶的威胁，即"ISIS是一场革命"，如同此前许多革命一样，带着救赎的使命。这是"一种具有深刻诱惑力的改变和拯救世界的使命"。[3]

---

1 "Séminaire supplémentaire Alain Badiou 23 Novembre 2015," https://www.youtube.com/watch?v=R0r2fK1UCbI.
2 "Our Wound Is Not So Recent: Badiou on the Paris Atrocities" (December 11, 2015), http://www.urbanomic.com/Badiou-Wound.pdf.
3 Scott Atran, "ISIS Is a Revolution," *Aeon* (December 15, 2015), https://aeon.co/essays/why-isis-has-the-potential-to-be-a-world-altering-revolution.

世界将会因此发生根本改变吗？2015年末，《纽约时报》刊出罗斯·多塞特的评论文章《自由秩序的崩裂》。这位年轻而知名的保守派作者哀叹，"2015年对我们的制度是一个死亡象征时刻"。在冷战后的二十五年间，自由主义现代性的整体大厦虽不理想却一直相对稳定，没有什么外部对手（无论是俄罗斯还是伊斯兰国家）能真正提出更好的选择。而今天，那个自称的"哈里发"呈现了一种新的反抗现代性的样板，并且已经抵达了欧洲的心脏。"这是体制崩裂、防范溃败的一年，这是提醒所有秩序可能消失的一年。"[1]

每年西方舆论界都会有类似"狼来了"的警告，这一次会是真的吗？"黑色星期五"的暴行常被比作"法国的9·11事件"。当初，许多美国人都说"9·11改变了一切"。的确，此后十多年间许多事情发生了改变。然而，还远不是一切。

## 欧洲移民危机与捍卫西方价值的左右合流

欧洲尚未从金融风暴与债务危机的冲击下完全复苏，又遭受第二次世界大战以来最严重的难民危机。为逃脱西亚与北非的战乱局势，大量难民横渡地中海进入欧洲（至8月底，2015年已有三十五万多移民和难民进入欧洲，有2643人丧身于地中海）。9月2日，一名三岁叙利亚男孩艾兰在海水中溺亡，遗体被冲上海滩的照片在媒体发布，令世界震惊与动容。9月5日，德国总理默克尔宣布暂停此前相关法规的限制，允许被匈牙利阻拦的难民进入德国。9月第一周就有两万多难民进入德国。《经济学人》以《德国！德国！》刊登简报，赞叹德国勇敢地承担了超额的义务（接收欧盟40%的难

---

[1] Ross Douthat, "Cracks in the Liberal Order," *New York Times* (December 27, 2015), p. SR19.

民),并强调这是"普通德国人"的意愿(当时的民意调查显示,德国有59%的人同意接收更多的难民,高达96%的人感到所有逃离战争和暴力的人都享有难民庇护的资格)。[1]2015年德国接受了大约一百万难民。德国的榜样精神一度感召了整个欧洲,但难民问题背后仍然潜伏着深层的危机。11月13日巴黎发生的血腥事件撕裂了暂时而表面的共识,关于"欧洲穆斯林化"的焦虑感再次袭来。

他们不是希腊人,不是西班牙人,不是意大利人,他们是欧洲的"外来者"。美国"激进中间派"的评论家迈克尔·林德说,这是一个"身份战争的时代":"20世纪的主要冲突是意识形态的,而在21世纪,主要冲突是身份驱动的。"[2]情况也许更为复杂,经济利益的纠葛、传统意识形态的纷争以及文化身份和宗教认同的冲突,错综复杂地彼此交织,构成了当下欧洲困境的背景。摆脱这种困境,同时需要理智与意志、善意与勇气,也许还需要时间和足够的耐心。但突如其来的威胁往往会碾碎脆弱的耐心,简洁有力的判断和呼吁便生逢其时。

"野蛮人就在里面,而且这里没有门"——以此为标题,保守派的悲情斗士马克·斯泰恩迅即写下了他对巴黎袭击的时评。[3]保守派旗手威廉·克里斯托尔赞叹,这是"迄今为止读到的最强有力的反应",并在他主持的《旗帜周刊》网站转载。[4]斯泰恩的要点简洁明了:这并不是奥巴马所谓的"对整个人类和我们共享的普世价值的攻击",

---

[1] "'Germany! Germany!'", *The Economist*, September 12, 2015; Vol. 416 (8955), pp. 23-24.

[2] Michael Lind, "The Age of Identity Wars" (12/16/2015), http://thesmartset.com/the-age-of-identity-wars/.

[3] Mark Steyn, "The Barbarians Are Inside, And There Are No Gates" (November 13, 2015), http://www.steynonline.com/7293/the-barbarians-are-inside-and-there-are-no-gates.

[4] William Kristol, "Steyn on Paris: 'The Barbarians Are Inside, And There Are No Gates'" (November 14, 2015), http://www.weeklystandard.com/steyn-on-paris-the-barbarians-are-inside-and-there-are-no-gates/article/1063890.

而只是对西方的攻击,是对西方造就的现代文明的攻击。穆斯林并不信奉西方价值。言论自由、男女平等以及自由人权等并不是普世价值,对当今世界的"大部分区域是完全异类的"。然而,欧洲却决定邀请几百万穆斯林来定居,他们当中的大部分人要么希望现代西方社会和所谓的"普世价值"灭亡,要么对这种灭亡抱着冷漠的态度。这一切给 ISIS 的生长蔓延提供了"很大的适宜地带"。而现在默克尔和欧盟领导人的移民策略,是要让这个"很大的适宜地带"变得更大。欧洲的许多地区已经开始出现"顽强的伊斯兰化和自我隔离化",奥朗德誓称的"无情战争"根本不能被当真。欧洲领导人现在除了"烛光守夜"的哀悼,没有任何真正的办法。

斯泰恩在接受福克斯新闻频道的电视采访时指出,欧洲想要以情报系统和监控检查来阻止恐怖袭击是徒劳的,这无法应对如此数量众多的移民和新难民。同化机制不会起作用,穆斯林移民不会作为公民效忠于移居的欧洲国家,他们的忠诚与归属所向是他们的宗教文化,这是比民族国家更高的信念。斯泰恩说他在十年前就发出了警告,"但人们都说我是危言耸听"。[1] 的确,斯泰恩的观点是一以贯之的,早在 2006 年出版的畅销书《美国独行》中,他就对欧洲的伊斯兰化做出了完整充分的考察:只有美国社会的多元化仍然可以维系,而欧洲实际上陷入了不稳定的二元化——西方的欧洲与穆斯林的欧洲。文化多元主义导致的奇特结果是改变欧洲去适应新移民的文化,而不是相反。但福利国家的困境、欧洲人的低生育率以及老龄化,完全无法匹敌年轻的、生育旺盛的穆斯林移民不断扩展他们的信仰和价值。"反恐战争"对美国而言主要发生在本土之外,而对于欧洲则同时是一场"内战"。

---

[1] "Mark Steyn on the West's struggle with radical Islam" (November 14, 2015), http://video.foxnews.com/v/4612635373001/mark-steyn-on-the-wests-struggle-with-radical-islam/?playlist_id=930909787001#sp=show-clips.

捍卫西方价值不只是保守派知识分子的呼声，也成为左派诉诸的目标，虽然各自出于相当不同的理由，依据不同的理论传统。这是 2015 年西方思想界的一个新动向。年初，左翼政治哲学家迈克尔·沃尔泽在《异议》杂志发表《伊斯兰主义与左派》[1]，批评左翼知识分子漠视伊斯兰极端主义的暴虐现象，采取无批判的同情态度，放弃了自己理应坚持的启蒙主义传统及其基本价值。在沃尔泽看来，这背后的一个原因是左派格外害怕被指责为患有"伊斯兰恐惧症"（Islamophobia）。"伊斯兰恐惧症是宗教不宽容甚至仇恨的一种形态"，它混淆了伊斯兰教与宗教极端主义和狂热分子之间的区别，是误解和歪曲当代穆斯林的一种固执偏见的病症，这是右派的标志。然而，避免偏见的良好愿望并不能变成回避正当批评的理由。否则，"伊斯兰恐惧症"就成为一个借口，只要触碰伊斯兰问题，就会被谴责为种族主义。但我们可以做出"完全正当的批评，不只对伊斯兰狂热分子，而且也可以针对伊斯兰教本身——如同对任何宗教一样"。而今天的左派大多陷入了对"伊斯兰恐惧症"的恐惧。沃尔泽的文章引发了大量的辩论[2]，《洞察力》（Fathom）杂志还为此组织了专题讨论。[3]

　　几个月之后，更为激进的左翼知识明星齐泽克发出了更为激进

---

1　Michael Walzer, "Islamism and the Left," *Dissent*, Winter 2015, Vol. 62 (1), pp. 107-117.
2　这包括《异议》网络版上发表的耶鲁大学青年政治理论家安德鲁·马赫对沃尔泽的批评，以及沃尔泽的回应：Andrew F. March and Michael Walzer, "Islamism and the Left: An Exchange" (Winter 2015), https://www.dissentmagazine.org/article/islamism-and-left-exchange；斯坦福大学胡佛研究所著名政治理论家彼得·伯科威茨对沃尔泽的赞誉性评论：Peter Berkowitz, "Why the Left Casts a Blind Eye on Radical Islam" (February 7, 2015), http://www.realclearpolitics.com/articles/2015/02/07/why_the_left_casts_a_blind_eye_on_radical_islam_125522.html；以及耶鲁大学著名政治哲学家塞拉·本哈比的批评：Seyla Benhabib, "Piety or Rage? On the Charlie Hebdo Massacres" (January 11, 2015), http://www.resetdoc.org/story/00000022481。
3　"Debating Michael Walzer's 'Islamism and the Left'" (SUMMER 2015), http://fathomjournal.org/debating-michael-walzers-islamism-and-the-left/.

的声音：扔掉这样一种禁忌——"任何对伊斯兰右派的批判都是'伊斯兰恐惧症'的证据"，他坦言"受够了许多西方自由左派担心被认为犯有'伊斯兰恐惧症'的那种病态恐惧"，这是道德受虐狂的表现。这篇发表在 In These Time 网站的文章，题为《作为巴黎袭击的后果，左派必须皈依其激进的西方根基》，从中可以听到齐泽克几乎咆哮般的打破"禁忌"的呼吁。他不仅不怕被视为"伊斯兰恐惧症"患者，而且不怕涉嫌"欧洲中心主义"。如果移民的文化与西欧的人权和平等价值观念相抵触，就不能予以放任宽容，而要受到最低限度的规范与规则的约束，包括"宗教自由、保护面对群体压力的个人自由、女性权利等"。只有在这些限制下，才能坚持对不同生活方式的宽容。他也不怕被误解为"文化帝国主义与种族主义"，将欧洲的"解放遗产"等同于文化帝国主义是一种错误的禁忌。当前，全球资本主义与地方（宗教、文化和传统的）多样性正情投意合，"文化多样性的面具是靠实际上的全球资本的普遍主义来维系的"。因此，许多西方文化价值（包括平等主义、基本权利、言论自由和福利国家等），"经由批判性的阐释，恰恰能够用作抵抗资本主义全球化的武器"。[1] 齐泽克近来的一系列言论在左翼阵营内部引起了激烈的争论。他会改变以往左翼政治的某些话语取向吗？或者被当作"叛教者"遭到驱逐？

## 奥巴马的政治遗产

奥巴马总统的第二个任期尚未结束，对其政治遗产的讨论从年初就陆续不绝。《纽约》杂志在 1 月隆重推出"奥巴马历史项目"，

---

[1] Slavoj Žižek, "In the Wake of Paris Attacks the Left Must Embrace Its Radical Western Roots" (November 16, 2015), http://inthesetimes.com/article/18605/breaking-the-taboos-in-the-wake-of-paris-attacks-the-left-must-embrace-its.

其网络版发布了五十三位历史学家对"奥巴马历史遗产"问卷调查的全部回应,并以"封面故事"在纸质版中分八个专题摘录了部分调查内容。"二十年之后人们将如何看待奥巴马及其行政当局?"回应者包括一批美国最为杰出的历史学家和个别其他领域的学者。[1]

奥巴马是第一位入主白宫的黑人总统,几乎所有回应者都注意到这一事实的历史意义与象征意义。学者们一致认为"奥巴马医保"的胜利将被铭记;相当多的人预言美国经济的复苏将在未来获得更高的评价。在他执政的时期,美国未发生大规模的战争和恐怖袭击,对此有不少人予以肯定。但为此采取的安全和监控措施,以及在国外使用无人机轰炸,也招致了一些非议。自由派学者大多赞赏在奥巴马任期内美国更接近"彩虹国家"的理想(推进种族多元与文化多元的融合发展、同性恋婚姻合法化),但对社会经济不平等状况的加剧感到担忧。部分保守派学者严厉抨击奥巴马强化行政权力的倾向。外交方面引起的分歧较为严重。伊朗核问题谈判的进展、与古巴恢复外交关系获得了许多肯定,但美国的中东战略以及对中国的政策则受到了一些负面评价。多数学者承认,奥巴马是言辞卓越而极富感染力的政治人物,但也都看到他在竞选期间展现的理想主义气质已经褪色,并在执政后转向了实用主义,这使许多年轻选民感到最初的期望被辜负了。奥巴马以承诺"改变"开启他的总统生涯,但最终他有所成就的是在延续中修复,而不是转折性的变革。

《外交事务》在 9/10 月号刊出"奥巴马的世界"专辑,从国际战略的多个角度全面总结评估奥巴马的遗产。专辑共包括九篇文章:两篇分别给予正面与负面的总体评价,五篇着眼于中东、亚洲与中国、欧洲、拉美和非洲的区域政策分析,一篇聚焦恐怖主义问题,以及

---

[1] "Barack Obama: The (Trifle Early) Historical Verdict: What will historians of the future make of the 44th president? Fifty-three historians of the present weigh in. With overviews by Jonathan Chait (bullish) and Christopher Caldwell (bearish)," *New York* (January 12, 2015).

一篇是对国防部长阿什顿·卡特的访谈。[1]

在美国思想界的辩论中，奥巴马的外交政策常常被保守派或"鹰派"人士指责为"软弱"、"退却主义"或者走向了新孤立主义。在这个专辑中，布雷特·斯蒂芬斯的文章《奥巴马做错了什么》延续了这种观点，他认为奥巴马的退却战略正在导致"全球失序"，这也终将损害美国自身的国家利益，因为国内的经济发展依赖安全的外部环境。[2]针对这种流行的批判，杂志主编吉迪恩·罗斯发表《奥巴马做对了什么：保持冷静并继续自由秩序》一文，对奥巴马的外交遗产给予了相当积极的评价。罗斯指出，小布什留给奥巴马的遗产是"两场战争和一次全球经济危机"，而奥巴马已经使美国从一些老问题中解脱出来，同时避免陷入一些新问题，并取得了一些扎实的收获，这是相当不错的成就。奥巴马成功的关键在于"他对大局的把握"："他重视美国在过去七十年中培育起来的自由国际秩序，并认识到要从全球边缘地带误入的冒险和纷争中撤退，以此救护这一秩序的核心。"在罗斯看来，奥巴马既不是"意志薄弱的理想主义者"，也不是"冷血的现实主义者"，而是"带有保守主义气质的思想上的自由派"。在经过"鲁莽的过度扩张与好战的单边主义时期之后"，他感到推进美国长期外交目标的最佳方式是"短期收缩"，通过放弃边缘来巩固自由秩序的核心，这是他外交政策的总体特征。在这个意义上，奥巴马政府"并没有放弃传统的美国大战略，而是尽力从其前任的失当中拯救这一战略"。在这背后是一种"自信的认识"："从长远来看，开放社会将击败封闭社会……这体现了对以往美国外交最佳教益的重新发现。"[3]

---

1 "Obama's World," *Foreign Affairs*, September/October 2015, Vol. 94 (5), pp. 2-78.
2 Bret Stephens, "What Obama Gets Wrong: No Retreat, No Surrender," *Foreign Affairs*, September/October 2015, Vol. 94 (5), pp. 13-16.
3 Gideon Rose, "What Obama Gets Right: Keep Calm and Carry the Liberal Order On," *Foreign Affairs*, September/October 2015, Vol. 94 (5), pp. 2-12.

## 中国经济与中国模式

马云于2015年6月在纽约经济俱乐部的演讲,选在华尔道夫酒店举办。这家酒店在1931年美国"大萧条"时期隆重开业,时任总统胡佛对其致意,赞誉它"向整个国家展示了信念和勇气"。而今天,华尔道夫酒店的拥有者是一家中国的保险公司。"这个事件似乎象征了世界经济秩序的变化。"以这段文字为开篇,《经济学人》10月3日推出了"世界经济"特别报道。[1]其中关于中国的文章《更远的长征》,阐述"中国震撼了世界,却不是以它所希望的方式"。文章分析了中国经济的最近状况和趋势,从增长放缓和人民币贬值等现象中剖析背后的结构和制度性的难题,以及改革面临的困难。文章认为,中国作为巨大的经济体,会期待一种自然的特权——对全球金融和贸易的规则享有更大发言权,以及被广泛使用的货币,这是容易理解的雄心。但如何在实现雄心与保持稳定之间、在经济的开放与安全之间寻求平衡,是中国一直面临的挑战。文章最后指出,"中国正在成为贸易和直接投资领域的巨人,成为在财政、货币和金融市场方面的中等强国。这种温和的雄心或许符合其自身的利益,但这并没有解决国际金融和货币体系的种种问题。中国不会很快成为美国的制衡或替代量"。[2]

联合国"人类发展指数"(HDI)测评起始于1990年。这一指数综合了一个国家人口的收入水平、预期寿命和教育程度。12月4日"人类发展指数"公布了最新一期报告,显示了过去二十五年中世界各国的综合发展水平和速度。在指数增长速度最快的国家中,中国名列第二(仅次于卢旺达的增长速度),目前达到了韩国1990

---

1 "The Sticky Superpower," *The Economist*, October 3, 2015; Vol. 417 (8958): SS3-SS6.
2 "A Longer March; China," *The Economist*, October 3, 2015; Vol. 417 (8958): SS12-SS14.

年的指数水平。[1]

中国的迅速发展常常与"中国模式"相关联。在清华大学任教的加拿大籍教授贝淡宁（Daniel A. Bell）出版的新著《中国模式：政治优绩制与民主制的局限》（中译本为《贤能政治：为什么尚贤制比选举民主制更适合中国》），入选了"《金融时报》2015年最佳书籍"。[2] 作者试图论证，中国式的政治优绩制（political meritocracy）有助于弥补选举民主制的关键缺陷。他将"中国模式"界定为"顶层的优绩制、中层的实验制以及基层的民主制"的三者结合，认为中国已经发展出一种特殊的"民主优绩制的模式"，这在道德上是可行的，在政治上是稳定的。《大西洋月刊》摘登了书稿的部分章节。10月15日，美国亚洲学会与《纽约书评》杂志为此联合举办专题讨论会，参与者包括贝淡宁与其他五位学者，部分讨论内容以《中国模式优于民主制吗？》为题，在《外交政策》网站上发布。[3]

贝淡宁在讨论中阐明，他的著作从古代中国的文官制度中获得了启发。中国传统的公职人员选拔，首先依据科举考试成绩，然后依据低层政府机构所做的业绩评估。而这套体制过去三十年在中国重建了，虽然并不完善。他强调自己的写作并不是要为现状辩护，而是源自他信奉的"语境化政治理论"方法："政治理论家的目标应当是让主导这个社会的政治理想变得融贯并在理性上是可辩护的。"而贝淡宁正好生活在中国，他发现其中的主导政治理想是"垂直的

---

[1] "The world's fastest developing countries: A quarter century of progress," *The Economist*, December 14, 2015 (Online extra), http://www.economist.com/news/21684038-quarter-century-progress-worldu2019s-fastest-developing-countries.

[2] Daniel A. Bell, *The China Model: Political Meritocracy and the Limits of Democracy* (Princeton, NJ: Princeton University Press, 2015).

[3] Daniel A. Bell, Timothy Garton Ash, Andrew J. Nathan, Taisu Zhang, "Is the China Model Better Than Democracy?" (October 19, 2015), http://foreignpolicy.com/2015/10/19/china-democracy-theory-communist-party-politics-model/.

民主优绩制"，这一理想启发了过去三十年中国的政治改革。他承认，理想与现实之间依然存在着巨大的差距，但他相信这个理想是好的，并且可以在未来继续激发中国的政治改革。

牛津大学欧洲研究教授加顿艾什指出，如果中国真有一套自己的政治模式，那是好事，这不仅有利于中国的平稳发展，也能使西方有一个严肃的意识形态竞争者，从而避免自身的盲目自负。但他继而质疑"中国模式"的真实内涵，如果（如贝淡宁承认的那样）目前"政治优绩制"运行得不够好，那么在加顿艾什看来，其真正原因在于中国模式实际上并不是所谓的政治优绩制。哥伦比亚大学政治学教授黎安友首先强调，贝淡宁的书实际上是一本政治理论著作，不是一本关于真实中国的书。他随后表达了自己最主要的质疑："德才兼备的优绩选拔是否能形成一个更好的政府？"在他看来，这部著作理论上的关键失误在于忽略了权力的行使问题，只关注官员的选拔，而回避了官员如何受到制衡并受到一个自由社会的监督。存在所谓的"理想与实践之间的差距"并不是偶然的，贝淡宁在论及西方自由民主制的时候，从不提及类似的差距，而只是着眼于现实的民主制度的不足。因为这是实践的制度，当然会存在不足。黎安友随后在《国家利益》发表了长篇书评，对此提出了更为激烈的批评。[1]

## 知识分子的黄昏或黎明

2015 年，西方思想界对知识分子精神与命运的讨论相当活跃，从《高等教育纪事报》的"公共知识分子"讨论专辑，到研究法国

---

[1] Andrew Nathan, "Beijing Bull: The Bogus China Model," *National Interest*, November/December 2015, Issue 140, pp. 73-81.

智识精神的专著,以及两部批判新左派知识分子的著作,不一而足。"知识分子问题"常常是知识分子格外关心的问题,只要这个议题仍然活跃,就意味着"知识分子消亡"之说可能是夸大其词。然而,知识分子的构成、精神气质及其公共影响却可能发生了重要的历史性变迁。这正是拉塞尔·雅各比关注的问题。他在1987年出版的《最后的知识分子》中指出,20世纪50年代之后,上一辈独立不羁的"城市波希米亚式"的知识分子迅速衰落,取而代之的新兴一代大多不再是面向公众的"公共知识分子",而是为学院同行写作的"专业知识分子",从而形成了"学院时代的美国文化"(原书副标题)。这本书曾引起广泛的争论,并在2000年出版了修订版。距初版近四十年之后,《高等教育纪事报》发表《"最后的知识分子"之后》的讨论专辑,其中有四篇文章着眼于考察雅各比的论题在当下的有效性。[1]

专辑的首篇文章是雅各比的《最新的知识分子》。[2]他首先解释了因为他的著作而大为流行的"公共知识分子"这个词。起源于法国德雷福斯案的"知识分子"一词本来就内含"公共的"意思,再加以"公共的"限定似乎是累赘之举。但这正像"有机食品"这个语汇一样,说食品是"有机的"在从前显得多余,但现在这个语汇用以强调某种特定成分的保持或缺失。文章回应了诸多的批评质疑,作者承认当初有个别失误之处,但坚持他的观点总体上是正确的,并在当今仍然有效,因为最新一代的知识分子并未逃脱学院体制的诱惑与规训,而且愈陷愈深。这种判断并非出自怀旧心态:"问题不是更早一代的知识分子多么辉煌,而是他们的继承者何处可寻。"虽然人们总是可以发现个别反潮流的事迹,但这并不能逆转总体趋势。

---

[1] SPECIAL REPORT: "After 'The Last Intellectuals'," *The Chronicle of Higher Education* (November 29, 2015), http://chronicle.com/specialreport/After-The-Last/16.

[2] Russell Jacoby, "The Latest Intellectuals," *The Chronicle of Higher Education* (November 29, 2015), http://chronicle.com/article/The-Latest-Intellectuals/234339?cid=cp16.

值得赞许的是出现了一批为公众写作的"新科学作家",他们的成功表明普通读者群依然存在。但令人遗憾的是,当这些科学家推出了平白清澈的著作,大多人文学者却在拥戴那种郁结的文风和繁琐的理论。互联网的冲击是他当初未曾料到的现象,但他很怀疑,通过博客和推特流行的文章可能会丧失那种"反思的慢功夫":"危险在于我们进入了一个片刻思考、即刻评论的时代。"我们当然不必在专著与推特之间做非此即彼的选择。但在他看来,"处于两者之间而面向普通读者的严肃作品可能正在消失,一同消失的还有它们的作者,最后的知识分子"。

纽约社会研究新学院的克莱尔·波特教授的文章题为《互联网是最终的波希米亚吗?》。[1] 在她看来,互联网是一个无政府的空间,很接近雅各比的波希米亚咖啡馆。年轻的知识分子正在虚拟空间中集结,其中许多人是年轻的博士,他们以"学术计件工人"的方式进行公共写作,成为新一代的"剩余知识分子"(surplus intellectuals)。不稳定的工作造就了他们新的精神气质,与资产阶级的文化方式相对抗,同时他们也在这种对抗中形成了共同的事业,他们正在寻求一种新的波希米亚方式,推动一种摆脱体制束缚的激进视野。创造性的知识工人一代正在兴起。"他们并没有消失,而是分散开来,他们遍地开花。"她承认,"招安"的诱惑永远存在,我们已经见证了许多由妇女、黑人和同性恋者主导的激进思想最后如何被学院体制收编,"门口的野蛮人"反过来变成了"守门人",互联网也无法豁免这种危险。但她愿意以更开放的态度看待虚拟空间的自愿网络,"互联网的波希米亚人,带着对证书资格的藐视,以及根据新的需求与欲望形成、解体、再生的网络",他们真有可能形成

---

1　Claire Bond Potter, "Is the Internet the Final Bohemia?" *The Chronicle of Higher Education* (November 29, 2015), http://chronicle.com/article/Is-the-Internet-the-Final/234348?cid=cp16.

另类的政治与思想。

实际上,《高等教育纪事报》早在 2 月发表的一篇长文《公共知识分子怎么了？》中,对此议题有更为深入的探讨和出色的见地。[1] 作者马克·格雷夫是纽约社会研究新学院的年轻教师,《N+1》杂志的创始人和主编。他通过讨论《党派评论》的兴衰历史,挑战了学院规训使得知识分子衰落的流行看法。在格雷夫看来,真正的问题不在于"学院化",而在于我们对公众的错误想象。《党派评论》时代的知识分子最重要的特征不仅是面向公众写作,而且是对公众的期许更高,他们"瞄准的位置总是略微高于被想象的公众的顶端,那是他们必须踮起脚才够得着的位置",而与此同时,"这种写作也总是略微高过《党派评论》的作者群本身"。这些知识分子感到必须竭尽全力,才配得上他们渴望加入的更深邃、更嘹亮的智识群体。他们也是"公众",却是要求更好和更高的一群公众。"他们时而与众不同,因为他们在挑战公众与自身过程中追问难题。"他认为,讨论 21 世纪公共知识分子的事业,不应当过多关注他们职业的来龙去脉,而是要着眼于恢复对公众的最高尊重。

知识分子的衰落趋势或许是全球性的现象,但牛津大学的政治学教授苏迪·哈扎里辛格认为,这在法国显得格外突出,因为"这个民族的自我形象在存在论的意义上依赖于法国文化的卓越,依赖于他们的思想具有普世感召力这一设想"。正如一位历史学家在百年前宣称的,"法国负责代表人类的事业"。哈扎里辛格的新著《法国人如何思考：一个知性民族的感性肖像》2015 年在法国（法文）、英国和美国先后出版。[2] 他追溯了自笛卡尔以来的法国知识分子传统,

---

[1] Mark Greif , "What's Wrong With Public Intellectuals?" *The Chronicle of Higher Education* (February 13, 2015), http://chronicle.com/article/Whats-Wrong-With-Public/189921/.

[2] Sudhir Hazareesingh, *How the French Think: An Affectionate Portrait of an Intellectual People* (Basic Books, 2015).

总结了法国思想方式的五个特征，在最后一章考察了法国思想的衰落。"法国思想以其革命的热力与理性的冷静曾让世界瞩目"，但在萨特、加缪、福柯与德里达的时代之后，法国对"他们思想家的创造力失去了信心"，法国思想变得越来越"内向"，在全球的影响已经式微。背后的原因是多方面的。在政治上，整个民族集体心理的变化来自对1940年军事失败的迟到承认。第二次世界大战之后的法国不再是世界舞台上的主导力量。大量被披露的新史料导致了所谓的"维希综合征"，揭穿了此前流行的所谓"抵抗英雄"的神话。失去印度支那的殖民地，以及从阿尔及利亚的退出，这些事件造成的冲击随后内在化。法国参与启动的欧洲规划也陷入衰退。在文化上，法国保守派的作品中充满了疲惫和异化的法国象征，这源自对"五月风暴"平等主义遗产的不满，也来自面对穆斯林移民难以维护法国原有核心价值的无力感。另外，法国精英阶层的训练也发生了代际变迁，原来大都出自巴黎高等师范学院系统，而今转向国家行政学院。但作者最后仍然抱着对法国文化的深情期望，相信"总有一种突然逆转的潜力"，"毕竟，重生是法国现代文化最强有力的理想之一"。[1]

## 有效利他主义运动的兴起

当这个世界变得越来越富裕却更加不平等的时候，人们应当过怎样的伦理生活？耶鲁大学出版社4月推出了普林斯顿大学伦理学教授彼得·辛格的著作《行最大的善》，该书以清晰的哲学思考辅以

---

[1] 参见作者的两篇文章：Sudhir Hazareesingh, "Does France still think?" *The Guardian* (June 13, 2015); Sudhir Hazareesingh, "The Dimming of the Light," *Aeon* (September 22, 2015), https://aeon.co/essays/french-thought-once-dazzled-the-world-what-went-wrong。

真实生动的事迹,论述了"有效利他主义何以正在改变伦理生活的观念"(副标题)。[1]哈佛大学心理学家约书亚·格林称之为"这位世界上最具影响的在世哲学家"所写过的"或许最具影响的著作"。

"有效利他主义"(effective altruism)是始于新千年的一场社会运动,同时也是支持这场运动的一种道德哲学,辛格是其主要的理论倡导者之一。他的基本理念是:"如果要过一种充分的伦理生活,我们就应当尽已所能去做最大的善事。而要发现怎样才能做最大的善事,我们需要运用理性和证据。"目前在慈善机构的捐赠者当中,有三分之二的人完全不了解这些机构的有效性,只是被其形象感动而行善事。辛格从效益主义哲学的传统中汲取灵感,发展出有效利他主义的理论,主张依靠科学的方法来确定改善世界的最有效方式,这区别于传统的利他主义和慈善事业的理念。辛格理论的一个特色在于淡化感人的"温情效应",也不诉诸那种否定自我利益的"牺牲奉献"。他在书中讲述了许多这一运动践行者的故事:有人为了能捐赠更多而选择了特定的职业,有人将他们的一半收入捐给有效的慈善业,但这些人的典型感受并不是自己做出了"牺牲",而是感到自己的生活比从前获益更多,更加丰沛。因此,有效利他主义不是主张否定自我利益,而是鼓励以不同的方式来理解何为真正的自我利益。

这本书引发了媒体的广泛评论。《波士顿评论》为此举办专题讨论,邀请十一位学者和作家就"有效利他主义的逻辑"展开辩论。[2]麻省理工学院经济学家(《国家为什么会失败》的作者)达龙·阿西莫格鲁提出了一些批评。首先,将本来属于国家和社会机构的职能转交给个人和团体来承担,可能隐含着危险。即便在国家能力不足

---

[1] Peter Singer, *The Most Good You Can Do: How Effective Altruism Is Changing Ideas About Living Ethically* (Yale University Press, 2015).

[2] Peter Singer, "The Logic of Effective Altruism," *Boston Review* (July/August 2015), Vol. 40 Issue 4, pp. 14-31.

的情况下，替代政府的角色就其长期后果而言不是一个好的选择。"如果我们本来预期从国家获取的重要服务由其他组织接管，那么要在其他关键领域中培养对国家的信任和发展国家能力就可能变得更加艰难。"其次，有效性测量也是可质疑的。捐赠给大赦国际，还是捐助某个提供疫苗或教科书的非政府组织？相比之下哪种选择社会价值更大？许多政治学家和经济学家主张，政治和经济体制的改革会带来使千万人摆脱贫困的发展，如果看不到这一点，有效利他主义会使公共的关注点偏离重要的制度因素。更为激进的批评意见来自左派网站"雅各宾"上的一篇文章，它指责有效利他主义完全是资产阶级价值观的体现，无视造成贫困的根本原因是万恶的资本主义制度。[1]

对于类似的批评，辛格在回应中指出，有些策略可能比有效利他主义者目前使用的策略更有效，但这一事实并不足以驳倒这一运动的实践者，因为他们可以采纳更有效的策略。有效利他主义并没有忽视能够减缓贫困的大幅度政治经济改革，如果有证据表明这种改革的预期有效性更高，那么我们就会倡导从事这类改革。对于减缓贫困，这一运动常常被批评为"创可贴式"的治标不治本。但在许多情况下，我们很难分辨"标"与"本"，就算有时我们确切知道什么是贫穷的某些根本原因，却也一时难以改变。在这种情况下，"治标"可能意味着拯救了成千上万人的生命。辛格说，有时候"创可贴也不坏"。[2]

---

[1] Mathew Snow, "Against Charity" (August 25, 2015), https://www.jacobinmag.com/2015/08/peter-singer-charity-effective-altruism/.

[2] Peter Singer, "The Logic of Effective Altruism," *Boston Review* (July/August 2015), Vol. 40 Issue 4, pp. 14-31.

## 如何思考会思考的机器

"前沿"被英国《卫报》誉为"全世界最聪明的网站",以倡导科学与人文融合的"第三种文化"而著称。每年伊始,主编约翰·布罗克曼都会公布网站的"年度问题",并邀请世界各地两百位思想家和科学家回答。2015年"前沿"的年度问题是:"你如何思考会思考的机器?"这个问题收到的一百九十二份回复陆续在网站发布,最后汇编为文集出版。[1] 参加这次讨论的大多是世界上最有影响的科学家(包括多位诺贝尔奖得主)、人文学者和作家,二十多家媒体予以报道。

20世纪80年代哲学界曾就"人工智能"(artificial intelligence)问题展开了热烈的讨论,焦点之一在于计算机是否能够"真正"地思考(具有意识)。近年来,这一领域获得了巨额的研发经费支持,在理论与实践方面都有迅速的进展,许多成果更新了旧有的知识和观念,也引发出一系列重大而紧迫的问题:机器思维与人的思想真有不可逾越的界限吗?人工智能将会超越人的智能而达到"超级智能"(superintelligence)吗?这对于人类生活的前景最终意味着福祉还是灾难?

在众说纷纭中,我们可以辨识出比以往更显著的"物理主义"倾向。加州理工学院的理论物理学家肖恩·卡罗尔追溯了18世纪中叶法国思想家拉·梅特里的名著《人是机器》,并认为他的思想预见了现代物理学的发现:所有可见的生命与非生命的存在形式都源自粒子和力,没有给外在于物理的生命力量留下空间。神经科学虽然不如物理学成熟,但已经在人的思想和行为与大脑中特定的运动之间建立了联系。若要问他对会思考的机器的想法,他不禁要说:

---

[1] "The *Edge* Question 2015: What Do You Think About Machines That Think?"(http://edge.org/annual-question/what-do-you-think-about-machines-that-think).

"嗨，你在说的那些是我的朋友。我们都是会思考的机器。不同类型的机器之间的区别正在消失。"诺贝尔物理学奖获得者弗兰克·维尔泽克认为，"所有的智能都是由机器产生的智能（机器要么是神经元形成的大脑，要么是硅芯片制造的机器人）"。哈佛大学分子生物学家乔治·丘奇回答说："我是思考的机器，由原子组成。"英国皇家学会前主席、剑桥大学天体物理学家马丁·里斯认为，无论如何界定"思维"，人类的有机体思维（organic thinking）只是（超大尺度的）演化进程中的一个阶段，其思维的速度与强度终将被机器智能淘汰，尤其是在量子计算机诞生之后。生物大脑的抽象思维奠定了所有文化与科学的基础，但这只是一个短暂的历史前奏，通向"非有机体的后人类时代更强有力的智慧"。科普作家凯文·凯利甚至认为，人类的目的就是"发明生物界无法通过演化生成的新型智能"，这种智能不同于人类，所以他建议将 AI 改写为"异类智能"（Alien Intelligence）。

牛津大学人类未来研究所所长尼克·博斯特罗姆教授是超级智能研究的专家，他提出了更复杂的看法。他认为这是一个困难的问题。首先，目前的机器思维的水平相当低（除了在某些特定的狭隘领域），但将来有可能超过人类（正如机器现在已经比任何生物体更为强壮和迅速），至于超级智能何时出现，我们知之甚少。但他认为，人工智能要从目前的水平到达人类智能水平可能需要较长的时间，而从人类智能水平达到超级智能的水平会相对更快。超级智能可能是人类历史上发生的最好的事情，也可能是最坏的事情，这取决于超级智能的默认动力机制以及如何才能予以控制，这些问题远比人们预想的困难得多。

加州大学伯克利分校的心理学和哲学教授艾莉森·戈普尼克对比了人工智能与人类智能的差异。计算机对人类智能的模仿在有些方面非常出色，而在另一些方面则相形见绌。人们早先以为，下棋和定理论证对于计算机而言最为困难，但后来证明在这两个方面计算机都比人类更为卓越。但是，辨认水杯和拿起水杯这类简单动作，或者普通幼儿都具备的学习能力，计算机却很难模仿，更不要说孩子对人们是否可信和可靠的辨别能力。我们至今尚不清楚孩子所体现的这些智能的原委，在明白这些问题之前，恐怕世界上最高级的计算机也无法胜过人类的三岁的孩子。

## 阿伦特逝世四十周年

12月4日是汉娜·阿伦特逝世四十周年纪念日。巴黎政治学院政治研究中心在3—4日举办了名为"阿伦特：四十年之后"的学术研讨会。会议第一天，三位国际著名的阿伦特研究学者达纳·维拉、卡罗尔·韦德迈尔和克里斯蒂安·沃克分别从美国、法国和德国的视角，探讨阿伦特思想与当今世界政治的相关性。第二天的会议汇聚了各地学者关于阿伦特研究的新近成果，并由此关联当代最紧迫的政治问题，主题包括"政治的去政治化""阿伦特的政治团结论述""回复神学—现世的显现""议事会的共和""阿伦特与波伏瓦论女性主义的自由""无思性与形而上学"等。[1]

纽约的"电影论坛"从4月6日起的两周内，每天放映四场新近完成的纪录片《积极生活：阿伦特的精神》。这部时长一百二十五分钟的影片由以色列与加拿大的电影人联合制作，回顾了阿伦特的生命历程与思想生涯，突出了她在公共生活中的积极介入，以及由此引起的诸多争议。影片也有相当篇幅让阿伦特的批评者们发出自己的声音。[2]

---

[1] http://www.sciencespo.fr/ecole-doctorale/en/content/hannah-arendt-forty-years-later.

[2] http://filmforum.org/film/vita-activa-the-spirit-of-hannah-arendt-film.

《国家》杂志发表政治理论家科里·罗宾的长文《阿伦特的审判》，重新考察和评价了阿伦特因报道 1961 年"艾希曼审判案"而卷入的争议，将阿伦特对艾希曼的评论置于她复杂的思想脉络之中，突出了她对康德"判断力批判"的阐释与她政治思考的关联，对阿伦特备受争议的观点做出了独到而深刻的解释与辩护。[1] 网络杂志《永生》7 月发表了牛津大学现代欧洲史博士生詹姆斯·麦考利（马歇尔奖学金获得者）的文章《影子与实质》，该文富有洞见地探索了阿伦特的"自觉贱民"意识与她远离乡愁的世界主义气质之间的内在关系。[2]

《国家利益》杂志发表了题为《摩根索与阿伦特：一种智识激情》的文章，出自批评家、《纽约书评》编辑巴里·葛温。[3] 文章追溯了汉斯·摩根索（国际政治现实主义学派的奠基人）与阿伦特长达二十多年的亲密交往。列奥·施特劳斯、摩根索与阿伦特有相近的背景，即他们都是犹太人，都在纳粹兴起之后从德国移居美国，也都研究政治问题。摩根索最早在美国学界获得声誉，成为芝加哥大学政治学系教授。20 世纪 40 年代后期，他曾帮助施特劳斯从纽约社会研究新学院转入芝加哥大学任教（正式受聘于政治学系，而非"社会思想委员会"）。他们起初彼此赞赏，关系密切，但很快就因为"观点与性格的深刻差异"而相互疏远。多年之后，阿伦特到芝加哥大学社会思想委员会任教。她与施特劳斯早在学生时代的德国就相识（传言说施特劳斯曾"追求"过她），但两人从来不合。三人之中，只有阿伦特与摩根索始终保持着深厚的友谊，一直到阿伦特去世。

阿伦特将摩根索形容为自己的"智识伴侣"（虽然她对摩根索的求婚感到"惊慌不安"，但她妥善处理了这个短暂的插曲），他们在

---

[1] Corey Robin, "The Trials of Hannah Arendt," *The Nation* (June 1, 2015), pp. 12-25.

[2] James McAuley, "Shadow and Substance," https://aeon.co/essays/belonging-and-exile-made-hannah-arendt-a-cosmopolitan.

[3] Barry Gewen, "Hans Morgenthau and Hannah Arendt: An Intellectual Passion," *The National Interest*, September/October 2015, Issue 139, pp. 66-71.

逆境中（阿伦特在"艾希曼案"中饱受抨击，摩根索因反对"越战"遭受非议）都获得了对方的坚定支持。更为重要的是，他们共享着与众不同的智识倾向和政治立场：对苏联从不抱有幻想，理解美国在战后世界秩序中的重要作用，但怀疑国际主义的自由理念，同时也反对麦卡锡主义。他们既不是自由派也不是保守派，美国政治的标签无法恰当地用于把握他们的欧陆视野。摩根索在阿伦特的"恶之平庸"中看到其他批判者的未见之明：恶行与作恶者并不直接对应，两者之间存在着一个邪恶的官僚机器。因此，艾希曼不必憎恨犹太人才能实施屠杀，这是阿伦特对现代极权主义的诊断之一。而摩根索自己从极权主义的历史中领悟到许多自由派很难接受的教训："人们不只是争取自由并愿意为自由献身，他们也追求秩序并愿意为秩序献身。"他们都明白世界的暴力性处境（阿伦特称之为"黑暗时代"），从而抵触美国进步主义者的乐观态度。他们共同面对的思想挑战是"学习在这个不确定、时常野蛮的世界里不抱希望地生活"。微妙的区别在于，阿伦特仍然坚持为光明的希望留有一道门缝，而摩根索则断然将它关闭，即所谓的现实主义。

# 2014年

## 冷战终结二十五年：思想激辩的开启

在柏林墙倒塌的 1989 年，西方世界对自身的理论、制度与道路获得了前所未有的自信。"历史终结论"适时地彰显了这种自信并成为其思想标志。而在二十五年后的今天，西方思想界弥漫着困顿与焦灼的气氛，透露出冷战结束以来最为深重的信心危机。有评论家将 2014 年称作"震惊之年"（a year of shocks）。冲击并非来自特定的困境或混乱本身，而是因为"以往用以控制这些混乱的力量与原则的结构不复存在"。这种秩序结构的丧失造成了一种"明确无误的瓦解感"，这才是震惊的根本缘由。[1]

然而，困顿、焦灼与震惊也预示着摆脱盲目自信的觉醒，这是克服自我迷信和矫正思想教条化的起点。2014 年的西方思想界正在重新开启一个激辩的时代。

"到底是怎么回事？"——以如此直白的发问为标题，《美国利益》

---

[1] George Packer, "The Birth of a New Century," *Foreign Policy* 209 (November/December 2014).

杂志主编亚当·加芬克尔在评论文章中指出,真正的挑战不在于我们处在"一个急速变化的世界",而在于我们"去理解世界如何变化",我们现在对许多正在发生的事情感到"不可思议",因为以往惯用的思想范畴都陈腐无用,与现实脱节了,"对于当代事务、对于紊乱时期的共同困境,我们缺乏适当的语汇"。[1] 同样,马克·里拉也发表文章指出:"语词与事物之间的关联中断了。意识形态的终结并没有驱散云雾,而是带来了如此浓重的迷雾,以至于我们不再能够解读摆在我们面前的事物,我们发现自己身处一个难以辨析的时代(an illegible age)。"[2]

对概念失效、语汇陈腐的批判以及对观念和理论变革的诉求,不仅遍布许多学科领域,并且直接而明确地指向西方主流话语中最为核心的观念——自由主义、民主与资本主义。2014年有难以计数的反思性文章见诸欧美思想界的主要报刊,其中三篇檄文格外引人注目,分别出自欧美著名的自由派思想家:法国社会高等研究院的皮埃尔·马南,英国伦敦政治经济学院的约翰·格雷,美国哥伦比亚大学的马克·里拉。三位作者都体现出自由主义者的自我反思与正本清源的努力——追溯自由主义与民主政治的历史起源,阐明其演变历程,由此检讨当今流行的自由主义论述与实践何以偏离了其本源和精髓,陷入了盲目与教条的危机。

马南与雷蒙·阿隆相似,是少数几位受到美国施特劳斯派推崇的法国自由派思想家。他在《民主杂志》发表《自由主义的危机》一文,其中指出,作为统治秩序出现的自由主义原则至今不足两个世纪,针对的是欧洲的历史难题——"共和原则与君主制原则之间的分裂"。自由主义对此提供了一个期待已久的解决方案,从而被当

---

[1] Adam Garfinkle, "What's Going On," *The American Interest*, Vol. 10, No. 1 (August 2014).

[2] Mark Lilla, "The Truth About Our Libertarian Age: Why the Dogma of Democracy Doesn't Always Make the World Better," *The New Republic*, June 17, 2014.

作"最佳政府形式"为人所接受。因此，自由主义的兴起源自特定历史条件下展现的政治治理优越性。"我们作为公民的愿望是被善治，我需要的是一个好的政府，而不是一个自由主义的，或基督教的政府。"他认为，自由主义首先是一种政治学说，其次才是关于"自由竞争"的经济学说，这两者曾长期兼容，但在当今全球化的处境中却彼此冲突。"如果遵循纯粹自由竞争的经济原则，我们已经灭亡了"：那些高劳动力成本和社会保障开支巨大的国家，如何可能对那些低劳动力成本和微弱社会保障的国家保持竞争力？最终，在美国主导的全球化进程中，经济活动与人们归属的政治共同体相互分离，自由主义失去了曾经的治理优越性。西方支配世界的时代已经达到其能力的极限，从而陷入了难以自拔的政治和精神危机。至于如何应对这种危机，作者坦言自己没有答案。[1]

格雷为《展望杂志》"柏林墙二十五周年"专题写了一篇题为《自由主义的错觉》的文章。在他看来，西方自由主义者最大的错觉是一种"无根据的信念"，即以为自己站在历史的正确一边，而自由主义的敌人总是站在历史的对立面。1989年之后，东欧的剧变与苏联的解体被看作"西方理念和价值的决定性胜利"（所谓"历史的终结"），并加剧了这种错觉。实际上，以"站在历史的对立面"来解释苏联阵营在冷战中的失败过于简单化，忽视了许多复杂的政治社会因素（包括民族主义、宗教、战略以及许多偶然因素），这种阐释不仅是抽象的、简单的，而且歪曲了真相。这妨碍了西方政治家和决策者真正理解俄罗斯、欧洲的转型国家以及阿拉伯地区的真实状况和关键问题。过去几百年西方具有的优势不可能永久不变，而不断输出西方体制的企图则加快了西方衰落的过程，格雷借用历史学家巴巴拉·塔奇曼（Barbara Tuchman）的说法，将这种企图称作"愚蠢地

---

[1] Pierre Manent, "The Crisis of Liberalism," *Journal of Democracy*, Vol. 25, No. 1 (January 2014).

进军"。格雷认为,"历史是一系列的周期变化和偶发事件,因此没有明确的方向"。在可以想见的未来,"将会存在许多文化,以及各种各样的生活方式,它们持续不断地变化和互动,却不会融为一体,成为类似于某种普世文明的东西"。因此,地缘政治冲突会加剧,战争会以新形态和混合形态出现,宗教将会在国家的形成与毁灭中成为一种决定性因素。自由主义的价值需要现实主义的思想才能存活,而目前自由主义者的信条却只能提供一个"他们能够塑造人类未来的神话"。西方正在应对日益混乱的世界,而最大的危险恰恰来自那种无根据的信念——"历史在自己这边"。[1]

里拉在《新共和》发表了题为《关于我们自由放任主义时代的真相》的文章。作者认为,西方思想界从未充分思考冷战及其终结的意义,那些貌似宏大的问题("历史终结了吗?"或者"留给左派的是什么?")完全缺乏对两种意识形态竞争的历史渊源和演变的理解。里拉在概念上将"意识形态"与教条(dogma)区别开来。意识形态首先通过智识上的"总体化"理解来把握塑造社会的历史力量,而教条则"准许对世界的无知,因而盲从于它在这个世界中的效用"。冷战中的共产主义和自由主义是两种宏大的意识形态,而我们时代的"自由放任主义"(libertarianism)则是一种极致的教条。它始于基本的自由主义原则(个人尊严、自由优先、怀疑公共权威、提倡宽容),但就此停步不前,完全无视这些原则与现实世界之间变化多端的复杂关系。就此而言,它不是那种孟德斯鸠、美国制宪者、托克维尔或密尔会承认的自由主义。实际上,生活在民主社会中的美国人却不太能理解民主,总认为民主是与生俱来的权利和普遍的渴望。实际上,民主是一种罕见的政府形式,在长达两千年的历史中

---

[1] John Gray, "Berlin Wall Anniversary: 25 Years of Liberal Delusion," *Prospect Magazine*, October 2014.

被视为低劣、不稳定、具有潜在暴虐性的制度。在西方世界，民主迟至19世纪才被认为是一种好的政体，直到第二次世界大战之后才被当作最佳政府形式，而且只是到最近二十五年才被看作是唯一正当的政体。而在教条主义的影响下，今天美国的政治思考中只存在两种类别，即民主或者"洪水滔天"（le déluge）。这种简单化的思维模式完全无法对当今世界形形色色的非民主政体做出差异化的考察。

然而，后冷战时期世界政治的最大意外，恰恰是经典形态的非民主政体以现代的面目重新出现，并会长期存在。这对于持自由放任主义的教条主义者是不可思议的："难道不是所有的人都想要被善治吗？难道他们不要求安全以及被公正地对待吗？难道他们不想要摆脱贫穷的耻辱吗？那么，自由主义民主正是企及这些目标的最佳方式。"然而，这是美国人的观点，或许也确实被许多非民主国家的人们分享，但这不意味着他们理解民主化的确切含义，不意味着他们愿意接受民主化终将带来的社会与文化的个人主义后果。他们珍视那些个人主义会摧毁的善，比如对传统的维护、对地方的忠诚、对长者的尊重、对家庭和部落的责任、对虔敬与美德的投入。面对世界上非民主制度长期存在的现实，一个明智的问题是：除了民主化的方案之外，还有什么备选计划（Plan B）？我们没有意愿去提出这种明智的问题，这标志着今日政治思考的沦落。那么，我们只有（以美国方式）采取强制性的转型，或者（以欧洲方式）徒劳地期待各种温和措施（人权条约、人道主义干预、法律制裁、非政府组织项目以及社交媒体）最终会产生深远的影响，但这都排除了改善非民主政体的其他可能。然而，如果存在一条从奴役转向民主的道路，那将会是（如西方所走过的一样）漫长的遍布着非民主阶段的道路。如果对民主化的想象只是"起草宪法、建立议会和总统办公室，然后召集选举"，那么随之而来的，确实会是洪水滔天。[1]

## "历史终结论"的辩驳与重申

在成名作《历史的终结与最后的人》出版整整二十五年之后，福山仍然是西方思想激辩的风云人物。只是当初他像一位先知，在东欧剧变之前就预告了自由主义的胜利，而今却是备受争议与嘲讽的对象，格雷与里拉的文章都暗含着对福山的批评。显然，后冷战时代见证了民主化错综复杂的历程，今天人们更倾向于接受格雷"历史没有清晰的方向"的论点，也更容易将"历史终结论"看作无视历史复杂性的虚妄错觉。

但福山是一位重视历史复杂性的学者。2014 年，他的"政治秩序"研究巨著的第二卷《政治秩序与政治衰败》出版，引起了热烈的反响。[2] 在对人类从史前到当代近万年的政治演变做出系统研究之后，福山仍然没有放弃二十五年前的基本立场。2014 年 6 月，他在《华尔街日报》发表文章《民主依然站立在"历史终结"处》，针对"历史终结的假设已经被证明是错的，或者即使不错，也需要重大修改"的质疑，明白无误地回应道，"我认为，那个根本理念仍然基本正确"。他坚持相信："自由民主制没有真正的对手。"在福山看来，目前唯一看上去可以与自由民主相竞争的体制是"中国模式"，但被问及"五十年之后，是美国和欧洲在政治上变得更像中国，还是相反？"

---

1　Mark Lilla, "The Truth about Our Libertarian Age".
2　Francis Fukuyama, *Political Order and Political Decay: From the Industrial Revolution to the Globalization of Democracy* (Farrar, Straus and Giroux, 2014).

他毫不犹豫地选择了后者。[1] 福山在新著中专门探讨了美国的"政治衰败",但他不认为"在成熟的民主国家中存在着系统性的'治理危机'"。他在结论中写道:"尽管民主在 21 世纪初出现了挫折,但民主的前景在全球意义上仍然保持良好……这意味着政治发展过程具有一种清晰的方向性,意味着承认公民之平等尊严的可问责的政府具有普遍的感召力。"[2]

11 月 18 日,康奈尔大学举办了一场题为"21 世纪的民主状况"的论坛,邀请福山作主旨演讲,另外两位著名政治学家约翰·米尔斯海默和彼得·卡赞斯坦担任嘉宾评论。[3] 整个论坛的实况视频随后在网上发布。[4] 两位评论人对福山重申"历史终结论"的演讲做出了深刻而尖锐的批评。米尔斯海默相信,政治在根本上是冲突的,民主政治也无法避免冲突与战争。另外,自由主义相信人性多元论,自由民主政体的根本优势在于能够有效地回应人们信仰和善的观念的多元性。而福山早期著作中采用(尼采的)"末人"这一普遍均质人性的概念,这在根本上不是一个自由主义的论点。卡赞斯坦则坚持主张人类文明的多样性,虽然各种文明也会在现代化历程中发展演变,但最终将形成"多元现代性",而不是趋同地收敛为自由主义现代性。在他看来,自由民主制度会繁荣,但世界不会走向单一的西方模式。在问答和总结环节中,福山反问卡赞斯坦:多元现代性如何成为一个社会组织原则?人类的许多特殊差异随着时间消失了,因为它们在社会组织的意义上无法存活。卡赞斯坦回应说,现代化理论及各种社会趋同理论,在根本上不同于他所信奉的理论,即不

---

1　Francis Fukuyama, "At the 'End of History' Still Stands Democracy," *The Wall Street Journal*, June 6, 2014.

2　Francis Fukuyama, *Political Order and Political Decay*, p. 526, p. 421.

3　Linda B. Glaser, "Panelists Debate: Is Democracy the End of History?" *Cornell Chronicle*, November 20, 2014.

4　https://einaudi.cornell.edu/node/15339.

同的历史文化将以不同的方式回应现代性，形成不同的政体。最后，米尔斯海默试图在福山和卡赞斯坦之间发现兼容性——文明与文化可能是多样的，但仍然可能共享类似的自由民主政治体制。

实际上，政治冲突论与文明多元论并不能真正驳倒福山。因为后来他很少提及早期的"普遍均质国家"和"末人"学说，他始终坚持"历史终结"的含义并不是指历史"事件"不再发生或冲突和文化多样性彻底消失，而是说无论这些事件、冲突和多样性多么剧烈和复杂，都不足以在政治意识形态和政体类型的意义上有所作为。就此（也仅就此意义）而言，自由主义民主之外没有真正的另类选项。

在根本上，福山的"政治科学"实证研究使他相信，历史的进程虽然曲折，但现代性与新的普遍政治意识最终会压倒地理或文化传统特殊性的力量，而不是相反。这应和了他以黑格尔–科耶夫的"承认意识"为核心的"历史哲学"观点。于是，在民主转型的艰难甚至失败中，许多人看到的是历史的多样性，而福山看到的反而是走向民主的强劲欲望。总之，对福山而言，历史的道路崎岖、终点遥远，但长期的方向不变。只是福山的"长期"究竟有多远？凯恩斯有句名言："就长期而言，我们都会死的。"

## 资本主义的警钟与丧钟

思想激辩的风暴同样席卷了对资本主义体制的批判。当然，从金融危机到"占领运动"，"资本主义的危机"早已不再是新鲜的说法。但危机与"必然灭亡"之间的距离是如此漫长，或许并不会比民主化第N波与历史终结之间的距离更短。2014年，我们再次听到"狼来了"的警报，但这次是真的吗？

法国经济学家托马斯·皮凯蒂无疑是2014年最引人注目的学者。他的著作《21世纪资本论》英译本[1]在3月出版后引起了轰动，登上许多畅销书或年度最佳著作榜单，相关的评论令人应接不暇（仅克鲁格曼一人就在《纽约时报》上刊发了四篇书评）。《经济学人》称此书会"彻底改变人们对过去两个世纪经济史的思考方式"，并为此组织了在线阅读讨论小组。英国《展望》杂志将皮凯蒂列为年度最具影响力的世界思想者之一。有电影制作人要将此书拍成纪录片，有作曲家要以此为蓝本创作歌剧。

这本书到底有什么魔力？资本主义会导致经济不平等，这不是人尽皆知的常识吗？然而，以往这种不平等可以得到各种辩护，最常见的是所谓的"公平游戏"（fair game）辩护：就像在同一起跑线上出发的田径运动员，拥有平等机会的人们各尽其能、各显其才展开自由竞争，而最终的结果自然不会平等，但这是人们在才能和努力方面的差异造成的结果，虽不平等却是公平的，是在道德上可以接受的。而皮凯蒂的研究结论则挑战了这个公平游戏的神话。他的著作通过对经济史长期数据的分析表明，资本收入增长总体上高于经济增长，其含义是资本（股票、债券、土地及现金）收入超过劳动工资收入，这就意味着"自由公平竞争"的资本主义体制实际上具有"承袭制"的内在倾向，这违背了现代社会的核心道德原则：人们的命运不应当被自己无法掌控的先天因素（种族、性别、血缘或家庭出生等）所决定。资本主义"勤劳致富"的道德神话就此破产。虽然有专业同行对皮凯蒂使用的数据提出过商榷或质疑，但很难撼动他的主要结论。

那么，如何抑制资本导致的不平等趋势加剧？除去天灾人祸的

---

[1] Thomas Piketty, *Capital in the Twenty-First Century*, trans., Arthur Goldhammer (Harvard University Press, 2014).

力量（如20世纪两次世界大战造成的特殊效应），皮凯蒂认为最合理的方式是对资本征收累进税和继承税，这遭到许多自由放任派人士的攻击，他被贴上了"马克思主义者"或"社会主义者"的标签。但是，在更为激进的马克思主义者（如大卫·哈维）看来，皮凯蒂的工作虽然有重要意义，却仍然囿于"经验主义"的局限，未能在基础理论层面上对资本主义做出深刻的"诊断"。实际上，皮凯蒂的立场是社会民主主义，他支持政治民主和经济全球化，也不否认市场经济的积极意义。他在访谈中明确表示，他的目标是改造资本主义，方法在于民主政治。通过税制改革以及经济和金融的透明性，让民主压倒资本主义，而不是相反。显然，他并不企图在资本主义体制之外另起炉灶——这在他看来是比税制改革更不切实际的乌托邦。他要为资本主义敲响警钟，而不是丧钟。[1]

的确有人为资本主义敲响了丧钟。德国左翼经济学家沃尔夫冈·施特雷克在《新左派评论》发表了题为《资本主义将会如何终结？》的长篇论文。[2] 作者分析指出，今天的资本主义处于第二次世界大战以来最严重的危机，同时具有三个长期恶化趋势，即经济增长持续下滑，负债总额不断上升，经济不平等的状况日益加剧。与此同时，资本主义与民主之间的历史偶然关联已经被打破，没有什么力量能阻止资本主义从危机走向崩溃，虽然这可能是个漫长而痛苦的过程。但在资本主义之外，还有什么另外的选项？没有。但作者认为，今天资本主义的新特点恰恰是，在没有其他明确选项的情形下也会不可避免地走向终结。

---

[1] Owen Jones, "'We Need Permanent Revolution': How Thomas Piketty Became 2014's Most Influential Thinker," *The Guardian*, December 22, 2014.

[2] Wolfgang Streeck, "How Will Capitalism End?" *New Left Review* 87, May-June 2014.

## "中国世纪"的来临

《外交政策》发表了乔治·帕克的文章，他综合借鉴了艾瑞克·霍布斯鲍姆"短暂的20世纪"与杰奥瓦尼·阿瑞基"漫长的20世纪"的观点，将2014年界定为新世纪的开端。近十多年的各种突发事件和混乱的累积效应终于在今年达到了转折点——这是人们意识结构的转折点：人们终于接受世界格局已经发生了深刻的结构性变化，使得冷战后的认知范式不再有效。[1]但新世纪的世界格局究竟意味着什么？

约瑟夫·斯蒂格利茨以《中国的世纪》为题在《名利场》发表文章，宣告中国已经超过美国，成为世界最大的经济体。他指出，当今的世界经济不是零和博弈，中国所得并不造成美国所失，完全可以形成互补与互惠的关系。因此，美国不必为失去经济总量的首席地位而忧心忡忡，更不应当遏制中国的崛起，而应当欢迎中国更积极地介入国际事务。由此，美国也可以集中精力应对外交上更紧迫的问题（伊斯兰极端主义、巴以冲突、俄罗斯的复仇主义以及核扩散问题）。由于自身的特殊历史和尊严感，中国不可能完全接受目前由西方制定规则的全球体系。因此，无论是否喜欢，我们都必须合作，而一个稳定的、运转良好的全球政治与经济秩序是双方的共同利益。美国的软实力仍然重要，但维护其价值首先需要处理自身的系统性缺陷。[2]

对"中国世纪"的想象由来已久，但今年这个议题更加引人注目，也仍然充满争议。美国前财政部长、哈佛大学前校长劳伦斯·萨默斯与其同事兰特·普里切特10月在《国家经济研究局工作论文》发表研究报告，挑战了全球经济中心向亚洲转移的预测共识，认为

---

1　George Packer, "The Birth of a New Century".
2　Joseph E. Stiglitz, "The Chinese Century," *Vanity Fair*, January 2015.

中国和印度未来的经济增长有可能比普遍预计的速度低得多，会回归到世界经济增长的平均水平（2% 左右）。中国过去三十五年的迅速增长是非凡的，这份研究报告并不认为中国经济注定会出现急速下滑，但建议把相关的预测放在更大的可能性范围内来考虑。[1]《纽约时报》在题为《重估中国世纪》的文章中，介绍了多篇类似的新近研究。[2]

哈佛商业出版社在年初推出新著《中国能领导世界吗？抵达实力与增长的极限》，三位作者都是中国经济问题专家：哈佛商学院的柯伟林（William C. Kirby）和沃伦·麦克法兰，以及沃顿商学院的雷影娜（Regina M. Abrami）。他们以三十多个在中国的本土和外资企业的个案研究材料为基础，认为中国很有可能达到了增长的拐点，并对"中国模式"的优势提出了质疑。[3]另外，柯伟林在接受《纽约时报》博客专访时指出，人们将 20 世纪称为"美国世纪"是指它在全球政治、经济和文化领域广泛而强大的影响力，中国的这种影响力正在上升，但同时也和美国一样面临巨大的挑战。"如果这两个国家在 21 世纪要帮助并引领全世界……还有大量工作要去完成。"[4]

## 美国退入孤立主义

与对"中国世纪"的展望形成对比，2014 年关于"美国衰退"的报道与争论层出不穷。在《我们已经触到了美国的顶峰吗？》一

---

[1] Lant Pritchett and Lawrence H. Summers, "Asiaphoria Meets Regression to the Mean," *NBER Working Paper* No. 20573, October 2014.
[2] Neil Irwin, "Recalculating the Chinese Century," *New York Times*, October 26, 2014.
[3] F. Warren McFarlan, William C. Kirby and Regina Abrami, *Can China Lead?: Reaching the Limits of Power and Growth* (Harvard Business Press, 2014).
[4] Didi Kirsten Tatlow, "Q. And A.: William C. Kirby on 'Can China Lead?'"（http://sinosphere.blogs.nytimes.com/2014/06/25）.

文中，作者指出，美国在世界的领导地位陷入危机。调查显示，当前美国民众中认为美国实力正在削弱的人数占比达到了历史最高点，这反映出美国深刻的焦虑。这种焦虑不仅是伊拉克战争和阿富汗战争造成的结果，还有对全球经济竞争威胁美国生活前景的担忧，这也构成了要求美国从世界事务中退出或节制的民意基础。另外，也有强硬的保守派人士呼吁，美国必须坚持对世界的领导权。虽然奥巴马曾明确表示，美国仍然保持着相对的强势，问题不是"美国是否要引领，而是如何引领世界"，但在保守派看来，奥巴马是"美国衰落论"的提倡者，在国际事务中软弱无力。[1]

普利策奖获得者布雷特·斯蒂芬斯在2014年出版了《退却中的美国：新孤立主义与全球混乱的来临》一书，指责奥巴马主导的国际战略正在使美国退却并走向"新孤立主义"，认为这加剧了世界的无序，长此以往将带来灾难性的后果。"如果这个头号自由民主国家不承担世界警察的角色，那么这个世界将会被独裁竞争或联合来填补缺口。试图重返孤立主义伊甸园的美国人，很快就会发现自己身陷全球混乱的射击场。"作者认为，美国的退却是错误的政策选择的结果，并非不可逆转。如果美国接受作为世界警察的历史责任，就能够更有力地维护世界和平与国内繁荣。[2]

新保守派的中坚分子罗伯特·卡根一贯主张美国积极介入国际事务。他在《新共和》发表了题为《超级大国不退休》的万字长文，分析"我们这个疲惫的国家仍然对世界负有什么责任"（副标题）。[3]卡根列举了世界范围内的动荡不安，认为这标志着一种转折，即"转

---

[1] Colby Elbridge and Paul Lettow, "Have We Hit Peak America?" *Foreign Policy* 207 (July/August 2014).

[2] Bret Stephens, *America in Retreat: The New Isolationism and the Coming Global Disorder* (Sentinel HC, 2014).

[3] Robert Kagan, "Superpowers Don't Get to Retire: What Our Tired Country Still Owes the World," *The New Republic*, May 26, 2014.

向一种不同的世界秩序或一种20世纪30年代以来所未见的世界无序"。他指出，从"历史终结论"到金融危机之后的"美国衰落论"，两者给出的是同一种逃避主义的处方。对前者而言，美国以实力来塑造世界秩序是多余的，而在后者看来，因为现在美国不再具有足够的实力，这又是不可能的，但这两种范式都是错误的。目前美国外交政策的取向不是"孤立主义"，而是"对常态的寻求"（a search for normalcy），即希望摆脱一种不同寻常的美国自第二次世界大战以来一直承担的全球责任重负，成为一个着眼于自身狭隘利益的"常态国家"。但寻求常态的战略导向将会引发全球性的动荡。如果美国造就的世界秩序正在走向崩溃，那么这不是因为美国实力的衰落（美国的实力仍然足以应对目前的挑战），也不是因为这个世界变得更加复杂和棘手（世界一贯如此），而是因为一个"智识问题"（intellectual problem）——对美国特殊身份与目标的误解。卡根坚持主张，美国从来不是一个常态国家，孤立主义也从来不是一个选项："美国从来就更像罗马共和国或古代雅典共和国，是一个四处奔波的国家。"

卡根明确主张，美国必须以积极的干预来维护美国造就的世界秩序。他同时承认，在没有世界政府的情况下，美国在国际领域中同时充当法官、陪审员和警察的多重角色会引起争议："是什么给了美国这种代表自由世界秩序来行动的权利？"他的回答直截了当："实际上没有什么，除了那种信念——自由世界秩序是最为公正的。"自由世界秩序从未被置于公众表决之下，也不是上帝的遗赠，这当然是一个道德难题。自由世界秩序不是人类进步的终点，而只是一种临时和短暂的秩序，适合广大和强有力的民众集体的需求、利益以及理想，但未必符合每个人的需求和愿望。

实际上，斯蒂芬斯和卡根等人的强硬论述甚嚣尘上，恰恰表明了世界格局的转变以及西方内部的严重分歧。对此种论述的批判回应也遍布报刊。悉尼大学教授汤姆·斯威泽在《国家利益》上发表文章《超级大国不退休,但卡根应当退休了》[1],抨击了卡根等新保守主义的战略家对美国外交政策的误导——他们当初曾竭力主张对阿富汗和伊拉克发动战争,但从未在灾难性的后果中吸取教训。许多评论文章都指出,美国的实力仍然具有相对优势,目前的外交政策也没有走向孤立主义,只是不再像卡根倡导的那样不加区别地充当世界警察,而是更加审慎务实地分辨重要和次要的问题,区别在能力之内和能力之外的行动,更强调在复杂世界中行动的限度。

## "一战"百年:历史与警示

2014年是第一次世界大战爆发一百周年,欧美思想界的报刊纷纷刊载文章,回顾反思现代历史的这一重大事件,其中有两个倾向格外突出。首先,学术界对这场战争的历史研究仍然活跃;其次,回顾对比百年前的大战,许多学者告诫当今世界潜藏着相似的危险。

1918年以来,围绕第一次世界大战研究的专著与论文源源不断,大约有两万五千种(篇)之多,相关的学术争论也几乎没有停止过。《经济学人》在3月发表长篇书评,回顾了百年来历史学家之间的争论以及主流观点的变迁。[2] 在新近的研究中,有两部巨著(都长达七百多页)格外值得重视,即牛津大学史学家玛格丽特·麦克米伦的《那场终结和平的战争:通向1914年的道路》,以及剑桥大学历史学钦定讲座教授克里斯托弗·克拉克的《梦游者:1914年,欧洲如何走向"一战"》。麦克米伦将纷繁的经济、社会和政治的紧张格

---

[1] Tom Switzer, "Superpowers Don't Retire, But Robert Kagan Should," *The National Interest*, June 4, 2014.

[2] "100 Years after 1914: Still in the Grip of the Great War," *The Economist*, March 29, 2014.

局与当时流行的思想观念（民族主义和社会达尔文主义）结合起来，以此分析导致战争的各种决策，生动地重现了1914年的欧洲由和平走向战争的道路。克拉克从浩瀚的史料中梳理了战争缘起的多种因素及其复杂的关联机制，挑战了"德国罪责论"这一主流观点，认为不能将这场战争看作"罪行"并归咎于某个特定的国家，而应当视之为一场"悲剧"，一场由欧洲多国的政要、外交官和军人们共同酿成的悲剧。他们都不是战争狂人或疯子，而是被鲁莽、狭隘、自负、懦弱和多变的弱点蒙蔽的"梦游者"，误判了局势与未来，不知不觉地走向了战争。这两部著作都在学界引起了热烈反响和争论。《经济学人》的文章认为，克拉克的著作对于转变人们的既有理解最具影响力。总体来说，历史学家们的争论还在持续，但仍然具有一些基本共识："在五个参战国中，德国、奥匈帝国、俄国这三方共同负有开战的责任（虽然责任并不同等），而德国当时可以有更多和更好的选择，因此具有最大的错责。"

人们真的能从历史教训中获益吗？英国已故历史学家 A. J. P. 泰勒在评论拿破仑三世时有句名言："他像大多数研读过历史的人一样，只是从过去的错误中学到如何犯下新的错误。"然而，在1962年"古巴导弹危机"的日子里，肯尼迪总统正在阅读关于第一次世界大战的名著《八月炮火》，由此他警觉到，困惑、犹豫和大国之间缺乏沟通使得欧洲滑向了战争，他意识到必须明白无误地向赫鲁晓夫表明立场，才能避免核战争的危险。剑桥大学著名史学家理查德·J. 埃文斯重提了这段历史，意在呼吁大国要以史为鉴。他在《新政治家》网站发表文章《1914年对理解2014年有何启示？》（随后刊登于《新共和》杂志），指出百年前后的世界格局有着令人不安的相似性——彼时作为超级大国的英国遭受德国崛起的挑战，而今美国的全球优势正在面临中国崛起的挑战，而意识形态的对垒也有类似之处，尤其是民族主义的高涨。[1]

《大西洋月刊》在 8 月号推出"'一战'百年专号",首篇文章为《是的,这可能再次发生》。作者指出,在第一次世界大战爆发的前几年,欧洲的紧张局势已日益明显,但当时全世界的政治家几乎都认为大规模战争是不可想象的。"不可想象的事情可能会发生。我们需要重温这个平凡而永远有益的看法。"乌克兰地区的动荡,叙利亚的混乱,都可能是战争的引爆点。[2] 尼尔·弗格森在《金融时报》发表的文章指出,1914 年伊始,世界各大报刊的评论都认为,紧张局势正在走向缓和。人们正策划在纽约举办一场国际会议,庆贺英语世界的百年和平。的确,第一次世界大战本身是一场"非常不可能的灾难,要有一连串外交和军事的误判才会发生"。但今天的世界是否能够避免类似的灾难呢?弗格森认为,联合国机制、全球化经济以及核武器的存在都不能真正防止战争,重要的在于避免类似的误判。他认为,"以制裁让普京总统在屈服或战斗之外别无选择就是犯了大错",只不过代价是由乌克兰人民来承担。[3] 弗格森的这篇文章引起了多位读者的批评性回应。

爱因斯坦曾在一次答问中说过,他不知道第三次世界大战会使用什么武器,但他知道"第四次世界大战会用棍棒和石头来战斗"。

## 福柯逝世三十周年:令人意外的新发现

法国思想家福柯对当代西方学术文化具有革命性的影响,在他同辈的学者中几乎是无与伦比的。在福柯辞世三十周年之际,相关

---

[1] Richard J. Evans, "What Can 1914 Tell Us about 2014?" *The New Republic*, January 25, 2014.

[2] Roger Cohen, "Yes, It Could Happen Again," *The Atlantic*, WWI Issue, August 2014.

[3] Niall Ferguson, "War: In History's Shadow," *The Financial Times*, August 2, 2014.

的学术会议、纪念活动以及报刊媒体的报道评论蜂拥而至。福柯的一段访谈视频在失落已久之后重见天日，3月20日在YouTube网站上公布，"文化理论"等网站纷纷转载。[1] 这是1971年福柯接受荷兰无政府主义者方斯·厄尔德斯采访时录制的。在长达十五分钟的视频中，福柯讨论了他的著作《疯癫与文明》，以及与此相关的更大的研究主题。

然而，最具煽动性的新发现来自11月面世的法文版著作《批判福柯：1980年代与新自由主义的诱惑》，该书揭示了福柯在晚年对新自由派思想的奇异青睐。"这位哲学家对经济自由主义的态度至少是暧昧的。福柯先生根本没有领导一场反对自由市场之思想信条的决定性战斗，反而在许多方面似乎迎合了这种信条。"[2] 这项国际合作的新研究由比利时青年社会学家丹尼尔·扎莫拉主持，其他参与的五位学者来自美国和法国，包括加州大学伯克利分校著名法裔美国社会学家华康德（Loïc Wacquant）。此书的英文版于2015年出版。

扎莫拉在12月接受法国《碎石》杂志的长篇访谈，讨论了这本书"令人着迷的发现"及其对今天左翼政治的意义。[3] 美国激进左翼杂志《雅各宾》的网站随即发布了这篇访谈的英文译文，题为《我们能批判福柯吗？》。[4]

福柯辞世之后，他的作品成为全世界学院左派的经典。但正如他的友人保罗·维尼指出的那样，福柯是不可被类别化的："既不信仰马克思，也不信仰弗洛伊德。他对第三世界、消费主义、资本主义和美帝国主义都没有原则性很强的立场。"扎莫拉本人是一名立场

---

1 http://www.critical-theory.com/watch-the-foucault-interview-that-was-lost-for-nearly-30-years/.
2 Daniel W. Drezner, ed., *Critiquer Foucault: Les années 1980 et la tentation néolibérale* (Aden, 2014).
3 http://www.revue-ballast.fr/peut-on-critiquer-foucault/.
4 https://www.jacobinmag.com/2014/12/foucault-interview/.

鲜明的激进左翼学者，他推崇福柯的性格与作品，"他总是比同代人领先一步"，为新的领域开辟了道路。他知道这本书一定会引发争议，但他们的研究不是要对福柯做一种谴责或诉讼式的批判，而是要打破一种关于福柯的错误共识：福柯在晚年彻底反对新自由主义。这种共识来自对他晚期作品错误或片面的阐释。实际上，福柯亲新自由主义倾向的文本证据相当充分，但一种尊崇心态遮蔽了人们去批判性地阅读福柯的可能："在部分激进左派当中，福柯变成了某种不可触碰的人物，要对他做出批判至少是让人胆怯的。"

因此，扎莫拉认为有必要深刻反省左翼学派自身的封闭心态。在这方面，他赞同法国哲学家乔弗鲁瓦·德·拉加斯纳里的观点，即人们隔绝在学术界惯常的宗派氛围中，无法在考虑哈耶克、贝克和弗里德曼的论述时形成任何有启发性的解读，而福柯则不同。"他让我们去阅读和理解这些作者，从中发现复杂和具有激发性的思想。他总是费心竭力地去探寻各种不同视域的理论著作，并持续不断地质疑他自己的思想。"但学院左派很少如此开放，往往陷于"学派"的立场，预先就拒绝了那些出自不同前提的思想和传统，这是一种有害的态度。扎莫拉赞赏拉加斯纳里2012年出版的著作《福柯的最后一课》[1]，但不同意他最终的结论。"他看到的是福柯想要利用新自由主义来重建左派，而我们的看法是，福柯对此的援用不只是工具性的，而是采纳了新自由派的观点来批判左派。"扎莫拉正是要对此展开批判。

自20世纪70年代末以来，福柯占据了核心地位。在现实中，他提供了一种安适的立场，容许一定程度的颠覆性，却又不受学院体制规则的贬损。当时，福柯逐渐转向所谓"第二左翼"（法国社会主义中一种具有思想影响力的少数派），实际上他是布莱尔"第三条

---

[1] Geoffroy de Lagasnerie, *La dernière leçon de Michel Foucault. Sur le néolibéralisme, la théorie et la politique* (Fayard, 2012).

道路"的先驱者,"将新自由主义的策略整合到社会民主派的躯体之中"。这尤其体现在他晚期对社会保障体系的否定立场上。在福柯看来,社会救助和社会保障这类机制,与监狱、兵营或学校一样,都是"现代社会中实施权力的不可或缺的体制"。

在法国,关于社会保障体系的辩论始于1974年,由利昂内尔·斯托勒吕引发。他当时是法国(亲右翼的)总统德斯坦的技术顾问,福柯曾与他多次会面。斯托勒吕的著作《在富裕国家中征服贫困》中,有一个弗里德曼式的论点深深吸引了福柯:"社会保障体系是一种(社会主义的)追求平等的政策,而(新自由主义的)消除贫困政策则无须挑战差距。"扎莫拉指出,福柯不仅攻击了社会保障体制,而且受到弗里德曼提议的所谓的"负所得税"方案的诱惑。简单地说,这个方案就是给低于一定收入水平的人口发放福利,以此来消除贫困。但扎莫拉强调,社会保障体系不仅要求消除绝对贫困,而且致力于克服相对贫困(收入等级差异),这是一种社会主义的规划。而"负所得税"方案仅仅应对绝对贫困问题,却完全无视相对贫困,放任社会经济等级差异的持续与加剧,这是新自由主义取向的主张。在这个重要的问题上,福柯明显背离了左翼政治传统,滑向了新自由主义。

塔夫茨大学国际政治教授丹尼尔·德雷兹纳在《华盛顿邮报》的网站上发表了题为《为什么福柯是自由放任派最好的朋友》的博文。文章指出:"从一个保守派的视角来看,福柯作品的优越之处在于更具可塑性,而且在经济上颠覆性更少。以福柯思想为根源的学者更能兼容新自由主义。"在他看来,此书代表着一种左翼的努力,试图要"规训"福柯与右翼的调情。他很期待看到学院左派对此书的回应。[1]

---

[1] Daniel W. Drezner, "Why Michel Foucault is the Libertarian's Best Friend" (December 11, 2014), http://www.washingtonpost.com/posteverything/wp/2014/12/11/why-michel-foucault-is-the-libertarians-best-friend/.

## 精英大学的神话与现实

焚烧的哈佛校旗印在《新共和》杂志（7月21日）的封面上，而当期封面故事的标题同样具有煽动性：《别送你的孩子去常青藤盟校：这个国家的顶尖大学正在把我们的孩子变成僵尸》。[1] 这篇文章即刻引发了激烈的争论。文章作者威廉·德雷谢维奇是一位文学批评家和专栏作家，曾在哥伦比亚大学从本科读到博士，毕业后在耶鲁大学任教十年，这份履历使他有资格对所谓的顶尖大学提出尖锐的抨击。

首先，大学时代应当是年轻人自由探索和思考的旅程，去发现"什么才值得追求"，去塑造自己的个性与灵魂。而当下精英大学被商业精神同化，催促学生完成就业履历所要求的一个个项目，表面上将他们塑造为"成功人士"，但在相当程度上使他们陷于"畏惧、焦虑和沮丧，以及空虚、盲目和孤立"，最终变成目光狭隘、缺乏独立思考、人生目标迷茫的"僵尸"。所谓的成功实际上是成为"卓越的绵羊"：失去了对人文思想的激情和求知的好奇心，也没有健全的社会使命感，只是一门心思追逐金钱与特权。

其次，为了吸纳足够多的能支付昂贵学费的生源，同时被获取校友捐赠的动机驱使，大学将自身利益置于它们公开宣称的公共利益之上。因此，精英大学的体制从招生录取到就业导向，都在向富裕阶层倾斜。"这个体制正在加剧不平等、阻滞社会流动性、延续特权，造就了一个与社会隔离的精英阶层。"

最后，这样的大学精英教育也抑制了一个健全社会所要求的文化多元化与人才多样性。近年来，普林斯顿大学三分之一的毕业生进入金融行业，哈佛大学有近半数的毕业生从事金融与咨询业。而

---

[1] William Deresiewicz, "Don't Send Your Kid to the Ivy League: The Nation's Top Colleges Are Turning Our Kids into Zombies," *The New Republic*, July 21, 2014.

英语文学正在成为濒临灭绝的专业，只有3%的学生以英语（文学）为主修专业（这个比率还不到四十年前的一半）。而经济学则大行其道，在二十七所一流大学（包括四所常春藤学校）中成为第一热门的专业。

德雷谢维奇的这篇文章节选自他今年出版的新书《优秀的绵羊：美国精英的错误教育与通向有意义生活的道路》。[1] 这篇文章发表之后，《新共和》又刊发了多篇反驳文章，其中有哈佛大学著名心理学教授史蒂芬·平克的长篇回应。[2] 平克指出，德雷谢维奇的许多指控失实或夸大其词。人们很容易赞同大学的首要任务是教学生"思考"，但要明白其确切含义则困难得多。德雷谢维奇认为，"为获得商业和专业成功所必须的那些分析和修辞技能"并不意味着思考，但这种对现实世界的傲慢说辞并没有多少益处。另外，所谓"确立自我"的目标——"成为一个有个性的独特的存在，一个灵魂"是相当空洞的。现代大学很难帮助学生确立"自我"，录用人才的标准也无法依靠对"灵魂"的神秘考察来确立。平克主张，大学的主要使命是让学生掌握清晰写作和依据材料做出推论的本领，以及学会认识世界，比如物种的历史，支配物理世界和生命世界的原理，各种价值和信仰的体系等。

《新闻周刊》杂志则以《美国恐怖故事之常春藤版》为题，报道了两位常春藤校友的新著，都是对精英教育弊端的反思之作。[3] 《纽约时报》发表评论文章《成为一个真正的人》，作者大卫·布鲁克斯辨析了大学教育的三种目标：商业目的（启动职业生涯）、平克的认知目标（获得信息并学习如何思考），以及德雷谢维奇的道德目标（确

---

1　William Deresiewicz, *Excellent Sheep: The Miseducation of the American Elite and the Way to a Meaningful Life* (Free Press, 2014).

2　Steven Pinker , "The Trouble with Harvard," *The New Republic*, September 4, 2014.

3　Alexander Nazaryan, "American Horror, Ivy League Edition," *Newsweek*, August 8, 2014.

立一个完整的自我）。他认为，目前的精英大学仍然在寻求道德目标，但当权者已经不再感到要迫使自己去界定"他们认为道德、情感和精神的成长何以展开……他们不认为这是他们的职责，或如平克所说，他们不认为自己知道答案"。因此，目前的精英大学只追求前两种目标，而道德目标和精神成长只能留给个人自己。作者认为，德雷谢维奇虽然"严重夸大了精英大学道德衰败的程度"，但至少提醒我们道德教育处在"被遗弃的荒地"。[1]

## 《新共和》的剧变

《新共和》是美国声誉卓著的政治与文化意见杂志，在2014年末迎来了创刊一百周年纪念日。11月19日该杂志在华盛顿举办了盛大的庆典活动，前总统克林顿到场致辞，24日推出了"百年纪念专号"，同期还出版了杂志的精选文集《心灵的叛乱》。[2]但在这荣耀的时刻，分裂的暗流已经涌动，最终演变成一场剧烈的"地震"。12月4日，杂志主编富兰克林·弗尔和文化版主编利昂·维塞提尔辞职。次日，三分之二的编辑和特约作者集体辞职。杂志随即宣布暂停出版，直到2015年2月复刊。这场戏剧性的风波在舆论界引起哗然。

对《新共和》事件最直观的解读，是传统媒体在数字化时代遭遇的转型的阵痛，但背后的原因更为错综复杂。《纽约客》刊登长篇特写，作者瑞恩·利扎曾在《新共和》工作九年，详细透露了事变的内幕。[3]《新共和》杂志长久以来一直在经济亏损的状态下运营，

---

1 David Brooks, "Becoming a Real Person," *The New York Times*, September 9, 2014, p. A29.
2 *Insurrections of the Mind: 100 Years of Politics and Culture in America* (Harper Perennial, 2014).
3 Ryan Lizza, "Inside the Collapse of *The New Republic*," *New Yorker*, December 12, 2014.

到2011年财务上已经完全无法维系。2012年3月，Facebook的共同创始人克里斯·休斯购买了《新共和》的主要股权，成为杂志社的所有者和雇主。当时二十九岁的休斯个人资产高达数亿美元，其行事风格完全是硅谷创业者的做派，这曾令许多资深编辑忧心忡忡。但休斯告白说，他珍视传统和文化品质，并提醒人们他是"在哈佛读过历史和文学的人"。实际上，此后两年间休斯与弗尔的合作相当愉快，许多人认为杂志处在历史上最好的时期之一。休斯也曾在弗尔的生日宴会上表示，他们两人"将会成为智识同伴而步入下一个十年"。令人不安的转变始于2014年夏季，当时休斯的同性婚姻伴侣参加国会议员的竞选，耗费巨资但最终落败。休斯从此开始对杂志的亏损状态越来越焦躁，最终聘请了雅虎前高管盖伊·维德拉担任杂志社的首席执行官。维德拉上任后，宣称要将《新共和》转型为一个"垂直整合的数字媒体公司"，此后的一系列举措严重背离了这份杂志的传统和价值取向，引起了这场"哗变"。事变发生后，休斯深感震惊，也似乎有悔悟之感，但对于大多数员工而言，这已经太迟了。

纽约城市大学的新闻与政治学教授彼得·贝纳特，曾任《新共和》主编长达七年，他在《大西洋月刊》发表的文章提供了另一种观察视角。他认为，《新共和》的特异之处在于开创了一种特殊的自由主义论述，"在整个20世纪八九十年代，站在民主党精英的右边"，这种立场使它在美国内政外交的公共论辩中发出了无可取代的强劲声音。但近年来美国政治在整体上右转，民主党变成中间派，而共和党的右翼色彩更加极端。于是，《新共和》原有的立场就不再具有可辨识的独特性。贝纳特相信，今天《新共和》留下的空白地带应当属于左翼精英。谁能以具有强劲争辩力的新闻事业来填补这个空间，谁就是《新共和》真正的继承者。[1]

---

[1] Peter Beinart, "How *The New Republic* Lost Its Place," *The Atlantic*, December 8, 2014.

# 2013年

### 曼德拉未竟的理想

纳尔逊·曼德拉于 12 月 5 日逝世。他的悼念仪式成为各国政要汇集的峰会，也是全球媒体关注的焦点。大量的文章缅怀他在狱中不懈斗争的岁月，追忆他终结种族隔离和争取民族和解的努力。然而，伟人的辞世不只是一个哀悼与纪念的时刻，也是一个反思的时刻。对许多知识分子来说，纪念曼德拉更恰当的方式，是清醒地认识他的道德与政治遗产，而不是将他送上神坛去颂扬和祭拜。

在曼德拉去世的第二天，《纽约时报》网站就刊出了齐泽克的文章，赞赏曼德拉的道德人格，但他将目前南非各种严重的社会问题判定为"曼德拉的社会主义失败"。[1] 人们会记得老的"非国大"（南非非洲人国民大会），"它承诺的不只是种族隔离的终结，而且也是

---

[1] Slavoj Žižek, "Mandela's Socialist Failure" (December 6, 2013), http://opinionator.blogs.nytimes.com/2013/12/06/mandelas-socialist-failure. 三天之后这篇文章以不同的标题发表在《卫报》：Slavoj Žižek, "If Nelson Mandela really had won, he wouldn't be seen as a universal hero," *The Guardian* (December 9, 2013).

更多的社会正义,甚至是某种社会主义"。而曼德拉在结束种族隔离制度之后却放弃了社会主义。"但我们能就此批评他吗?"齐泽克提出的问题非常尖锐,"他真有选择吗?走向社会主义是一个真实的选项吗?"

《经济学人》此前的一篇封面报道文章指出,在曼德拉卸任总统之后,南非在经济和政治上都出现了滑坡。在种族隔离时期,南非虽然遭到西方国家的经贸制裁,却仍然是非洲大陆唯一的发达国家。近二十年来,南非经济增长放缓(近几年不到2%),失业率居高不下(官方公布的数字是25%,而实际上可能接近40%),而"非国大"的无能与腐败是主要的原因。[1]《纽约客》发表文章称,二十年以来,南非腐败猖獗,犯罪率居高不下,艾滋病威胁无处不在,贫富差距严重,是全世界最不平等的国家之一(基尼系数高达0.6)。种族隔离制度被废除之后,少数黑人进入了精英阶层,但在很大程度上,财富、土地、教育和健康的资源分配仍然与肤色相重叠。[2]《新共和》的文章指出,民众对接替曼德拉的政治领导人感到失望。姆贝基曾公然否认艾滋病的流行,称之为西方编造的谎言,导致了三十万人的死亡。而祖马政府的执政能力与道德表现都令人失望。[3] 仅在曼德拉去世前几个月,前任大主教图图发表文章表示,他很遗憾地不再投票支持"非国大"。"我们真的需要改变。'非国大'善于领导我们为摆脱压迫而斗争……但似乎难以转变为一个政党。"[4]

那么,在何种程度上,曼德拉要对他卸任之后的政治与社会乱象负责?在曼德拉去世之后,图图赞颂他是"一颗钻石,几乎完美

---

[1] "Sad South Africa: Cry, the Beloved Country," *Economist* (October 20, 2012).
[2] John Cassidy, "Mandela's Mixed Economic Legacy," *New Yorker* (December 12, 2013 Issue).
[3] Eve Fairbanks, "The Dark Spot of Nelson Mandela's Legacy," *The New Republic* (December 9, 2013).
[4] Desmond Tutu, "Why I won't vote for the ANC," *Prospect Magazine* (May 10, 2013).

无瑕",但他唯一的缺点就是对"非国大"过于忠诚。[1] 长期驻扎南非的著名记者大卫·贝雷斯福德在《卫报》发表长文,认为曼德拉没有付出努力来阻止裙带关系和腐败,在执政能力上乏善可陈,也从未对穆加贝施加影响力来抑制非洲大陆许多人为的灾难。[2] 但也许,正如《时代》周刊的讣告所说的那样,曼德拉已经完成了一个种族和解与和平民主转型的奇迹,若希望他为良好的政府和共同的繁荣再创造另一个奇迹,可能是我们过分的奢求。[3] 一个种族平等、和睦团结与共同富裕的"彩虹国家"是曼德拉的理想,这仍然是南非未竟的事业。

### 斯诺登风暴

爱德华·斯诺登,一个名不见经传的三十岁的电脑技术员,在2013年成为举世瞩目的人物。他当选了《卫报》的年度人物,在《外交政策》评选的"2013年引领性全球思想者"的榜单上位居榜首,在《时代》周刊年度人物评选中位列第二(仅次于弗朗西斯教皇),并获得了德国"检举者奖"等多个奖项。斯诺登的"棱镜门"事件,接续了三年前"维基解密"(Wikileaks)造成的风暴效应,对美国内政外交政策造成了意想不到的冲击,同时也引发了热烈的公共讨论。

在国际人权日(12月10日),五百六十二位著名作家(包括五位诺贝尔文学奖获得者)在全世界三十家媒体同步发表一份呼吁书,

---

1 Michelle Jones, "Loyalty was Mandela's weakness: Tutu," *Cape Times* (December 6, 2013).
2 David Beresford, "Nelson Mandela obituary," *The Guardian* (December 5, 2013).
3 Bill Keller, "Nelson Mandela, South Africa's Liberator as Prisoner and President, Dies at 95," *New York Times* (December 5, 2013)

题为《为数字时代的民主建立准则》，就斯诺登揭露的大规模政府监控问题，要求展开全球性的反监控运动，捍卫公民的自由权利："我们呼吁所有国家和公司尊重这些权利，我们呼吁所有公民站出来捍卫这些权利，我们呼吁联合国承认在数字时代保护公民权利的至关重要性，并制定数字权利的国际公约，我们呼吁各国政府签署并遵守这项公约。"目前这份呼吁书已经征集到两万个支持者的签名。[1]

这份呼吁书和大量的公共讨论聚集的焦点议题是公民自由与国家安全的关系。两者都是正当而重要的政治目标，但彼此之间存在着一定程度的紧张。在西方社会的政治传统中，公民对自由与隐私权极为敏感，为国家安全而牺牲个人自由从来都不是理所当然的事情。但"9·11"事件以及后续的一系列恐怖主义袭击严重冲击了西方社会的安全感，突出了安全问题的优先性。近十多年来，政府以反恐为由逐步扩张和强化了对公民的监控，公民也比以往做出了更多的让步，接受了某些对公民自由的新限制。但这种趋势是否已经走向极端，越过了适度平衡的界限，以至于威胁到立宪民主政体本身？斯诺登事件再次触及这个敏感的政治问题。

《经济学人》8月3日发表一篇社论，题为《自由丧失的十年》，指出"反恐战争仍然笼罩着美国，但美国应当恢复其最为珍视的某些价值"。斯诺登和布拉德利·曼宁（Bradley Manning）都不是争取自由的完美代表，他们泄露了自己曾宣誓要保守的秘密而触犯了法律。但他们的作为也表明，美国在安全与自由的权衡中仍然过多地倾向于前者。国家安全局（NSA）的行动照理说应受到"国家安全法庭"的审查，但这个法庭是秘密操作的，美国公众无从知晓它如何裁决，也就无法提出质询，而知晓秘密的政客也不能够公开讨

---

[1] "Petitions: A Stand for Democracy in the Digital Age" (December 10, 2013), http://www.change.org/petitions/a-stand-for-democracy-in-the-digital-age-3.

论他们的关切。文章指出，除非这个法庭能对公开的质询开放，否则司法功能就可能成为行政机构的附庸，无法发挥制衡的作用。情报机构的运作可能影响个人自由，但民主政体需要将这种影响置于制约之中。

安全与自由之间的紧张在原则上并非不可解决，公民可以通过民主秩序来决定两者之间的平衡——愿意牺牲多少自由来换取多大程度的安全，并通过立法和司法机构来监管行政机构的作为。但这里的悖论是：情报工作要求的机密性如何可能服从民主政治要求的透明性？英国《卫报》是最先披露"棱镜门"事件的媒体，其主编艾伦·拉斯布里杰在《纽约客》上发表长文，回顾了事件的始末，也讨论了媒体在事件中面临的困境："你怎么可能将某种必须保密的事情与某种必须被公开讨论的事情相调和？"在此，《卫报》做出了艰难的选择：他们顶住了来自安全部门的压力，决定公开报道，因为他们获得的证据显示，"在过去十年间，美英两国政府展开紧密合作，试图将所有人置于某种形式的监视之下"。拉斯布里杰认为，将这种境况的严重性告知公众是媒体的责任。与此同时，《卫报》也兼顾安全考虑而精心选择和编辑所披露的具体内容。文章还介绍了斯诺登对自己泄密动机的解释，"你认识到，这就是你帮助建造的世界，这个世界在下一代会变得更糟，下一代人将延伸这种压制性体系的能力"。斯诺登深切感到，对于诸如"棱镜计划"这样的项目，法庭与国会的监管与制约功能已经失去了效力，所以他才铤而走险诉诸媒体和公众。[1]

许多知识分子和法学家都极度怀疑目前对情报系统的监管是否能够奏效。英国上诉法院前法官斯蒂芬·塞德利爵士在《伦敦书评》

---

[1] Alan Rusbridger, "The Snowden Leaks and the Public," *New Yorker* (November 21, 2013 Issue).

上发表文章，指出立宪民主的三权分立制正面临严峻的考验。如今许多民主国家的安全机构有能力越过国家其他的分支机构，来行使一种自主的权力："获得让自身利益优先于个人权利的立法，支配行政的决策，将反对者封锁在司法程序之外，免于公众监督而自由行事。"[1] 加图研究所的一份政策报告认为，"斯诺登事件"应当让人们重新思考美国政体的基本原则。早在美国立国初期，詹姆斯·麦迪逊在围绕宪法的争论中曾告诫人们，缩减人民自由的方式不只是通过暴烈而突然的篡夺，更多的是通过"那些掌权者逐渐而静悄悄的侵蚀"。[2] 正是在这个意义上，"叛国者"斯诺登被许多人视为维护美国立国原则的英雄。

"斯诺登事件"也显示，信息技术的迅速发展带来了人们始料未及的政治后果。一方面，各国政府获得了前所未有的收集、监控和分析情报的能力；另一方面，由于情报汇集的网络化，任何一个终端用户都有可能越权进入更高层的机密，使得泄密成为防不胜防的隐患。《卫报》的主编带着嘲讽描写那些前来干预的政府人员（他们要求捣毁那些储存了来自斯诺登的信息的电脑），他们根本没有意识到游戏已经变了，"那种让他们获得了能监视千万人生活的'全景眼'的技术，实际上也是不可能控制或围困的技术"。新技术赋予了国家巨大的新权力，而同样的技术也增加了在其内部的个体抵制的能力。[3] 也许，我们正在进入一个"个人没有隐私，政府没有秘密"的透明世界。

---

1 Stephen Sedley, "Beware Kite-Flyers," *London Review of Books*, Vol. 35, No. 17 (September 12, 2013).
2 Julian Sanchez, "Decoding the Summer of Snowden," *Cato Policy Report* (November/December 2013).
3 Alan Rusbridger, "The Snowden Leaks and the Public," *New Yorker* (November 21, 2013 Issue).

## 民主的真相：在必胜与失败之间

在冷战结束之后的最初几年，西方社会普遍陶醉于"民主的胜利"。进入 21 世纪以来，在经历恐怖主义袭击和金融危机的重创之后，关于自由民主制度的悲观论调逐渐压倒了当初的乐观自信。2013 年，反思民主的议题再次成为热点，其中剑桥大学政治学教授大卫·朗西曼的新著《信心的陷阱》十分引人注目。[1] 作者先后在《高等教育纪事报》和《卫报》上发表两篇文章，表达了他独特的见解。

2013 年是民主国家的"不祥之年"，有"斯诺登事件"的波澜，也有美国政府"停摆"的恐慌。而在应对叙利亚化学武器危机的问题上，奥巴马、卡梅伦和奥朗德都束手无策，最后是普京站出来解决问题。普京在《纽约时报》发文，谈论"成熟的政治才能"优越于"民主的反复无常"，这不只是在羞辱西方政客，而是在对民主制度进行嘲讽。随之而来的是西方政客们难以抑制地对"独裁者的羡慕"：不用顾忌太多选民的纷乱要求或者国会的压力，"独裁者"能够当断则断，有效地行使领导权。西方的政客和民众未必真的愿意生活在非民主的体制下，但他们总希望民主制能有一些决断力。以眼下的种种困境来看，自由民主制真的有所谓的优先性可言吗？朗西曼的著作考察了"从第一次世界大战到今天民主陷入危机的历史"（著作的副标题），指出在西方现代政治思想史上，"民主失败论"比"民主必胜论"更为普遍和流行。"羡慕独裁"的论述反复出现于 20 世纪的历史。1915 年 10 月，当英国在土耳其战败，丘吉尔被视为平庸之才，远不如专制政体选拔的"重量级选手"鲁登道夫。到了 1917 年，英明果断的列宁似乎也让举棋不定的威尔逊总统望尘莫及。在 20 世纪

---

[1] David Runciman, *The Confidence Trap: A History of Democracy in Crisis From World War I to the Present* (Princeton University Press, 2013).

30年代的"大萧条"期间，希特勒和墨索里尼看上去都是具有决断力的领袖，相形之下，民选的政治家是优柔寡断的"可怜侏儒"。这种恐慌一直延续到冷战时期，甚至在20世纪80年代末里根执政的白宫中，人人传阅着一部出自法国知识分子的灰暗著作《民主何以衰亡》……然而，"羡慕独裁论"的反讽在于它是反历史的。在过去一个世纪中，民主显示出比独裁更强的优越性："更好地应对了任何政治体制都必定会面对的最为严重的危机。"民主政体赢得了多次战争，并从历次经济灾难中获得复苏，适应了各种环境的挑战。而独裁者恰恰是因为能够一意孤行地决断行动，最终才会犯下灾难性的错误。[1]

朗西曼论证民主的长期优势并不是要为浅薄的"民主必胜论"背书。相反，他指出民主的困境在于"信心的陷阱"，即胜利时刻"无根据的自满"，危机之中"无益的急躁"。如何走出在自满与急躁之间反复摇摆的困境？朗西曼邀请人们重温几位被严重误解的思想家，包括托克维尔，以及20世纪的凯南、哈耶克和福山。他们从来不是"民主必胜论"者，而是民主的警策论者。他们彼此不同却共享着一个特征：在失败感蔓延的急躁中，他们提醒民主的长期优势；而在公众普遍自满的时候，他们发出"悲观"的警告："民主政体并没有从其长期优势中获得正确的经验，因为它们变得疏忽和傲慢，而不是更为强健和聪慧。"但这些思想家对于民主复杂的关切与焦虑往往被淹没，并让位于"民主最终胜利"的口号。公众的口味偏爱"胜利的神话"或者"灾难将至的寓言"，但民主的真相既不是注定成功，也不是注定失败，不如说"民主的成功总是可能打开通向过度自信和自满的失败之门"。[2]《美国利益》12月发表福山的文章《美国政治

---

[1] David Runciman, "The trouble with democracy," *The Guardian* (November 8, 2013).

[2] David Runciman, "Democracy's Dual Dangers," *The Chronicle Review* (November 18, 2013).

制度的衰退》[1]，这篇文章选自他即将出版的著作《政治秩序与政治衰败》，似乎为朗西曼的论点提供了一些佐证。

## 重访《耶路撒冷的艾希曼》

2013年上映的传记片《汉娜·阿伦特》，由德国著名独立制片人玛加蕾特·冯·特罗塔导演（也是1986年传记电影《罗莎·卢森堡》的导演），以阿伦特对艾希曼审判的报道风波为主线，在艺术院线获得相当好的票房并受到许多评论者的赞誉，也激发了知识分子重新回顾半个世纪前的那场激烈争论。焦点问题仍然是：阿伦特在《耶路撒冷的艾希曼》中的判断正确吗？以所谓"恶之平庸"来把握这名纳粹高级军官的暴行恰当吗？

哥伦比亚大学人文教授马克·里拉在《纽约书评》上连续发表两篇长文，评论了多部与"纳粹大屠杀"相关的电影和书籍。[2] 在《阿伦特与艾希曼：新的真相》一文中，里拉对这部传记片的某些艺术品质予以赞赏，但批评它的情感性叙事基调不适宜大屠杀这样的主题，随后他指出了影片"最严重的问题"——关于真相。表面上这部电影是关于寻求真相（真理），但它实际的主题并不是忠于真相本身，而是"忠于你自己"。如导演所言，阿伦特是一个"对自己关于世界的独特视野保持忠实的"典范。但里拉认为，这个故事赞颂了一个思想家为自己立场辩护的勇气，但"我们现在知道，这个立场

---

[1] Francis Fukuyama, "The Decay of American Political Institutions," *The American Interest* (December 8, 2013).

[2] Mark Lilla, "Arendt and Eichmann: The New Truth," *The New York Review of Books* (November 21, 2013 Issue); "The Defense of a Jewish Collaborator," *The New York Review of Books* (December 5, 2013 Issue).

是完全站不住脚的——阿伦特若还健在也会不得不承认"。里拉的批评很明确，阿伦特当初的判断是错误的。最近十多年以来的相关研究和文献表明，艾希曼并不是一个罪恶机器上平凡的"齿轮"或者简单服从、无力思考的官僚，而是主动、积极和自觉地参与并影响了纳粹的种族灭绝战略。

1960年被捕之前艾希曼藏匿于阿根廷，在这期间他写了长达五百页的回忆录，并接受了一名纳粹同情者的长篇采访（原始的采访录音被挖掘出来，转录文本长达几百页）。艾希曼在大段的独白中骄傲地谈论自己"为了我的血液和我的人民"去消灭"这个世界上最狡诈的人群"，责备自己"应当做得更多"，并为"总体灭绝的想法未能全部实现"而感到遗憾。由此可见，艾希曼是一个"狂热的纳粹"，而"恶之平庸"只是外表和掩饰。里拉认为，阿伦特写作《耶路撒冷的艾希曼》有两个不同的动机。一是公允地处理所有造成"终极解决"的因素和成分，并理解它们如何影响了施暴者和牺牲者。在这个主题上阿伦特是一位先驱，当初她受到攻击的许多观点如今已成为学者的共识。另一个动机是她想要提出一个解释模式，使那场暴行成为可理解的，并使判断成为可能，但阿伦特在这方面是失败的。她被艾希曼的面具所欺骗，受制于自己的思想先见前提，加上海德格尔的影响（本真性、匿名的大众，作为机器的社会以及被现代哲学抛弃的"思"），最终使她的判断走向了一种"过度复杂化的简单化"（overly complicated simplification）。[1]

罗杰·伯科威茨是巴德学院的政治学副教授，担任阿伦特研究中心的学术主任。他致书《纽约书评》，对里拉的文章提出两点批评。首先，里拉像许多人一样误解了"恶之平庸"的概念，阿伦特的要点是将可怕的暴行与艾希曼的无能力（从他人视角）思考相对照，

---

[1] Mark Lilla, "Arendt and Eichmann: The New Truth".

"平庸"指的是艾希曼其人，是他"无言的浅薄"，而不是他犯下的恶。其次，阿伦特当时已经掌握了部分（大约八十页）艾希曼的回忆录与访谈资料，而这些证据支持了她的判断。我们应当摆脱人云亦云的流行误解，重新认真对待阿伦特的论证。里拉对此做出回应。他指出，阐释"恶之平庸"的概念一直是个难题，但阿伦特主要将艾希曼描述为一个"符码"，一个资质平庸（未完成高中学业）的"无目标的人"，认为他"完全没有动机"，也"从未认识到他的所作所为"，这是阿伦特的著作留给大多数读者的印象，这与新文献证据所揭示的那个自觉自愿的"狂热纳粹"形象相当不一致。阿伦特当时掌握的只是相关文献的极小一部分。如果认定阿伦特掌握了充分的证据，而且认定她考虑了这些证据之后才得出艾希曼"从未认识到他的所作所为"的判断，就会让阿伦特"显得更为愚蠢，甚至超过她最尖刻的批判者所以为的程度"。伯科威茨的这种辩护会适得其反。实际上每个人都会犯错，连阿伦特钟爱的圣奥古斯丁也是如此。[1]

## 科学与人文的融合与冲突

科学与人文的关系是西方知识界持续关注的议题。从8月开始，《新共和》杂志为此展开了一场辩论，主要参与者分别是哈佛大学著名心理学教授史蒂芬·平克和《新共和》文学部主编利昂·维塞提尔。这场三个回合的讨论引起了极大的关注，相关文章被收录到杂志的年度最佳文选。

平克在《科学不是敌人》一文中指出，启蒙时代的许多哲学家

---

[1] Roger Berkowitz, "Arendt and Eichmann," reply by Mark Lilla, *The New York Review of Books* (December 19, 2013 Issue).

和历史学家关注科学的最新发展,甚至提出自己的科学理论(包括休谟、笛卡尔、洛克和康德等),而当代的人文领域完全改变了这种传统。虽然几乎每个人都欢迎科学带来的好处,但科学进入人文领域却遭到了很深的怨恨。比如,在宗教研究中运用科学推论,就会遭到严厉的反驳,断言"科学不适宜介入这一最重大的问题"。他坚持认为科学并不是反宗教的,但又主张"科学要求我们与宗教的意义及价值观念彻底决裂",因为科学的发现表明,"所有传统宗教和文化的信念体系——它们关于生命起源、人类和社会的各种理论——在事实上是错误的"。科学的闯入者常常被指控为陷入了"决定论、化约论、本质主义、实证主义,甚至(最坏地)被称为某种'科学主义'的东西"。平克对这些攻击感到不满,他热切呼吁,科学不是人文的敌人,人文学者应当理解我们时代的科学,就像洛克和柏拉图熟知他们时代的科学一样。他同时声明,科学不能代替人文学科,但人文需要科学的新知。[1]

维塞提尔的反驳文章题为《反人文罪》,副标题是"如今科学想要侵入人文学科,别让它得逞"。在他看来,科学在知识中的位置问题不是一个科学的问题:"科学在道德、政治和艺术中居于何处,不能由科学说了算。"人类生存有多种不同的领域,也有研究这些领域的多种学科,其间的差异是决定性的。而平克之类的"科学化论者"(scientizers)否认这种无可更改的差异性,认为它们只是表象的差异,更深层的解释是相同的——就是科学的解释,而"这种根本的相同性就是科学主义的假定"。他们无视这些领域的差异和边界,"要逾越这些边界,为了将所有这些领域都纳入某个单一领域,纳入他们的领域"。他们不是多元论者。他们否认对自然世界与对人类世界的研究之间存在着重大差别。[2]

---

1 Steven Pinker, "Science Is Not Your Enemy," *The New Republic* (August 6, 2013).
2 Leon Wieseltier, "Crimes Against Humanities," *The New Republic* (September 3, 2013).

在最后的第三轮对话中,平克重申,他从未主张科学能取代人文,而是相信有可能寻求"对人类事务的综合性理解",在其中,科学知识并不是取代而是有助于人文学科,但这种综合理解的可能性"对于维塞提尔似乎是不可思议的"。同时,他以自己的研究为例,表明人文知识也有助于科学研究的进展。他批评维塞提尔坚持要让科学待在原地别动,而将重大的问题都留给哲学,这是一种谬误。的确,我们不应该混淆事实陈述与逻辑的或概念的或规范的命题,但命题陈述的类别并不是学科之别。科学并不是一系列经验事实的罗列,哲学也从不局限于非经验问题。"科学的潜力是让人文学术的思想工具丰富充实和多样化,而不是消除它们。"而科学应当居于何处也不是由维塞提尔决定。好的想法可以来自任何源头,而评价的标准是其说服力,而不是"职业帮派"。维塞提尔在最后的回应中承认,科学与人文的交流在一定条件下是有益的,但他坚持认为维持彼此的疆界同样重要。[1]

"前沿"网站介入了评论。网站邀请了塔夫茨大学的著名哲学家丹尼尔·丹尼特对这场对话做出评论。丹尼特在回应中对维塞提尔的观点和文风予以尖锐的批评。他认为,的确有一些过度自信的科学家,缺乏对哲学和人文艺术的精致理解,冒失地讨论重大问题。但应对这种冒失闯入的建设性方式,是"协力教育他们,而不是宣告他们越界了"。而最好的一批"科学化论者"(平克是其中之一)比许多鄙薄他们的人文教授更了解哲学,也更能够中肯而细致地作出论证。复兴人文学科的最佳方式是向闯入者学习,并重新习得对(曾经与科学分享的)真理的尊重。[2]

---

1 Steven Pinker and Leon Wieseltier, "Science vs. the Humanities, Round III," *The New Republic* (September 26, 2013).

2 Daniel C. Dennett, "Let's Start With A Respect For Truth" (September 10, 2013), http://www.edge.org/conversation/dennett-on-wieseltier-v-pinker-in-the-new-republic.

## 新老左派的交锋：乔姆斯基对垒齐泽克

　　乔姆斯基与齐泽克都是西方左翼知识分子的代表人物，具有十分相近的政治立场。但两人年龄相差二十一岁，中间隔着老左派与新左派的"代际线"，此前从未有过实际的交往或对话。2013年，这两位好战善辩的左翼斗士之间发生了一场激烈的交锋，偶有出言讥讽几近羞辱，引起了大量围观。舆论与公众对这场交锋反应各异，有幸灾乐祸的暗笑，有"亲者痛仇者快"的哀叹，也有严肃的思考，试图透过争论的"观赏性"去发掘其深层意义。

　　争论缘起于乔姆斯基在2012年底的一次访谈，他在答问中抨击齐泽克、拉康和德里达等时尚理论家使用"华丽的术语"，声称他们不过是"装模作样的江湖骗子"。他表示，自己对这类理论完全不感兴趣，因为在他们的著作中"根本没有什么理论"，找不到"可以推演出结论的原理，在经验上可检测的命题"，也找不到什么东西超出了"能在五分钟内向一个十二岁孩子解释清楚"的水平，并指名道姓地说"齐泽克是此类理论家的极端范例"。[1] 2013年6月，这次访谈的视频被公布于YouTube网站，在社交媒体上引起了热烈讨论。一周之后，另一段视频在网上公布，这段视频取自齐泽克7月在伦敦会议上发言的问答部分。齐泽克在表达了对乔姆斯基"深深的敬意"之后，从两方面抨击了后者"政治分析的经验主义"。首先，乔姆斯基本人没有达到自己宣称的经验主义标准，齐泽克甚至说"我还不认识一个人比乔姆斯基在经验上错得更频繁"；其次，经验主义方法本身是有局限的，在列举了乔姆斯基为红色高棉大屠杀背书的例子之后，齐泽克指出，如果离开了意识形态批判，仅仅凭借所谓的经

---

[1] "Noam Chomsky Slams Žižek and Lacan: Empty 'Posturing'" (June 28, 2013), http://www.openculture.com/2013/06/noam_chomsky_slams_zizek_and_lacan_empty_posturing.html.

验事实做判断可能会错得离谱。[1]

此后双方以公开信的方式继续展开辩论。7月21日,乔姆斯基发表题为《妄想家》(Fantasies)的公开信,矢口否认自己当年对柬埔寨的论述有什么经验错误,并认为齐泽克的指控不过是复制了美国政府的宣传论调:着眼于美国的敌人造成的"有价值的牺牲者",而回避了美国的盟友造成的"无价值的牺牲者"(如东帝汶的受难者)。乔姆斯基坚称,他自己一直投身于揭露意识形态的虚假性,指控他忽视意识形态批判完全是"齐泽克的妄想"。[2]

7月25日,齐泽克发表了题为《一些困惑的澄清》的长篇回应。[3] 他首先澄清自己从不否认经验证据的重要性,并举出自己因为错误引述而道歉的例子,表明自己"对经验事实的尊重":"一旦我在经验上犯错,我随时准备承认错误。"继而说明自己从未暗示乔姆斯基是[红色高棉]大屠杀的支持者,也举证自己多部作品中对(包括东帝汶的)"无价值的牺牲者"的重视。其次,他批评乔姆斯基没有真正理解"意识形态"这个术语的意思,也未能意识到他自己立场的意识形态背景。实际上,我们无法依据冰冷坚固的事实就能"客观地"分辨(比如)"有价值的"与"无价值的"牺牲者。即便看似最为客观的分析,也总是涉及一系列隐形的偏见、假设和背景过程。乔姆斯基"忽视了意识形态如何运作,也忽视了他对事实带偏见的处理方式的可疑性质,这导致他经常会犯下他指责其对手所犯的错

---

[1] "Slavoj Žižek Responds to Noam Chomsky: 'I Don't Know a Guy Who Was So Often Empirically Wrong'" (July 17, 2013), http://www.openculture.com/2013/07/slavoj-zizek-responds-to-noam-chomsky.html.

[2] "The Feud Continues: Noam Chomsky Responds to Žižek, Describes Remarks as 'Sheer Fantasy'" (July 22, 2013), http://www.openculture.com/2013/07/noam-chomsky-responds-to-zizek-describes-remarks-as-sheer-fantasy.html.

[3] Slavoj Žižek, "Some Bewildered Clarifications," *International Journal of Žižek Studies*, Vol. 7, No. 2 (2013).

事"。最后,齐泽克分析了乔姆斯基何以会采用"全然蔑视的攻击"的缘由,指出这不是由于政治立场(在这方面彼此的差异极小),而是源自不同的知识类型:"我们之间的冲突……不过是所谓大陆哲学与英美经验主义传统之间无尽争斗的一个新篇章。"黑格尔、海德格尔、德里达等都无数次受到过同样的责难:"非理性、空洞的装模作样,玩弄华丽的语词"。乔姆斯基的批判并不鲜见,引人注目的只是他"盲目的残暴"。而齐泽克坚持主张,大陆哲学的传统虽然晦涩,但在其"思想模式的核心有着自身的理性,包括尊重经验数据"。为了把握我们今天的复杂困境,应当借助各种大陆传统——从黑格尔的辩证法到法国的"解构"。但乔姆斯基在处理大陆思想时,他的心智功能是否就像十二岁的孩子一样,"没有能力将严肃的哲学思考区别于空洞的装模作样与玩弄空洞的词藻"?

英国哲学教授彼得·汤普森和美国批判理论教授约书亚·克洛弗都对这场交锋作出了评论。汤普森在《卫报》发表的文章,主要辨析了双方分属的不同知识传统,特别是在理解"实在"问题上的形而上学与经验论的分野。[1]而克洛弗刊登在《国家》杂志上的文章聚焦于政治分析,指出乔姆斯基与齐泽克同处于反抗资本主义的阵营中,前者具有无政府主义的反帝倾向,而后者怀抱着"大写的共产主义",仍然闪烁地向往"中央组织"与政党。但在今天针对"垂而不死"的资本主义的多样化斗争中,他们可能都过时了。反而是那个(在争论中用作羞辱符号的)十二岁孩子所象征的年轻、叛逆、活力和实践能力,才是新政治的希望。[2]

---

[1] Peter Thompson, "The Slavoj Žižek v. Noam Chomsky spat is worth a ringside seat," *The Guardian* (July 19, 2013)

[2] Joshua Clover, "Atlantic Rim: Chomsky v. Žižek," *The Nation* (September 2-9, 2013).

## 经济学家的争议：巴格沃蒂挑战森

阿马蒂亚·森是诺贝尔经济学奖获得者，目前任教于哈佛大学；贾格迪什·巴格沃蒂是哥伦比亚大学教授，国际贸易与全球化理论领域的权威学者。他们曾是剑桥大学的同学，也是西方学术界最有影响的两位印度裔经济学家。两人年纪相仿，如今都是约八十岁的年迈之士。他们出现严重的分歧多少有些出人意料，而巴格沃蒂论战的激烈言辞更令人吃惊。争论的核心是关于印度应当采用何种经济政策。[1]

今年两人先后出版了新著。4月，巴格沃蒂及合作者出版了《增长为什么重要》，副标题是"印度的经济增长何以减少贫困并为其他发展中国家提供经验"。[2] 7月，森及合作者的著作面世，书名是《不确定的荣耀：印度及其多种矛盾》。[3]《经济学人》6月29日发表了一篇书评介绍森的新著，文章提及巴格沃蒂的著作，认为他们主张通过劳动力和土地市场的改革来加速增长，从而降低贫困率，并为社会项目创造更多的税收收入。但书评作者认为森的著作想要"走得更远"。[4] 这句话令巴格沃蒂颇为不满。他致书《经济学人》（7月13日发表），声称"问题的真相是，森先生只是近来才学会了在表面上支持增长，而长久以来一直指责增长为拜物教"，他从不明确提倡任何支持增长的政策（如贸易开放和外国直接投资），也没有认识到如果缺乏增长，向穷人的再分配是不可行的政策。森一直断言"再分配政策导致了亚洲的迅速增长"，这是本末倒置的没有现实依据的主

---

1 David Rieff, "A Battle for the Soul of India," *The National Interest*, September 4, 2013.
2 Jagdish Bhagwati and Arvind Panagariya, "Why Growth Matters: How Economic Growth in India Reduced Poverty and the Lessons for Other Developing Countries," *Public Affairs*, April 2013.
3 Jean Dreze and Amartya Sen, *An Uncertain Glory: India and its Contradictions* (Princeton University Press, July 2013).
4 "Indian development: Beyond bootstrap," *The Economist*, June 27, 2013.

张。巴格沃蒂认为,"增长使得再分配具有可行性,而不是相反"。[1]

一周后,《经济学人》刊登了森的回应。他指出,"我一直拒绝回应巴格沃蒂在过去持续的和单方面的攻击,但这一次粗暴的歪曲有必要得到纠正"。森随后列举了他从1960年起的一系列著述,表明自己一直在研究经济增长("作为手段而非目标")的重要性。他明确表示,更快的经济增长必须与其他措施相结合:减少文盲、疾病、营养不良和其他贫困问题。这些措施不只是简单的收入再分配。而经济增长在很大程度上得益于早先对教育和卫生的公共支持,这种认识依据了日本、中国、韩国、新加坡和其他许多国家的正面经验,而不是什么本末倒置。[2] 此后巴格沃蒂连续发表文章继续批评森,而森则不再予以回应。

---

1 Jagdish Bhagwati and Arvind Panagariya, "Go for growth in India," *The Economist*, July 13, 2013.
2 "Amartya Sen responds," *The Economist*, July 20, 2013.

# 2012年

这是一个混沌的年代,也是一个充满可能性的年代。当下西方知识界对于多种重要议题的纷争,在相当大程度上表现出不确定性的思想特征。此前固有的知识与信念遭到怀疑,而未来的前景似乎于迷雾之中若隐若现。

**新利维坦:国家资本主义的崛起**

"国家资本主义"并不是一个新概念,至少可以追溯到19世纪末德国社会民主党人李卜克内西(Wilhelm Liebknecht)的写作。在此后的一个多世纪中,这个术语出现在不同立场和学派的论述中,其含义不尽相同,但大致用来指称由国家主导或积极介入的市场经济实践。1月21日的英国《经济学人》以"特别报告"的醒目方式(包括社论和七篇文章)讨论"国家资本主义的崛起",引起学界广泛关注。[1]

国家资本主义有多种变体。在宽泛的意义上,"看得见的手"一直伴随着资本主义经济的发展,英国的巨型国家企业东印度公司,以及美国立国时期的关税保护政策都是如此。"在现实中,每一个新兴的政权都依赖国家去启动经济成长,或至少保护脆弱的工业。"在整个20世纪,国家与市场在经济发展中的作用以及各自的相对优势,一直是西方思想界激烈争论的主题。在前七十年,国家主义的支持者引领风向,政府着手编织社会保障网络,最终将经济中的巨型企业部分国有化。而在20世纪的后三十年,自由市场论者获得了复兴。在里根和撒切尔的时代,风靡整个西方的潮流是将国家运营的企业私有化,削弱福利国家。苏联阵营的解体似乎标志着市场自由化潮流的完胜。在新自由主义盛行时期的主流思维中,国家资本主义不是真正的"自由市场经济",而只是"过渡性的"或"异常的"特例,要么不可持续,要么不可普遍化。

但21世纪以来的风潮又发生了转变。尤其是在2007年金融危机之后,从老牌公司"雷曼兄弟"的覆灭,到希腊的财政危机,以及近年来美国失业率的攀升与工人收入的递减……这些严峻的现实都在动摇自由市场必胜的信念。而与此同时,在新兴经济体中,一种试图混合国家力量与资本主义的经济实践正在释放巨大的能量。正如《经济学人》编辑艾德里安·伍尔德里奇所言:"伴随着西方自由资本主义的危机,国家资本主义已经在新兴市场中以一种强有力的新形式崛起。"正是在这个特定的背景下,重新开启的这场讨论有

---

[1] *The Economist*, Vol. 402, No. 8768 (January 21, 2012). 这篇特别报告,除社论文章"The Rise of State Capitalism" (p. 11)之外,还包括七篇文章:"The Visible Hand" (p. 3), "Something Old, Something New" (p. 5), "New Masters of the Universe; State Capitalism's Global Reach" (p. 6), "Theme and Variations; A Choice of Models" (p. 9), "Mixed Bag; Pros and Cons" (p. 13), "The World in Their Hands; Going Abroad" (p. 15), "And the Winner Is...; The Long View" (p. 17)。本文这一节没有另外注明的引文和资料均取自这篇报告。

其紧迫的现实感,也包含着对"自由市场神话"的反思维度,并由此引发出新的构想:"国家资本主义是自由资本主义的一个可存活的另类方案"——这是《经济学人》在今年达沃斯论坛组织的一场辩论的主题。

这篇特别报道的着眼点不是西方老式的国家资本主义,而是"聚焦于中国、俄罗斯和巴西等地新兴的国家资本主义,因为它反映的是未来而不是过去"。新型的国家资本主义可以宣称世界上最成功的大经济体属于自己的阵营(中国三十年来的经济奇迹无疑是最为有力的证据),也可以认领世界上一些最强的公司。全球十三个最大的石油公司(拥有四分之三的世界原油储备)都是国家支持的,而国有企业的成功并不局限于能源领域(沙特的化学公司以及俄罗斯联邦储蓄银行等都是例证)。中国的国有企业占上市企业市值的80%,这个比例在俄罗斯和巴西分别为62%和38%。在2003至2010年,有政府背景的企业获得了全部外国直接投资的三分之一。在进入"《财富》500强"之列的新兴市场企业中,有三分之二为国有企业。政府向它们提供进入全球市场所需的资源,也可以通过主导兼并来打造全球性的巨型企业。

虽然在经济崛起的先例(如19世纪70年代的德国和20世纪50年代的日本)中,我们都可以发现国家资本主义的要素,但此前的运作"从未达到如此巨大的规模,也从未有过如此精到成熟的手段"。因此,有人用(霍布斯名著中的巨兽)"利维坦"的"升级版"来比喻最近一轮国家资本主义的崛起。

"新利维坦"较之老式的国家资本主义具有明显的优势。首先,它依附的现代国家比传统国家具有更强大的权力;其次,各国的国家资本主义可以在全球化经济中更迅速地联合,形成更大的规模优势;最后,其手段更为多样,不只限于国有企业,还包括政府对"国家优胜"的私有企业予以特殊保护和支持,以及新发明的"主权财富基金"等。另外,"新利维坦"已经学会了使用高度专业化的人才(许多是毕业于国际名校的 MBA 和 EMBA)担任经营管理职务,而不再依赖官僚与亲信来施加控制。

新的国家资本主义能够成功吗?对此,争议还在持续。在达沃斯论坛的辩论中,哈佛大学商学院的教授奥尔多·穆萨基奥力挺他所谓的"利维坦2.0版"。首先,具有强大国家资本主义的国家在最近的金融危机中表现得更有弹性和恢复力,避免了严重的经济不景气。其次,在"新利维坦"的体制中,国有企业不仅实现了盈利,而且在全球竞争中获得优势,而政府也意识到可盈利的国有企业会使国家更为强大。最后,"新利维坦"通常的角色是担当国有企业的少数股份持有者,而不是其所有者和管理者,这缓解了原先国有制常见的"代理人难题"(agency problems)。穆萨基奥论证指出,21世纪的国家资本主义是资本主义的一种杂交形式,能够有力地将企业推向《财富》500强"的行列。而在另一方,欧亚集团创始人兼总裁、哥伦比亚大学教授伊恩·布雷默对此予以反驳。他指出,自由资本主义在历史上遭遇过多次危机,但终究都通过自我纠错和调整而存活下来。国家资本主义不过是其最新的一个"挑战者",而且这个"挑战者"自身也有着严重的缺陷。国家资本主义不具有自由资本主义的那种"创造性毁灭"(creative destruction)的自我再生动力,而正是这种机制支持着不断扩张的经济生态系统。此外,这个体制很难激励创新,因而难以在全球的产业链竞争中持续升级。[1]

早在二十年前,《经济学人》曾在社论(1992年12月26日)中过于草率地宣告了一种"普遍共识":"作为组织经济生活的方式而言,不存在严肃地对自由市场资本主义的另类替代方案。"对于当

---

[1] "State Capitalism," *Economist Debates*, January 24, 2012 (http://www.economist.com/debate/days/view/802)。

下的相关辩论,这篇特别报告表现出一种审慎而犹豫的态度。一方面,它承认国家资本主义正在强劲崛起,并可能成为一个被发展中国家仿效的模式,甚至迫使西方国家以更为积极的国家干预措施来面对新的竞争和挑战。但在另一方面,这篇报告质疑了国家资本主义的长期发展前景,并列举出这种模式的弊端——强于基础设施建设而弱于自主创新,生产效率低下,自我改革的空间较小。此外,国有企业都有寻租行为的倾向,往往会滋生腐败现象。总的来说,国家资本主义或许适用于现代化的早期起步阶段,但不适用于后期发达阶段,因此并不是未来发展的潮流。

尼尔·弗格森随后在《外交政策》网站发表评论文章《我们现在都是国家资本主义》[1]。他分析指出,中国的成长对美国形成挑战,但这并不是国家资本主义与市场资本主义这两种模式的竞争。他反驳那种流行的见解——将世界分为"市场资本主义"与"国家资本主义"两大阵营,认为这终究是一种无所助益的过分简单化的划分方式。现实情况是,大多数国家都处在两极之间,只是国家干预经济的意愿、程度与方式有所不同而已。他用多种数据表明,就政府的花费与支出占GDP的比重而言,欧美国家比中国在经济中扮演了更重要的角色,只是就政府在基础设施建设的投资比例而言,中国远高于西方国家。因此,"我们现在都是国家资本主义者",但其形态千差万别:从新加坡的开明专制,到津巴布韦功能紊乱的暴政,以及丹麦平等主义的"保姆"国家。因此,今天真正的问题不在于究竟是要由市场还是由国家来"挂帅",而是什么样的法律和体制是最佳的,其衡量标准不仅是快速的经济成长,而且同等重要的是,以一种公民视为正当的方式来分配增长的成果。"我们时代的真正竞

---

[1] Niall Ferguson, "We're All State Capitalists Now," *Foreign Policy*, February 9, 2012 (http://www.foreignpolicy.com/articles/2012/02/09/we_re_all_state_capitalists_now).

争不是发生在中国与美国之间,以及处于两者之间的欧洲。相反,是要争取达成正确的平衡——在生成财富的经济制度和规则与分配财富的政治体制之间的平衡。"

## 美国衰落论的迷思

金融危机爆发之后,关于美国正在(或已经)走向衰落的言论甚嚣尘上。最近两年间至少有六部有关"衰落论"(declinism)的著作问世。[1]《外交政策》杂志主编苏珊·格拉瑟曾说过,"衰落论"如今是"美国最大的增长性行业"。[2] 而在美国历史上,"这个国家最好的日子已经过去了"之类的论调源远流长,甚至可以追溯到立国时期约翰·亚当斯的言论中。按照约瑟夫·约菲的分析,最近半个世纪以来,已经出现过五波"美国衰落论"的浪潮。[3] 第一波源自 1957 年苏联卫星上天所引发的震撼,美国人感到被苏联甩在后面的危险。第二波发生在 20 世纪 60 年代至 20 世纪 70 年代,当时美国陷入越战的泥潭,学生运动风起云涌。第三波出现在卡特执政时期,急剧的通货膨胀和美元贬值导致了严重的忧虑。而"衰落论"的第四波始于日本的强劲崛起,一直延续到 20 世纪 90 年代初期。如果我们重读傅高义的畅销书《日本第一》,而将其中的"日本"替换为"中国",那么"衰落论"就"穿越"到了 2012 年,出现了第五次回潮。

---

[1] 这六部著作包括 Patrick J. Buchanan, *Suicide of a Superpower* (2011); Thomas L. Friedman and Michael Mandelbaum, *That Used to Be Us* (2011); Mark R. Levin, *Ameritopia* (2012); Edward Luce, *Time to Start Thinking* (2012); Timothy Noah, *The Great Divergence* (2012); Charles Murray, *Coming Apart* (2012)。

[2] Susan Glasser, *America's Biggest Growth Industry: Declinism*, October 17, 2011 (http://blogs.reuters.com/susanglasser/2011/10/17/americas-biggest-growth-industry-declinism)。

[3] Josef Joffe, "Declinism's Fifth Wave," *The American Interest*, January/February 2012.

那么，美国的衰落究竟是一个现实还是某种"迷思"（myth）？至少奥巴马总统不以为然。他在 1 月 26 日的国情咨文演讲中言之凿凿："若是有任何人告诉你说，美国正处在衰落之中或我们的影响力已经衰退，他们并不明白自己在说什么。"但奥巴马知道自己在谈论什么吗？据报道，他的这番言论并非信口开河，而是依据他所阅读的一篇文章《美国衰落论的迷思》，而且奥巴马在演讲当天的下午还在一次非正式会议上对此文做了长时间的讨论。[1] 这篇文章出自著名的新保守主义思想家、美国布鲁金斯学会外交政策高级研究员罗伯特·卡根，摘自其新著《美国缔造的世界》，最初发表于 2 月 2 日的《新共和》杂志。[2]

在这篇近万字的文章中，卡根严厉批驳了"美国衰落论"，认为这些说法是基于草率的分析与浮泛的印象，也源自对过去不真实的"怀旧幻觉"，完全经不起严格的检验。他指出，衡量一个国家的相对实力变化并不容易，但还是有一些基本指标可循，也就是中国人所说的"综合国力"：(1) 相对于其他强国的经济规模和影响力；(2) 与潜在对手相比军事实力的量级；(3) 在国际体系中施加政治影响力的程度。以这三项指标来判断，无论是与其他国家的横向比较，还是与自身历史的纵向比较，美国都没有走向衰落。在经济方面，美国占世界 GDP 的份额自 20 世纪 70 年代以来就一直保持在大约 25% 的水平，今天依然如此。在军事上，目前美国的年度国防开支接近六千亿美元，超过其余强国之总和，而且美国军队拥有最先进的武器装备，也具有最丰富的实战经验。在国际政治中，美国发动的伊拉克战争虽然饱受非议，但与越战相比还是"成功"一些；

---

[1] 参见《新共和》杂志网站的编者按：http://www.tnr.com/article/politics/magazine/ 99521/america-world-power-declinism。

[2] Robert Kagan, *The World America Made* (Knopf, 2012); Robert Kagan, "Not Fade Away: The Myth of American Decline," *The New Republic*, February 2, 2012.

在反核扩张与反恐方面，虽然仍然有许多隐患要解决，但与20世纪90年代相比已经获得了明显的进展；在全球范围内，美国与欧洲的盟友关系是牢固的，近几年来在亚洲的联盟已经发展壮大，并改善了与印度的关系。

评价国家的兴衰还有一个时间跨度的要素。一个大国不会突然无疾而终（大英帝国的衰落发生在几十年的时间尺度之中），用短短几年的证据来判断往往不足为信。在这方面，许多"衰落论者"并没有信誉良好的记录。保罗·肯尼迪在1987年的著作《大国的兴衰》中言称美国正在走向衰落，到了2002年他又宣称，美国与其他国家之间的"力量悬殊"是史无前例的，而今天他又开始讨论美国衰落是无可避免的。2004年，法里德·扎卡利亚宣称美国正享有自罗马帝国以来未曾见过的"全方位单极地位"优势，但仅仅四年之后他就以"后美国的世界"以及"其余国家的崛起"为主题来著书立说。难道在短短几年之内，美国相对国力的基础就发生了如此戏剧性的转变吗？卡根的答案是断然否定的。

在他看来，当下甚嚣尘上的"衰落论"有几方面的原因。首先是对于"过去的好时光"的怀旧幻觉。这种幻觉是20世纪90年代特殊时期的产物，当时美国经济状况良好、苏联解体，而中国尚未表现出经济繁荣的可持续性，美国俨然变成"唯一的超级大国"，似乎可以为所欲为。但这从来不是事实，卡根用大量证据表明，综观当代历史，美国的确做出了非凡的成就（包括马歇尔计划、北约联盟、联合国以及布雷顿森林体系），这塑造了我们今天的世界。但美国也始终遭遇挫折、挑战和失败（从中国倒向苏联到朝鲜战争到冷战时代的核危机再到越南战争），在所谓"软实力"方面也是如此。在战后几十年的许多时刻，美国的道德形象并不令人称道（种族歧视问题，马丁·路德·金和罗伯特·肯尼迪被暗杀，肯特州立大学的枪击案，以及尼克松"水门事件"等），而在冷战时期许多国家向往苏联而非美国的政治制度。

"衰落论"盛行的第二个原因是中国的崛起。中国经济总量将在未来某个时候超过美国，成为世界上最大的经济体。这意味着美国的经济地位或许会面临严峻的挑战。但是，单纯的经济规模本身并不是衡量国力的唯一标准，否则，中国在19世纪初就应该是世界头号强国（当时它已经是世界上最大的经济体），而不会成为那些欧洲小国的受害者。即使中国的经济总量再次达到这一高峰，但在人均GDP方面仍远远落后于美国和欧洲。今天和将来的中国与昔日的苏联相比无疑要富裕得多，但其地缘战略地位更为困难。中国至少需要几个盟国才有机会将美国逐出其在西太平洋地区的要塞，但目前是美国在这一地区拥有盟国。

就此而言，美国的历史记录从来都是好坏参半。今天美国的影响力既不在其鼎盛期，也并非处于低谷。在过去两个世纪中，美国发生过许多次严重危机，如废奴运动、南北战争后的重建、19世纪末工业化造成的无序混乱、大萧条期间社会福利的困境，以及冷战初期的困惑与偏执等，其间多次出现政治体制的功能失调，陷入无望的僵局，似乎无法找到解决方案。任何人如果诚实地回顾一下20世纪70年代美国经历的困境——当时的"水门事件"、越战、经济滞胀和能源危机，都会明白目前的困难绝非史无前例。的确，美国当今处在艰难时期，但一次经济衰退，哪怕是一场严重的经济危机，并不一定意味着一个大国开始走向终结。在19世纪90年代、20世纪30年代和70年代，美国都承受了深重和持久的经济危机。但每一次危机之后，美国都在随后的十年之中出现强劲反弹，最终获得了比危机之前更强有力的地位。20世纪前十年、40年代和80年代都是美国全球实力和影响力的高峰。总之，美国得以安然度过多次危机，并在危机之后比其他国家更为强大和健康，而各个竞争对手则相继出现问题。这种结局或许并不仅仅是偶然的好运气，而是制度使然。那么,期待美国再次转危为安也就并不是盲目的一厢情愿。

哈佛大学著名政治学家约瑟夫·奈在 11 月号的《外交政策》杂志发表文章,对所谓"衰落论"的专家提出质疑。[1]他指出,"衰落"是一个隐喻,是用有机生命的周期来比附国家,但我们对国家的周期实际上知之甚少。西罗马帝国用了三百年才从鼎盛期走向崩溃。而在美国刚刚独立之后,就有人哀叹英国将会下降到萨拉丁的地位,但此时工业革命正将英国推向最强盛的国家的位置。简单地说,我们并不知道美国现在处在其生命周期的什么阶段。再者,"衰落论"者们可能混淆了周而复始的"循环变化"与无可复返的"真正趋势",也混淆了"绝对衰落"和"相对衰落"。没有可靠的证据表明美国出现了"绝对衰落",而"相对衰落"是指领先国家与其余国家之间的差距在缩小,但差距缩小并不意味着美国就失去了领先地位。在这方面,约瑟夫·奈重视中国潜在的挑战,但同时认为中国的发展前景还有许多未知的不确定因素。

## 科学与人文的再次交战

欧洲核子中心(CERN)终于发现了希格斯玻色子(所谓"上帝粒子")的存在证据,这是一个具有里程碑意义的事件,被《科学》杂志列为 2012 年度十大科学突破之首。欧洲核子中心主任罗尔夫—迪特尔·霍伊尔在 6 月《欧洲人》杂志的一次访谈中指出,有必要寻求自然科学与人文之间的对话,并正在筹划相关的学术会议。[2]这让人回想起 1959 年的那篇著名演讲《两种文化》。英国学者、作家

---

[1] Joseph S. Nye, "Declinist Pundits," *Foreign Policy*, November 2012.
[2] Rolf-Dieter Heuer, "Progress Isn't a Linear Development," *The European*, June 8, 2012(http://theeuropean-magazine.com/263-heuer-rolf-dieter/788-science-and-the-public-sphere).

斯诺在演讲中指出，许多科学家从未读过莎士比亚的作品，而大多数人文学者甚至无法给出"质量"或"加速度"的确切定义。他哀叹科学与人文之间的分裂，认为这是英国教育的一个病症。几年之后，斯诺提出对"第三种文化"的期待，更为乐观地展望两种文化贯通的前景。[1] 半个世纪过去了，科学研究的最新突破已经显示出越来越深刻的人文社会相关性，也更为迫切地要求一种交汇融合的视野。然而，两种文化对彼此的傲慢与偏见似乎并未完全消除。

近年来，科学前沿领域的发展提出了重要的哲学与宗教问题，在两个方面尤为显著。首先，量子力学与宇宙起源的最新研究，再次引发了"上帝是否存在"的古老争论。其次，脑科学与神经科学的新进展，揭示出人类的意识、认知与决定的机制，引起了道德哲学、心理学和经济学等领域的相关辩论。2012年再度出现了"两种文化"的热烈争议，其中有两部新著的出版与评论尤为值得关注。

理论物理学家、科普作家劳伦斯·克劳斯的新著《无中生有的宇宙》[2] 汇集了他近年来关于天体物理学的一系列讲座内容，讲述了现代宇宙学的发展——从大爆炸到微波背景辐射以及暗能量的发现。这些发展也将物理学带入了此前被认为是专属神学或哲学的争论。他以量子场理论解释整个宇宙如何可能"无中生有"，并加入了无神论对宗教创世的新一轮批判。以"好斗的无神论者"而著称的牛津大学教授理查德·道金斯（Richard Dawkins）为此书撰写后记，予以高度评价，甚至将它与《物种起源》相提并论。如果达尔文在人类起源问题上反驳了"神创论"，那么这本书在宇宙学问题上反驳了"创世论"，并最终挫败了"神学家的最后一张王牌"——关于"为什么存在着某种事物而不是空无一物"的诘问。

---

1　C. P. Snow, *The Two Cultures*, London: Cambridge University Press, 2001 [1959].
2　Lawrence M. Krauss, *A Universe from Nothing: Why There Is Something Rather than Nothing*, Free Press, 2012.

这本书很快变成了畅销书，获得了报刊媒体相当大的关注。但《纽约时报》发表哥伦比亚大学物理哲学家大卫·阿尔伯特的书评，表达了尖锐的批评意见。他指出，根据相对论量子场理论的标准论述，基本物理粒子包含着相对论量子场，但无从解释这些量子场来自何处（或者为什么世界会由这些量子场组成），因此断言克劳斯所谓的"无物"实际上是"某物"。[1] 两位都是拥有理论物理学博士学位的学者，却持有如此相左的观点，让困于现代物理学之晦涩深奥的公众无所适从。《大西洋》月刊网站以《物理学让哲学与宗教都过时了吗？》为题，发表了对克劳斯的长篇访谈。[2]

克劳斯表现出坚定的"科学主义"立场。他认为物理学最初脱胎于"自然哲学"，此后一直在发展，而哲学两千年来却几乎停滞不前。哲学感到了来自科学的威胁。这很自然，因为每一次物理学的进展，都侵蚀了哲学细心保留的领地。而处境最糟的是所谓"物理哲学"（philosophy of physics）。物理哲学家的作品只被另一些物理哲学家阅读，对物理学完全没有任何影响。他不加掩饰地将阿尔伯特之类的学者蔑称为"低能哲学家"。克劳斯认为，我们正在抵达这样的时刻——"科学可以开始回应古老的哲学或宗教问题"。在他看来，达尔文是比爱因斯坦更伟大的科学家，并坦言道金斯将他的著作与《物种起源》相提并论是故作惊人之语，但在某种意义上也有相似之处。在达尔文之前，生命是奇迹所为，而达尔文表明，我们在原则上可以用一些简单的法则来合理解释生命的多样性。虽然我们还不清楚生命的最终起源，但许多研究表明，化学的完全有可能转变为生物的。

---

[1] David Albert, "On the Origin of Everything," *New York Times*, March 25, 2012, BR20 of the Sunday Book Review.

[2] Ross Andersen, "Has Physics Made Philosophy and Religion Obsolete?" *The Atlantic* (April 23, 2012), http://www.theatlantic.com/technology/archive/2012/04/has-physics-made-philosophy-and-religion-obsolete/256203/.

类似地，现在看来，宇宙也是如此，它不再是充满神迹的设计之物，而是来自一个非常简单的起始——空无一物（nothing）。

在访谈中，克劳斯还辨析了所谓"无物"的确切含义。他嘲讽某些神学家和哲学家开始热衷于"量子真空"（quantum vacuum）之类的术语，他们根本不明白这是什么意思，只是假装他们好像知道自己在说什么。"当我提到'空无的空间'（empty space），我是在指量子真空，但当我谈论'无空间'的时候，就根本不能称之为量子真空。"他并不认为物理学已经确切证明了"某物"可以源自"无物"，而只是表明引发"无中生有"的物理机制何以可能。"我们并不知道某物如何来自无物，但我们确实知道它可能发生的某些似乎合理的方式。"

另一部引起争议的著作是《心灵与宇宙》，作者是当代西方最负盛名的哲学家之一托马斯·内格尔。这本书的副标题透露了其核心论点——"为什么唯物论的新达尔文的自然观念几乎肯定是错的"。[1] 作者内格尔反对科学的化约论和自然主义哲学的倾向，否认人的"意识、意图、意义、目的、思想与价值"最终都能依照（被各种科学所描述的）自然过程来解释。在他看来，将生命的出现理解为一系列（遵从自然选择机制的）偶然事件的结果，"公然违背了我们的常识"。进化论生物学的唯物论版本无法解释心灵与意识的存在，至少是不完整的。心灵是自然的一个基本的不可化约的方面，而任何不能解释心灵的自然主义哲学在根本上是存在误导性的。虽然内格尔并不持有倾向宗教的立场（他坦承自己是无神论者），也并不同意神学的"智能设计"（intelligent design）理论，但他认为智能设计学派提出了值得关注的质疑。内格尔主张，应当在唯物论或机械论

---

[1] Thomas Nagel, *Mind and Cosmos: Why the Materialist Neo-Darwinian Conception of Nature Is Almost Certainly False* (Oxford University Press, 2012).

的视野之外"发展出竞争性的替代性观念",其取向是某种"新目的论"——世界是有目的或有意图的。他并没有给出"新目的论"哲学的图景,而是将问题留给未来的"创造性的科学家"。

内格尔的观点引发了一系列争论。最为尖锐(甚至尖刻)的批评意见来自两位中生代的哲学教授,任教于芝加哥大学的布莱恩·雷特和宾夕法尼亚大学的迈克尔·韦斯伯格,这些意见发表于《国家》杂志。[1] 他们认为,内格尔的整个论证是不足为信的。首先,内格尔对物理学化约论的攻击是堂吉诃德式的批评,因为实际上没有任何严肃的哲学与科学的工作试图将一切都化约为物理学定律(心理学并不能化约为生物学,生物学也不能化约为化学,而化学也不能化约为物理学),而进化论生物学也并不依赖于化约主义的唯物论。其次,依据"常识"来反驳自然主义是站不住脚的。哥白尼的天文学革命似乎违背我们最显而易见的常识观念("地球是平的"以及"太阳绕地球旋转"),但这并不构成驳斥它的理由。再次,内格尔声称自然选择理论无法解释为什么我们会接受"道德客观真理",但无论在哲学家还是普通民众当中,道德实在论都是一个有争议的观点,而并非自明的"常识"。最后,内格尔相信,进化论无法解释人类掌握逻辑与数学的能力,评论者认为这是一个更有力的质疑,但完全可能通过不同于内格尔的路径来解释。总体来说,他们认为《心灵与宇宙》是一部失败之作。

威斯康星大学资深科学哲学家艾略特·索伯在《波士顿评论》上发表长篇书评,其中分享了雷特和韦斯伯格的某些批评,但对内格尔有更为同情的理解。[2] 这些辩论仍然在持续,因为触及西方文化

---

[1] Brian Leiter and Michael Weisberg, "Do You Only Have a Brain? On Thomas Nagel," *The Nation*, October 22, 2012.

[2] Elliot Sober, "Remarkable Facts: Ending Science as We Know It," *The Boston Review*, November/December 2012.

久远的争论，以及宗教与无神论之争这一敏感神经，几乎没有可能达成共识。

## 欧洲危机的政治根源

乔治·华盛顿曾在致拉斐特侯爵的一封信中写道："总有一天，依据美利坚合众国的模式，一个欧洲合众国将会出现。"两百多年之后欧盟诞生了，但这并不是华盛顿所想象的"合众国"。欧盟是一个"货币联盟"而非"政治联盟"，甚至不是一个"财政联盟"（fiscal union）。最近，西方一些著名学者不约而同地开始探究欧盟危机的政治根源。

著名经济学家阿马蒂亚·森在《新共和》上发表文章指出，统一的欧洲是个久远的梦想，但在漫长的年代里最重要的关切是和平与善意，并由此逐渐形成一个政治整合，甚至到20世纪40年代初《米兰宣言》发表时仍然如此。金融合作压倒政治统一是晚近的发展趋势，这个次序的颠倒对于理解目前欧洲的经济危机至关重要。许多人主张，首先以欧洲货币的统一作为"起步"，再由此走向统一的欧洲。森认为这种主张实际上将欧洲推向了不利于统一的方向。欧盟也没有实现民主治理，紧缩政策如果只是通过法令来执行，就是对公众的藐视。欧洲经济强国与金融界领袖制定的某些政策完全不合时宜，即便政策是完全正确的、适时的，也仍然需要通过民主程序获得合法性。民主是"由讨论来治理"，必须服从公共讨论和说服的过程，也必须理解社会保障的必要性，避免造成严重的社会剥夺。但欧洲政治家缺乏敏锐的"政治实践性"，他们不懂得民众的声音可以被暂时压制，但无法在各国的定期选举中剥夺他们的选票。于是，各国在职政府在执行金融强国的指令时，会受到来自本国公民的压力（备受欧盟领导人赞誉的意大利总理蒙蒂最近突然宣布辞职，这似乎印证了森的看法）。在经济政策方面，森认为目前的各种救助方案，即便成功，也只是着眼于欧元的短期生存，而没有考虑长期的"可存活"问题，根源在于共同货币造成的兑换率固定。这个问题可以通过（如美国这样的）政治性联邦国家来解决，但欧盟目前不具备这个结构。他认为，核心的问题是欧洲经济政策的基本原则，欧洲应该立足于亚当·斯密的两个目标，以经济效率推进财富增长，以提供公共服务实现社会正义——这两个目标需要兼顾平衡而不可偏废一方。目前的紧缩方案并不是一个解决经济危机的良好方案，也完全缺乏社会与政治的远见。[1]

牛津大学著名欧洲历史学家蒂莫西·加顿艾什表达了相近的看法。他在《外交事务》上发表《欧洲的危机》一文，探讨"欧盟当初如何结合在一起，如今又为何陷入分裂"。[2] 欧洲一体化最重要的动力来自人们对世界大战和冷战威胁的记忆，以及"永远不要再来"的心愿。政治精英与民众都对此具有深刻的共识。德国是一体化最积极的推动者，"因为他们以前曾是最坏的欧洲人，现在他们要变成最好的"。当时的德国总理赫尔穆特·科尔构想过一个更全面的欧洲共同体（类似于东西德国的统一），是一个财政联盟和政治联盟所支持的货币联盟，由此可以控制公共开支，协调不同国家的经济政策，以及获得更直接的政治合法性。他在1991年的演讲中还指出，历史告诉我们"没有政治的联盟却要期望能长期维持经济与货币联盟是荒谬的"。但法国的意图与此不同，密特朗希望能对德国货币有所控制，但又不想让德国有能力影响法国的预算。当时也的确讨论过财

---

[1] Amartya Sen, "What Happened to Europe? Democracy and the Decisions of Bankers," *The New Republic*, August 23, 2012.

[2] Timothy Garton Ash, "The Crisis of Europe: How the Union Came Together and Why It's Falling Apart," *Foreign Affairs*, September/October 2012.

政联盟的问题，设定了所谓"趋同标准"（convergence criteria），要求公债低于 GDP 的 60%，赤字低于 3%。但这个标准从来没有真正的约束力。这样的"经济与货币联盟"虽然有统一市场，但因为欧洲各国的经济差异，又缺乏美国各州之间那样的劳动力流动和财政转移水平，很容易受到经济学家所说的"非对称冲击"（asymmetric shocks）。而欧洲的民主政治仍然局限在各个民族国家内部，没有出现更大的欧洲公共领域。这就形成了欧洲政治的"罗生门"状况：一个政策或事件会在二十七个成员国的领导人（以二十三种不同的语言）之间出现不同解释，还有欧盟官方自己的解释。以这种方式来治理一个有五亿人口的欧洲大陆，是混乱而奇怪的。在各国政策、欧盟政策和全球市场的三角关系结构中，欧盟陷入了功能紊乱。加顿艾什最后指出，欧洲的危机有各种可能的前景。最悲观的情景是欧元区的彻底解体，但欧洲仍然存在，甚至欧盟仍然存在，可以从头再来。第二种情况是继续应付过去，但长期的隐患仍然挥之不去。最乐观的可能是系统性地巩固欧盟，形成真正的财政与政治联盟。但这要求一个还未出现的"欧洲公民"的认同与支持。当下的危机正在检验欧洲一体化之父让·莫内（Jean Monnet）的说法，"危机是最伟大的联合者"——这被称为"莫内方法"，即"一个激化欧洲各国之间差异的危机，是推进进一步联合的最佳方式"。

欧盟进一步的政治联合依赖于新的欧洲认同，但"欧洲公民"是一个神话吗？最近哈贝马斯在接受福山的访谈中，坚持主张一种双重性的欧洲公民身份——既忠实于各自所属的国家，又认同作为整体的欧洲，而建立这种认同的关键在于欧盟的民主政治的发展。[1]《新左派评论》发表了三位学者的文章，对佩里·安德森的近著《新

---

1 Jürgen Habermas and Francis Fukuyama, "The European Citizen: Just a Myth?" *The Global Journal*, May 18, 2012.

的旧世界》(*New Old World*)展开讨论。安德森在回应中严厉批评哈贝马斯陶醉于自己的声望而看不到欧盟危机的根源所在。他认为，目前的欧盟对其根本使命模糊不清也缺乏自信，它屈从于美国的意志，过于关注经济，在地域上又急于扩张，实际上成为全球资本主义的一个大市场，这背离了欧盟最初的政治与道德构想。[1]

尼尔·弗格森撰文警告说，欧洲正在形成新的法西斯主义。德国人对国家统一的积极感受促使他们在二十年前为德国整合而牺牲奉献，但这种感受在欧洲不同国家之间并不存在。缺乏政治联盟和财政联盟的配合支持，欧元区的经济危机很容易延伸为政治分歧。愤怒与挫折感在欧元区不同国家之间造成了紧张，也促成了极端政治的生长。敌视移民的现象发生在欧洲许多国家，希腊的极右翼政党"金色黎明"不只是排外，而且是仇恨欧洲的，但它有可能成为议会中的第三大党。他认为，民粹主义是对金融危机的一种常见的政治回应，在美国也出现了右翼的茶党和左翼的占领运动，但欧洲的民粹主义采取了更为有害的形式。[2]

## 马克思主义的再兴起

资本主义世界的每一次危机都会激发左翼政治运动再度活跃。"马克思主义的幽灵"又一次在欧洲徘徊。年初，左翼人士发起"共建参与性社会的国际组织"(IOPS)，旨在建立全球性的网络，为"一个新的更公正的世界"而推动积极的社会运动。乔姆斯基等四十多位著名左翼知识分子和活动家出任 IOPS 的"过渡咨询委员会"成员，

---

[1] Perry Anderson, "Turmoil in Europe," *New Left Review* 73, January-February 2012.

[2] Niall Ferguson, "Populism Takes an Ominous Turn," *The Daily Beast*, October 8, 2012.

他们联署发表了一份《给所有寻求一个新的更好的世界的人们的公开信》，呼吁世界各地的人们加入这一组织。[1] 据英国《卫报》报道，7月初，伦敦举办了历时五天的"马克思2012"思想节，吸引了众多的年轻人参与。组织者认为，马克思主义提供了分析资本主义危机的工具，而当下我们正处在这样的危机之中，这是人们恢复对马克思的热忱的原因。近年来，《资本论》和《共产党宣言》等经典著作畅销。当代左翼思想家的作品，如阿兰·巴迪欧的《共产主义的假设》和特里·伊格尔顿的《为什么马克思是对的》等著作也相当引人注目。巴迪欧认为，共产主义思想有望重整旗鼓进入第三次高潮。而伊格尔顿试图借此复兴之际纠正各种流传已久的对于马克思主义的误解和偏见。[2]

伊格尔顿在《牛津评论》发表的访谈中指出，马克思钦佩资本主义的活力，它能迅速地积累如此多的物质、精神和文化的财富，但它无法在造就这一切的同时避免产生不平等的矛盾，希腊就是一个突出的例证。十年前几乎不能想象，在资本主义之外还有什么别的选择。而今天，更多现实政治的选项将会打开，"但这并不是通过左翼的任何英雄努力，而是（反讽地）通过资本主义自身的逻辑"造成的。

在谈及未来的革命前景时，他指出"过度估计这个体制力量的衰败总是草率的"。我们还不知道希腊的这种愤怒情绪是否会蔓延到整个欧洲。"在我看来，人们只有在认定目前的体制破败到无可修复的时候，才会走向一种激进的替代方案。"[3]

---

1 Noam Chomsky and others, *An Open Message to All Who Seek A New and Better World, International Organization for a Participatory Society*, http://www.iopsociety.org/blog/open-letter-about-iops.
2 Stuart Jeffries, "Why Marxism is on the Rise Again," *The Guardian*, July 4, 2012.
3 Alexander Barker and Alex Niven, "An Interview with Terry Eagleton," *Oxonian Review*, Issue 19.4, June 4, 2012.

宽泛意义上的左翼并不是一个同质化的政治阵营。英国社会民主派的政治理论家艾伦·约翰逊在《世界事务》发表文章，题为《新共产主义：乌托邦妄想的复苏》，尖锐批评齐泽克和巴迪欧等激进左翼思想家，称他们的主张是一种"新形式的左翼极权主义"。只有他们才坚持主张"当代自由资本主义社会的危机是系统性的、环环相扣的，无法顺应立法改革，因此要求'革命性的'解决方案"。但他们拒绝探索过去的历史性失败的根源，也从不坦率承认他们对于如何着手未来几乎毫无想法。在欧洲社会主义民主陷入困境的背景中，在自我厌恶的智识文化中，这种激进的论述有蛊惑人心的作用。[1]

刚刚去世的历史学家艾瑞克·霍布斯鲍姆教授在《共产党宣言》新英文版的导言中指出，如果出现一种"后资本主义社会"，不可能是苏联时代"那种实际存在的"社会主义模式，但它必须涉及在全球范围内从私人占有向社会管理的转变。至于它会采用什么样的形态，又在多大程度上能体现共产主义的人道主义价值，"将取决于导致这种变迁的政治行动"。[2]

## 探索国家失败的新著引起反响

2012年出版的一部政治经济学著作获得了不同寻常的反响。六位诺贝尔经济学奖得主（从四十年前获奖的肯尼斯·阿罗到两年前获奖的彼得·戴蒙德）给予高度赞誉，尼尔·弗格森、福山等著名学者联合推荐。出版后两个月之内就有几十篇书评刊登于欧美报刊，最终进入《金融时报》《华盛顿邮报》《基督教科学箴言报》《经济学人》

---

[1] Alan Johnson, "The New Communism: Resurrecting the Utopian Delusion," *World Affairs*, May/June 2012.

[2] Stuart Jeffries, "Why Marxism is On the Rise Again," *The Guardian*, July 4, 2012.

等评选的年度最佳书籍之列。这本书题为《国家为什么会失败：权力、繁荣与贫穷的起源》[1]，作者是麻省理工学院经济学教授达龙·阿西莫格鲁和哈佛大学政治学教授詹姆斯·罗宾逊。他们都是不到五十岁的"中生代"学者，但已经在专业领域中颇负盛名，尤其是祖籍为土耳其的阿西莫格鲁，被认为是"当今经济学的天才型学者"。

这部著作致力于探讨发展领域的一个重大问题：为什么有些国家繁荣富足而另一些国家贫穷落后？作者反驳了地理资源决定论、文化决定论和"无知论"的假设，以大量历史（从罗马帝国以降）与现代国家为例，通过对比分析论证发现，首要原因是政治体制（institutions）的差异。但作者并不是在重弹"制度决定论"的老调，否则不可能引起如此热烈的反响。他们的理论框架包括一对范畴，即"容纳型"体制和"掠取型"体制。"容纳型"（inclusive）体制促使广泛的社会成员参与政治并分享经济财富，而"掠取型"（extractive）体制导致统治精英同时垄断政治权力和经济资本（这是人为"设计"的产物，也不会发生自然转变）。两种体制的差异会严重影响一个国家的兴衰，尤其是其长期发展的命运。这部五百多页的著作几乎没使用（作者格外擅长的）艰深的专业术语和理论，具有很强的可读性，但同时保持了高度的学术严谨，其原创性贡献和诸多洞见无法在有限的篇幅内被面面俱到地展开。

在获得普遍赞誉的同时，这本书也受到少数质疑，其中著名学者福山和杰弗里·萨克斯的批评格外引人注目，但都遭到了作者强烈而有力的反驳与回应。福山在《美国利益》网站的博客上发文。首先，他表示很赞赏这本书以新的论证来支持体制以及政治行动者的重要作用，不过同时他又暗示作者的论点基本无异于道格拉斯·诺

---

[1] Daron Acemoglu and James Robinson, *Why Nations Fail: The Origins of Power, Prosperity and Poverty*, Crown Business, 2012.

斯等人多年前的研究。其次，他批评"容纳型"与"掠取型"的二分范畴过于简单和极端。最后，他还认为这种理论难以解释个别国家经济的迅速发展。[1] 两位作者在回应中指出，首先，他们的理论强调制度的政治首要性和人为设计要素，而诺斯等人的工作侧重于经济与社会因素，这是最重要的区别。况且诺斯等人在论及政治变迁时恰恰明确地援引了"我们过去的研究"。其次，极端的二分概念是作者有意为之，他们在书中言明，大多数国家都处于两者之间的"灰色地带"，但始于"黑白分明"的案例分析最有助益，后来的大多数篇幅都在处理从"掠取型"到"容纳型"逐步转变的程度。最后，就一些国家的案例而言，他们在书中已经论述，它们的经济起飞始于从"掠取型"体制向（虽不充分的）"容纳型"体制的转变。而国家可以在"掠取型制度下增长"恰恰是"我们理论的一部分"，只是这种增长难以持续。[2] 而对于萨克斯的长篇批评[3]，两位作者逐条予以反驳，认为这些批评要么失之空泛，要么无的放矢，因而都是"轻率之言"。[4]

---

1　Francis Fukuyama, "Acemoglu and Robinson on Why Nations Fail," March 26, 2012(http://blogs.the-american-interest.com/fukuyama/2012/03/26/acemoglu-and-robinson-on-why-nations-fail).

2　Daron Acemoglu and James Robinson, "Response to Fukuyamaš Review," April 30, 2012 (http://whynationsfail.com/blog/2012/4/30/response-to-fukuyamas-review.html).

3　Jeffrey D. Sachs, Government, " Geography, and Growth: The True Drivers of Economic Development," *Foreign Affairs*, September/October 2012.

4　Daron Acemoglu and James Robinson, "Response to Jeffrey Sachs," November 21, 2012 (http://whynationsfail.com/blog/2012/11/21/response-to-jeffrey-sachs.html).

# 2011年

**第四波民主化？**

突尼斯骚乱之初，几乎无人预见这会在周边地区引发连锁反应。毕竟，突尼斯社会太过"西方化"，缺乏阿拉伯国家的典型特征。欧美的中东问题专家们谨慎告诫"埃及不是突尼斯"，然后"利比亚不是埃及"。这一切都似曾相识。1989年讨论东欧变局问题，也有专家适时提醒"X不是Y"。森林中没有两片相同的树叶，但所有的树叶仍然是树叶，更为困难的判断是哪些树叶在何种条件下可以被归为同类。每一个旧制度的解体都有其自身的历史与社会原因，影响着政治转变的进程，也可能导致相当不同的结局。

亨廷顿曾描述了一个长达二十年之久的世界性民主化浪潮——从20世纪70年代的南欧到1989/1991年的东欧剧变。在此期间"民主政体"从四十多个增加到一百多个，他称之为民主化的"第三波"。随着北非与西亚地区民众抗议的蔓延与升级，"阿拉伯之春"开始作为一个总体趋势被人讨论，关于"第四波"（The Fourth Wave）的想象不再匪夷所思。

弗朗西斯·福山再度成为引人注目的评论者。早在克林顿和小布什执政时期，他就向当局告诫，民主化浪潮将会波及西亚地区。当时他的预言似乎是无稽之谈，直到2011年。[1]在多篇文章与访谈中，福山批评了单纯从文化特殊性或经济发展水平来把握政治变化的理论，强调民众"政治意识"的重要性。他指出，西亚地区完全没有受到第三波民主化的冲击，这一事实使很多人相信"文化特殊论"——认为阿拉伯文化的某种特性与民主相抵触。就发展水平而言，突尼斯和埃及的表现相当出色（联合国汇编的资料表明，在过去二十年间这两个国家的"人类发展指数"增长了30%左右），但民众抗议仍然爆发了。福山认为，亨廷顿在《变动中的政治秩序》（而不是他的《文明的冲突》）中提出的理论更有解释力。抗议运动的主要力量不是来自最穷苦的阶层，而是来自受到教育的中产阶级，觉醒的政治意识使他们无法继续忍受"缺乏政治和经济机会所造成的挫折感"，在他们的政治参与要求与体制压制的政治机会之间出现了严重的裂痕。正是这种裂痕促发抗议运动。在他看来，突尼斯和埃及的趋势再次应验了亨廷顿的"现代化的逻辑"。但与此同时，他对"阿拉伯之春"前景的判断比热衷鼓吹"第四波"的传媒人士更为谨慎。他在访谈中指出，"体制建设不会在一夜之间完成"。在有些国家中，旧制度的崩溃可能会导致部落战争。福山表示，"我不认为在短期内这会导向稳定的民主制"。[2]

拉里·戴蒙德教授对此也有类似的看法。5月他在《外交事务》的网站上发表了一篇文章，讨论"'阿拉伯之春'以后的民主"（副

---

[1] Rebecca Costa, "Acclaimed Political Scientist, Francis Fukuyama, Forecasted Arab Uprising During Clinton Years" (http://rebeccacosta.com/press/francis-fukuyama).

[2] James Robertson, "Francis Fukuyama Interview," *The Listener*, Issue 3710, June 18, 2011 (http://www.listener.co.nz/commentary/francis-fukuyama-intervie/).

标题），而标题却是疑问式的《第四波还是虚假的开端吗？》。[1] 文章着重分析抗议运动与民主转型之间的多种可能关系，指出"阿拉伯之春"可能会在"冻结"与"融化"之间反复交替，因此"这个动荡时期不会短暂，也不会干净简洁地划定其范围边界"。在今后数年中会有曲折而绵延的斗争，从而最终确定阿拉伯世界未来的政治图景。

许多西方左翼学者（包括乔姆斯基、齐泽克、萨米尔·阿明和佩里·安德森等）高度重视北非与西亚地区的动荡局势。但与保守派和自由派的学者不同，他们更为关注民主化进程对抵抗西方帝国主义的作用。左翼的政治目标是双重的，即反独裁与反殖民。他们认为，只有当民主事业与民族独立紧密结合，阿拉伯世界才有真正独立和自由的政治前景。因此，他们更为关注目前的民众抗议是否会按照左翼所期望的方向发展。在左翼学者看来，阿拉伯地区的独裁统治是西方霸权扶植、支持或默许的。对于这个地区的国家政权，美国及其西方盟友首先考虑的问题不是民主或独裁，而是这个政权是否会和西方合作。西方精英集团对外国民主运动的支持是有先决条件的——要服从于其全球战略利益。乔姆斯基说，华盛顿及其盟友的原则是"民主只有在遵从其战略与经济的目标时才是可以接受的——在敌人的领地（搞民主）很不错，不过请别在我们家的后院搞，除非它能被适当地驯服"。[2]

那么，如何解释利比亚呢？卡扎菲曾经是西方的敌人，但近年来已经向西方低头示好（他在写信给奥巴马时甚至亲密地称后者为"我的孩子"）。为什么欧美要以实质性的军事干涉来支持前途未卜的

---

[1] Larry Diamond, "A Fourth Wave or False Start? Democracy After the Arab Spring," May 22, 2011 (http://www.foreignaffairs.com).

[2] Noam Chomsky, "The Arab World Is on Fire," *In These Times*, February 3, 2011 (http://www.inthesetimes.com/article/6911/the_arab_world_is_on_fire/).

利比亚反对派？保留卡扎菲这个独裁的盟友不是更有利于西方的经济与战略利益吗？可以想象，假如西方国家在利比亚的动荡中支持卡扎菲，西方左派同样会给出有力的（可能更有力的）解释。或许正是因为这个吊诡的问题，才会出现法国两位著名左翼理论家的分歧。当《解放报》刊登了让-吕克·南希支持西方干涉利比亚的文章[1]时，阿兰·巴迪欧公开表示"震惊与遗憾"并强调，"我们必须揭示，西方轰炸者和士兵的真正攻击目标绝对不是卑鄙的卡扎菲，他原本是那些人的代理人，那些人现在要除掉他，因为他妨碍了他们的更高利益"。[2]

目前的反政府抗议虽然表现出明确的民主诉求，但反帝反殖民的声音仍然微弱而含混，这正是左翼学者的忧虑所在。阿明在分析埃及局势的文章中指出，有三种活跃力量构成了民众运动，即"重新政治化"的青年、激进左派和民主中产阶级。前两种力量呼唤反帝的、社会的民主革命，而中产阶级以民主为唯一目的，并不反对资本主义"市场"机制和埃及对美国的依附关系。阿明认为，目前的"阿拉伯之春"处于各种力量纷争的复杂格局中，具有多种可能的走向，但仍然有希望"载入社会主义的发展蓝图"。[3]

安德森在《新左派评论》上发表的文章表现出更为精到的见解。他分析指出，西亚和北非地区一方面受到西方帝国主义的长期控制，另一方面在去殖民化进程中未能发展出民主政治，反而形成了强人独裁的暴政。这两个特征是有关联的，但彼此并非简单的相互衍生。

---

[1] Jean-Luc Nancy, "What the Arab Peoples Signify to Us," *Libération*, March 28, 2011. Gilbert Leung 译成英文：http://www.versobooks.com/blogs/455-what-the-arab-peoples-signify-to-us-by-jean-luc-nancy。

[2] "An Open Letter from Alain Badiou to Jean-Luc Nancy," April 4, 2011 (http://www.versobooks.com/blogs/463-alain-badious-open-letter-to-jean-luc-nancy).

[3] Samir Amin, "An Arab Springtime?" *Monthly Review*, June 2, 2011 (http://monthlyreview.org/commentary/2011-an-arab-springtime).

美国及其盟友在这个地区具有重要的利益（石油资源和保护以色列），需要形成有效的控制。在原则上，西方更愿意与其他国家的民主派而不是独裁者打交道，只要民主派能同样遵从西方的霸权地位。西方可以既支持民主势力又保持控制，这在许多新兴的民主国家并不困难，但这一方式在西亚和北非地区却行不通，因为这些地区长期受到帝国主义的欺凌，民主的胜利最终会生成强劲的反帝力量。眼下反政府示威抗议的主要诉求是在政治上铲除暴政。"起义的动力已经是清晰明确的，他们的目标在最经典的意义上是纯粹政治性的：自由。"但社会平等的诉求还不够清晰，民族独立自主的要求仍然沉寂。安德森认为，这是专制造成的"意识形态蜕化"的结果。但政治自由应当与社会平等结合起来，否则动乱很容易演变成旧秩序的"议会化"。而他也不相信，在这个帝国主义最明显的地区，反帝的声音会一直沉寂。这反映出安德森的期望，社会主义和反帝民族主义最终应当在阿拉伯世界再度复兴。[1]

## 占领运动：另一种民主化浪潮

民主抗争的目标不仅仅限于反对独裁专制政权，而是针对一切压制与排斥的社会政治机制。"阿拉伯之春"的风暴在秋天波及纽约。从 2011 年 9 月开始，"占领华尔街"的抗议运动以燎原之势席卷全球。而在此前，法国和西班牙已经开始了类似的占领抗议，英国伦敦发生了街头骚乱。在发达资本主义国家，经济危机与贫富悬殊的现实使一大批年轻人感到前途黯淡，充满挫折与不满。共同的愤怒终于通过新传播手段找到了集结的契机，汇成抗议的洪流，矛头首先指

---

[1] Perry Anderson, "On the Concatenation in the Arab World," *New Left Review* 68, March-April 2011.

向贪婪的金融寡头。

许多著名学者和知识分子纷纷伸出援手，或亲临抗议现场发表演讲，或在公共媒体上撰写文章。[1]他们分享的一个共同观点是，金融腐败不只关涉经济政策，在根本上更是一个政治问题，标志着西方民主制度的困境甚至危机。普林斯顿大学科尔内尔·韦斯特教授在演讲中呼吁："不可能将解决华尔街的贪婪问题转换为提出一两个具体要求。我们现在要谈的是一种民主的觉醒。"[2]

两位曾获诺贝尔奖的经济学家在占领运动中相当活跃。约瑟夫·斯蒂格利茨教授说："在我们这个民主国家中，1%的人拿走了四分之一的国民收入——这甚至是富有者也终将会后悔的不平等。"他将林肯的名句"民有、民治、民享"改成"1%有、1%治、1%享"，并将其用作文章的标题，犀利地揭示出当下的现实何等严重地背离了美国的民主理想。[3]他在10月的现场演讲中指出：在目前的金融体制中"损失是社会化的，而收益是私有化的。这不是资本主义，这不是市场经济，这是一种扭曲的经济。如果我们继续如此，我们不会实现经济增长，也不会创造出一个公正的社会"。[4]保罗·克鲁格曼在《纽约时报》的专栏中连续发表两篇文章，反驳极端保守势力对占领运动的攻击。他以经济数据为证表明，抗议者的愤怒是正当的，针对的目标是正确的。金融寡头没有为他们贪婪与欺诈的后果承担责任，反而利用他们的特权将金融危机的代价转嫁给普通纳税人。奥巴马出台的监管方案已经过于温和，却仍然遭到华尔街巨头的抱怨。现在民主党有了第二次机会重新来过。许多人批评抗议

---

1 Michael Kimmelman, "In Protest, the Power of Place," *New York Times*, October 15, 2011.
2 "Cornel West on Occupy Wall Street: It's the Makings of a U.S. Autumn Responding to the Arab Spring," September 29, 2011（http://www.democracynow.org）.
3 Joseph E. Stiglitz, "Of the 1%, by the 1%, for the 1%," *Vanity Fair*, May 2011.
4 "Stiglitz Speaks at Occupy Wall Street" (http://bwog.com/2011/10/03/stiglitz-speaks-at-occupy-wall-street/).

者缺乏具体的政策目标，他同意这方面需要改善，但认为抗议者的基本诉求是明确的，填充细节的工作应该由政治家和政策专家来承担。[1]

左翼学者在占领运动中看到更为激进的变革可能。迈克尔·哈特和安东尼奥·奈格里发表文章指出："针对公司贪婪和经济不平等的愤怒是真实而深刻的。但同样重要的是，这场抗议是针对政治代表制的缺乏或失败……如果民主（那种我们一直被赋予的民主）在经济危机的冲击下步履蹒跚，无力主张大众的意愿和利益，那么现在可能就到了这样的时刻——认定这种形式的民主已经老旧过时了"。[2] 他们在抗议运动中看到一种新颖的民主斗争的可能。

齐泽克的演讲犀利而雄辩：他没有宣称自己是一个列宁主义者，而是自称真正的民主派，但他所诉诸的民主不是资本主义的民主。他宣称，这个世界上最强劲的资本主义发生在一个没有民主的国家。

齐泽克说："这意味着当你们批判资本主义的时候，不要让自己被人讹诈说你们反对民主。民主与资本主义之间的联姻已经过去了。变革是可能的。"以民主来反对资本主义是一个吸引人的原则，但齐泽克承认，真正的困难在于"我们知道自己不要什么"，却并不清楚"我们想要什么"以及"什么样的社会组织能取代资本主义"。他不可能充分回答这些问题，但他告诫抗议者们不要只盯住腐败本身，而要着眼于批判造成腐败的体制；呼吁人们不要陶醉于狂欢节般的反抗仪式，而要严肃地思考另一种不同的生活方式,并致力于实现自己渴望的理想。[3]

---

1 Paul Krugman, "Confronting the Malefactors," *New York Times*, October 6, 2011; Paul Krugman, "Panic of the Plutocrats," *New York Times*, October 9, 2011.

2 Michael Hardt and Antonio Negri, "The Fight for 'Real Democracy' at the Heart of Occupy Wall Street," October 11, 2011 (http://www.foreignaffairs.com/).

3 "Slavoj Žižek speaks at Occupy Wall Street: Don't Fall in Love with Yourselves" (http://www.imposemagazine.com/bytes/slavoj-zizek-at-occupy-wall-street-transcript).

## 2011 年：觉醒的时刻与开放的未来

如果将"阿拉伯之春"与"纽约之秋"以及欧洲各国的抗议运动绘入一个整体图景，那么 2011 年可能会呈现为一个重要的历史时刻：《时代》周刊将"抗议者"作为年度人物，《金融时报》看到了"全球愤怒"的征兆[1]，而历史学家霍布斯鲍姆将 2011 年与 1848 年的欧洲革命相提并论……[2] 也许，这是一个政治觉醒的时刻。民众的不满从未如此迅疾而有力地转换为政治表达与行动。很明显，民众越来越严苛地要求正当的统治与有效的治理。

但新的觉醒也伴随着新的迷茫。1968 年，西方左翼将民主的希望投射给想象中的苏联社会主义。1989 年，东欧与苏联的"异见运动"在西方的自由民主政体中寻求未来的希望。而到了 2011 年，"阿拉伯之春"与"纽约之秋"的理想彼岸已经模糊不清。觉醒的民众不再接受任何独裁专制，但同时没有现存的政治模式可以完全寄托希望。如果说霍布斯鲍姆所谓"短暂的 20 世纪"在 1991 年结束了，那么二十年之后的今天，我们或许正在见证杰奥瓦尼·阿瑞基所谓的"漫长的 20 世纪"走向终结。

这或许是远比人们目前所预计的更为深刻且影响更为久远的历史转折点。托克维尔在 1848 年写道："社会正在改变面貌，人类正在改变处境，新的际遇即将到来"，而新的际遇正是重新思考未来的时刻。

劳伦斯·莱西格在 2011 年出版了新著《失落的共和》，副标题

---

[1] Gideon Rachman, "2011, the Year of Global Indignation," August 29, 2011(http://www.ft.com/).
[2] Andrew Whitehead, "Eric Hobsbawm on 2011: 'It Reminds Me of 1848...'," *BBC World Service News*, December 23, 2011 (http://www.bbc.co.uk/news/magazine-16217726).

是"金钱如何腐化了国会，以及一个停止它的方案"。[1] 五十岁的莱西格并非等闲之辈，他二十八岁前在欧美名校完成了四个学位，此后两年在最高法院担任大法官助理，然后在芝加哥大学、斯坦福大学和哈佛大学的法学院担任讲座教授，也是哈佛大学 Safra 基金会的伦理中心主任。他同时是一名活跃的政治活动家。莱西格认为，美国的金权政治问题越来越严重，无法靠政策层面的改革来解决，必须发起实质性的立宪改革。近年来他和一群学者及活动家提出"美国的第二次立宪"建议，要求"重开全国制宪会议"来修改宪法。由于美国宪法第五条的苛刻限制，实施修宪动议非常困难。9月24日，莱西格在哈佛大学法学院主持召开了"制宪会议"学术讨论会，与来自各种政治派别的学者和活动家探讨这一动议的必要性与可能性。莱西格的计划或许带有乌托邦的色彩，但这表明对美国政治进程的不满已经蔓延到全国范围，实质性立宪改革的要求开始受到人们（包括一些国会议员）的重视。[2]

福山是一位具有历史哲学意识的政治科学家，他向来注重经验事实对理论的检测与修正。他在最新一期《外交事务》上发表文章《历史的未来》，再次展现出他的思想抱负。[3] 这是对二十年前"历史终结论"的反思，也是对"未来意识形态"轮廓的新构想。的确，福山从未（如某些传言所说的那样）完全放弃"历史终结论"的理论构想，他仍然坚持"现代化逻辑"是强有力的：经济与技术的发展，催生现代政治意识的觉醒，导致普遍的民主化要求，这个进程的力量是任何特定的文化传统迟早都难以抗拒的（所谓的"阿拉伯之春"

---

1　Lawrence Lessig, *Republic, Lost: How Money Corrupts Congress—and a Plan to Stop It*, Grand Central Publishing, 2011.
2　*"Conference on the Constitutional Convention"* (Harvard Law School, September 24–25, 2011), http://conconcon.org/.
3　Francis Fukuyama, "The Future of History: Can Liberal Democracy Survive the Decline of the Middle Class?" *Foreign Affairs*, January/February 2012.

似乎再度确认这个逻辑）。福山认为自由主义民主仍然是当今世界的默认意识形态（default ideology），但他现在强调，民主化的诉求并不能直接生成健康稳定的自由民主政体，这必须依赖某些具有历史偶然性的条件。如果这些条件改变了，自由民主制将面临新的挑战。

福山分析指出，在1848年之后，对工业化国家民主运动的领导权在两种思潮之间的竞争中展开，一是致力于实质性民主的共产主义，一是信奉在法治保障个人权利的前提下扩大政治参与的自由主义。早期马克思主义者相信他们能赢得这场竞争，因为新兴工人阶级将在社会人口的数量上占据优势，最终会危及保守派和传统自由派。当工人阶级的兴起遭到非民主势力的激烈压制后，许多社会主义者放弃了形式民主而转向直接夺权。整个20世纪上半叶，进步左翼阵营有一个很强的共识：为了确保财富的平等分配，由政府控制经济制高点，对所有发达国家来说是不可避免的。社会主义被认为是代表了现代社会大多数人的意愿与利益。

但是，两种意识形态竞争出现了戏剧性的逆转。关键的变化是在服务业压倒制造业的所谓"后工业经济"时代中，工人阶级不仅在人口规模上停止增长，而且生活水准不断上升，他们进入了"中产阶级"的行列，最终转变为另一种国内的利益集团，可以利用工会来保护他们早年的辛苦所得。而在"知识经济"时代，技术创新的收益往往倾向于有才能和教育良好的社会成员，这又造成了不平等的巨大扩张。在1974年，美国最富有的1%家庭的收入占GDP的9%，而到了2007年这个比例是23.5%。作为才能与个性的自然差异的结果，社会不平等总是存在。但今天的技术会极大地放大这种自然差异。在19世纪，一个数学高手很难将自己的才能转换为资本。但在今天，他们可能成为金融操盘手或软件工程师，获取更高比例的国民财富。与此同时，在全球化的时代，以前发达国家由中产阶级从事的工作，现在完全可以在其他地方以更便宜的方式完成。

这两种趋势都导致中产阶级的衰落。如果技术与全球化的进程使得发达国家的大多数成员不能企及中产阶级的地位，就会威胁自由民主的稳定性，也会废黜民主意识形态的支配地位。而福山警告说，这种趋势已经出现了。

那么出路何在？福山自己构想了"未来的意识形态"的轮廓。在政治上，新的意识形态需要重申民主政治对经济的优势，重申政府的正当性是公共利益的体现，支持更多的再分配，有效终止利益集团对政治的支配。在经济上，新的意识形态不能单单谴责资本主义，资本主义的多样性才是重要的，政府应当帮助社会适应变迁。全球化不应当被视为无情的生活现实，而是要被理解为一种必须在政治上细心控制的挑战和机遇。不能将市场看作目的本身，而是要衡量全球贸易与投资在什么程度上对繁荣中产阶级有所贡献。新的意识形态也必须批判现代的新古典经济学及其哲学基础（包括个人偏好至上以及用总体收入来度量国民福祉）。这种批判必须注意，人们的收入未必能反映他们对社会的真实贡献。同时也要进一步承认，即便劳动力市场是有效的，才能的自然分配也未必是公平的。他相信，这些理念已经零散出现了，但需要整合为一套融贯的理论，这将是一个左右两翼的思想综合。

但这种构想更多是信念，而不是现实的写照。过去三十年，经验事实指向了相反的方向，我们有理由担忧不平等将继续恶化。在美国，财富的集中已经成为自激性的机制，金融部门利用其游说影响力来避免监管规约。如果缺乏民主动员的反向力量来矫正这种状况，社会中的所有精英都会利用政治系统的优势通道来保护自身的利益，美国精英也不例外。但如果发达国家的中产阶级仍然迷信过去一代的叙事——认为更加自由的市场和更小的国家能最好地服务于他们的利益，那这种民主动员就不会发生。"替代性的叙事是存在的，等待着被降生。"

## 欧盟危机与哈贝马斯的方案

欧元区的债务危机不只是经济问题,而且已经危及欧盟的治理机制甚至欧盟本身的存在。哈贝马斯被公认为当今欧洲最重要的思想家,他以八十二岁的高龄挺身而出,执意捍卫欧盟的政治与文化理想。

2011年6月,他联合十八位著名学者(包括鲍曼、贝克、赫尔德和莱维等)与政治家发表一封公开信,对欧盟政治的现状及其造成的长期危害深感忧虑,敦促各国政府官员担当政治领导的责任。"长期以来,欧洲领导人只是简单地应对眼前的事件,而不是直接面对危机的根源。这种就事论事的政治方式已经瓦解了欧洲的团结,在欧洲公民中造成了困惑和不信任。"公开信指出,仅仅重复"节俭"政策是无效的,欧洲领导人应当重返政治议程,提出南北欧地区人民都能接受的经济改革方案。只有新的政治才能恢复对欧洲一体化进程的信心。[1]

11月,哈贝马斯在巴黎第五大学和歌德学院发表演讲。据德国《明镜》周刊报道,哈贝马斯当时难以抑制激愤的情绪,抨击欧洲政客和技术官僚"毫无信念",只是担心失去自己的权势,不惜牺牲欧洲一体化的目标,而欧洲的公民们变成了无力的旁观者。他大声呼吁"欧洲规划不能再以这种精英模式继续下去"。他在新近出版的《论欧洲宪政》[2]一书中指出,权力从人民手中滑落,技术官僚早就在筹划一场"悄然的政变"(a quiet coup d'état)。在欧盟的三个主要机构中,欧洲议会几乎没有影响,欧盟委员会搁置立场而无所作为,而真正在《里斯本条约》中起主导作用的欧盟理事会,是一个"从事政治

---

[1] Jürgen Habermas and 18 Others, "Letter," June 22, 2011 (guardian.co.uk).
[2] Jürgen Habermas, "On Europe's Constitution - An Essay," http://www.suhrkamp.de/fr_buecher/on_europe_s_constitution-juergen_habermas_6214.pdf.

却未被授权的政府性机构"。[1] 他担心,欧盟的扩张、一体化和民主化的进程有可能发生逆转,战后一代知识分子追求与热爱的欧洲理想可能被葬送。

那么,哈贝马斯的解决方案是什么?他在《论欧洲宪政》中提出,应该为作为整体的欧洲制定一部宪法,为所有欧洲人建立公民资格和投票权。如果欧洲人既是自己国家的公民,同时又是作为整体欧洲的公民,欧盟官员将会更有效地被欧洲公民问责,而不是只对各自国家的政府负责。他主张,只有同舟共济,以更为紧密的一体化方案,才能克服当前危机中各自为政的分离趋势。

哈贝马斯的立宪方案并不意味着要以单一的"欧洲国家"来替代欧洲各个国家的政治。对于真正的民主而言,公共领域比传统的民主代表制度更为重要,因为后者更容易被利益集团操纵。他提议的新欧洲宪法和公民资格是一个推进步骤——迈向一个扩大和改进的公共领域,而不是一个超级的欧洲国家。他清楚地表明,各个民族国家在可预见的未来仍然应该保留政治实体,这有助于维护充分繁荣的理性审议的公共领域。他相信,无论他的立宪方案是否可行,回到过去那个相互竞争、彼此猜疑的民族国家的欧洲是不可思议的,也是不可接受的。[2]

## 德里克·帕菲特的哲学巨著问世

2011 年 2 月,牛津大学出版社推出了德里克·帕菲特的《论重

---

[1] Georg Diez, Habermas, "The Last European: A Philosopher's Mission to Save the EU," *Spiegel*, November 25, 2011, translated from the German by Paul Cohen (http://www.spiegel.de/international/europe/0,1518,799237,00.html).

[2] "A Quiet Coup d'Etat: Jürgen Habermas on the EU Crisis" (http://www.thebestschools.org/bestschoolsblog/2011/12/09/a-quiet-coup-detat-jurgen-habermas-eu-crisis/).

要之事》。[1] 这是长达一千四百四十页的两卷本哲学巨著。著名伦理学家彼得·辛格称这是"一个重要的哲学事件"[2]；雷丁大学哲学教授布拉德·胡克尔认为这本书"可能是自1874年西季威克的《伦理学方法》出版以来最为重要的一部道德哲学著作"[3]。

英国哲学家帕菲特于1942年出生在中国成都。他目前是牛津大学万灵学院的荣休高级研究员。他此前只在1984年出版过一本著作《理与人》，被政治学家阿兰·瑞安誉为"近乎天才之作"，由此奠定了他在英美哲学界的重要地位。《论重要之事》早已成稿，十多年来在哲学界广为流传和讨论，为此专门举办过多次工作坊和学术会议。国际分析哲学学刊《理性》(*Ratio*) 还在2009年发表过专题特刊。帕菲特征集各种回应批评，反复修改，直到这部令人期待已久的著作问世。

《论重要之事》致力于处理道德哲学中的一个核心问题：道德判断是否有客观的真假可言？帕菲特针对主观主义与虚无主义的哲学潮流，为道德客观主义做出了有力的辩护。他考察了三种主要的哲学传统（康德、契约论和效益论），论证具有普遍可接受性的道德规则最终也是可以达成最好结果的规则，因此他所阐述的"规则后果主义"能够更好地统合三种传统。著作还收录了其他四位当代哲学家的批评意见以及帕菲特的回应。这部著作可能会激发新一轮持久而深入的道德哲学探索。

---

1 Derek Parfit, *On What Matters*, Oxford University Press, 2011.
2 Peter Singer, "Does Anything Matter?" June 13, 2011 (www.project-syndicate.org).
3 Brad Hooker, "Ideas of the Century: On What Matters," *TPM: The Philosophers' Magazine*, ISSUE 50, September, 2010.

## 明星学者尼尔·弗格森引发争议

尼尔·弗格森的新书《文明：西方与其余地方》（以下简称《文明》）[1]和他以往的许多著作一样引发争议。2011年11月，印度裔英国左翼作家潘卡·米什拉在《伦敦书评》上发表长篇书评《小心这个人》[2]，尖锐批评弗格森的"白人文明优越论"。弗格森随即投书抗议，言称米什拉歪曲他的观点并影射他为"种族主义者"，要求为这一诽谤道歉。《伦敦书评》在通信版面发表了双方的两次交锋文字，仍不可开交。最后弗格森声称要诉诸法律。[3]

弗格森1964年出生于英国，毕业于牛津大学，先后在剑桥大学和牛津大学任教。2002年移居美国，前两年在纽约大学商学院教授金融历史，后在哈佛大学历史系和商学院担任讲座教授。在过去十五年间，他发表了十四部著作，其中五部被制作成系列纪录片在BBC第四频道等媒体播出。2004年他被《时代》周刊选为世界上最有影响的百名人物之一。此外，弗格森多年前就预言了美国会发生严重的金融危机，还发明了"中美国"（Chimerica）这一广为流传的新术语。

弗格森是高调而雄辩的新保守派史学家。他对帝国历史的阐述常被左翼批评者认为是"为殖民主义招魂"和"宣扬西方文明优越论"。他对此几乎直言不讳。他将《文明》一书题献给新婚的第二任妻子阿亚安·希尔西·阿里（出生在索马里的荷兰政治活动家，《流浪者》一书的作者），并在序言中写到，阿里"比我认识的任何人都更理解

---

1　Niall Ferguson, *Civilisation: The West and the Rest*, Allen Lane, 2011.
2　Pankaj Mishra, "Watch This Man," *London Review of Books*, Vol. 33, No. 21, November 3, 2011.
3　Catherine Bennett, "Why on Earth is the History Man Being Quite so Hysterical？" *The Observer*, December 4, 2011 (http://www.guardian.co.uk/commentisfree/2011/dec/04/catherine-bennett-niall-ferguson-libel).

西方文明的真实含义,以及西方文明仍然必须为这个世界提供什么"。《文明》实际上是他更早的《帝国》和《巨人》的通俗版本,试图解释为什么西方从1500年左右能够统治世界,其核心论点是西方文明有六个"杀手锏",即竞争、科学、民主、医学、消费主义和职业伦理。但他也推测西方对世界的统治可能会走向终结。

# 2010年

## 维基解密：喧哗中的辩论

在2010年，"维基解密"犹如一匹彪悍的黑马闯入政治的敏感地带。这个年仅四岁的网站此前已初露锋芒，而从今年4月开始，一系列更为"猖狂"的泄密举措，使其成为国际媒体关注的中心，6月《纽约客》还发表了长篇特写报道"维基解密"的创办人朱利安·阿桑奇。[1]这名曾经的"黑客"一举成为举世瞩目的人物。一切突如其来，匆忙的评论者使用各种标签来为之定性——民主、透明性、知情权或者无政府主义以及恐怖主义式的超限战，却未必能完全把握"维基解密"背后的含义与后果。但可以肯定，只有短视的目光才会视其为一场"恶作剧"而低估它所蕴含的政治与文化力量，也只有迟钝的头脑才会被它的"反美面目"所迷惑而暗自庆幸。

无论在政府层面还是在思想界，对"维基解密"的反应是多样的，

---

1 Raffi Khatchadourian, "No Secrets: Julian Assange's Mission for Total Transparency," *New Yorker*, June 7, 2010.

也并不完全符合惯常的政治分界线。大多数国家还在观望，而急于表态的政府可能会失之草率。俄罗斯总统办公室在12月发布一项声明，呼吁非政府组织考虑提名阿桑奇为诺贝尔和平奖候选人。俄罗斯驻北约特使德米特里·罗戈津甚至将阿桑奇在瑞典受到性侵犯指控的事件看作"西方没有新闻自由"的证据。但阿桑奇却对莫斯科一家报纸提出忠告："请克里姆林宫最好能稳住自己，准备迎接'维基解密'下一波针对俄罗斯的揭露。"美国和伊朗竟奇异地处在同一条批评阵线。美国国务卿希拉里·克林顿谴责其对美国外交电文的泄露"不仅是对美国外交政策利益的攻击，也是对国际共同体的攻击"。众议院国土安全委员会主席彼得·金主张将"维基解密"列入"外国恐怖组织"名单。而伊朗总统内贾德也指责，"维基解密"的行动是一场毫无价值的恶作剧，所公布的文件是"美国政府有计划准备和公布的"，为的是败坏伊朗政府的名誉，挑拨伊朗与周边地区国家的关系。[1]

西方知识界的相关辩论已经开始，自由派（左派）内部也出现了分歧。左翼斗士乔姆斯基不出所料地站在阿桑奇一边。在接受"即刻民主"网站的访谈中，乔姆斯基回顾了他在1971年帮助丹尼尔·艾尔斯伯格解密五角大楼文件的经历，指出此事件与"维基解密"的共同性——"有些事情，美国人应当知晓，而政府不让他们知道"[2]。在支持澳大利亚民众为捍卫"维基解密"所发起的抗议示威的一份声明中，他还指出，"阿桑奇是在履行他的公民义务，勇敢而光荣"。反抗当权者的压制"应当成为珍视自由与民主的人们的首要关切"。[3]

---

[1] 参见 http://en.wikipedia.org/wiki/WikiLeaks。
[2] Noam Chomsky: *WikiLeaks Cables Reveal* "Profound Hatred for Democracy on the Part of Our Political Leadership," *Democracy Now!*, November 30, 2010 (http://www.democracynow.org).
[3] "Noam Chomsky Backs Wikileaks Protests in Australia," *Green Left Weekly*, December 10, 2010 (http://www.greenleft.org.au).

著名电影人（《华氏911》的导演）迈克尔·摩尔在伦敦法院为保释阿桑奇捐资两万美元，并发表一项声明。他认为，若是在2002年就有"维基解密"来曝光内幕，那么基于谎言而发动的伊拉克战争就未必能开始，因为开战的条件是"谎言能被保密"。而正是因为"暴露和羞辱了那些想要掩盖真相的人"，"维基解密"才会遭受如此恶毒的攻击。"维基解密"之所以存在，部分原因是主流媒体在履行责任中的失职。但下一次战争也许就没那么容易发动了，因为局面翻转过来——"老大哥"正在受到我们的监视！开放性、透明性是公民仅有的保护自己对抗权势与腐败的武器。摩尔承认"维基解密"可能会对外交谈判以及美国的利益造成意外的伤害，但他辩护说，这是一个用谎言将我们带入战争的政府所支付的代价。[1]

聪明而博学的意大利作家翁贝托·埃科在法国《解放报》发表评论，以他擅长的迂回笔法指出，"维基解密"所揭露的秘密实际上都在人们的意料之中，因此解密最终变成了一个"假冒的丑闻"（bogus scandal）。也就是说，只有你假装对主导着国家、公民与新闻界之间的关系的那种伪善一无所知，才会被泄密所震惊，才会感到这是一桩丑闻。但是，公开泄密仍然是对这种伪善责任的一种破坏。美国外交的力量依靠那种煞有介事的秘密，如果秘密被发现是空洞的，那就等于剥夺了这种力量。无论这篇文章多么曲折，狡黠的埃科与愤怒的摩尔同样看到关键的一点，一种翻转的奥威尔寓言——"老大哥"也正在被公民们监视！[2]

英国自由左派网络杂志 *Spiked* 刊登一组文章对"维基解密"提出批评，其中著名知识分子、肯特大学社会学家弗兰克·富里迪的文章最为犀利。他在标题中就点明了自己的批判观点："这不是新闻

---

1 Michael Moore, "Why I'm Posting Bail Money for Julian Assange," December 14, 2010.
2 Umberto Eco, "Not such Wicked Leaks Libération," December 2, 2010. 英文翻译参照 http://www.presseurop.eu/en/content/article/414871-not-such-wicked-leaks。

业，这是窥视癖。"富里迪认为，无论是第一次世界大战期间布尔什维克党人公布沙俄与外国势力的秘密通讯，还是 1971 年丹尼尔·艾尔斯伯格向《纽约时报》透露五角大楼文件，都显示了清晰的社会或政治目标。而"维基解密"所提供的信息并不是致力于这种高贵的目的，它只是"为了羞辱和播种混乱"。表面上，它对公众知情权的主张肯认了民主精神，但在这一事件中，"'知情权'这一观念实际上关涉的是对人们的想象所做的讽刺性操纵，那些支离破碎、易于消费的窥视癖式的流言蜚语，被重新铸造为提供公共服务的真相的重大部分。但公众需要政治问责和严肃的辩论，而不需要那样一种权利，去闻政府官员脏衣服的味道"。富里迪批评某些高水准的报纸对"维基解密"的赞誉，认为这是"一种犬儒式的企图，将窥视癖变为一种美德"，透露出"当代公共生活的道德与文化规范"的危机。[1]

美国知识界的重要刊物《新共和》在其网站上对这一事件发表了大量评论[2]，其中哥伦比亚大学新闻学教授、20 世纪 60 年代左翼学生运动领袖托德·吉特林最为活跃。他在一封致美国总统和司法部长的联署公开信上签名，抗议司法部依据《反间谍法》对阿桑奇展开调查和起诉的动议。但吉特林也对外交电文的泄密事件提出批评，指责其极端的无政府主义倾向。他认为，只要国家存在就会有外交，而有外交就会有机密。阿桑奇的方式"不是主张应该向国家施压去改进它做得很差的地方，而是主张国家就不应该存在"。[3]吉特林的文章遭到格伦·格林沃尔德的反驳，彼此发生了多个回合的交锋。

---

[1] Frank Furedi, "WikiLeaks: This Isn't Journalism . It's Voyeurism," *Spiked*, November 30, 2010 (http://www.spiked-online.com).
[2] 参见 http://www.tnr.com/topics/wikileaks。
[3] Todd Gitlin, "Everything Is Data, but Data Isn't Everything," December 7, 2010. (http://www.tnr.com).

格林沃尔德是美国的宪法律师、政论作家以及著名网络杂志《沙龙》的主要作者，也在公共讨论中成为"维基解密"最强劲的辩护者之一。他特别反驳了那种最流行的批评："维基解密"不加区别地将海量机密信息"倾倒"在网络上，只是追求暴露的轰动效应，实际上对改变强权与腐败的政治无济于事。格林沃尔德引用事实指出：所谓"不加区别的泄密"完全是误传，"维基解密"至今只是有选择地发布了所掌握的文件中极其微小的一部分，而且已经与欧美五大报刊（英国《卫报》、美国《纽约时报》、德国《明镜》、法国《世界报》和西班牙《国家报》）形成合作伙伴关系，专业人员介入了筛选和编辑的过程，包括为保护个人隐私而做的必要删节。就反抗密谋政治的目标而论，阿桑奇的确只是做了自己该做的事情，他并不具有制止战争的职责和能力。的确，"维基解密"仅仅做了一部分而不是所有重要的事情，但这能构成指责它的理由吗？[1]

新技术时代正在展开其超出人们想象的可能性：一种非国家的、个人的组织能够形成以弱制强的政治与文化力量。这可以表现为恐怖主义的攻击，也可以表现为民主性的力量。"维基解密"无论有多少值得商榷与改进之处，都代表了对权力和信息垄断的颠覆，对密谋政治的挑衅。这不只是对美国的威胁，它挑战的目标甚至不只是国家，而是针对一切有权势的机构（"美洲银行"已经成为下一个解密目标）。阿桑奇所诉求的那种没有秘密的权力，那种极端民主、完全开放、全然透明的政治，终将是一个乌托邦式的幻想，但这种政治介入方式已经开始改变传统的"权力地形图"。也许，在一个新技术与民主化的时代，强势者不得不严肃地对待来自公民的新生力量。

---

[1] "Is WikiLeaks' Julian Assange a Hero? Glenn Greenwald Debates Steven Aftergood of Secrecy News," *Democracy Now!* December 3, 2010 (http://www.democracynow.org).

## 《经济学人》刊登中国特别报道

英国著名杂志《经济学人》(12月4日印刷版)以罕见的醒目方式，刊登一篇长达十四页的关于中国的特别报道，并在12月2日的网络版上全文发布，引起广泛关注，《福布斯》等媒体网站迅速作出评论与回应。这篇报道的导引文章以《正在崛起之中国的危险》为题，作为"封面故事"推出，[1]有宣扬"中国威胁论"之嫌，但报道的多数内容是力图深度分析"中国在世界中的位置"（原题为"A Special Report on China's Place in the World"）。

在整个世界历史进程中，大国的崛起几乎总是伴随着暴力冲突与战争，中国是否真的会如其承诺的那样"和平崛起"——这是国际社会普遍关切的问题。导引文章试图刻画中国形象的两面性：一方面中国致力于让"焦虑的世界"安心，另一方面"通情达理的中国时而会让位于好斗的中国"。历史经验显示，两个大国之间的关系往往决定了世界是否和平（有英国与美国这样的正面例子，也有英国与德国这样的反面例子），因此今天中国和美国的关系对世界局势至关重要。虽然迄今为止情况还相当不错，因为中国全心投入经济发展，而美国着眼于反恐战争，但两国之间仍然互相猜疑，"中国将美国视为一个终将会阻碍自己崛起的衰退中的强国，而美国则担心中国的民族主义在重振的经济与军事力量的推动下会伸张自己"。作者指出，对中美必将发生冲突的悲观主义看法或许不无道理，但"中国未必成为一个敌人"，因为许多证据表明，一个稳定的世界对两国都更为有利。而"最会让中国变成敌人的做法就是将它当作一个敌人来对待"。历史表明，"如果兴起中的强国相信它能不受阻碍地崛起，而当道的强国也相信它对世界的运作不会受到根本的威胁，那么超

---

[1] Edward Carr, "The Dangers of a Rising China," *The Economist*, December 4, 2010, p. 13.

级大国就可以和平共处"。因此，实现世界和平与发展的关键在于增强大国之间的彼此信任。较之历史上的强国，中美两国具有一种后知之明的优势："它们都见证了20世纪灾难性的错误，而确保21世纪不再重蹈覆辙也将取决于它们。"

报道的主题分为六篇文章。[1] 首篇《卧薪尝胆》("Brushwood and Gall")以著名的中国典故"越王勾践卧薪尝胆"开始，暗示中国人的隐忍之心与雪耻情结，但作者随即援引哈佛大学柯文（Paul Cohen）教授对这一典故的新阐释——当今中国将勾践精神理解为"自我改进与奉献，而不是复仇"。中国反复宣称其崛起不会对世界构成威胁，而其他国家（尤其是美国）对此仍心有余悸，未来的前景包含着一定的不确定性。《第四个现代化》("The Fourth Modernisation")一文着眼于分析中国军事现代化的进程及其困难，以及对中美军事力量对比的意义。《悬而未决》("In the Balance")一文讨论中国日益增长的影响力在日本和印度等亚洲国家所引起的复杂反应。《朋友，或其他》("Friends, or Else")一文探讨美国对华外交政策及其内在矛盾——美国希望与中国发展经贸合作，也希望中国在处理国际问题中发挥更为积极的作用，但同时又担忧自己的地位会受到中国增长的经济和军事力量的威胁。这种伙伴和对手的双重关系困扰着美国。但美国不可能以冷战时代遏制苏联的方式来应对中国，因为这会付出过高的代价，而结局会是两败俱伤。因此，"承受中国的崛起，是对美国外交前所未有的考验"。《更少韬光养晦》("Less Biding and Hiding")一文探讨了中国在维护其核心利益方面表现出的决绝倾向，但文章指出，民族主义的高涨有时也会困扰中国的外交事务。如果一切妥协都被看作软弱或投降，那么大国外交

---

[1] Edward Carr, "Special Report: China's Place in the World," *The Economist*, December 4, 2010, p. 52.

就很少有回旋余地，而过于强硬的立场又会使周边国家感受到威胁，使"和平崛起"的承诺遭到怀疑。

报道以《战略信心保障》（"Strategic Reassurance"）一文收尾。作者认为，中美之间分享着许多重要目标（国际稳定、防止核扩散以及经济发展等），而和平共处最有利于实现这些共同目标。文章继而对消除两国之间猜疑的方式提出十点建议，包括美国应自愿放弃在核攻击方面的优势，维持在西太平洋地区的常规军事优势；中美两国应当在军事准则方面加强对话合作；亚洲需要形成预防海洋争端升级的规则；美国必须更为一致地遵守自己信奉的国际规则；中国应该防止恶性民族主义的流布；中美都应当致力于运用多边外交；亚洲国家需要清理盘根错节的区域安全组织，也需要在非传统安全领域付出更多的努力。报道以首尾呼应的方式回到越王勾践的故事——赢得胜利后的勾践在得意忘形中沦为一个暴君。但这并不意味着中国的崛起注定会造成与世界其他地区的对抗或冲突。作者再次强调，勾践的故事有多重阐释，"而未来，一如这个故事，是我们造就的"。

这篇报道由资深记者爱德华·卡尔采写。在其"来源与致谢"中，他给出了一份来自不同国家、持有各种立场与观点的二十六位学者专家的名单（其中有四位海内外华人）。报道有大量的实例分析与名家观点相呼应。显然，中国在世界中的位置已经越来越重要，任何简单化的褒贬都无济于事。这篇报道对中国问题的分析注重多重维度，尽量避免简单武断的判断。

**道德与理性：跨学科的对话**

坦普尔顿基金会以赞助科学与宗教问题研究而闻名，其"大问题对话"（The Big Questions Conversations）系列，每年邀请十多位著名学者与公共人物，就"经久不衰而备受争议的"重大问题做出书面回应，在知识界越来越引人注目。2010年第六届大问题对话的主题是"道德行动是否依赖于理性推论"。十三位来自不同的学科领域（神经科学、心理学、哲学、文化研究和神学）的作者，就这一问题各抒己见，汇编为一部五十多页的文集在春季发布。[1]《大西洋月刊》《探索》《新科学家》《纽约书评》与《纽约客》等英美报刊媒体予以报道。

哈佛大学哲学教授克里斯蒂娜·科尔斯戈德相信，在大多数日常情景中，我们的思想与行动主要是意识的结果。普林斯顿大学政治与法学理论家罗伯特·乔治认为，在道德行动中我们常常追求那些表面上"没有好处"的目标，它们的"内在价值"必定来自我们基于理性的理解。他们都坚持理性思考对道德行为的重要作用。而加州大学心智研究中心主任迈克尔·加扎尼加持有不同看法。他指出，最近脑科学研究的进展显示，道德决定的过程发生在大脑有意识的自觉之前。著名哲学家和作家丽贝卡·戈德斯坦认为，道德情感是人类进化的产物，但需要理性才得以充分发展为完整的道德感，因此"没有道德情感的理性是空洞的，而没有理性的道德情感是盲目的"。大多数作者承认理性对道德行动的影响，但认为这种影响是有限的。英国犹太教首席拉比乔纳森·萨克斯写道："启蒙思想的重大错误之一就是低估了非理性力量的威力，这种力量是我们基因遗传的一部分。"人们道德直觉的起源与本质是什么？我们在多大程度上有意识地控制我们的道德行为？这是古老的哲学问题，同时具有重大的现实意义。而脑科学、神经科学与认知心理学的新近发展，正

---

1  "Does Moral Action Depend on Reasoning? Thirteen Views on the Question," Spring 2010 (www.templeton.org/reason).

在为这个问题打开新的视野,这也要求哲学家和神学家重新思考他们长期坚持的许多假设。

## 重新思考社会主义

美国左翼杂志《异议》在其五十多年的历史中一直致力于促进社会主义的民主理想。今年夏季号的《异议》杂志发表论社会主义的专题讨论[1],引起思想界的关注,英国《独立报》等媒体予以报道和评论。

在专题的导言中,杂志共同主编迈克尔·卡津指出,20世纪的历史使"社会主义在全球胜利"的信心受到挫折,但我们仍然相信,社会主义的民主远景值得被重新认识并付诸实践。专题讨论包括四篇文章,从不同的角度讨论了社会主义在今天的意义,并对其未来应有的形态阐发了各自的看法。政治学家雪莉·伯曼指出,社会民主派曾在20世纪的欧洲有过辉煌的岁月,他们如果能将市场的动力机制与促进跨民族的团结和平等权利相结合,就有可能再创辉煌。著名左翼历史学家、《新左派评论》前主编罗宾·布莱克本认为,当前的财政危机可能会导致经济民主的复兴,但条件是社会民主派能够推动各种可靠的矫正措施,这些措施并不单纯依赖民族国家,而是能提升与地方社群共享的权力。政治活动家杰克·克拉克曾担任美国"民主社会主义者组委会"书记,他在文章中提出了各种革新的实践方式,寻求提供体面的、对环境负责的住房与就业,以及对华尔街势力的严格控制。政治哲学家沃尔泽在文章中辨析了社会主义的三个主要特征——政治民主、国家对市场的调控,以及提供

---

[1] "Symposium on Socialism," *Dissent*, Summer 2010.

福利和公共服务。他同时指出，应当将社会主义理解为"总是在造就中"的事业远景，而不是一种有待建成的体制。即便这种远景永远无法完全变成现实，它仍然是一种"最为人道、最令人振奋的道路"，我们由此不断迈向"我们所梦想的社会"。[1]

## 《流浪者》引发文化争论

阿亚安·希尔西·阿里大概是当今西方最有影响，也最富有争议的伊斯兰流亡者。今年5月，自由出版社推出了阿里的自传新作《流浪者——从伊斯兰到美国：一段历经文明冲突的个人旅程》（以下简称《流浪者》）[2]，使她再度成为焦点人物，也激发了关于文化多元主义的争论。

阿里1969年出生在索马里，儿时随家人在多个非洲国家流亡。她曾是穆斯林教徒，按照习俗接受女性"割礼"。1992年为了抗拒父亲安排的与陌生男子的婚事，阿里从肯尼亚逃往荷兰，改换姓名，编造履历，获准以难民身份定居。她后来进入莱顿大学攻读政治学，获得硕士学位，取得了荷兰国籍。大约在2002年，阿里放弃了对伊斯兰教的信仰，成为一个无神论的女性主义活动家，并在2003年当选为荷兰国会议员，曾多次入选全球最有影响的百位知识分子。她曾与荷兰电影人特奥·梵高（著名印象派画家梵高的曾侄孙）合作制作一部短片《屈从》（*Submission*），揭示伊斯兰社会中女性的悲

---

[1] Michael Kazin, "Introduction"; Sheri Berman, "What Happened to the European Left?"; Robin Blackburn, "Socialism and the Current Crisis"; Jack Clark, "What Would a Real Socialist President Do?"; Michael Walzer, "Which Socialism?" *Dissent*, Summer 2010, pp. 23-43.

[2] Ayaan Hirsi Ali, *NOMAD: From Islam to America: A Personal Journey Through the Clash of Civilizations,* Free Press, 2010.

惨遭遇，引起强烈反响。2004年11月，特奥·梵高遭到伊斯兰极端分子的暗杀，尸体的匕首上留有一份死亡威胁名单，阿里的名字也在其中。这一事件当时激起了荷兰的反移民浪潮。2006年，阿里在申请难民时作假的问题被曝光，她在争议中辞去了议员的职务，从荷兰移民美国。

在《流浪者》一书中，阿里一如既往地以亲身经历对伊斯兰文化中的黑暗面予以公开而尖锐的抨击，引人注目的同时也备受争议。西方的自由派与左派知识分子对她持有犹疑不决的评价。《纽约时报》刊登著名专栏作家、两次普利策奖获得者纪思道的书评文章。作者赞扬她的勇气，又批评她对伊斯兰文化以偏概全的过激之辞。[1] 但是，所有文化究竟是不是一律平等？这个问题始终会困扰那些既坚持普遍人道标准，又反对西方文化霸权的自由派人士。而阿里的立场要鲜明得多，《流浪者》中有这样一段告白："所有的人都是平等的，但并非所有的文化和宗教都是平等的。一种赞扬女性气质、认为女人是她们自己生活的主人的文化，要好过那种对女孩实施生殖器割礼、将她们禁闭于围墙或面纱之后或因为她们陷入爱情而予以鞭挞和投石的文化……西方启蒙的文化是更好的。"著名作家苏珊·雅各比在一篇评论中引用了这个段落，并坦言她自己是"费尽艰难才懂得了这段话中的一些道理，但这是许多西方的好心人难以接受的"。[2]

## 新视野下的罗尔斯研究

今年12月，由意大利罗马国际社会科学自由大学和约翰·卡波

---

[1] Nicholas D. Kristof, "The Gadfly," *New York Times*, May 30, 2010, p. BR22.
[2] Susan Jacoby, "Multiculturalism and Its Discontents," Big Questions Online, August 19, 2010 (http://www.bigquestionsonline.com).

特大学联合主办的为期三天的国际学术研讨会在罗马召开，吸引了来自欧美各地的三十多位著名学者参加。会议的主题是"在罗尔斯与宗教之间：后世俗时代的自由主义"。[1] 这标志着罗尔斯"宗教文稿"出版之后在学术界引发的新的研究动向。[2]

理性与启示的关系是西方思想传统的核心问题之一，而在现代社会中，如何处理政治自由主义与宗教信仰之间的紧张也成为公共哲学的主题。约翰·罗尔斯是20世纪政治自由主义的主要思想家，但他是否恰当地处理了宗教经验在民主社会中的位置，是争议的焦点之一。罗尔斯生前很少谈论自己的宗教观点，但在他2002年去世后不久，普林斯顿大学的一位宗教学教授发现了罗尔斯在1942年写下的一篇关于基督教伦理的论文，题目是《对原罪与信仰之意义的简要探寻》。罗尔斯当时甚至计划在战后从事神学研究。在罗尔斯的遗稿中还发现了一篇从未公开的短文《关于我的宗教》。哈佛大学出版社在去年将两篇文章合起来出版。[3] 约书亚·科恩和托马斯·内格尔在序言中指出，罗尔斯不同于许多对宗教漠视或知之甚少的自由主义者，他的自由主义理论强调宗教信仰的重要性。

罗尔斯在早期"宗教文稿"中体现出对社群的高度重视，对孤立的个人主义以及对传统契约论思想的严厉批判。这表明曾经指责他"忽视了人们根本的社会属性"的批评意见是多么轻率。新视角下的罗尔斯研究，关注宗教在民主社会中的位置、宗教教义与"公共理性"之间的关系，以及宗教与公共生活的界限等问题。这也是这次罗马国际会议的主要议题。

---

[1] 会议议程参见 http://www.luiss.edu/dptssp/node/143/。

[2] 参见 Kwame Anthony Appiah, "Religious Faith and John Rawls," *The New York Review of Books*, Vol. 57, No. 19, December 9, 2010, pp. 51-52。

[3] John Rawls, *A Brief Inquiry into the Meaning of Sin and Faith (with "On My Religion")*, Thomas Nagel (ed.), Harvard University Press, 2009.

# 2009年

### 新资本主义还是新世界？

距离"二月事件"不到二十年，世界经济出现了严重的危机。今年5月，著名法律经济学家理查德·波斯纳出版了新著，其书名点出了他对这场经济危机的诊断：这是"资本主义的一场失败"（中译本将书名做了更为耸动的修饰，译作"资本主义的失败"）。[1] 反讽的是，1989年的幻灭感似乎在二十年后再度出现，却是以"命运逆转"（reversal of fortune）的方式指向"资本主义"——这个许多人曾天真而热烈地寄予的希望。在历经了双重幻灭之后，未来的希望何在？人们是否会像二十年前"拥抱资本主义"那样热切地投身于对社会主义的期望？

2009年的西方思想界，既有对"复兴社会主义"的呼吁，也有对"改造资本主义"的诉求。但是，无论是"复兴"还是"改造"，

---

[1] Richard Posner, *A Failure of Capitalism: The Crisis of '08 and the Descent into Depression*, Harvard University, 2009. 中译本为《资本主义的失败：〇八危机与经济萧条的降临》，沈明译，北京大学出版社，2009年。

都必须面对曾经的历史教训。左翼（托派）理论家艾伦·伍兹认为，当前的危机显示，人民需要的不是资本主义而是社会主义，但不是那种官僚集权式的社会主义。我们需要返回"真正的民主社会主义——马克思、恩格斯、李卜克内西和罗莎·卢森堡的社会主义"[1]。同样，许多资本主义的辩护者，也诉诸"理想的"而非"现实存在的"（也是陷入危机的）资本主义。在新的思想辩论中，每一方都将现实中的失败归咎于（社会主义或资本主义的）不良"变种"，而其"纯正的"版本似乎永远立于不败之地。"冷战思维"作为一种认知模式与政治想象，并没有随着柏林墙的崩塌而消失，甚至深藏在许多冷战思维指控者自身的批判意识中。但我们仍然需要这类标签吗？或者，我们应当给旧的标签赋予新的意义？

2009年1月，巴黎举办题为"新资本主义、新世界"高峰论坛。欧洲许多政要（包括法国总统萨科奇、英国前首相布莱尔和德国总理默克尔）以及一些国际著名学者参加了这次论坛。政要们竞相发表改良资本主义的各种见解，但与会的阿马蒂亚·森提出了更切中要害的问题："我们应当寻求一种'新资本主义'，还是一个'新世界'？"在他看来，"资本主义这一理念在历史上确实具有重要的作用，但到了今天，其有效性很可能基本耗尽了"。他通过对亚当·斯密的重新解读发现，斯密等早期思想家所主张的市场观念与当代流行的资本主义模式具有两个重要的区别：他们"没有将纯粹的市场机制当作一种独立的最优运行者，也没有将利润驱动当作所需的一切"。森主张，我们必须同时把握斯密的两个思想要义：一是对市场运作有限度的肯定，一是对市场自足性和唯利润主义的批判。这意味着我们所寻求的不是一种新的资本主义，甚至不是经过凯恩斯主

---

[1] Alan Woods, "The Fall of the Berlin Wall: 20 Years Later," October 19, 2009 (http://www.marxist.com).

义平衡的资本主义，因为凯恩斯主要关注的仍然是稳定市场波动，很少论及公共服务和社会公正。我们必须基于对市场、社会和国家各种机制的清醒认识，来寻求一种新的更正派的经济世界。[1]森的言下之意是，如果仍然信奉市场自足性与利润最大化是资本主义的核心要旨，那么资本主义的任何改良版本都不是我们所寻求的"新世界"。

## 备受瞩目的中国模式

在柏林墙纪念活动的"多米诺骨牌"表演中出现了意味深长的一幕：相继倒下的九百九十九块骨牌，最后停在一块没有倒下的汉字石碑上（上面刻着陆游的《钗头凤》）。这或许暗示或象征了中国是社会主义最后的中流砥柱，屹立不倒。中国三十年来的持续高速发展也许是冷战后最出乎西方预料的一个现象。中国似乎摆脱了非此即彼的选择：它是社会主义的，又是市场经济的，它是全球化的，又是中国特色的，超出了二元对立的视野。在 2009 年，西方知识界对中国崛起的讨论更趋热烈。

2 月下旬，Glasshouse 论坛在巴黎郊外举办了一个学术高峰会议，邀请了十多位中外著名学者讨论是否存在一个"中国模式"。有学者认为，以中国所处的发展阶段以及目前存在的各种问题而论，现在就宣布存在所谓"中国模式"为时尚早。而大多数学者都承认，无论是否称得上"模式"，中国独特的发展经验值得高度重视，而且具有全球性的影响。许多与会者对中国经验的示范意义以及未来的前

---

[1] Amartya Sen, "Capitalism Beyond the Crisis," *The New York Review of Books*, Vol. 56, No. 5, March 26, 2009.

景仍然存在分歧。[1]

美国《国家利益》杂志今年两次刊登有关中国崛起的辩论。在《龙来了》的标题下，范亚伦与罗伯特·罗斯就"中国是一种军事威胁吗"展开辩论。文章的引言如是写道："一种威胁在东方隐约迫近。中国的军事力量正在前所未有地增长，或许不久就会使我们失去太平洋霸主的地位。但北京真的怀有统治世界的幻想吗？"罗斯认为，美国的创新和同盟关系将阻止中国的进展，而范亚伦则相信，华盛顿在21世纪的这场军备竞赛中危险地落后了。整个讨论透露出"中国威胁论"的气氛，双方关切的焦点在于中国是否会在军事上领先美国，而很少考虑中国军事的强大对促进世界和平与发展的可能。[2] 在另一次题为"中国的颜色"的讨论中，裴敏欣和乔纳森·安德森就中国经济的前景展开激烈辩论。裴敏欣持较为悲观的态度，他认为，环境污染、大规模基础建设的隐患、发展的社会成本过高以及发展失衡等可能会带来严重的负面效应，对此不可低估。他的基本判断是："如果中国不做必要的变革，将会面对远比低速增长要严重得多的后果。"而安德森则相信，中国GDP势不可挡的增长力量会继续走强，甚至会打破世界纪录。在未来十到二十年内，中国出现经济滑坡的可能性要比大多数人预计的低得多。他在回应中写道："要想证明中国的崛起终将失败，仅仅含糊地指出发展的失衡或断言其经济不能完全维持原先的增长是远远不够的。这需要发生一场能将中国推出发展轨道很长时间的、明确的、根本性的危机，而且危机还要及时发生，在五到十年之内。"安德森确信，虽然裴敏欣指出了中国经济在长期发展中面临的种种挑战，但完全没能证明存在那个正在逼近

---

[1] 此次讨论会制作了视频记录：http://www.glasshouseforum.org/news_film_chinamodel_complete.html。

[2] Aaron L. Friedberg and Robert S. Ross, "Here Be Dragons: Is China a Military Threat?" *The National Interest*, September/October Issue, 2009.

的危机。[1]

日本《中央公论》今年9月号刊登日裔美籍学者福山关于中国问题的演讲和访谈。福山指出，中国的政治文明具有独特的传统，并对亚洲地区的现代化发展产生了深远的影响，"这是支撑了第二次世界大战后的东亚经济奇迹的宝贵传统"。他相当重视中国三十年来的发展经验，认为其长期的结果是检测"历史终结论"的重要案例。同时，他也强调指出，"真正的现代政治制度除了强大的有能力的国家机构外，还需要同时具备法治和问责"。建立这种现代政治秩序会经历挫折，过程也会是漫长的。但从长远看来，这个过程是必需的。[2]

马丁·雅克今年的新著《当中国统治世界：西方世界的衰落与中国的崛起》格外引人注目。英国版在6月发行后，11月又推出美国版（书名的副题略有改动）。[3] 著名史学家霍布斯鲍姆为其背书，重要的西方报刊纷纷发表了书评和讨论。作者本人受邀在世界各地的许多机构演讲，频频接受媒体（包括CCTV）访谈。有评论注意到书名的用词：使用"当"而非"如果"，意味着"中国统治世界"已经不是"会不会"的问题，而是迟早要来临的现实，其结果将是（副标题中的）"西方世界的终结"。雅克承认，之所以使用有些"耸人听闻"的书名，是针对流行的观念发出告诫与警醒之声：西方人已习惯用自己的认知框架来理解中国，而且想当然地将自身的历史发展看作普遍必然的现代性模式，但这完全是误解和幻觉。他指出，中国不

---

[1] Minxin Pei and Jonathan Anderson, "The Color of China," *The National Interest*, March/April Issue, 2009.
[2] "日本よ中国の世 に向き合え"（《中央公论》2009/09月号）。此文由东京大学王前先生翻译为中文，供笔者参考援引，特此感谢。
[3] Martin Jacques, *When China Rules the World: The Rise of the Middle Kingdom and the End of the Western World*, Allen Lane, 2009; *When China Rules the World: The End of the Western World and the Birth of a New Global Order*, Penguin Press, 2009. 英国版的副题为"中央王国的兴起与西方世界的终结"；美国版的副标题改为"西方世界的终结与一种新全球秩序的诞生"。

是西方所熟悉的"民族国家",而是一个"文明国家"。中国独特的传统历久弥新,随着目前难以阻挡的迅猛发展态势,将在2050年成为主导世界的最强大的国家。他预言,如果说英国曾是海上霸主,美国是空中霸主和经济霸主,那么中国将成为文化霸主,会开创一种不同于西方的现代性模式,并根本地改变目前的世界格局。到那个时候,"人民币将取代美元成为世界的储备货币;上海作为金融中心的光彩将使纽约和伦敦黯然失色;欧洲国家成为昔日辉煌的遗迹,与今天的雅典和罗马类似;全球公民将使用普通话会多于(至少等于)使用英语;孔子的思想将变得和柏拉图的思想一样为人熟知"。那么,所谓"中国统治世界"或者"西方世界的终结"究竟意味着什么呢?雅克的论述似乎在"中国主宰"与"世界多元化"这两种景象之间摇摆不定。一方面,"时间不会使中国更西方化,而会使西方以及世界更中国化";另一方面,彼此竞争的多种现代性模式仍然共存,西方人可能会看更多的中国电影、学习汉语、阅读更多的"孔夫子",而中国人会更多地学习莎士比亚。[1]

雅克的著作也受到许多尖锐的批评。英国评论家威尔·赫顿[2]在《卫报》发表书评,题为《中国处于危机而不是在上升》。与雅克的观点完全相左,赫顿认为,由于认同的不确定性以及经济中隐含的脆弱性,中国无论在硬实力还是在软实力方面都不可能获得霸主地位。"中国同时是巨大而贫穷的、强有力而弱小的……"[3]

美国政治学家黎安友在评论中指出,雅克的著作是一部危言耸听之作,其中充满犹豫不定的论述。作者说"中国最终注定要成为首要的全球性强国",又说中国形成的挑战"是文化的"而不是政

---

[1] "Enter the Dragon," *The Economist*, Vol. 392, Issue 8639, July 11, 2009, pp. 83-84.
[2] 赫顿在两年前曾发表颇有影响的著作《不祥之兆:21世纪的中国和西方》:*The Writing on the Wall: China and the West in the 21st Century,* Little, Brown Book Group Limited, 2007。
[3] Will Hutton, "China is in Crisis, not in the Ascendant," *Guardian*, June 21, 2009.

治或军事的,"在未来二十年中,中国实质上仍然是维持现状的力量"。但最终,"中国将以它自己的形象重新塑造世界"。黎安友认为,雅克论述混乱的根本原因在于他企图传达某种实际上不存在的东西——中国所特有的"中国性"。黎安友反对"夸张的特殊主义立场",指出在讨论政治与外交事务的抽象层面上,中国文化与俄罗斯、法国或美国的没有多少根本的差异——"所有这些国家都为自身历史感到骄傲、都注重家庭的价值、都偏爱社会秩序和寻求国家安全"。而中国传统也不是铁板一块,其文化内部并不比其他文化更为统一。与其他社会的民众一样,中国人之间也存在对根本价值的分歧和争议。[1] 在另一篇题为《当中国成为第一》的文章中,黎安友指出:"就历史意义而言,中国将成为一种新型的首领(第一)。中国的支配地位既不是基于技术上的优势,也不是基于殖民其他国家的能力,而主要是基于其人口状况——中国成为最大的经济体只是因为它有最多的人口。而就人均水平而言,中国在可预知的未来仍然是相对贫穷的国家。"[2]

## 达尔文进化论:在争议与误解中传播普及

在近代科学历史上,查尔斯·达尔文的贡献几乎无可匹敌。进化论具有世界性的、经久不衰的深远影响,它不仅是关于整个生物界生存演化的自然科学,而且对社会科学、宗教和文化领域以及公众的世界观,都产生了难以估量的冲击和启示。今年,适逢达尔文

---

[1] Andrew J. Nathan, "The Truth about China," *The National Interest*, January/February Issue, 2010.

[2] Andrew J. Nathan, "When China Is No. 1," in *What Matters: Ten Questions That Will Shape Our Future*, McKinsey & Company, 2009, pp. 152-154.

二百周年诞辰（2月12日）与《物种起源》发表一百五十周年（11月24日），世界各地纷纷举办纪念活动。英国自然历史博物馆、《自然》杂志、剑桥大学、BBC等机构联合开办了"达尔文200"网站。剑桥大学以"达尔文节"为名，组织多场有关《物种起源》的辩论与研讨活动。进化论与神创论之间的长久辩论今年再度活跃，而梵蒂冈教廷开始抛出新的"调和论"，声称进化论与神创论是相互兼容的。[1] 难以计数的展览会、主题演讲和研讨会、著作与文章以及影视作品，令人目不暇接。

进化论，这个一百五十年前的革命性"异端思想"，如今已经深入人心。但是，进化论的传播史也是一部受争议、被误解的历史。特别是在社会文化领域中，对达尔文思想的普及运用，也一直交织着危险的甚至灾难性的误用和滥用。借助纪念活动掀起的达尔文热潮，许多学者致力于澄清对进化论的误解。

科学史学者迈克尔·谢尔默在《科学美国人杂志》上发表的文章中指出，对于"自然选择"与"适者生存"这两个流行短语，至今仍然存在很深的误解，成为"公众的迷思"。首先，"自然选择"（"天择"）常被理解为"自然"似乎具有（如人类一般）的选择意向，使"进化"按照既定的方向展开。但实际上，进化是一种过程而不是推动这一过程的力量，也没有谁在"选择"适合生存的生物——无论是温和的（如养鸽人的优选品种）还是残暴的（像纳粹在集中营挑选牺牲品）。自然选择没有既定方向，也无法预期怎样的变化会对未来的生存有益。其次，更危险的滥用是"适者生存"的口号，它常常被解释为"生存完全由你死我活的竞争优势所决定"。实际上，所谓"适者"并非指由力量大小来界定的"强者"。流行的"迷思"以为"更

---

[1] Chris Irvine, "The Vatican Claims Darwin's Theory of Evolution is Compatible with Christianity," *Telegraph Daily*, February 11, 2009.

高大强壮、更敏捷迅速、更能残酷竞争的有机体才会更成功地繁衍后代"，或许如此，但同样可能的是"更小、更弱、更慢而更善于社会合作的有机体同样也能成功地繁衍"。俄国无政府主义者克鲁泡特金在1902年发表的《互助论》中写道："如果我们问大自然，'谁是最适合的生存者？是那些不断彼此争斗厮杀的，还是那些互相支持帮助的？'我们马上就明白，那些习得了互助习性的动物无疑是最适合的生存者。"因此，谢尔默认为，进化论的正确理解应当同时包括两个论题：自私与无私，竞争与合作。[1]

如果把握这种双重性，我们甚至会在达尔文的洞见中发现对理解当下经济危机的启示。康奈尔大学经济学教授罗伯特·弗兰克撰文指出，亚当·斯密著名的理论"看不见的手"与进化论中的竞争论题相兼容，但这只是整个进化论学说的一种特例。斯密认为，出于自私动机的竞争常常会提升群体的利益，但在达尔文看来，这种竞争依照个体成功的原则展开，未必能提高物种或群体层面上的生存适应性，有时对群体甚至是有害的。在经济活动中，我们会发现竞争增进整体利益的例子（比如企业之间的竞争会有利于整个消费群体），但也可以找到相反的案例。比如，父母都想让子女就读好的学校，纷纷购买好学校附近的住宅，于是导致优质学校周边的房价飞涨。父母们为此更加辛苦地工作挣钱，来提高自己家庭的购买力。但是，当众多家庭都卷入这场竞争，最终付出的努力就会相互抵消，仍然只是少数人能进入优质的学校，而整个群体却付出了高昂的代价。类似地，运动员为争夺奖牌而服用兴奋剂，或者国家之间展开军备竞赛，都属于两败俱伤的恶性竞争。对于这类个案，达尔文（关于性别选择）的学说比斯密（"看不见的手"）的理论提供了更好的解释：如果竞争是导向奖赏个体的相对表现优势，那么往往会

---

[1] Michael Shermer, "Darwin Misunderstood," *Scientific American Magazine* (February 2009).

与群体利益相冲突。弗兰克指出："通过关注个体利益与群体利益之间的冲突,达尔文已经为现代社会我们所熟知的许多规则确定了基本原理,这些规则包括在体育比赛中禁用类固醇、在工作场所制定安全和工时规范、产品的安全标准以及施加于金融界的诸多限制。"今天的经济学家通常会将亚当·斯密看作这个学科的奠基人,但弗兰克预言,在一百年之后这个位置会被达尔文取代。[1]

片面强调"自私"与"竞争"是对进化论的误解与滥用,但这种迷思不应归咎于大众的蒙昧无知。进化论的一些著名捍卫者都倾向于将"适者生存"解读为"弱肉强食"和"优胜劣汰",其中包括达尔文的亲戚高尔顿(Francis Galton),以及赫胥黎(Thomas Henry Huxley)和斯宾塞(Herbert Spencer)等人。甚至达尔文本人的另一部著作,1871年出版的《人类的由来》,也存在多种解读的可能。在历史上,从令人忧虑的"优生学"、粗俗版本的"社会达尔文主义",到纳粹德国骇人听闻的"种族净化论",以及当今世界盛行的极端自利、无情竞争的"生存铁律"迷思,这一切都意味着,进化论在社会和道德意义上的影响是毁誉参半的。因此,我们仍然有必要继续研究和全面理解达尔文的思想,特别是他对道德生活与意义世界的洞见。[2]

## "气候门"事件与怀疑派的声音

"抑制全球气候变暖"已经成为人类的共同关切和努力——从1988年联合国建立"政府间气候变化专门委员会"(IPCC),到

---

[1] Robert H. Frank, "The Invisible Hand, Trumped by Darwin？" *The New York Times*, July 11, 2009.

[2] Brian Boyd, "Purpose-Driven Life," *The American Scholar* (Spring 2009).

1997年《京都议定书》签署，从2007年IPCC与美国前副总统戈尔分享诺贝尔和平奖，到今年年底的哥本哈根气候峰会。"拯救地球"行动的必要性和紧迫性，据说是依据科学界的三项共识：（1）全球气候正在变暖，（2）这在很大的程度上是人为因素造成的"异常"趋势，（3）这会给人类生存环境带来灾难性的后果。但在科学家当中，也一直存在着对"主流共识"的批评者与反对者，他们形成了少数"怀疑派"（其中包括一些声誉卓著的专家学者）。他们的支持者致力于揭露"被压制的真相"——气候异常变暖造成环境危机的说法，完全是一种误解或编造的神话。但怀疑派的声音在媒体舆论中非常微弱，公众甚至闻所未闻。

然而，在哥本哈根峰会召开期间，一个突发事件使局面出现了戏剧性的变化。11月20日，有黑客攻入英国东安格利亚大学气候研究中心（CRU）的服务器，盗走了六十多兆的数据（包括一千多封电子邮件和三千多份文件），并在网上陆续公布。其中有迹象表明，气候研究领域的一些著名学者涉嫌伪造和操纵数据，夸大全球变暖的证据，党同伐异，可能误导政府和公众。CRU是气候研究方面的权威机构，并在IPCC第四次评估报告中承担了重要工作，而这份报告成为目前全球制定应对气候变化政策的重要依据。消息传出后，西方各大媒体竞相报道，公众哗然，这一事件被称为"气候门"（climategate）事件。CRU的负责人菲尔·琼斯教授坚决否认存在造假行为，却很快在舆论压力下宣布辞职。事件还暴露出许多相关机构阻碍气候信息数据的公开化。[1]

"气候门"事件的爆发变成了怀疑派及其支持者的节日。欧美许多电视和报刊媒体邀请主流派和怀疑派科学家展开辩论，怀疑论的

---

[1] "The Tip of the Climategate Iceberg: The Global-warming Scandal Is Bigger than One Email Leak," *The Wall Street Journal,* December 8, 2009.

声音第一次得到如此广泛的传播，其影响力已经在最新的民意调查中有所显示。英国《每日电讯报》专栏作家克里斯托弗·布克等人声称，"气候变暖论"是"我们时代最大的科学丑闻"，"气候门"事件将"给变暖派的棺材钉上最后一枚钉子"。[1] 但实际上，所谓的怀疑派并不是意见一致的群体。其中，有人认为 IPCC 气候方案的准确性是可质疑的；有人相信气候的异常变暖没有发生或已经停止；有人主张全球变暖的确在发生，但主要是自然因素而不是人为因素所致，或者原因不明；还有人坚持全球变暖并不会造成环境危机。多种怀疑论的观点或许有不同的证据支持，但任何一种观点都没有被科学界普遍接受。而且，个别怀疑派"推手"的历史并不清白，有人曾受到石油公司巨头等特殊利益集团的操纵而卷入丑闻。

科学界权威刊物《自然》发表社论，敏锐地警觉到"气候门"事件可能带来的政治后果，指出在明年美国国会的辩论中它可能会被某些议员所利用，来抵制《清洁能源工作及美国能源法案》的通过。社论指出，"气候门"事件的真相还有待调查，但目前并没有伪造数据的确凿证据；即使发现个别科学家有"不规范"的行为，也不足以改变科学界根据大量数据和多种机构广泛研究而达成的结论性共识。[2] 这也是目前许多官方机构和主流派科学家在回应"气候门"事件中的基本立场。很难想象"气候门"事件会使怀疑派获得主导地位，但这是一次天赐良机，使得他们的声音获得公众的关注。

与此同时，一些政要和国际组织纷纷呼吁对事件展开调查，许多科学家和公共舆论都要求对"气候异常变暖"理论做出更为公开和严格的评估考察。更为重要的问题是，当代科学研究对公共事业甚至人类命运正在发生越来越深刻的影响，但科学证据与结论却只

---

1 Christopher Booker, *Climate Change: This Is the Worst Scientific Scandal of Our Generation*, November 28, 2009 (http://www.telegraph.co.uk/comment/columnists/christopherbooker).

2 Editorial, "Climatologists Under Pressure," *Nature*, December 3, 2009, pp.462, 545.

能由少数专业人士支配掌握，公众对此基本无从判断。因此，公众完全有正当的理由督促政府、科学机构和科学家更严格地遵守公开透明的问责规范，承担起重大的伦理责任。

## 海德格尔与纳粹主义：旧问题与新争论

海德格尔与纳粹的关系是欧美学界反复争论的一个问题。有些人主张，这种肤浅的"政治正确"问题根本不值一提。更多的学者（出于不同的理由）倾向于将海德格尔的学术与政治区分开来：充分肯定他的哲学贡献和影响，而对其亲纳粹的政治立场或进行批判清理或置之不顾。但这种"分离论"并没能平息争论，因为分离论本身的依据和含义都有些含混不清。首先，将一种具有内在伦理维度和政治含义的哲学思想与政治分离究竟是什么意思？根本理据何在？深究起来，"政治正确"的讥讽者未见得比其标榜者更为清醒、更有说服力。其次，就海德格尔的具体个案而言，在何种意义上进行分离才是可能的和正当的？这或许取决于他的政治理念在多大程度上与他的哲学思想互为贯通。有论者（比如汉娜·阿伦特）似乎相信，投身纳粹不过是海德格尔的偶然失误，与他的哲学思想基本无关；而另有论者（比如海德格尔曾经的学生卡尔·洛维特）则主张，海德格尔对纳粹国家社会主义的支持内在于他的思想理路。[1] 两派之间的争议与纠葛并没有了结，也继续成为一些学者的研究课题。

今年 11 月，耶鲁大学出版社推出一部英译新著——《海德格

---

[1] 相关的重要文章参见专辑讨论："Special Feature on Heidegger and Nazism," *Critical Inquiry*, Vol. 15, No. 2, Winter 1989.

尔：将纳粹主义引入哲学》[1]，被视作一枚"重磅炸弹"。作者是巴黎大学哲学副教授埃玛纽埃尔·费伊，他根据大量的档案和文本材料（包括此前未曾公开的1933—1935年研讨班讲稿），并对文本和事件与历史背景作出细致的语境化分析，试图表明海德格尔的纳粹主义"远比至今为人所知的情况恶劣得多"：他的所谓"政治失误"完全不是那种书呆子式的天真或一时糊涂，而是动机明确的自觉担当——自命为纳粹主义的"精神向导"。与惯常的见解相反，海德格尔在1934年4月辞去弗莱堡大学校长一职之后，他的纳粹主义倾向并未收敛而是更为激进，甚至在第二次世界大战之后仍未放弃。他的思想发展既从纳粹主义中吸取灵感，又自觉地为其提供哲学基础，主旨是高扬国家和民族（Volk）的绝对至上性，以"血与土地"的神圣名义要求个体的忠诚与牺牲，以此诉求一个"新开端"以及重归"德国民族的命运"。由此，费伊提出了相当极端的结论——纳粹主义和种族主义的理念如此之深地交织在海德格尔理论的整个机体之中，以至于他的理论具有毁灭人道与伦理的可能，"不配再被称作哲学"，他的著作应当从图书馆的"哲学类"编目转到"纳粹史"的类别。[2]

这部著作的法文原版早在2005年就已出版，曾在法国学术界引发热烈争议。而此次英译本在正式面世之前就卷入了激烈论辩的漩涡。10月，《高等教育纪事报》发表了宾夕法尼亚大学哲学教授、著名批评家卡林·罗马诺对此书的介绍评论（题为《嗨，海德格

---

1 Emmanuel Faye, *Heidegger: The Introduction of Nazism into Philosophy in Light of the Unpublished Seminars of 1933-1935,* Yale University Press, 2009.
2 参见 Patricia Cohen, "An Ethical Question: Does a Nazi Deserve a Place Among Philosophers?" *The New York Times,* November 8, 2009; Damon Linker, "Why Read Heidegger?" November 1, 2009 (http://www.tnr.com); Tim Black, "Why They're Really Scared of Heidegger?" November 27, 2009 (http://www.spiked-online.com); Ron Rosenbaum, "The Evil of Banality," October 30, 2009 (http://www.slate.com)。

尔！》）。[1]该评论以讥讽的文体抨击海德格尔，将他称作"黑森林的聒噪者""过高估计自己的崇高性""至今还被其信徒离奇崇敬"的骗子。文章的网络版发表后引发一百七十多条"在线回应"，海德格尔的许多拥戴者被这篇文章所激怒。《纽约时报》《新共和》等报刊和网络也纷纷发表文章介入争论。但所有这些公共讨论或许都不及荷兰哲学家赫尔曼·菲利普斯的分析来得细致、中肯和富有洞见。早在2008年他就对此书的法文版发表过一篇书评，认为费伊的研究是独特而卓越的，对海德格尔"将纳粹主义引入哲学"的论证也是确凿有力的。但费伊没能真正成功地把握"纳粹论题在海德格尔整个哲学中占有多么核心的位置"，因而得出了过于极端的结论。这遭到了法国海德格尔派的激烈攻击，这种情绪化的争吵令人遗憾地转移了重点，错失了作者原本提出的真正值得深思的问题。[2]英语世界中的这场争论似乎正在重蹈法国学术界的覆辙。

## 保守主义的衰落与思想多样性的危机

加州大学伯克利分校，这个昔日的激进文化运动重镇，在今年3月宣告成立"右翼运动比较研究中心"，这多少有些出人意料。[3]哥伦比亚大学教授马克·里拉借题发挥，撰文呼吁"认真对待右翼"，引起多位学者的热烈回应，主要论及如何理解保守主义在当今学术界遭到的冷遇及其对思想多样性的影响。

---

1 Carlin Romano, "Heil Heidegger!" *The Chronicle of Higher Education,* Vol. 56, Issue 9, October 23, 2009.
2 Herman Philipse, "Emmanuel Faye's Exposure of Heidegger," *Dialogue,* XLVII (2008): pp. 145-153.
3 Patricia Cohen, "New Political Study Center? Turn Right at Berkeley," *The New York Times,* March 25, 2009.

里拉早年曾在著名保守派刊物《公共利益》担任编辑,后来从保守主义转向亲自由派的立场,但他警觉到当下美国学术界对保守派的排挤与打压日益严重,为此深感忧虑。他指出,名牌大学的课程几乎被左派所支配,从"身份政治"到"后殖民主义"等不一而足,甚至细致到讨论男同性恋与女同性恋之间的差别,但几乎没有多少以保守主义思想为主题的课程。保守派的教师在校园处于少数,也相当孤立,而持保守主义立场的博士生如果不掩藏自己的政治倾向就很难找到教职,以后也难以获得终身职位。这种"自由派压制学术自由"的氛围,正威胁着大学的思想多样性。里拉强调,保守主义是严肃的思想流派和重要的政治传统,而不是一种"病灶"(pathology)。"将20世纪的美国保守主义简约化为冷战政治,这是方便宜人的左派伎俩。"实际上,在20世纪30年代,美国保守派更"纠结"于罗斯福的国内新政而不是斯大林。所谓反共事业首先也是由冷战自由派而不是保守派所构想发起的。伯克利的这个研究中心,如果要像自我期许的那样,展开"对20世纪和21世纪美国与海外右翼运动的学术比较研究",那么首先要认清一个重要的事实:美国的保守派与欧洲右翼不同,他们接受宪制自治政府的合法性。主流的美国保守主义(基本上也就是所谓的"美国右派")完全不同于海外那些亲法西斯主义的右翼分子——比如法国的勒庞和现居于奥地利的大卫·杜克。里拉强调指出,保守主义是一种独特的看待人类生活的方式,是一种值得研究的传统。但现在年轻人并不真正理解保守主义传统,许多年轻的保守派也只是轻信并依赖从福克斯电视节目中听来的只言片语。因此,在学术界认真对待并重新展开对保守主义思想的教学和研究,将有助于抵制反智主义,推动真正自由开放的辩论和思考,这对左右两派都有重要意义。[1]

---

[1] Mark Lilla, "Taking the Right Seriously," *The Chronicle Review* (online edition), September 11, 2009.

艾伦·沃尔夫教授认为，美国大学的思想多样性要比里拉所说的状况充分些，但仍然相当不足。学术界没有赋予其高度的优先性，结果使思想生活遭到损害。但排斥多样性的倾向既存在于自由派和左派，也存在于少数保守派。当保守派汇聚在校园，他们就把自己看作被围困的少数派，由此造成一种保守主义的宗派性和受害感，很难形成多元化的政治，也导致了保守派的封闭性——他们在自己的刊物上发文章，召开自己的学术会议，引用其他保守派的作品，使用自己的术语发言。的确，对自由主义而言，如果能更多地介入与保守主义的对话会强化自己，但反过来对保守派也是如此。布鲁斯·史密斯教授指出，美国大学面临的问题不仅仅是保守派的观点受到压制，而是缺乏任何严肃的政治讨论。教授们不喜欢发生冲突，也认为这种辩论没有多少学术价值。但他希望在课堂内外能认真地辩论有关政治理论和宪制秩序的经典问题，并认为"核心课程"能相当好地发挥这个作用。在其他的回应中，有学者指出，保守派的学生精英大多都奔向金融界、商界和企业界谋职，这才导致了他们在校园中的颓势；也有人认为，真正的分歧不是政治立场的左右之争，而是发生在那些认真思考和写作的人与那些对学术敷衍轻慢者之间；还有论者指出，保守主义既向往那种有序而神圣的自由，又屈从于那种瓦解自由教育的资本主义激流，保守派的失败在于无法调和这两者，这是严肃的保守主义研究需要充分重视的问题。[1]

## 美国著名大学的开放课程

今年秋季，哈佛大学开始启动系列课程公开化项目，首先推出

---

[1] "Intellectual Diversity and Conservatism on Campus," *The Chronicle of Higher Education*, Vol. 56, Issue 9, October 23, 2009: B21-B22.

的是其名牌通识课程——迈克尔·桑德尔主讲的"正义"。桑德尔是美国著名的政治哲学家,他从1980年起为本科生讲授这一课程,一直深受学生的欢迎,连续多年名列课程注册人数榜首(2007年秋季选课学生达到1115人,创下了哈佛的历史纪录),二十多年来,已经有14000多名学生修读了这门被称作"传奇"(legendary)的课程。哈佛大学与波士顿公共电视台合作,将原来的二十四节课通过多机位拍摄和精心编辑,制作为十二集(每集片长一小时)教学片,在全美多个公共电视台同步播出,并在互联网上开放视频和辅助材料,获得热烈的反响。[1](目前已有中国网友将整套教学视频上传到"土豆网"。)

这门课程的巨大吸引力,固然来自桑德尔作为教师的非凡魅力及其精湛的教学艺术,但同样重要的是他致力于"公民教育"的通识课理念。他深信,民主社会的健康发展需要一种强劲和善于思考的公民精神,而不只是一套程序和制度。而哈佛大学培养的所谓"精英"首先应当成为优秀的公民。桑德尔的教学将经典思想家(亚里士多德、洛克、康德、边沁、密尔以及罗尔斯等)的理论学说引入对现实问题的关切与思考:如何面对生活中的道德困境?何种制度设计与政策安排才是"在道德上正当的"?我们道德直觉中的"正义"究竟包含着哪些前提,又会面对怎样的挑战?诸如此类的问题以"苏格拉底的方式"——不断地诘问、应答、反驳和再追问——在课堂上呈现出来,使学生通过对具体个案的辨析和争论,来培养批评思考以及推理论说(reasoning)的能力。这门课程使抽象的理论学说变成回应现实问题的思想资源,同时激发学生在对公共问题的思考中理解经典思想的卓越之处及其与当代世界的相关性。目前,哈佛大学每年有大约六分之一的本科生会聚集到古老而庄重的Sanders

---

[1] 相关报道参见 Christopher Shea, "Michael Sandel Wants to Talk to You about Justice," *The Chronicle Review*, September 28, 2009。

剧场（授课场所），与桑德尔一起探讨"正义"的理想与实践。[1]

　　近年来，美国多所著名的私立大学纷纷向社会公众开放教学资源。2001年，麻省理工学院率先启动"开放式课件"项目（OCW），在互联网上推出各种学科的课件（包括部分教学视频），至今已累积多达1925门课程，可供自由访问浏览（http://ocw.mit.edu），并相继制作了多个语种（包括中文）的版本，被视为具有里程碑意义的教育创新举措。随后，耶鲁大学和斯坦福大学等高校也陆续推出类似的开放课程。在这个据说是公益精神日渐退化的时代，私立大学积极承担公共教育的责任是一个值得赞许和关注的动向。

---

[1] 除了目前公布的教学视频，以上对课程的介绍还来自笔者与桑德尔教授的多次交谈和通信，以及在现场的教学观摩（2007年12月）。

# 2008年

## 金融危机下的新"终结论"

2008年的金融危机如海啸般从美国波及全球,对西方思想界产生了强烈的冲击,各种新的"终结论"席卷而来,如新自由主义的破产、"美国世纪"与全球化的终结、资本主义体系正在走向灭亡……由此,一场思想争论的风暴正在兴起。无论是倍感兴奋还是心怀忧虑,许多欧美知识分子都试图探讨这场危机更深层的意义:它是否暴露出资本主义社会内在的根本矛盾?是否预示着某种历史巨变的来临?

诺贝尔经济学奖得主约瑟夫·斯蒂格利茨在7月发表的《新自由主义的终结?》[1]一文被广泛转载,他批评指出"市场原教旨主义的辩护者力图将对市场失灵的谴责转向政府的失误",但新自由主义在经济与政治上造成的危害是明确无疑的。斯蒂格利茨断言:"新自由主义的市场原教旨主义一直是为特定利益服务的一种政治教条,

---

1 Joseph E. Stiglitz, "The End of Neo-liberalism?" (http://www.project-syndicate.org/commentary/stiglitz101).

它从未受到经济学理论的支持，也没有获得历史经验的支持。"美国《新闻周刊》在10月发表雅各布·韦斯伯格（著名网站 *Slate* 主编）的文章，宣告"自由放任主义的终结"。[1]作者指出，自由放任主义的辩解者给出了种种复杂的解释，却回避了一个更简洁、更有说服力的解释，那就是金融崩溃证明了其意识形态的失败。自由放任主义者在思想上是幼稚的，他们难以接受市场可能是非理性的、可能会误判风险、可能会错置资源。他们看不到金融体系如果没有强劲的政府看管和实际干预，那就是在制作"灾难的处方"。韦斯伯格声称，自由放任主义"破产了，而这一次将不会有救"。然而，著名学者、芝加哥大学法学教授理查德·爱泼斯坦持有不同观点，他在福布斯网站发表回应文章[2]，认为韦斯伯格对自由放任主义的批评是粗糙的，完全无视其精微之处。他试图澄清，坚持"有限政府"的自由放任主义者并不是无政府主义者，他们不仅强调市场竞争的好处，也深知非对称信息、公共产品以及囚徒困境所造成的挑战。困难的问题不是要不要政府管制，而是什么样的管制才是适当的。爱泼斯坦认为，韦斯伯格的指控过分强调了市场失灵，却低估了政府失灵。

对于资本主义未来前景的判断，哥伦比亚大学资本主义与社会研究中心主任、诺贝尔经济学奖得主埃德蒙·费尔普斯显得更为谨慎。他在《资本主义会有前途吗？》[3]一文中分析指出，人们在谈论"资本主义的终结"时，似乎忘记了它曾经历过的历史危机，在20世纪80年代少数国家才开始复苏。对许多欧洲人来说，资本主义被简单地看作放任的"自由市场"，但资本主义也意味着开放与彻底创新。的确，"资本主义造成了破坏和不确定性，但我们不应该忽视这枚硬

---

[1] Jacob Weisberg, "The End of Libertarianism Newsweek," October 28, 2008.
[2] Richard A. Epstein, "The Libertarian: Strident and Wrong," Forbes.com, October 28, 2008.
[3] Edmund S. Phelps, "Does Capitalism Have a Future?" *The Guatemala Times*, December 21, 2008.

币的另一面"。资本主义在激发企业家创新和消费者热情方面是独一无二的，而其最大的成就在于将工作转变为挑战、解决问题、探索和发现。尽管 2008 年世界经济充满挑战，费尔普斯相信，"对那些重视创新的国家，明智的建议是保持资本主义"。新的"终结论"热潮究竟意味着什么？或许是把握了深刻的历史动向，或许（如二十年前的"历史终结论"一样）不过是过眼云烟的喧哗。在过去一个半世纪中，资本主义灭亡的丧钟曾几度敲响，这一次会不同于以往吗？也许，一切宣告"终结"的论断现在仍然为时尚早而失之草率。但无论如何，金融危机再度发出了强有力的警告："自由市场经济"必须考虑自由的限度及其政治与社会后果。正如哈贝马斯在 11 月接受德国《时代》周报记者采访时所指出的那样："我的希望是，新自由主义议程不再因其表面价值被接受，而是会被悬置起来。让生活的世界听命于市场指令的整个方案要接受严密的审查。"[1]

## 奥巴马的意义

奥巴马角逐 2008 年美国总统大选并最终获胜，成为当年媒体关注的一个焦点，也引起了知识界的热烈反响。《纽约时报》发表评论文章指出，这场大选更深层的意义在于恢复美国人民的自尊。八年以来，美国理想的崇高语词被拙劣无能的政治掏空了意义，这导致了恐惧与失落，也剥夺了美国人的自尊。而奥巴马自始至终都在努力唤起美国人的信心和希望。奥巴马的胜利来自"理念的力量"——美国能够比过去更好，美国能够超越"9·11"之后的愤

---

[1] " Life after bankruptcy," Thomas Assheuer 采访, Ciaran Cronin 英译, http://www.signandsight.com/features/1798.html. 原文为"Nach dem Bankrott," in *Die Zeit*, November 6, 2008。

怒与恐惧。只要相信美国人民基本的正派、文明和判断力，那么就能够铸造新的政治并且获胜。[1] 著名左翼学者艾伦·沃尔夫（波士顿学院政治学教授）在《新共和》上发表文章，认为奥巴马的胜选开启了"美国政治历史的新篇章"——不仅标志着争取种族平等的斗争走向胜利，而且终结了某些共和党政客煽动的"两极化政治"和文化战争。[2] 美国作家玛丽·阿拉纳在《华盛顿邮报》撰文指出，媒体大肆渲染"奥巴马是美国第一位黑人总统"，这不仅是不确切的说法，而且是误导性的。在她看来，奥巴马是第一位"双种族的"和"二元文化的"（biracial and bicultural）总统，而这具有更重要的意义：他是种族之间的桥梁，是宽容的象征，是必须抛弃"严格种族分类"的信号。[3] 哈佛大学法学教授劳伦斯·却伯曾是奥巴马的老师。他自己在20世纪60年代经历了对民主政治的激情与幻灭，而四十年之后又在奥巴马身上看到了民主政治的新希望。[4] 左翼刊物《异议》在大选结束不久组织专题讨论，十多位学者发表评论。[5] 著名哲学家查尔斯·泰勒分享着人们的欢庆喜悦，因为"我们避免了民主之精华被民主手段所掏空的那种恐怖局面"。但他同时告诫人们，每当不可想象的新事物要成为现实，其反对力量将会更为猖獗。因此我们必须提防"松懈"的诱惑——这也是奥巴马在胜选当晚的演讲之深意所在。在迈克尔·沃尔泽（《异议》主编）看来，奥巴马无疑是"魅力型"人物，但要实现其政治抱负仅有魅力是不够的。沃尔泽认为，奥巴马的政治诉求具有内在的紧张：一方面他反对党派分裂、倡导团结，另一方面他主张的政

---

1 Roger Cohen, "Perfecting the Union," *The New York Times*, November 5, 2008.
2 Alan Wolfe, "Dixie Shtick," *The New Republic*, November 19, 2008.
3 Marie Arana, "He's Not Black," *The Washington Post*, November 30, 2008; B01.
4 Laurence H. Tribe, "Morning-After Pride," *Forbes,* November 5, 2008.
5 "The Day After," Dissent Up Front Online Argument and Commentary (http://dissentmagazine.org).

策具有激进左翼的倾向。这可能迫使他不得不变得更为激进，或许需要通过（20世纪30年代和60年代的）社会运动模式来寻求广泛的支持。他相信，在这个潜在的政治转型时刻，左翼知识分子是大有可为的。

## 自由市场与道德腐败

在过去十多年中，市场经济及其对人们的习惯、信仰与制度的全球性影响已经受到广泛关注，而最近的金融危机使这一问题变得更为迫切。以雄厚资金赞助科学与宗教问题研究而闻名的坦普尔顿基金会，今年将其"大问题"（The Big Questions）系列论坛聚焦于市场与道德的关系问题，邀请十三位著名学者和公共人物就"自由市场会侵蚀道德品格吗"这一问题各抒己见，汇编为一本三十页的文集在秋季发布。[1] 随后，该基金会又在伦敦举办了相关的研讨会，引起热烈的反响。就基本倾向而言，绝大多数作者为自由市场作了道德上的或者有所保留的辩护。当然，重要的不是他们的立场，而是各自的论述。

法国著名哲学家贝尔纳—亨利·莱维以他惯用的曲折笔法做出回应。他首先指出，那种以金钱和物质主义作为衡量万物的标准、免除了所有规则而只是被贪婪所支配的自由市场，当然会败坏我们的灵魂。历史上许多哲学家和宗教思想家都表达过类似的观点。但他转而指出，需要警觉的是，这也是每个时代的法西斯主义和其他极权主义的一个核心论题。因此，这个问题实际上要比表面上看起来

---

[1] "Does the Free Market Corrode Moral Character? Thirteen Views on the Question" (John Templeton Foundation, www.templeton.org), Autumn 2008.

复杂得多。我们不能（绝不能）将"市场就是并只能是腐败的"看作是一个确定的真理。首先，如果市场是腐败的，那么各种对市场的否定也绝对是腐败的。其次，如果这些腐败必须被划分等级，那么通过否定市场而生成的法西斯主义、极权主义的腐败则明显更为深重和致命、更加无可挽回。最后，自由市场仍然保有一种促进社会化和相互承认的因素，这也是与腐败对立的因素。他的结论是，自由市场并不侵蚀道德，相反会强化人们的道德防卫，但前提条件是必须服从规则和拒绝那种不受驯服的资本主义的诱惑。

哥伦比亚大学经济学与法学教授贾格迪什·巴格沃蒂是经济全球化的坚定辩护者，他认为全球化的自由经济不仅创造了财富的扩展蔓延，而且在伦理上具有积极意义，增进了人们的道德品格。首先，改变贫困本身就具有伦理意义。其次，全球化在男女平等、儿童就学方面具有正面的效果。最后，他用世界各地对中国汶川大地震的强烈反应表明，全球化在原本遥远而陌生的人们之间建立了情感纽带，人们因此更多地倾向于彼此关怀和同情。

伦敦政治经济学院荣休教授约翰·格雷认为，自由市场一方面侵蚀了某些传统美德，但在另一些方面增进了新的道德（尤其是个人的自由选择）。在总体上的利弊判断与文化相关，取决于一个人对"良善生活"的想象。格雷指出，没有任何一种经济体系能够促进所有类别的道德，因此不能以理想模式作为评价标准，而要比较各种现实可行的经济体系，它们各自所张扬的道德品格各有不同。自由市场存在道德风险，这一事实并不意味着其他经济体系能做得更好。实践中的计划经济更严重地瓦解了道德。因此，真正的选择并不是在自由市场和中央计划这两种抽象的模式之间抉择，也不是选择市场与管制的某种特定的混合，而是在不同的历史状况下，选择不同的混合。但无论如何，一种现代市场经济不能置道德问题于不顾。

政治哲学家、普林斯顿高等研究院终身研究员迈克尔·沃尔泽指出，民主政治与自由市场都会产生巨大的竞争压力，人们在这种压力下都可能无视行为规则并为此辩解，从而侵蚀道德品格（从"水门事件"到"安然公司丑闻"都证实了这一点）。但竞争也会促进合作、友谊、尊重和团结等美德。政治竞争和经济竞争一样，都无法完全排除道德上的风险。但在西方国家，这两种竞争表现出相当不同的道德状况。目前公共生活最严重的腐败不是发生在政治领域，而是经济领域。立宪民主成功地制止了最恶性的政治腐败，因为公众对政治精英具有高度的警觉，并能依靠制度化的机制不断地与政治违规行为斗争。但是，在目前的经济生活中，市场行为没有受到类似的宪法制约。最近几十年来，经济精英的傲慢达到了惊人的地步，几乎可以为所欲为。这样一种不受约束的经济权力（正如阿克顿勋爵指出的）当然会导致极度的腐败。

## 1968 年激进运动：四十周年的纪念与反思

20 世纪 60 年代是激进政治与文化反叛的狂飙时代，新左翼运动在 1968 年达到高潮，随后开始走向衰落。在四十年之后，欧美知识界与媒体对 1968 年的纪念活动再度活跃。BBC 第四台推出系列纪录片，从多个角度讨论 1968 年激进运动。[1] 其中 4 月 30 日播出的《1968 年：哲学家走上街头》采访了阿兰·巴迪欧、艾蒂安·巴里巴尔、西蒙·克里切利和齐泽克等著名左翼学者，回顾"五月风暴"期间哲学家如何走出象牙塔参与运动，思想革命的风潮从巴黎传向

---

1 这个系列包括 1968: It's Not Just about the Music; 1968: Day by Day; 1968: Day by Day Omnibus; 1968: Notes from the Underground; 1968: Philosophy in the Streets; 1968: Rivers of Blood; 1968: Sex, Telly and Britain; 1968: The Sixty-Eighters at Sixty; 1968: The Year of Revolutions 等。

世界。6月19日—22日在芝加哥召开的"2008社会主义大会"上，来自世界各地的左翼活动家热烈讨论如何继承1968年的革命传统，并在当下的资本主义危机中复兴社会主义的政治运动。[1]

2008年春季号的《异议》推出"1968专题讨论"[2]，邀请十位著名左翼作家和知识分子探讨1968年的遗产。《新左派评论》前主编、纽约社会研究新学院教授罗宾·布莱克本指出，当时的运动虽然遭到挫败，但表面上获胜的反动势力（戴高乐、尼克松和勃列日涅夫）已经成为行尸走肉，"变革精神的觉醒"作为1968年的重要遗产留存下来。今天与四十年前的不同之处在于，当年高喊的"革命"实际上意味着"变革"，而今天呼吁"变革"的力量可能会让正义立于世界之巅。乔治敦大学教授迈克尔·卡津认为，在美国1968年后的左翼力量基本掌控了好莱坞和大学这两大堡垒，通过传媒和教育界，对公共文化产生了巨大冲击，最近的美国总统大选反映了这种影响。《异议》共同主编米切尔·科恩通过对运动历史的反思，主张当代左翼要学着同时成为"六八年一代"和"妥协的社会民主派"，这意味着结合抗议性的社会运动和制度性的民主参与，来推动进步的政治事业。沃尔泽指出，左派在今天与四十年前面对一个同样的挑战，那就是如何"坚持反潮流的观点且同时与人民大众保持联系"。他认为正确的战略是着眼于日常政策问题。而德国绿党前主席拉尔夫·福克斯也认为，在日常实践中发现政治，从内部和底层着手切实改善社会，也是1968年的重要遗产。

"1968年的意义"之所以一言难尽，是因为这场运动从来不是统一同质的现象，而具有多样复杂的面向，在世界范围也存在地域的差异。1968年的教训和成就同样明显。一方面，这场革命并没有

---

[1] "Socialism 2008: A Weekend of Revolutionary Politics, Debate and Discussion" (http://www.socialismconference.org/).

[2] "Symposium 1968: Lessons Learned," *Dissent*, Spring 2008.

如其所愿地从根本上改变资本主义世界的政治和经济制度，甚至在1968年之后出现了保守主义势力的强劲回潮，主导了近四十年来的西方政治和经济生活。另一方面，"六八年一代"在文化变革方面获得了巨大成就，始终在公共领域的民主辩论中发出"批判性的异见"，在种族、人权、社会正义与平等、女权、同性恋和身份认同等问题上改写了主流价值观念。

## 数字时代的文化愚昧

最新一轮的技术革命（电脑、互联网以及各种多媒体数码通信技术）与人类历史上曾有过的科技突破一样,正在改变我们的文化。但是，知识界对这场"文化范式转换"造成的文化衰落却一直存在忧虑。2008年出版的几部著作则发出更为迫切的警告："E时代"的青年可能正在走向新的文化愚昧。这些著作引起广泛而热烈的讨论。

美利坚大学语言学教授娜奥米·巴伦的《总是开着：在线与移动世界中的语言》[1]一书，以长达十年的研究，揭示了网络和短信文体对书写语言的冲击。数字时代强化了年轻人对语言规范"无所谓"的态度，削弱了学生写作正规文本的能力。而且，越来越多的人以"虚拟关系"代替直接交往，使人变得隔绝、专注于自我。而最有危害的是，由于"总是开着"（各种设备）而同时分心忙于多种事情，这种"一心多用"习惯降低了思维、反省和表达的品质。作者的告诫是要学会"关掉"，而不要总是"开着"。知名作家尼古拉斯·卡尔的《IT

---

[1] Naomi S. Baron, *Always On: Language in an Online and Mobile World,* Oxford University Press, 2008.

不再重要》[1]是今年《华尔街日报》评选的畅销书，《大西洋》月刊以"封面故事"推荐了他的相关文章——《谷歌正在让我们变得愚蠢吗？》[2]。卡尔的著作具有一种历史视野，阐述每一次技术革命都对既有的文化方式产生了冲击。他认为，互联网正在给我们的大脑"重新布线"，让我们适于"快速浏览"而不是持续的专注（认真阅读、听讲或写作长文）。我们在"谷歌"中丧失了专注和沉思，甚至没有耐心读完网络上的长文章，更不用说书籍。埃默里大学英语教授马克·鲍尔莱因的著作有一个骇人听闻的书名，即《最愚笨的一代：数字世代如何麻痹了年轻的美国人并危及我们的未来（或，不要相信任何30岁以下的人）》。[3]作者以统计数据表明，目前美国大学生的整体素质下降：语言能力减弱、专注力丧失，学业规范意识淡薄而且知识贫乏。美国的年轻一代变得执迷于同伴的娱乐和时尚。他们愚笨而无知，但自尊心却很强，因此无法接受批评。作者认为，这是整个大众文化与数字技术合谋造成的结果。著名作家苏珊·雅各比的《美国的无理性时代》[4]成为今年《纽约时报》评选的畅销书，其主题延续了理查德·霍夫施塔特在1963出版的经典著作《美国生活中的反智主义》。雅各比认为，当今美国的反智主义达到了史无前例的高峰，突出体现在对无知毫无羞耻感，并完全漠视理性和客观真理。她的分析批判涉及广泛的政治与流行文化（包括庸俗化的大众科学、追逐明星的媒体、"政治正确"的观念、大学教学水准的衰落、原教旨主义以及道德相对主义等），其中也指出了新技术对反智主义文化起到的推波助澜作用。针对这些讨论，美国《高

---

[1] Nicholas Carr, *The Big Switch: Rewiring the World, From Edison to Google,* W. W. Norton, 2008.

[2] Nicholas Carr, "From Is Google Making Us Stupid?" *The Atlantic,* July-August 2008.

[3] Mark Bauerlein, *The Dumbest Generation: How the Digital Age Stupefies Young Americans and Jeopardizes Our Future, or Don't Trust Anyone Under 30,* Tarcher/Penguin, 2008.

[4] Susan Jacoby, *The Age of American Unreason,* Pantheon, 2008.

等教育纪事报》连续两期发表长篇评论文章《论愚蠢》[1]。作者指出，每一次技术革命都会有所丧失，年轻一代的"数字原住民"正在适应新的"文化范式转换"，这个过程会产生许多困扰，必须以有效的新教育方式（包括合理利用新技术和媒体）来对抗文化的衰败。

## 关于《犹大福音》的争论

近两年来，关于《犹大福音》(the Gospel of Judas) 的翻译和阐释工作在西方学界、宗教界和公众当中引起广泛关注，也激发了热烈的争论。2008年5月《高等教育纪事报》发表长篇采访报道，详细披露了关于《犹大福音》争论的来龙去脉。[2]

《犹大福音》是一部失传已久的古经，目前这个抄本以古埃及的科普特文写在莎草纸上，于20世纪70年代末在埃及的洞穴中被一位农夫发现，后经多种方法测定，被证实为公元280年（误差 ±50年）的抄本。经过多年的辗转周折，最终被美国国家地理学会以及两家基金会购买，获得共同保存以及鉴定和研究的使用权（研究结束之后要归还埃及的博物馆收藏）。美国国家地理学会组织了以马文·梅耶教授为首的专家研究团队，在2006年初完成了二十六页（原文共有六十六页）的修复、重组和翻译工作，并在4月6日召开发布会，报告了他们的翻译研究成果，其令人震惊之处在于完全改写了以往的犹大形象以及他与耶稣的关系。根据他们对《犹大福音》的研究，犹大不是教会正统教义所描述的那个出卖耶稣的叛徒，而是耶稣忠实的门徒、亲密的心腹和朋友。所谓"出卖"耶稣

---

[1] Thomas H. Benton, "On Stupidity," *The Chronicle of Higher Education*, August 1, September 5, 2008.

[2] Thomas Bartlett, "The Betrayal of Judas," *The Chronicle of Higher Education*, May 30, 2008.

其实是耶稣授意所为。发布会立刻引起轰动,世界各大报刊传媒竞相报道,国家地理电视频道还于 4 月 9 日播出了一部长达两小时的纪录片,收看的观众多达四百万人,随后研究小组成员出版的相关书籍也极为畅销,由此引发了为犹大"平反昭雪"的热潮。与此同时,许多教会人士纷纷出面告诫,《犹大福音》是"异端"的经文,不足为信。

然而,平反热潮和警告反驳似乎都过于匆忙了。因为那些所谓"异端"的内容可能并非《犹大福音》的文本原意,而是来自那个(被称为"梦幻团队")专家小组在研究中的失误和过度阐释。一些宗教学家和圣经学者开始质疑梅耶等人对文本翻译和阐释的权威性,其中莱斯大学的圣经学研究教授阿普里尔·德科尼克提出了严厉的批评,指出在耶稣对犹大评价的关键段落中,梅耶等人的译文甚至与文本原意完全相反。她在《纽约时报》上公开了她的鉴定和批评,引起同行之间的争论。多数学者认为目前的译文存在错误,但对于错误的性质和严重性尚有分歧。梅耶仍然在为自己辩护,但他的团队内部也出现了批评的声音。无论如何,目前专业学者(包括梅耶本人和他的团队成员)都不再支持或者热衷于所谓"英雄犹大的新发现"。《犹大福音》所引发的热烈喧哗可能会慢慢平息。

# 2007年

## 欧盟五十年：纪念与沉思

1849年8月，法国作家雨果在巴黎和平大会的开幕词中，想象了未来欧洲"将会来临的那一天"："到那时……所有欧洲的民族，在保持各自独特品质和光荣个性的同时，将会紧密地融合在一个更高的整体之中，将形成一个欧洲的兄弟同盟……到那时，仅有的战场是展开贸易的市场以及开发思想的心灵。到那时，子弹和炸弹将被选票所取代、被各民族人民的普选投票所取代、被一个伟大主权议会的庄严裁判所取代。"在历经了20世纪更为惨痛的战争创伤之后，欧洲的发展似乎走向了雨果所梦想的前景。1957年3月25日《欧洲经济共同体条约》在罗马签署，这一年也被视为欧盟的诞生之年。今年是欧盟成立五十周年，欧洲各国举办了难以计数的纪念活动与学术讨论。

5月9日是"欧洲日"，当天十多位欧洲的诺贝尔奖获得者聚集在布鲁塞尔的欧洲议会大厅，在欧洲议会议长汉斯—格特·珀特林的主持下，对欧盟的过去、当下和未来展开讨论。他们普遍赞赏欧盟是人类解决冲突与和平合作之文明成就的典范，但同时分别指出了欧盟在未来发展中需要认真对待的问题，包括欧洲内部的语言壁垒、欧洲精神世界受到物质主义的冲击，以及欧盟与世界其他地区的关系。

3月14日，英国伦敦政治经济学院与《金融时报·商业》等联合举办了主题为"欧盟：未来五十年"的大型讨论会，邀请了欧盟二十七个成员国的五十位著名政治家、学者、教育家、艺术家和商业领袖，就欧盟的未来展开辩论，会后出版了文集《欧盟：未来五十年》，由德国总理、现任欧洲理事会主席默克尔和欧洲委员会主席巴罗佐作序，伦敦政治经济学院院长霍华德·戴维斯爵士撰写导言，收录的文章大多富有洞见和启发性。

3月23日，哲学家哈贝马斯接受德新社记者的采访，在这篇题为《欧洲现在需要什么》的访谈中，哈贝马斯对欧盟发展的现状进行了审慎的分析，认为当务之急并不是确立更为雄心勃勃的目标，而是在欧盟内部完善治理和发展政治行动的能力。他指出，《欧盟宪法条约》被法国和荷兰这两个欧盟创始成员国的全民公决所否决，但这并不意味着欧盟深化发展的阻力来自人民。实际上，在大部分成员国中存在着支持巩固欧盟的"沉默的大多数"，因此，哈贝马斯建议，在2009年的欧洲选举中，应该以全民公决的方式让公民来决定：欧盟是否要有直选的总统？是否要有欧盟自己的外交部长和金融基地？与此同时，这种全民公决应该只对那些国内多数公民已经投票支持欧盟改革的成员国具有约束力。如果全民公决获得通过，那将会打破目前那种由最保守迟缓的国家来限定整个欧盟发展步伐的僵局。

## 宗教与政治：神学灵光的再现

马克·里拉的《上帝的政治》一文发表在8月19日的《纽约时

报杂志》，当期的封面以大号字体摘录了文章的要义："神学的思想仍在燃烧着人们的心灵，鼓动起能将社会置于毁灭的救世之激情——这在我们西方人看来是不可思议的。我们已经认定这不再成为可能，认定人类已经学会了将宗教问题与政治问题相分离，认定政治神学在16世纪的欧洲已经死亡。但是，我们错了。我们才属于那种脆弱的例外。"这篇文章选自里拉9月出版的新著《夭折的上帝》，其核心命题可以称为"西方例外论"，认为在人类文明的大部分历史和大部分地域中，神学是政治秩序的基础。而以政教分离和立宪为基础的西方现代政治是一种历史的偶然和例外，始于欧洲在历经惨痛的宗教战争之后的一种应对抉择，即所谓政治与神学的"大分离"（the Great Separation），其基本理念源自霍布斯的政治哲学，《利维坦》将变换政治的主题，着眼于"心理学"而放弃政治神学。但政治哲学从来没有驯服政治神学。政教分离的共识不仅是脆弱和不稳定的，而且是一个特例。西方人如果以为自己的现代世俗政治具有普世性的效力，并向非西方文明推广，那将是灾难性的错误。文章和著作发表之后立即引起热烈的争论，里拉本人也在报刊与广播媒体上频繁接受采访。马克·里拉在芝加哥大学社会思想委员会任教八年之后，今年开始在哥伦比亚大学担任人文与宗教学教授，重返作为美国思想文化中心的纽约（他曾在纽约大学政治学系执教十年），再度活跃于公共思想界。

几乎同时出版的还有哲学家查尔斯·泰勒近九百页的新著《世俗时代》，通过浩瀚而复杂的思想史考察，探讨"世俗化"（信仰上帝不再是唯一的生活方式）作为一种新的"社会想象"是如何在历史中形成的，其中也以大量的篇幅探讨了政治世俗化的问题。今年年初，若瑟·拉青格（Joseph Ratzinger）与哈贝马斯合著的《世俗化的辩证法：论理性与宗教》英文版出版，与其说这是哲学与宗教之间的争论，不如说是两者的合作。哈贝马斯呼吁"世俗社会要获得对宗教信念的新的理解"已经不再让人惊讶。早在三年前他在与拉青格大主教（如今已是教皇本笃十六世）对话之后所写的文章中就语出惊人："基督教（而不是别的什么）才是自由、良心、人权和民主的最终基础，是西方文明的基准。"随着"9·11"事件之后世界格局的变幻，欧美公共讨论中宗教话语日渐活跃与强劲，政治与宗教的关系也成为当今西方思想界最为关注的主题之一。

## 委内瑞拉政局引发的讨论

拉美持续几年的"红色风暴"今年遭遇到新的挑战。查韦斯的修宪提案在委内瑞拉国内引起巨大争议，甚至导致了以青年学生为主体的十多万人的示威抗议。12月2日，全民公决否决了查韦斯的提案，委内瑞拉的局势与未来变得扑朔迷离。11月30日，耶鲁大学"拉美与伊比利亚研究会"举办"委内瑞拉的玻利维亚革命"国际研讨会，会议由耶鲁大学和纽约大学的两位著名历史学家发起并组织，邀请了来自不同国家的学者、政治家（包括委内瑞拉驻美大使）和社会活动家，旨在对委内瑞拉问题展开独立的学术性讨论。有学者高度肯定了草根性社会运动在确立玻利维亚革命的道路中所发挥的重要作用。也有学者指出，委内瑞拉的经济过度依赖价格由国际市场决定的石油，使这场社会主义运动陷入了与资本主义生产和消费模式的紧密纠葛之中，暗含着巨大的风险。这次会议展示了真正具有思想性的辩论，揭示出玻利维亚革命所包含的可能与局限，与主流媒体的危言耸听形成了明显的反差。

西方左翼学者对委内瑞拉的局势更为关注。齐泽克在11月15日《伦敦书评》上发表文章，批评当今"后现代左翼"的所谓抵抗策略倾向于放弃争夺国家权力，实际上是一种"投降"。他赞赏查韦斯夺取国家权力的革命运动，认为这虽然具有风险，却开启了一种新形式的政治可能。英国新左派领袖人物塔里克·阿里（Tariq Ali）在委内瑞拉全民公决之后立即撰写文章，指出当下对修宪的辩论过多地集中在取消总统连任限制的争议上，而没有足够重视修宪提案中"走向社会主义国家"的问题，特别是没有在草根层面上对此展开辩论，公民没有充分参与讨论来界定什么是一个社会主义国家，如何界定社会主义经济和社会主义民主，这恰恰是修宪流产的经验教训。但阿里坚信，查韦斯是一个真正的战斗者，只要总结经验、把握时机，在他任期结束的2013年之前一定会有新的转机。显然，对西方左翼来说，查韦斯革命代表了一种希望——在冷战之后第一次诞生一个新的社会主义国家的希望，因而对此寄予了热忱的期许。

## "大屠杀工业"与学术自由

诺曼·芬克尔斯坦（Norman Finkelstein）于1988年在普林斯顿大学获得政治学博士学位，其二十年来的学术生涯一直处于争论的漩涡之中，因为他的研究著述对大屠杀历史的主流论述提出了尖锐的挑战。芬克尔斯坦并不像少数右翼人士（如英国的大卫·欧文）那样否认历史上发生过纳粹对犹太人的大屠杀（他本人是犹太裔，其父母就是大屠杀的幸存者），但他认为大屠杀的真实历史在主流媒体的叙事中已经被篡改和编造，成为他所谓的"大屠杀工业"（the Holocaust Industry），被犹太精英权力集团所利用，服务于以色列的犹太复国主义意识形态和美国的中东政策。芬克尔斯坦通过大量著述和公开演讲长期致力于揭露批判"大屠杀工业"的骗局，其主要论敌是哈佛大学法学院资深教授兼律师艾伦·德肖维茨（Alan

Dershowitz）等人，而著名学者和异见知识分子乔姆斯基一直是芬克尔斯坦最强力的支持者。

芬克尔斯坦曾在几所大学任教，今年已经五十四岁却仍未获得终身教职。今年年初他在任教已六年之久的德保罗大学提出终身教职申请，虽然获得院系一级的多数支持，却遭到大学"晋升与终身教职委员会"的否决，其主要理由是芬克尔斯坦的著述对其他学者进行了言辞激烈的个人攻击，将学术问题变成简单的立场对立，不符合专业的学术标准。芬克尔斯坦坚持认为，校方受到了外界压力的干涉，这是对学术自由的严重侵犯。他表示要以"公民不服从"的方式予以抗议，校方则取消了他原本在下一学期开设的课程。这立刻引发了学术界激烈的反应与辩论，成为所谓的"芬克尔斯坦事件"。在经过两个多月的争论与谈判之后，德保罗大学与芬克尔斯坦达成协议。在一项联合声明中，双方表述了各自的立场，协议以芬克尔斯坦的辞职而告终，但未公布学校给予他的赔偿。芬克尔斯坦事件究竟意味着什么？在乔姆斯基等人看来，这无疑是美国精英势力打压异端思想、践踏学术自由的又一例证。10月12日芬克尔斯坦与乔姆斯基和英国新左派主要代表阿里等一起参加了在芝加哥大学召开的"保卫学术自由"会议，继续反思在保守派精英集团的压制下如何维护学术自由的问题。而另有一些学者对芬克尔斯坦著述的学术品质有相当的保留。早在《大屠杀工业》一书刚刚出版的七年之前，布朗大学著名欧洲史专家奥默·巴托夫（Omer Bartov）就在《纽约时报书评》发表文章，批评芬克尔斯坦恰恰与他所指控的"大屠杀工业"的媒体制造者一样，同样在论述中充满了刺激性的修辞、自鸣得意的道德和知识优越感，同样漠视基本事实，对历史进行混乱和可疑的阐释。巴托夫最后指出："现在可以说，芬克尔斯坦已经创建了他自己的大屠杀工业。"

## 《齐泽克研究国际学刊》创刊

齐泽克如今无疑是国际学术界最耀眼的明星之一。两年前，名为《齐泽克》的纪录片在文化知识界引起相当的关注。今年1月由英国利兹大学传媒学院主办的《齐泽克研究国际学刊》正式创刊。为一位仍然在世的学者创建一份专业性的研究刊物，这在学术界虽然不是首创（鲍德里亚曾享有此殊荣）却也是极为罕见的。

这份刊物由保罗·泰勒担任主编，编委会中包括著名学者詹明信（Fredric Jameson）等，而齐泽克本人也名列其中。编委会的构成在地域分布和专业分布上体现出高度国际化与跨学科的特征。学刊沿用学术界常规的公开投稿和同行评审的编辑方针，但发布方式却是新颖的网络在线期刊（http://zizekstudies.org/），内容完全对读者开放。在线期刊的方式更适合齐泽克的作品特征，也创造出一种学术讨论空间来避免主流媒体对其批判锋芒的收编。该刊目前已经出版了第一卷的四期，包括"齐泽克与巴迪欧""齐泽克与电影""齐泽克与黑尔格"等专题讨论，少部分文章已被翻译成多种语言文本（虽然中文译稿的质量似乎有待改进）。在第一期中的开篇文章《为什么是齐泽克？为什么是现在？》中，保罗·泰勒指出，从事这样一份刊物的编辑既是机会又有风险，因为它所研究的是这样一个思想家的作品：他不仅是健在的，而且他向世人保证他自己不是所谓的"齐泽克派"。因此要坚持完整公正地对待齐泽克的不可复制之独特性总是要面对艰巨的压力。但作者认为值得承担这个风险，以进一步增强齐泽克作品对现有建制的学科所提出的挑战。文章还借用佛家"以指示月，愚人观指不观月"的类比，形容"齐泽克的理论努力在于顽强地审问那些执迷于观指而不观月的学者的刚愎自用"，这就是为什么人们被齐泽克吸引并继续保持对他的兴趣。

# 2006年

## 拉美政局与左翼思潮的复兴

对左翼知识分子来说，振奋人心的激励来自中南美洲的政局变化：近年来具有鲜明左派或中左翼倾向的政治领袖在大选中获胜或连任，包括巴西的卢拉、厄瓜多尔的科雷亚、智利的巴切莱特、玻利维亚的莫拉莱斯、尼加拉瓜的奥尔特加以及委内瑞拉的查韦斯。虽然美国的主流舆论对拉美的这场"红色革命"持怀疑和批评态度，认为这是"政治强人"煽动民粹主义所导演的选举闹剧，会将拉美的经济发展引向灾难。但左翼力量终于突出重围，开始在主流媒体中发出自己的声音。去年11月，《时代》周刊和《洛杉矶时报》等就曾发表文章，严厉批评布什当局在拉美国家推行的政策。今年4月，《国家》杂志发表文章，更为激烈地抨击主流舆论对拉美局势的妖魔化，指出拉美的"左转"宣告了"华盛顿共识"的破产，标志着过去二十年"新自由主义"模式在拉美的失败。著名"世界体系"理论家伊曼纽尔·沃勒斯坦在《新左派评论》（2006年7—8月号）上发表文章，分析了世界格局的现状与发展趋势，认为美国霸权在

2001—2025年进入了不断衰落的时期，而布什的国际政策加速了这一衰落。托派社会主义同盟"第四国际"主办的"世界社会主义网站"于今年1月在澳大利亚召开"国际编委会"会议，编委会主席大卫·诺斯在开幕发言中指出，虽然资本主义在20世纪90年代获得了全球性的扩张，但其危机在不断地加深。美国最大的左翼知识分子联盟会议"社会主义学者大会"（SSC）在历经了2004年的分裂之后，似乎在今年复苏。分裂出的一支"左翼论坛"于今年3月在纽约举行主题为"全球抵抗与帝国的衰落"的大会，从开幕式的"挑战帝国"到闭幕式的"前进"主题，显示出高歌猛进的势头。冷战结束之后，西方左翼思潮和社会运动曾面临严峻考验，也一直在探索中寻求突破的契机。2006年，左翼力量似乎聚集了新的能量，出现了某种复兴的转机，露出了朦胧的曙光。

## 纪念阿伦特百年诞辰

今年10月14日是汉娜·阿伦特的百年诞辰纪念日。当天，柏林的"阿伦特的思想空间"现代艺术展开幕，美国国家公共广播电台播出了对阿伦特的学生、传记作者和研究者伊丽莎白·扬-布鲁尔的访谈。而世界各地的纪念活动早在年初已经开始，学术界重要的演讲与国际会议迄今有三十多次。歌德学院预告了明年1月召开的研讨会日程，表明相关的活动还在持续……这样广泛而隆重的纪念并不是心血来潮的仪式，而是最近二十年以来阿伦特的思想影响持续增长的结果。正如扬-布鲁尔新著的书名《阿伦特为什么重要》所提示的那样，阿伦特对于我们的时代仍然至关重要。作为20世纪极为独特而复杂的思想家，阿伦特的作品蕴含着多重阐释的可能。比如对极权主义问题的研究，阿伦特在《极权主义的起源》（1951

一书中认为，狂热极端的意识形态俘获了处于孤独焦虑之中的病理性"大众社会"，从而导致了极权主义的兴起。而后来在《耶路撒冷的艾希曼》（1963）中，她所揭示的极权主义的秘密在于艾希曼的那种"恶之平庸"。于是，面对今天的世界风云，许多人借用阿伦特的思想对当下极权主义的可能做出不同的诊断。有人在谈论所谓的"伊斯兰极权主义"，比如德国前外交部长、哈贝马斯的弟子约瑟夫·菲舍尔将此称作（纳粹主义和斯大林主义之后的）"第三种极权主义"，而另有作者比如罗宾最近在《伦敦书评》上发表的文章却认为，当今美国的帝国主义政策具有极权主义的危险，这恰恰源自阿伦特所说的那种"仕途主义"（careerism）的平庸之恶。拉宾还提醒我们要注意阿伦特对于极端犹太复国主义的忧虑。她在1960年就指出，犹太人从几个世纪"不惜代价求生存"转向了"不惜代价维护尊严"，但"在这种虚假的乐观主义背后潜伏着对一切的绝望而准备自杀的心态"，她看到了许多犹太人宁愿与敌人同归于尽，也不愿妥协，因为生怕妥协会将他们带回到那些在欧洲沉默受难的屈辱日子。阿伦特的许多洞见（比如她对"阿拉伯问题"的关切）还有待于我们深入的探讨。的确，阿伦特之于我们的时代仍然重要，她的思想遗产也将继续在争议性的阐释中给予我们启迪。

## 福山再度成为焦点人物

1989年以"历史终结论"闻名世界的日裔美籍学者弗朗西斯·福山在2006年再次成为公共知识界关注的焦点人物。他为今年再版的《历史的终结与最后的人》新写了后记《"历史终结"之后》，试图澄清人们对"历史终结论"的误解，并回应十七年来有关这一论题的争论。但这篇"再版后记"又引发出新一轮的争论，批评的重点仍然在于质疑"历史终结论"是否成立，以及福山自己的立场是否前后一致等。今年8月"开放民主"网站汇集了十多篇相关文章，组织了一次（网络）专题研讨会，福山为此撰写了《对批评者的回应》，试图再次澄清自己的观点，并解释自己观点的变化。而更受人关注的是福山在3月出版的新著《美国处在十字路口》，其中严厉批评了美国对伊拉克的战争，宣告了与"布什主义"的决裂。由于福山当年曾支持布什当局对伊拉克开战，并长期与被称为"新保守主义"的高层官员和智囊人物交往甚密，这本著作被看作福山政治立场的"戏剧性转向"，在舆论界引起强烈的反响。但是，从福山自己的论述逻辑来看，他的变化与其说是告别了"新保守主义"，还不如说是"布什主义"背叛了"新保守主义"。福山自己所主张的基本论点并没有改变：他仍然坚持"自由市场经济与民主政治制度"是（黑格尔、科耶夫意义上的）"历史终结"的现代性形态，认为这个终结已经在全球范围内展开，并将最终获得普世性的胜利。他所做的修正只是"时间表"意义上的，他认为自由民主需要更长的时间才能在"边缘地区"（特别是阿拉伯世界）实现，而实现的方式也可能不同于迅速而和平的"东欧模式"。福山与"布什主义"的根本分歧在于，他不相信一个国家的民主转型可以通过使用外部武力来强迫完成。在福山看来，这是一种激进的"社会改造工程"。而新保守主义的传统（在其对斯大林主义的批判中）留下的一个重要思想遗产就是反对这类"社会改造工程"。实际上，福山主张以经济发展和渐进改革为前提，促成对于民主的内在需要，从而实现走向民主的"和平演变"。而与此相比，布什推行的单边主义、先发制人以及武力变更政权的政策恰恰是一种激进的霸权主义。不幸的是，"新保守主义"这个名称已经被滥用了，福山也就不再愿意以此自称。

## 漫画引发的文化战争

2005年9月,丹麦《日德兰邮报》刊登了几幅将穆罕默德描绘成恐怖分子的漫画,从而引起一场风波。这场"漫画风波"在今年愈演愈烈。1—2月,法国、德国、意大利、西班牙的多份报纸相继选登了部分漫画,这一行为加剧了穆斯林的不满,示威游行、暴力冲突不断发生。《日德兰邮报》编辑的回应是,丹麦有着自由表达的传统,对于任何宗教都一视同仁。而转载漫画的相关欧洲报纸编辑则表示,他们只是在捍卫言论自由。虽然丹麦首相在阿拉伯电视台发表讲话,就漫画引起的冒犯向穆斯林致歉,但他同时强调,政府无权干涉报社的言论自由。欧洲境内的穆斯林的抗议示威不断升级,英国政府担心此事将引发一场"新圣战"。2月8日法新社报道,一名塔利班高级指挥官宣称,塔利班将悬赏一百公斤黄金追杀那个把先知画成"炸弹客"的漫画家;对于任何杀死丹麦人、挪威人或德国士兵的人,塔利班也会奖赏五公斤黄金。这一消息促使美国首次对"漫画风波"公开表态,布什表示,美国主张新闻自由,反对因强烈不满而采取的暴力活动。国务卿赖斯则直接指责叙利亚和伊朗借漫画事件煽动穆斯林对西方的仇视。在公共知识界中,有评论者指出,西方"自由社会"可以容忍或接受类似于"炸弹客穆罕默德"的自由表达,而穆斯林的暴力抗议暴露出他们守旧专制的宗教理念。另一些评论则认为,西方的言论自由从来就有其限制与边界,许多国家都有禁止种族歧视与"仇恨言论"的相关法律,漫画以言论自由为名冒犯了宗教情感,是一种西方霸权的体现。

## 国际知识界声援贾汉贝格鲁

伊朗著名哲学家、作家拉明·贾汉贝格鲁（Ramin Jehanbegloo）在 4 月 27 日从印度讲学回国时，在德黑兰机场遭到逮捕，随后被关入德黑兰 Evin 监狱。贾汉贝格鲁在巴黎索邦大学获得博士学位，曾在哈佛大学做过博士后研究，目前担任德黑兰文化研究局当代研究部主任。他曾担任加拿大多伦多大学政治学系兼职教授，拥有加拿大和伊朗的双重国籍。贾汉贝格鲁出版过二十多部著作（其中《伯林谈话录》有中译本出版），论及黑格尔与法国大革命以及甘地、泰戈尔、伯林、萨义德等。他对西方哲学和现代性的研究致力于探索不同文化之间进行建设性对话的可能。5 月 6 日伊朗情报部长对外确认了贾汉贝格鲁被捕的事实，暗示原因在于"他与外国人的接触"。在学术同行看来，贾汉贝格鲁是"政治上极为温和"的学者，他的被捕令人感到意外，也引起了国际社会的强烈反应。5 月 15 日欧盟委员会发表声明，表示对此事件的"严重关注"。5 月 24 日世界各地四百三十二名学者与作家联合签署一封"致伊朗总统内贾德的公开信"，高度评价贾汉贝格鲁的学术贡献及其国际影响，指出对他的关押未经过任何司法程序，违背了伊朗共和国的法律和相关国际公约，敦促内贾德总统亲自干预此事，尽快释放贾汉贝格鲁。公开信的签署名单几乎囊括了所有当今最为著名的学者和知识分子，包括 2003 年诺贝尔和平奖得主希琳·伊巴迪和文学奖得主库切，以及不同专业领域和持不同政治立场的学者，如诺姆·乔姆斯基、伊曼纽尔·沃勒斯坦、安东尼奥·奈格里、欧内斯托·拉克劳、尚塔尔·墨菲、斯拉沃热·齐泽克、尤尔根·哈贝马斯、查尔斯·泰勒、希拉里·普特南、罗纳德·德沃金、理查德·罗蒂、齐格蒙·鲍曼、翁贝托·埃科、莱谢克·柯拉柯夫斯基、迈克尔·沃尔泽、理查德·伯恩斯坦等。另有"国际伊朗研究协会"等学术团体也为此发表了公开声明。

8月30日贾汉贝格鲁被释放。他随后在接受"伊朗学生通讯社"的采访中解释说，他在国外讲学期间，有来自"敌对国家"的情报人员参加了他的研讨会，试图将他的学术研究（特别是他对东欧与伊朗市民社会发展的比较研究计划）用作颠覆伊朗政权。他对此感到遗憾，并建议伊朗学者应该在国内举办学术活动，以免在出国访问的活动中学术成果遭到滥用。他还表示，自己在监狱中得到了完全人道的待遇。目前，贾汉贝格鲁的个人网站已经关闭。

## 反击对施特劳斯的妖魔化

近年来，西方报刊（包括在知识界声誉良好的《卫报》《纽约时报》《纽约书评》《国家》《纽约客》《波士顿环球报》《国际先驱论坛报》等）发表了许多文章，"发掘"政治哲人施特劳斯的思想与美国极右政治势力之间错综复杂的关系。其结果是施特劳斯已被公众看作"美国新保守派的教父"，是反自由民主的精英，并鼓励政客用谎言来欺骗大众。在许多严肃的学者看来，这完全是对施特劳斯"妄想狂"式的妖魔化。的确，施特劳斯的不少弟子（或隔代弟子）在布什当局的高层或智囊机构担任要职，但政界"施特劳斯派"的立场并不等于施特劳斯本人的立场，也并不为学院中的施特劳斯派所认同。今年，施特劳斯学院派的弟子们相继推出三部著作：史蒂文·B.史密斯的《解读施特劳斯》，托马斯·潘戈的《施特劳斯导论》，以及凯瑟琳·朱克特和迈克尔·朱克特夫妇的《施特劳斯的真相》。这些著作通过对施特劳斯作品的严肃解读和阐释，致力于探索施特劳斯真正的思想遗产。这三部著作的一个共同的看法是，施特劳斯是自由民主的朋友而不是敌人。史密斯教授解释说，"朋友"意味着施特劳斯本人并不是自由民主主义者，但他的思想对现代自由民主最有益处，因为他"理解政治的方式不是出于左的或右的立场，而是来自俯瞰的上方"。如果说有什么"施特劳斯的政治"，那么这种政治更接近于他同代的以赛亚·伯林和雷蒙·阿隆等自由主义者，而不是当时任何一个保守主义的主将。朱克特夫妇认为，施特劳斯对现代性的危机有着深刻洞察，正因为如此，他才是自由民主清醒冷静的辩护者，能够同时意识到它的力量与弱点。而潘戈的著作探索了施特劳斯的哲学思考对民主公民的复兴以及对我们文化批判性的自我理解所做出的贡献。这三部著作的出版已经受到知识界的关注，在客观上反击了对施特劳斯的妖魔化解释。

## 英国"思想战役"开辟新的公共空间

2006年10月的最后一个周末，来自世界不同国家的政界、商界、学界和传媒的近两百名"重量级人物"汇聚于伦敦的皇家音乐学院，就当代"紧迫而重大的思想问题"，面对近千名听众展开公开和激烈的交锋。这个名为"思想战役"(The Battle of Ideas)的年度活动是一种新颖而特殊的跨行业、跨学科的文化节，由英国独立的"思想研究所"(Institute of Ideas)于2005年创办。今年第二届"思想战役"更为引人注目，发言者争论之尖锐激烈，现场听众参与之热烈踊跃，达到了令人惊叹的程度。活动的形式也精彩多样（从正式的"主题争辩"，到半正式的"沙龙辩论"和自由随意的"咖啡对话"，以及影视展映等），涉及的主题包括文明冲突与西方文化危机、21世纪的认同、环境保护与反环保话语、心理治疗工业与教育问题以及艺术创作自由与大众消费等。活动受到参与者与观察家的极高赞誉，被认为是一次绝对令人难忘的、罕见的"思想盛宴"。

也许更值得关注的是"思想战役"的诉求与潜力。三位召集人当中，有的以社会评论家为职业，有的是牛津大学的青年教师，但都是活跃于公共领域的年轻一代知识分子。他们共同感到，在传媒机制和学院规训的制约下，当代的文化氛围变得越来越因循守旧。这种"遵从主义"压抑了真正的民主讨论，封闭了政治想象与文化创作的空间。由此，他们致力于"打破一切思想禁忌"（包括所谓"政治正确"以及"顾忌直接的现实后果"所造成的限制），提倡"无限制的自由讨论"。正如"思想研究所"在其创建宗旨中明确告白的那样，他们继承的是康德式的"大胆而公开地使用理性"的启蒙主义精神传统。他们声称，在"思想战役"中每个人都具有"完全自由表达的权利，但没有免于被冒犯和批评的权利"。他们的诉求不是要以"达成共识的名义"来寻求时代的"镇痛剂"，而是要以开放而强劲的思想交锋来反思时代的大问题，为创造真正民主的公共空间开辟新的道路。同样引人注目的是英国这些新一代知识分子的创新与活动能力，他们往往兼备作家、学者、编辑家和活动家的品质，具有罕见的跨行业、跨学科的知识和交流才能。这使2006年"思想战役"得以筹集足够的民间资金，汇集具有公共影响力的著名人物，并获得BBC、《泰晤士报》、《卫报》和著名网络媒体 *Spiked* 的全程报道。活动之后，"思想战役"及时出版多种文集，同时在学院刊物中发表讨论专辑。他们远大的抱负和卓越的才能，蕴含着重新塑造欧洲公共文化的巨大潜能。

## 君特·格拉斯迟到的自白

小说《铁皮鼓》使德国作家君特·格拉斯成为1999年诺贝尔文学奖得主。瑞典文学院给他的评语是"嬉戏般的黑色寓言揭露了历史被遗忘的面孔"。然而，今年8月12日，格拉斯公开自己曾是纳粹党卫军人的身份，由此引发了一场席卷德国、欧洲乃至全球的黑色风暴。德国联邦议员要求收回格拉斯的一切荣誉奖赏，包括诺贝尔文学奖。总理安格拉·默克尔委婉地指责格拉斯坦白得太晚。许多批评者认为，格拉斯年轻时的选择可以原谅，而不可饶恕的错误在于其"长达六十一年之久的缄默"。最激烈的抨击来自格拉斯的出生地，现属波兰的格但斯克（原名但泽）。格但斯克市议会决定要求格拉斯放弃"但泽荣誉市民"的称号。此外，《纽约时报》也刊登评论，题为《格拉斯：一个非常的德国耻辱》。与此同时，格拉斯的作家同行们则纷纷为其辩护。美国作家约翰·欧文在《卫报》上刊文赞扬格拉斯的勇气与道德。葡萄牙作家、诺贝尔文学奖得主若泽·萨拉马戈怀疑那些批评者在没有扪心自问的前提下表达了"伪善"的想法。《法兰克福汇报》则提供了事实证据——第二次世界大战一结束，格拉斯在战俘营中就向美军方承认自己是纳粹党卫军人，相关材料现存于柏林国防军问讯处。更有力的辩护在于格拉斯的作品本身，合称为"但泽三部曲"的《铁皮鼓》、《狗年月》及《猫与鼠》都充满了历史的厚重感，深刻反映了纳粹时期社会的扭曲与荒谬，其中也蕴含了对自身经历的反思与忏悔。另外，格拉斯的自传体新作《剥洋葱》于8月16日出版。

# 2005年

**萨特百年诞辰纪念**

今年6月21日是让—保罗·萨特的百年诞辰，法国国立图书馆举办了大型纪念展览，欧美各地也为此举行了许多讨论会，出版了关于萨特的新书或特辑，报刊媒体也纷纷发表文章，纪念这位20世纪影响卓著的哲学家、作家和知识分子。英国《独立报》称，萨特在去世二十五年之后迎来了其影响力的"第二波"，因为他的著作和政治生涯同当代仍然具有高度的相关性，他的思想也仍然会引发争论和新的理解。美国学术纪念讨论会的主席斯科特·麦克里米指出，如果说萨特的思想遗产曾一度因冷战而衰落，那么，现在它显然与我们所生活的世界越来越相关。萨特的著作中对于系统性的暴力、寻求解放的斗争以及恐怖主义的论述在今天重新回到了人们的视野之中。当然，萨特的思想总是具有争议。美国著名作家诺曼·梅勒认为，萨特倡导的政治理想由于缺乏道德或宗教的指南而陷入了永无根基的虚无病症之中，最终将会走向危险的死胡同。《国际先驱论坛报》的文章指出，法国在萨特去世之后出现的几位重要的思想家似乎早已取代了萨特的地位，今天人们之所以仍然怀着极大的热忱纪念萨特，是因为他的著作涉猎的领域极为广泛，今天的年轻人总是可以从中找到与自己相关的思想线索。而更为重要的是，萨特思想试图处理的一个重要问题——我们的生活是自己选择的结果，还是被不可控制的环境所决定——仍然是当代人类精神世界中一个最令人困扰却又最富有感召力的问题。

## 佩里·安德森批评"自由左翼"的国际政治理论

新左派首席理论家佩里·安德森在他主编的《新左派评论》（2005年第1期）上发表了长达一万五千字的论文，题为《武器与权力——战争年代的罗尔斯、哈贝马斯和博比奥》。这篇文章明确针对当代西方三位最重要的自由左派理论大师——美国的罗尔斯、德国的哈贝马斯和意大利的诺尔贝托·博比奥，讨论他们在冷战之后的十年中对国际秩序和正义问题的论述，对他们试图继承康德的"永久和平"理想而重建当代国际秩序的理论学说做出了尖锐的批评。安德森的文章主要在政治哲学的理论层面（比如康德的理想与当今世界权力结构之间的矛盾）展开，同时也分析了三位理论家各自的成长史对其世界观形成的影响，认为他们的理论建构工作不仅无法实现永久和平与国际正义秩序的理想，反而掩盖了美国以及国际强权对地域冲突和非正义行为的干涉，因此，他们的努力在无意之中可能会沦为国际霸权的理论工具。安德森的这篇文章可能显示了新左派理论发展的一个动向，表明批判的对象不只限于右翼的保守派和自由派思想，而且也要揭露那些被称为具有左翼倾向的自由主义论述。我们至今还未读到哈贝马斯对此做出的任何直接回应（罗尔斯和博比奥已经去世），而且这篇文章发表之后也没有引起广泛的讨论。英国政治哲学教授克里斯·伯特伦（Chris Bertram）在网络上撰文对此文提出批评，并引述具体文本指出安德森对罗尔斯的误读与曲解，认为这篇文章是傲慢且充满偏见的，妨碍了他对三位重要的哲学家做出任何内在的具有同情性的解读。

## 新教皇对理性与宗教的看法引起争议

《逻各斯》（Logos）期刊今年春季号发表了新教皇本笃十六世的一篇文章。这篇文章为纪念第二次世界大战盟军诺曼底登陆六十周年而作，在《寻求自由》的标题下抨击了"堕入病态的理性"与"被滥用的宗教"。教皇在论及西方民主与伊斯兰恐怖主义的冲突时指出，重要的问题是重建理性与宗教的关系。启蒙理性反对原教旨主义的狂热宗教信念，但目前理性与宗教两方面都出现了病症，一方面是伊斯兰世界对宗教的滥用威胁着世界和平，另一方面是西方的病态的理性瓦解了信仰。在此，教皇明确批评了德里达的"解构主义"思想，认为德里达解构"好客"（hospitality）、民主和国家，最终也解构了恐怖主义的概念，剩下的只有理性的消散，使所有确定的有效价值和所有坚持理性真理的立场都变成了原教旨主义。

在教皇看来，理性和宗教的两种病症都妨碍了我们寻求和平与自由。《逻各斯》在同期刊登了美国政治学家斯蒂芬·埃里克·布朗纳（Stephen Eric Bronner）教授的回应文章，他认为教皇的论点表达了重新肯定欧洲"基督教之根"的愿望，这反映了许多保守主义者和原教旨主义者的观点。而教皇所期望的"重建理性与宗教之间的平衡"实际上是在提议：要在东方世界多一些世俗理性，在西方世界多一些宗教信仰。布朗纳指出，妨碍自由与和平的原因并不是所谓的"文明的冲突"，真正的冲突也不在西方与非西方之间，而是发生在那些世俗自由国家以及多元公共领域的支持者与那些意欲将自己的宗教信条强加于他人的原教旨主义者之间。

## 西方公共知识分子评选

今年，美国《外交政策》与英国《视野》(Prospect)联合发起了"当今世界最重要的公共知识分子"的读者评选活动，具体办法是读者通过网络投票，最终在一百位候选人中选出五位。候选名单中有多位华人上榜，包括经济学家樊纲、外交政策分析专家王缉思和政治学家郑必坚等。评选活动收到两万多张选票，于今年10月公布了评选结果。当选知识分子是语言学家乔姆斯基（4827票），学者兼作家翁贝托·埃科（2464票），生物学家理查德·道金斯（2188票），捷克前总统、作家哈维尔（1990票）和英国作家克里斯托弗·希钦斯（1844票）。希钦斯曾是左翼的托洛茨基主义者，而近十年来转向攻击西方左派在巴尔干半岛、阿富汗和伊拉克问题的立场，并强烈支持小布什政府发动的"反恐战争"。在前二十位的名单中，思想大师哈贝马斯以1639票名列第七，经济学家阿马亚·森以1590票名列第八；历史学家霍布斯鲍姆以1037票名列第十八。评选结果公布之后，欧美许多报纸发表评论，认为评选在一定程度上代表了知识大众的选择，但有颇多偏差，特别是非英语世界的人物被严重低估，比如法国就只有让·波德里亚（名列第二十二）进入了前四十位的名单之中。

## 保罗·利科去世

法国哲学家保罗·利科（Paul Ricoeur）于5月20日与世长辞，

享年九十二岁。这位20世纪伟大的思想大师的足迹遍及欧洲和北美的一流大学，曾任教于巴黎大学、耶鲁大学、芝加哥大学等多所高校，去年去世的德里达曾担任他的助教。利科一生共出版了三十多本著作，发表了五百多篇论文，在哲学领域的代表作有《意志哲学》《解释的冲突》《接受现象学的熏陶》等。利科把现象学和诠释学相结合，开创了意志现象学，强调人的意识中的自愿活动与非自愿活动之间的联系；他还以历史哲学家的身份对历史进行研究，著有《历史与真理》《记忆、历史、遗忘》等书；他的《活的隐喻》赢得了学术界的高度赞赏，所提出的"隐喻的真理"概念为修辞学提供了深刻的思考；他还以《恶的象征》《思考〈圣经〉》等书开辟了宗教诠释学的全新视野。2000年，利科获得了享有盛名的京都奖；2004年11月，他被美国国会图书馆授予有"人文领域的诺贝尔奖"之称的克鲁格奖。

## 女性主义风潮再起

2005年初，美国哈佛大学校长劳伦斯·萨默斯在一次经济学会议上发表演讲，其中提到了一个"科学假说"：性别之间的先天性差别妨碍了女性在数学方面获得杰出的成就。这番言论立即引起轩然大波，来自麻省理工学院的南希·霍普金斯当场退席，随即美国各大报纸纷纷发表评论，指责这是性别歧视的言论，甚至有人要求萨默斯引咎辞职。萨默斯起初接受采访时仍坚持自己的观点，即男女之间存在先天性差异，这是可能的，可是人们宁愿相信男女表现不同是社会因素造成的。但他也承认，他的这一观点需要进行更深入的研究。在舆论压力下，他发表了道歉声明，保住了校长的职位。但也有评论持不同看法，哈佛著名政治哲学家哈维·曼斯菲尔德撰文指出，这场风波完全没有涉及任何科学证据和理性的争论，而只有女性主义的"政治正确"主导了一切,使得女性主义者丝毫不愿意考虑是否存在某种可能——女性在数学方面有先天性的弱势,对此,任何要求证据的人已经被看作对女性构成了伤害。曼斯菲尔德认为,我们需要女性主义,但不是这样脆弱和具有虚假独立性的女性主义,而是一种更爱好自由的新的女性主义。类似地,南加州大学著名法学与政治学教授苏珊·埃斯特里奇(Susan Estrich)发动五十名妇女联署签名,抗议《洛杉矶时报》发表的《女性思想家到哪里去了》一文,并在电子邮件中以威胁性的口气,要求评论版主编迈克尔·金斯利发表这份抗议书,在金斯利以不接受胁迫(blackmail)为由拒绝之后,埃斯特里奇投书其他报刊,随后报刊公布了埃斯特里奇与金斯利之间有关的全部电邮通信内容,其中埃斯特里奇咄咄逼人的言辞令人惊讶。《洛杉矶时报》的一位女性专栏评论家发表文章,称这是美国"女性主义的歇斯底里"。

## 言论自由与"政治正确"

与言论自由问题相关的另一场风波,涉及美国科罗拉多大学种族研究系主任沃德·丘吉尔(Ward Churchill)教授。他在三年前发表的一篇文章对"9·11"事件做出评论,其中将纽约世贸中心的遇难者与纳粹战犯阿道夫·艾希曼相提并论,称他们是"小艾希曼",并认为他们是美国政策的一部分,而正是这种政策导致了仇恨以及恐怖分子的报复。而且,他说这些"小艾希曼"自愿地服务于这个政体,但没有对它的行动及其后果担负责任,因而他们并不是无辜的。这篇文章本来并不引人注目,但今年1月丘吉尔受到纽约州汉密尔顿学院的演讲邀请,遭到数百名"9·11"事件遇难者亲属和消防队员的抗议。1月31日,他辞去了种族研究系主任的职务。他在辞呈中写道，目前的政治氛围让他无法代表种族系、文理学院和科罗多大学。校方接受了他的辞职并表示，依照宪法，丘吉尔教授拥有表达政治观念的权利，但他的文章"让我们和公众都感到震惊"。媒体在此风波中又披露了丘吉尔的某些更为偏激的论调，他曾在去年接受一家杂志采访中说，美国可能需要更多的"9·11"事件。科罗拉多大学是公立学校，在许多市民的要求下，州长欧文斯要求科罗拉多大学考虑解雇这名教授。许多知识分子就此展开发表文章，辩论自由权利及其限度的问题。

## 美国主流报刊开展阶级问题讨论

今年夏季，《纽约时报》和《华尔街日报》就美国当代的阶级问题和社会流动问题发表了一系列讨论文章。讨论围绕教育、医疗、社会保障、移民、宗教、婚姻和文学等方面展开，使"阶级意识"重新成为热门话题。有作者在讨论中指出，社会阶层的自由流动一直是美国的一个神话，而旧的阶级界限似乎也已经被消费生活的表象所抹去，美国的阶级意识和阶级语言开始消退，但阶级的差别没有消失。实际上，近三十年来美国社会的阶层流动不是更自由而是更困难了，美国人正生活在一个不平等性急速加剧的时代。也有论者指出，财富与阶级是事关权力的问题，阶级与其说是关于生活方式或消费时尚，不如说是关于"谁有权做决定"的问题，这包括决定大多数无权者的生活。富有者使用自己的各种权力维护他们的特权生活，让社会为此付出代价。软弱的民主反对派所鼓吹的"自我成就"的神话只能使普通百姓吞咽右翼的苦果。因此，阶级是重要的，阶级意识也同样重要，必须认识到社会的、政治的和经济的权力是阶级问题的关键。

## 英国历史学家大卫·欧文在奥地利被捕

　　大卫·欧文（David Irving）毕业于伦敦大学，是英国最受质疑的历史学家，其著作与译作多达三十多种，研究领域主要集中于纳粹德国与第二次世界大战。欧文自己以及少数新纳粹主义者将他标榜为"我们时代最为勇敢的"的反潮流历史学家，而大多数人认为他的所谓研究著作充斥着对历史事实的蓄意歪曲。他长期以来否认纳粹大屠杀的暴行，声称奥斯维辛集中营的毒气室完全是虚构的。在《希特勒的战争》一书中，他认为希特勒直到第二次世界大战后期都不知道对犹太人的大规模迫害，也没有证据显示曾施行过所谓的"终极解决"方案。所有针对犹太人的迫害行为都是下属所为，而且其规模远比现在的主流看法要小得多。1994年，欧文曾起诉控告美国历史学教授黛博拉·利普施塔特（Deborah Lipstadt）和企鹅出版社，因为利普斯塔特在其《否认大屠杀——对真相与记忆的挑衅》一书中称欧文是"否认大屠杀的最危险的代言人"，诋毁了他的学术声誉，也损害了他的职业生涯。经过长达六年的司法诉讼和审理，伦敦高等法院在2000年4月判决欧文败诉，认定他出于某种目的对历史进行了歪曲。欧文于1989年在维也纳等地公开演讲，法庭曾为此签发逮捕令，但直到今年11月再次访问奥地利时，他才落入法网。与英国的情况不同，在奥地利（以及法国和德国）有相关法律将否认纳粹罪行视为非法，刑期最高可达二十年。据BBC报道，历史学界对欧文有很大的争议，一些史学家认为他在挖掘和收集历史档案的工作中有很强的钻研精神，但他从中作出的阐释和结论是非常可疑甚至是荒谬的。

# 2004年

## 电影《华氏911》的政治风暴

电影纪录片《华氏911》可能是2004年度西方公共思想界最为引人注目的事件。迈克尔·摩尔试图在电影中惊爆内幕——布什家族与沙特阿拉伯王室及本·拉登有密切的生意往来，而在"9·11"事件发生后，布什当局先是玩忽职守，使美国陷入恐慌，尔后出兵伊拉克，转移民众的注意力。整个影片以辛辣的讽刺手法，激烈地抨击了布什的反恐战略。今年5月，《华氏911》在法国戛纳电影节获得金棕榈奖，关于美国政府曾试图禁止影片发行的消息广为流传，反而成为该影片最佳的促销广告。电影在美国上映的最初几周场场爆满，创下了电影纪录片票房的历史纪录。摩尔本人立即出版了两本新书，并在欧美各大媒体频频亮相，还成为《时代》杂志的封面人物。他毫不掩饰自己的政治动机——借此影响年底的总统大选，把布什赶出白宫！在愈演愈烈的反布什浪潮中，《华氏911》成为知识界与大众媒体热烈讨论的话题。

在激起大众兴奋情绪的同时，舆论也出现了越来越多的针对

《华氏911》的批评甚至攻击。许多评论指出，整个电影完全抛弃了纪录片惯常的审慎与客观的姿态，通过带有诱导性和煽动性的叙事剪接策略，大量使用阴谋理论和"情况证据"（circumstantial evidence），以达到谴责和嘲弄的效果。一个名为"华氏911"的网站应运而生，专门收集对摩尔歪曲事实的批评、投诉以及各种负面报道。这部电影无疑是非常"解气"和"解恨"的，但其立场的客观性和证据的可靠性却非常可疑，因此以这种愤怒的方式介入政治讨论是否正当，便成为公共舆论的一个焦点。有评论家坦言："是的，电影是不公平的，是蛮横的，但那又怎么样呢？对不起，美国人已经没有耐心了！"摩尔本人也说，"《华氏911》就是自由的燃点"。而另一方面，许多评论指出，摩尔的话语策略与布什如出一辙，是"煽动性的政治宣传"，是好莱坞式的娱乐。目前已经有一部名为《摩尔憎恨美国》的新纪录片面世，导演迈克尔·威尔逊（Michael Wilson）检讨了摩尔的纪录片制作方式，批评他的不正当操作手段，同时也有揭露"摩尔真相"的新书出版。整个论战透露出美国公共舆论在政治意识和文化态度上的严重分歧。

## 德里达去世的风波

法国著名哲学家雅克·德里达于10月8日去世，享年七十四岁。10月10日《纽约时报》发表乔纳森·坎德尔撰写的讣告，这篇讣告以轻佻的笔法描述了德里达的生平与学术生涯，对解构主义仅以"晦涩难懂"一言蔽之，并称引说，"许多并无恶意的人仅仅为了能减免理解解构主义的负担而期望它死去"。这篇讣告引起一场轩然大波，德里达的朋友和倾慕者们被深深地激怒了——在他们看来这篇讣告是"不公平的、无礼的、怀有偏见的"。十几位著名教授和学者分别致函抗议，认为《纽约时报》的这篇讣告是污辱性的，而将讣告的写作交给一名不学无术且心存恶意的作者，标志着《纽约时报》专业伦理的堕落。加州大学欧文分校的部分教授建立了"纪念德里达"网站，并在网上发起签名活动，目前已有来自世界各地的近四千二百名学人参加，形成了一场捍卫德里达的运动。

在舆论压力下，《纽约时报》做出了及时的应对，除了刊登一些言辞激烈的抗议信函之外，还在10月14日发表了马克·C.泰勒教授的正面评论文章《德里达究竟想说什么？》，称德里达将（与维特根斯坦和海德格尔一起）作为20世纪最重要的三位哲学家之一被人纪念。英国《卫报》在10月11日发表的长篇讣告中，对德里达做了较为全面和客观的介绍，也透露了学术界对他的非议与排斥。1992年5月，当剑桥大学决定授予德里达荣誉哲学博士学位的时候，以巴里·史密斯（Barry Smith）教授为首的十八位著名哲学家联名致书剑桥大学表示反对。他们认为，德里达的写作虽然具有原创性，或许在电影或文学等领域也有一定的意义，但作为"哲学家"，他的作品没有达到专业学术所要求的基本的"清晰与严谨"。为此，剑桥大学最后不得不启动特殊的投票表决程序来解决这场争端，结果以三百三十六票赞成、二百〇四票反对通过了荣誉学位的授予。著名文学理论家特里·伊格尔顿随后在10月15日的《卫报》发表《不要嘲弄德里达》，批评英国知识界的保守人士对德里达的嘲弄，并认为多半是出于无知与误解。

德里达注定是个充满争议的人物，身前死后都是如此。除去意识形态的原因，德里达的讣告风波或许也反映出欧洲大陆与英美的学术传统，以及所谓"后现代"与"正统"学派之间的争议和冲突仍在继续。

## 反对"弱智化"的文化战争

对当代文化"平庸化、粗俗化和弱智化"倾向的抨击,是保守主义者的老生常谈,在公共知识界也不是一个新鲜话题。但今年9月英国出版的一部新书——《知识分子都到哪里去了?对抗21世纪的庸人主义》——仍然引起了热烈反响,作者是执教于英国肯特大学的社会学家弗兰克·富里迪。多少令人意外的是,富里迪本人属于"激进的左派"阵营,曾在1981年参加创立英国"革命共产党"。这本著作的基本论题是,那些以追求真理和介入公共事务为使命的知识分子正在英国慢慢消失,结果是日益增长的庸人主义(philistinism)弥漫于社会生活(从学术、艺术到文化等)的各个领域。但富里迪攻击的目标并不是平庸的大众,而是所谓"文化精英"及其主导的文化体制。他认为,在一种时尚而肤浅的文化多元主义以及后现代主义的影响下,文化精英越来越倡导"容纳"精神和政策,一方面使得大学向那些曾被排斥的边缘和弱势群体开放;另一方面,对学生的"迎合"代替了严谨的知识要求,导致整个教育自上而下变得平庸化。当今大学(甚至包括牛津和剑桥这样的英才重镇)的教育标准严重下滑,"为知识而知识"或"为艺术而艺术"的纯粹追求已经成为一种耻辱,浅薄的工具主义和实用主义政策使整个年轻一代陷入"弱智化"(dumbing down)的文化氛围之中。

该书出版后,左翼理论家伊格尔顿在《新政治家》上发表书评,称这是一部"极为重要的著作"。保守派哲学家罗杰·斯克鲁顿在《泰晤士报》发表的文章也支持富里迪的观点,虽然他对"知识分子"一词的含义有所保留。《卫报》《观察家》《高等教育纪事报》以及许多网络杂志也都纷纷评论,参与了这场所谓的反"弱智化"的文化辩论。有批评者指出,富里迪具有反民主的精英主义倾向。对此,富里迪在接受采访中申辩说:"民主不仅仅是包容多数,而且是为了包容在有价值的目标之中；而'弱智化'的文化将使我们都被包容在一种共同的庸俗之中。"

## 围剿乔姆斯基

麻省理工学院语言学教授乔姆斯基是美国最为激进和著名的"反对派"知识分子。他矢志不移地指控美国公共舆论受到权力与资本高度垄断，而他本人由于在公共舆论界极为活跃而名声大噪。许多人因此认为乔姆斯基的批评显得有些故作矫情，甚至有著名学者称他为"知识骗子"。而且，右翼人士对他更怀着意识形态上的敌视。这种积蓄的不满情绪终于爆发，形成了对乔姆斯基的围剿行动——《反乔姆斯基读本》的出版。

这部文集由彼得·科利尔和大卫·霍洛维茨编辑，汇集了九篇文章，着重分析了乔姆斯基的知识生涯和反美思想的演进，论及他和大屠杀之间奇异的关联、对红色高棉独裁者波尔布特的辩护、对以色列的仇恨以及对"9·11"事件沾沾自喜的评判，并指责他长期、大量地"捏造事实"和"篡改数据"。文集的结论可以用一句话概括——乔姆斯基是不可信的！但攻击的领域还不只是这些。在西方知识界，很多学人会将乔姆斯基的学术贡献与他的政治写作区别开来，前者是里程碑而后者则多半是"义愤"。这部文集中最令人不安的一章出自语言学家保罗·波斯塔尔和罗伯特·莱文，他们重新评估了乔姆斯基的语言学研究，发现其品质与他的政治言论相当一致——"对真相的严重轻视、掩盖内在矛盾以及对不同意见的辱骂"。与此同时，一个名为"反乔姆斯基日志"的网站收集了大量"黑材料"，宣称乔姆斯基的面具已被一劳永逸地揭穿了。在当今美国保守主义复兴的形势下，对乔姆斯基的围剿也许并不出人意料。

## 法国知识界讨论民族的认同危机

今年夏季，法国主要媒体《费加罗报》发起了题为"成为法国人意味着什么"的大讨论，从6月到8月，有四十多位哲学家、政治家、学者和作家陆续发表文章。在此之前，已经有几本反思当前法国危机的著作（如尼古拉·巴弗雷的畅销书《没落中的法国》）在读书界引起关注，成为触发这场讨论的一个契机。许多文章弥漫着一种悲观的基调，透露出知识界对民族现状和前途的深重忧虑，并讨论列举了法国衰落的症状：在全球势力中失去了原有的地位，在欧盟中角色的削弱，衰败的经济和高失业率以及难以整合的移民族群等。其中，哲学家尚塔尔·德尔索尔的一句话被许多媒体广为摘引："一个如此辉煌的民族怎么会变得如此平庸、如此沉闷、如此禁锢于自己的偏见……在今天做法国人就是去悼念我们不再拥有的品质。"她还表示，某些精英人士企图掩盖这种衰落，使人民得以生活在虚幻的自得之中，她对此感到羞耻。语言学家克劳德·阿热日认为，法语正在走向衰落，而这与法国民族的衰落是不可分的。

这场讨论充满了对往昔伟大时代的怀旧情绪，对当前民族认同的危机感，以及深切的自我怀疑与批判精神。讨论的发起者《费加罗报》编辑主任在总结中写道，过去二十年的欧盟计划被看作法国走向复兴与繁荣的独特道路，但这一承诺并没有兑现——"2004年的法国是一个处在疑问中的民族"。

一些欧美报刊对这场讨论做了报道。有评论认为，这是法国人过于内省和自恋的体现，"法国是处于危机之中，但从来都是如此"。也有评论赞赏这种自我反思的精神，指出欧洲的许多国家实际上都出现了衰落，但唯有法国人能够这样坦白地讨论，也只有在法国，这样的文章才会拥有广泛的读者。

## 亨廷顿新作引发争论

今年 5 月，哈佛大学著名政治学家亨廷顿出版了一部新作——《我们是谁：美国国家特性面临的挑战》，可以看作"文明冲突论"的国内演绎版：来自南美的大量西班牙裔移民与其他外来人口不同，他们与故国具有很强的文化联系，难以融入美国的"大熔炉"，使美国日益分化为两种文化、两种语言和两个民族，这对美国的民族认同构成了严峻的挑战。在亨廷顿看来，美国文化的核心就是英国新教徒的价值观念，这种文化包括职业道德规范和个人主义、英国的语言、法律制度、社会制度和习俗。他在接受《纽约时报》采访时坦率地表示，如果最初在美国定居下来的人不是英国人，而是法国、西班牙和葡萄牙的新教徒，美国将不会是这样一个国家，而可能是魁北克、墨西哥或者巴西。

亨廷顿的新论点受到了广泛的关注与评论。有人赞赏他不顾"政治正确"教条的威胁，公然讨论商界和政界出于自身利益而不敢触及的问题。有人指出，他将盎格鲁-新教主义（Anglo-Protestantism）作为美国正统文化的代表，有偏颇与狭隘之处。也有评论认为，亨廷顿的观点表明了他自己对美国文化固有的包容与宽容能力缺乏信心。还有一些更为激烈的批评，认为这是一种"戴着面具的种族主义"论调。对于这本书的争论，目前还在持续展开。

## 沃尔夫对哈罗德·布鲁姆的指控

今年 2 月的一起"性骚扰指控"由于涉及两位文化名人，一时成为美国知识界的热门话题。指控者娜奥米·沃尔夫曾出版《美丽神话》一书，揭露资本和男权如何在瘦身美容工业中合谋，制造出美丽的流行标准，然后反过来统治女性。该书成为女性主义批评的畅销著作，沃尔夫也因此声名鹊起。而被指控者哈罗德·布鲁姆是美国经典文学理论领域中的泰斗和耶鲁大学的明星教授，著有《西方正典》等二十多部学术专著。沃尔夫在《纽约》杂志发表文章，声称在1983年就读耶鲁大学期间，布鲁姆教授有一次在她的住处与她共进晚餐，曾把手放在她的大腿内侧，这对她造成了精神创伤。但她同时言明，重提二十年前的旧事并不是要提出法律诉讼，也不是针对布鲁姆本人，而是出于道义来敦促耶鲁大学确立严格的投诉保护机制。而布鲁姆回绝了所有传媒的采访，一直保持沉默，对这项指控不予置评。

然而，沃尔夫并没有赢得舆论的多少同情。许多报道和评论对她指控的动机与可信性提出质疑。更重要的是，一些学者借此批评了美国女性主义的走火入魔。英国著名女性主义者佐伊·威廉斯在评论中写道："男女同工同酬的问题永远不会过时。但是，将每一个暧昧的身体姿态都加以政治化，还好像我们都在肩并肩地反对心怀恶意的男人——这绝不是女性主义。"

## 电影纪录片《多瑙河》追忆海德格尔

继2002年柯比·迪克制作的关于德里达的纪录片获得成功后，今年两位澳大利亚电影人丹尼尔·罗斯与大卫·巴里森合作完成了另一部"思想家纪录片"——《多瑙河》(*The Ister*)。"Ister"是多瑙河的古罗马名称，也是著名诗人荷尔德林的一首诗的标题。影片取材于海德格尔1942年开设的"荷尔德林系列课程"。海德格尔极为推崇荷尔德林，称他是"诗人中的诗人"，课程不仅包括对荷尔德林的哲学阐释，同时贯穿着对时空、存在、艺术、技术和政治等主题的广阔思考。《多瑙河》长达三个小时，以海德格尔对荷尔德林的解读为主线，伴随着多瑙河从黑海直至其源头黑森林的影像画面，穿插了对三位哲学家的深度采访，他们分别讲述了海德格尔思想与生涯的不同侧面。

今年1月，这部影片在鹿特丹国际电影节上首映后获得如潮好评，此后该片在世界十多个城市参加影展，并在法国和加拿大等多个电影节中获奖。这部"极小众电影"虽然不可能获取"大片"那般的高额票房收入，但引发了许多知识界人士浓厚的兴趣，也获得了电影批评家的高度赞赏，有评论称之为"奇迹"和"里程碑式的电影纪录片"。

## 结 语

2004年西方的思想图景似乎没有露出新世纪的晨曦。纷乱的言说仍在延续着20世纪的基本纷争，保守主义的顽强勃兴，伴随着激进话语的日趋昂扬。这种两极化的冲突沿着两条主线展开：一面是意识形态谱系中左右两翼的冲突，一面是知识立场中"前卫派"与"传统派"的对峙，彼此纠结缠绕，难解难分。那么，自由主义在哪里？著名史学家约翰·卢卡奇在12月发表文章指出，今天大多数美国人已经明确地将"自由主义"视为一个贬义词。还记得福山的"历史终结论"吗？他宣告自由主义的最终胜利还不到十五年，但自由主义的柔声细语已经被激进主义的昂扬嘶鸣和保守主义的"神圣"呐喊所淹没。或许，自由主义的根本困局在于其自反性：它借助对传统的反叛而兴起，却又不得不依傍某种传统来维系。如果说政治哲人施特劳斯当年被"魏玛的幽灵"所困扰，最后对纳粹政权的起源做出了完全不同于流行见解的判断，那么类似的幽灵在当代又再度显现，这个幽灵就是可以被多样阐释的"9·11"事件。对于美国，甚至对于整个西方，这个阴魂不散的幽灵正在向思想界敲诈勒索一个极端的方案，一个非此即彼的最终解决之道：要么以独断的神圣真理统治全球，摆平世界，要么解放全人类，让每一个人都获得彻底的平等与自由。而自由主义不可能给出如此决断的解决方法，也正因如此，所谓自由主义的胜利可能只是一种幻觉，不过是另外两种极端势力此起彼伏之间的一个短暂假期。

# 2003年

## 国际著名学者发出反战呼吁

今年西方知识界最为重要的事件，是针对由美英主导的伊拉克战争所发起的反战运动。其中德国思想家哈贝马斯和法国哲学家德里达的联署声明尤为引人注目。两位大师级的学者在知识论和思想倾向上有着长期而深刻的分歧与争议，这为学界所共知，但他们在反战问题上却达成了高度共识，并共同拟写了联合声明——《战争之后：欧洲的重生》，于5月31日同时发表在德国的《法兰克福汇报》和法国的《解放报》上。在这篇联合声明中，哈贝马斯和德里达强调，应当在欧盟（首先在以德法联盟为主轴的"核心欧洲"）形成新的认同与共同的价值理念，使欧洲能够在国际事务中发挥重要影响，以抗衡美国的单边主义霸权政策。

这份声明显然是事先策划的知识界联合行动的一部分。在同一天，欧洲主要报刊《新苏黎世报》（瑞士）、《共和报》（意大利）、《国家报》（西班牙）、《南德意志报》（德国）以及《斯塔姆帕报》（意大利）分别发表了阿道夫·穆施克、翁贝托·埃科、费尔南多·萨瓦特尔、詹尼·瓦蒂莫以及理查德·罗蒂等五位著名学者与作家的文章，一致呼吁加强欧洲和联合国的作用，反对美国的霸权政治，在尊重多元文化的基础上寻求世界和平与发展的理念与政策。

实际上，西方知识界的反战运动早在年初就已经揭开帷幕。今年2月，萨义德在《异见者之声》上发表文章《伪善的纪念碑》，德国《时代周报》更以大量篇幅发表理查德·罗蒂、朱迪斯·巴特勒、德沃金、阿维夏伊·玛格丽特和鲁思·韦奇伍德等著名学者的文章，对随时可能爆发的战争就其道义和法理的正当性提出强烈质疑，对美国的全球霸权战略做出尖锐的批判。而在5月31日之后，包括齐泽克在内的欧洲著名知识分子，继续对伊拉克战争所引发的政治与道德、国际秩序与欧洲前途等问题发表论述。当然，也有来自左翼和右翼的知识分子对这场反战运动的理念、话语方式和实践效果提出了各种异议和批评。但毫无疑问，有如此众多的来自不同国家和不同学科领域的著名知识分子参与，这场讨论就其影响力而言，是近十年来国际知识界对公共政治问题的一次最重要的介入。

## 施特劳斯学派与美国右翼势力

美国政府在"9·11"事件之后的先发制人战略，以及后来发动的伊拉克战争，遭到知识界越来越多的批评，而且公共舆论对政界的右翼保守势力的质疑也越来越强烈。而当媒体追根溯源以查询华盛顿前政要的思想谱系时，却发现许多强硬派政客原来都师承已故的政治哲学家列奥·施特劳斯。话题肇始于《纽约客》资深记者西摩·赫什在5月6日发表的一篇文章，其中特别指出，现任国防部副部长保罗·沃尔福威茨等布什当局的政要，在制定外交与国防战略中深受施特劳斯派思想的影响，形成了以精英主义、反民主以及单边主义政策为特征的新保守主义政治。这篇文章发表后,《波士顿环球报》和《国际先驱论坛报》等报刊紧随其后,进行了一系列的后续报道与评论,使施特劳斯派与美国保守主义的关联问题成为知识界争论的一个焦点。

此前鲜为人知的加拿大政治理论教授莎蒂亚·德鲁里,在这场讨论中成为热门人物,频频接受媒体的访谈。德鲁里曾出版了三本涉及施特劳斯的著作,其中1997年出版的《施特劳斯与美国右派》,着重分析了施特劳斯的思想是如何经由智囊组织向政府机构渗透,从而促成了美国新保守主义政治的兴起,并在近年获得了支配性地位。许多学者赞成并附和德鲁里的看法,更有少数学者进一步认为,新保守主义是一次有预谋、有组织且经过精心策划以改变美国民主政治的思想和政治运动。但也有学者认为,应当将施特劳斯本人的思想和学术研究同新保守主义政治区分开来,两者的关联完全是杜撰的,至少是猜测性的。哈佛大学政治哲学教授哈维·曼斯菲尔德在美国全国公共广播电台组织的讨论中,就与德鲁里存在严重分歧,他批评德鲁里的观点完全建立在对施特劳斯思想的肤浅阐释与误读曲解之上。目前这场争论还在公共知识界持续,同时,也在政治哲学领域推动了对施特劳斯理论的研究。专家一般认为,施特劳斯对民主政治、现代性以及国际秩序的见解,远比公共传媒所介绍的流行看法更为复杂和深刻。

### "华盛顿共识"引发新的辩论

2003年,经济与知识界的许多报刊相继发表文章,对"华盛顿共识"(Washington Consensus)提出挑战与批判。"华盛顿共识"是以自由贸易、财经纪律和私有化为基础的经济发展模式,由约翰·威廉姆森在1989年美国国会的一次听证会上首先提出，于同年11月在国际经济学会会议讨论时得到世界银行的支持。这份共识主要包括实行紧缩政策防止通货膨胀、削减公共福利开支、金融和贸易自由化、统一汇率、消除外资自由流动的各种障碍、国有企业私有化、取消政府对企业的管制等。

哥伦比亚大学经济学教授约瑟夫·斯蒂格利茨是2001年诺贝尔经济学奖得主，曾担任克林顿经济顾问委员会主席以及1997—2000年世界银行首席经济学家。他在年初接受《世界事务》采访时，公开提出要挑战"华盛顿共识"，并对国际货币基金组织、世界银行及世界贸易组织固守新自由主义政策的陈规提出批评，发出了对这一经济模式的批评新声。《财经与发展》杂志9月号发表"超越华盛顿共识"的专题讨论，许多学者认为，这一术语实际上是"市场原教旨主义"的代名词，如今已经成为经济全球化和新自由主义政策幻灭的同义词。墨西哥央行行长吉列尔莫·奥尔蒂斯的文章持较为温和的立场，他分析了拉美国家二十年来的经济改革状况，指出"华盛顿共识"并没有为改革实践提供良好的处方和有效的政策，拉美国家需要第二轮改革，必须超越"华盛顿共识"的简单纲领而采用更为复杂和多样的措施，包括建立有效的监管体制、加强政府机构的职能以及发展就业服务等。

## 《伽达默尔传记》引起争论

海德格尔与纳粹政权的关系曾在知识界引起激烈的争论。而最近，海德格尔的弟子、去年辞世的大哲学家伽达默尔也被质疑与纳粹有暧昧关系。今年7月，《伽达默尔传记》的英译本由耶鲁大学出版，立即引发了尖锐的争议，这实际上是美英知识界对1999年德国讨论的延续（当时这本传记的德文版刚刚出版），其焦点问题是：伽达默尔在纳粹当政时期究竟做了什么？应该如何评价？

传记的作者让·格朗丹教授以史料档案为依据，记录了20世纪30年代和40年代的伽达默尔，描述了他如何在纳粹统治的黑暗时期圆滑行事以提升自己的学术地位。他虽然没有正式加入纳粹党，但他在发现有利于自己晋升的时候，参加了一个纳粹教导营，从而不失时机地填补了遭到清洗的犹太教授所留下的位置。而在1945年苏联红军占领德国后，伽达默尔又常常在课堂上为"无产阶级专政"辩护。不过，格朗丹也在书中为伽达默尔辩护，认为他属于那种不过问政治的老一代大学教授，只是机智地采用了实用主义的生存策略。伽达默尔曾骄傲地宣称，"从不阅读历史短于两千年的书"。格朗丹甚至认为，海德格尔对纳粹的热情也只是"羞耻"而不是"罪行"。但许多学者持不同的看法，其中包括伽达默尔的学生理查德·沃林教授，他在多篇文章中尖锐地批判了自己的老师在第三帝国时期的作为，认为德国学术界所谓的"内心流亡"的观念是华而不实的托词，伽达默尔从来没有对自己面对艰难问题时的行为作出反省。因此，他认为格朗丹的"生存策略"的说法并没有理解哲学家作为一种职业的特质，即以原则而不是个人利益来行事。

## 爱德华·萨义德去世

哥伦比亚大学教授萨义德于2003年9月25日因白血病去世，享年六十七岁。萨义德是享誉世界的文学理论家和文化批评家，被公认为当代最有影响力的批判知识分子之一。他的逝世引起了广泛的震惊与哀悼。在几个月内世界各地有近千篇纪念文章发表，普遍认为这是学术界和公共知识界的巨大损失。（详见"附录"《萨义德轶事》）

萨义德1935年出生于耶路撒冷，大半生在美国度过。1957年他在普林斯顿大学获得学士学位，1960年及1964年分别获得哈佛大学硕士和博士学位，之后长期任教于哥伦比亚大学，也曾先后担任耶鲁、哈佛和约翰·霍普金斯等大学的客座教授。在美国国内与国际政治事务中，萨义德始终坚持批判知识分子的立场，积极参与公共领域的重要争论，在学术界内外都拥有广泛的读者。他是当今西方世界中巴勒斯坦问题的代言人，对巴以双方在和平问题上的立场和政策都提出过强烈的批评与建设性的方案。他在文化批评、比较文学与英国古典文学等研究领域中的杰出学术工作，受到了同行的高度评价并具有跨学科的影响，其"东方主义"论已经成为当代的经典批判论述，其主要代表作有《东方学》（1978）和《文化与帝国主义》（1985）。也许，萨义德在获知法国著名社会学家皮埃尔·布尔迪厄逝世的消息时所写的一段话，可以恰当地用来描述他自己去世后留给我们的精神遗产："他的去世是如此令人痛惜以至于无法在遥远的美国独自承受，在这个对人性缺乏支持而正统的道德与权力难以挑战的年代，他的作品与知识典范对我们既是启示又是慰藉，而他的批判和反抗精神是我们必须继承和永远坚持的。"

## 罗伯特·默顿去世

罗伯特·默顿（Robert King Merton）因长期身患癌症于2月23日逝世，享年九十二岁。默顿是美国著名的社会学家、科学社会学的奠基人和结构功能主义理论的主要代表性人物，1910年7月4日出生于费城，1931年毕业于天普大学，随后进入哈佛大学师从著名社会学家帕森斯，1936年获得社会学博士学位，毕业后在哈佛大学任教，1939年至1941年在杜兰大学任教，1941年后一直在哥伦比亚大学任教，直到1979年荣休。其间曾出任哥伦比亚大学社会学系主任、应用社会研究所副所长、美国社会学协会主席（1956—1957）、美国科学社会学研究会主席（1975—1976）及社会科学研究院院长（1975）等职，主要学术著作包括《十七世纪英格兰的科学、技术与社会》（博士论文，1935）、《论科学与民主》（1942）和《科学发现的优先权》（1957）等。默顿不仅是卓越的学者，也是极为优秀的学术导师。他培养的学生有许多成为社会学界的重要人物，其中詹姆斯·科尔曼、彼得·布劳和刘易斯·科塞被公认为世界一流的社会学家，而他的儿子罗伯特·C.默顿于1997年获得了诺贝尔经济学奖。

# 附 录

# 全球秩序的困境与未来[1]

过去几十年，世界局势的发展常常超出人们的预估，这要求我们重新思考国际秩序的来龙去脉与内涵。

事实上，一个完整意义上的全球秩序尚未建立。迄今为止，人们谈论的全球秩序或国际秩序，实际上是第二次世界大战结束后在美国主导下建立的"大西洋秩序"，也常常被称为"国际自由秩序"，最初只是北美和西欧的区域秩序。"大西洋秩序"以自由主义民主和自由市场经济为特征。但西方一些政治家和思想家有一种构想，就是"大西洋秩序"会不断向外扩展，最终成为覆盖整个世界的全球性秩序。20世纪后半叶的一些历史进程激励了这种构想，比如，20世纪70年代末"新兴工业化国家（地区）"包括"亚洲四小龙"的崛起，以及所谓"第三波民主化"的成就。而持续几十年的"冷战"最后以苏联解体而告终，更是对这个构想的极大鼓舞。这些历史现象造成了一种自由秩序"普遍化"的错觉，许多西方思想家过高估

---

[1] 本文系作者于2018年11月13日在上海全球治理与区域国别研究院"联通世界与未来"国际学术研讨会上的发言。

计了自由秩序在理论上的普遍有效性,从而认为这是全球适用的国际秩序,却忽视了这种秩序的建立和维持实际上依赖于许多特定的历史文化条件。

然而,近三十年来,世界格局的发展并没有印证这个普遍化构想。在冷战结束后,西方"自由秩序"在新一轮全球化过程中迅速向外扩张,在带动新兴经济体实现巨大发展的同时,也引发了广泛的不满与冲突,在许多方面侵蚀和瓦解了这种秩序赖以生存的重要条件,也动摇了这种秩序的稳定性。这至少包括以下几个方面。

第一,经济全球化是"大西洋秩序"扩展的一个重要动力,但这个扩展进程越来越难以应对大规模异质人口的"排异反应"。最初形成"大西洋秩序"的地区主要是西欧和北美,加起来只有近十亿人口,"大西洋秩序"在向外扩展的过程中更为直接和深入地介入了新兴经济体国家的内部秩序,引发了非西方国家在文化、政治和经济上"抵制西方化"的各种反弹。新兴经济体包括中国、印度和一些南美国家,大约有三十多亿人口,而且这是在文化和制度方面具有高度差异性的大规模人口。"大西洋秩序"在体量和规范性上都无法适应这种迅速的扩展,尤其是经济秩序的扩展不可能隔绝文化与政治的要求,而新兴经济体在加入全球化的同时,都在不同程度上抵制西方秩序的文化与政治影响,形成紧张、对抗与冲突的局面。

第二,冷战年代曾被限制在其地理区域的"伊斯兰世界",也在新一轮全球化进程中(再次)与西方世界直接相遇。伊斯兰文明本身也是一种普遍世界秩序,如何与西方文明秩序和平相处是一个悠久的难题。目前全球有十六亿穆斯林,高生育率将推动其人口迅速增长。与此同时,"大西洋秩序"也面临着文化冲突与宗教极端主义的挑战。西亚与北非地区的战乱,恐怖主义的威胁,欧洲的难民危机,都显示出非西方地区(尤其伊斯兰世界)不愿或难以顺应西方主导的现代化进程，西方自由秩序的过度扩张可能正在导致不可承受的后果。近几年来，西方有越来越多的学者（包括自由派的学者）对西方秩序的普遍性表达了质疑和反思，比如英国政治理论家约翰·格雷将向外输出西方体制的企图称作"愚蠢的进军"。

第三，"大西洋秩序"向外扩展的进程不只遭遇到一些非西方国家的反弹，引发了不满与冲突，同时也反过来加剧了西方社会的内部矛盾，包括经济与文化方面的问题。全球劳动力市场的形成与资本的自由流动加剧了西方国家内部的经济不平等，中产阶级普遍感受到挫折与失望，这都构成了对自由秩序正当性的质疑。新一波全球化在大部分国家内部同时造成了受益者与受挫者，我称之为全球化的"（国内）断层线"。经济学家米兰诺维奇在其名著《全球不平等》中提供的证据表明，1988年以来，新一轮的全球化缩小了国与国之间的贫富差距，但加剧了国内基于阶层的不平等。西方发达国家内部的经济不平等进一步加剧，以美国最为严重（基尼系数超过了0.4）。1985年以来，中产阶级的实际收入增长基本停滞，社会阶层的流动性下降，在经济地位"一代更比一代强"的期望落空之后，中产阶级遭受的挫折感与失望感越来越广泛地波及开来。在文化层面上，全球化对各国的传统价值、生活方式以及民族认同都会造成冲击。在移民和难民大量涌入、恐怖主义袭击时有发生的新局势下，这种文化冲击在某些政客的夸大和煽动下变得更加敏感和尖锐。西方思想界的主流信奉多元文化主义与全球主义，但却未能找到有效的方式来回应这一冲击，这在民众之间产生了文化认同的对立格局。经济利益的冲突与文化诉求的矛盾相互交织、彼此缠绕，造成了西方社会严重的政治极化现象。所以，当特朗普声称要代表美国利益的时候，他要代表的是加州硅谷的美国还是"锈带"地区的美国，就成为一个麻烦的问题。这种分裂和极化对于自由民主体制吸纳和安置现代社会多样性和差异性的能力构成了威胁。

另外，新技术革命，尤其是人工智能的迅速发展，对现有的生产、劳动和消费结构产生的冲击，以及对文化变迁的深远影响，都可能超越既有"现代秩序"的有效框架，蕴含着巨大的未知风险。

所有这些变化，都促使我们重新思考第二次世界大战之后的"大西洋秩序"。在我看来，并没有充分的证据断定西方体制已经濒临崩溃，但可能有相当强的理由说明，第二次世界大战之后的"大西洋秩序"正面临着严峻的挑战，它不只是陷入向外扩展的困境，而且在某种程度上处于内外交困的局面。西方世界很可能进入了一个"巨变"的时期。这个巨变未必导致其崩溃，但会使其陷入长期的动荡不安，因此，奉行"大西洋秩序"的国家需要重新确立目标，进行全方位的改革和内外政策的调整。目前"大西洋秩序"的趋势是从对外扩张转变为向内收缩或退守，这在本土主义的兴起、贸易保护主义的反弹以及其他一些"逆全球化"的迹象中可窥见一些端倪。这是一个高度不确定的时期，可能会持续很长时间，哪怕持续十年或二十年也不会令人感到意外。

与此同时，目前既有国际秩序的困境或者危机对中国未必就是"利好消息"。有人认为，现在西方衰败了，正好是中国"反守为攻"的好时机，这种想法很可能是一种错觉和误判。中国已经是世界结构中重要的一部分，世界秩序的变化也会对中国产生影响，包括许多不确定性。中国领导人多次表示，中国并不是要取代现有的国际秩序，而是要做国际秩序的参与者和改造者。当今世界是一个"联通的世界"，已经不可能相互隔绝。在这个世界中，没有任何一个国家可以完全地独立解决自己的所有问题，完全地独立决定自己的命运。每个国家都是"人类命运共同体"的一员，这需要建立起真正的全球秩序。而全球秩序的未来，不可能把一个区域秩序的价值和原则强加给整个世界，而应当在尊重各个民族国家及其文化传统的基础上，展开真正的对话。这种互动不只是为了达成相互理解，也要求各自的改变，要求各个国家为了人类的共同利益，为了和平与公正的全球秩序做出变革的努力，其中不可避免地会包含相互批评、竞争甚至一些冲突。无论如何，我们需要在更深入的层面上展开全球对话，以此构建新的世界秩序的原则框架。

# 西方社会现状与广义政治学理论[1]

**问**：从2003年开始，您每年写一篇"西方知识界重要事件综述"，自2016年起，您把综述的标题改为"西方思想年度述评"，似乎比较明确地把重心放在了公共议题上。为什么会有这样的变化？您认为这项工作是一种带有立场的（interested）写作吗？

**答**：这个系列最初的定位是"资讯服务"，设想的读者群体主要是人文与社会科学领域的学界同行，通过介绍西方知识界最近发生的具有跨学科意义的事件和议题，为专业学者提供更开阔的（超越自己特定专业的）视野。简单地说，就是帮助读者"being informed"：一是便于大家了解其他相关专业领域的发展动向，一是使大家对公共思想与专业研究之间的关联保持敏感。

这个服务性的工作看上去挺简单，主要是"力气活"（每年年底读上百篇文献，直接使用的有五六十篇），但困难是在大量的文献中进行取舍，这要求对"重要性"有尽可能客观的判断，但议题的选

---

[1] 本文系澎湃新闻对作者的访谈（2018年3月18日）文稿整理而成，收录时稍有删减。——编者注

择和呈现方式永远无法彻底摆脱自己的主观视角，这是让我反复纠结的问题。

另一个困难是如何处理重要性与新颖性之间的平衡。文章最理想的效果是让读者获得原本不熟悉但却十分重要的信息、动向和观点，但这个目标越来越难以达成。在2003年开始写作的时候，网络信息资源还没有这么发达，相对容易做到。后来，读者对西方学术思想资源的获取越来越便利，青年学者的外语能力普遍都比较强，西方思想界发生的重要事情很快就得到传播。如果重要的都是大家熟知的，那么坚持选题的重要性就很可能会失去新颖性。但如果为了保持文章的"新鲜感"去写一些冷门偏僻的议题，就会成为"猎奇"，从而偏离初衷。所以，最近几年我有意识地调整了文章的定位，更加明确地着眼于公共思想议题，并加强和加深评论的部分，从"综述"变成"述评"，希望在观点和论辩（而不是信息本身）的层面上让文章具有一定的新意。这样做的风险在于篇幅难以控制，这个系列从最初的一万字左右，到现在超过了两万五千字。另一个风险是，无论如何节制，都很难完全避免某种主观性。比如，最近这篇文章中讨论特朗普执政的部分，就有朋友批评相关的评论"过于负面"。我不知道这算不算失去了客观性，其实我还是相当节制的，因为西方思想界在总体上对特朗普的评价是非常负面的。无论如何，这个写作受制于我个人的视角和知识积累，无法达到一种"年鉴"式的客观性标准，这也不是我的目标。

**问**：2016年特朗普赢得美国大选。去年《外交事务》有文章说，这是杰克逊式民粹主义—民族主义对第二次世界大战后主导美国宏观战略的汉密尔顿主义和威尔逊主义的复仇。如果回顾起来，一度流行的对美国政治的认知是否存在盲点？

**答**：可能有些方面需要反思，其中我关注的问题点是对美国精神的认知偏差。特朗普获得近半数选民的支持当选总统，许多评论家认为他胜选的重要原因之一是有效地煽动了"白人民族主义"（White Nationalism），这似乎有悖于人们对美国精神的惯常理解。在美国政治教科书以及主流的政治话语中，美国不具备典型意义上的民族主义传统，因为美国缺乏单一民族国家那种以共同血缘、人种和语言为基础的民族认同。即便论及"美国的民族主义"，也无法以老欧洲（尤其是德国式的）"血与土地"的方式来理解，而是以对"自由信条"的共同忠诚来界定，这就是所谓的"理念型民族主义"。亨廷顿在《我们是谁？》一书中将WASP（白人盎格鲁-撒克逊新教徒）传统当作美国文化的核心，但早年他也是一位"信条论者"。他在1981年的著作中曾说，"将民族性等同于政治信条或价值观，这使得美国几乎是独一无二的"。他还说，一个英国人变得"非英国化"是不可思议的，而在美国"拒绝那个信条的核心理念就是非美国的（un-American）"。由此看来，美国的理念型民族主义以美国价值观为自豪，甚至会鄙视"旧世界"那种（基于种族和土地的）"原生论民族主义"（primordialist nationalism）。如果否定这种特色，那么美国不过是老欧洲的民族国家的"美洲翻版"，丧失了"新大陆"的精神特质。因此，诉诸一种基于白人种族的"原生论民族主义"是对"美国正统"的背离，是"非美国的"。然而，2016年美国政坛的戏剧性变化，即便没有彻底颠覆也强烈质疑了"美国例外论"的神话。特朗普的"文化政治"成就表明，对"何为美国、何为美国的文化传统、何为真正的美国人"等问题的竞争性阐释从未终结。一些历史学家和思想家近年来的研究揭示，白人民族主义实际上从未被彻底埋葬，只是在20世纪60年代以来的"历史进步"洪流的冲击下，暂时收敛或沉寂，藏匿于舆论边缘蓄势待发。

问：尽管某种倡导"普遍自由""平等价值"的自由主义议程长

期掌握美国的文化领导权,"白人民族主义"却依旧死灰复燃。马克·里拉在特朗普胜选几天后发表于《纽约时报》的文章以及2017年出版的新书,把账算在了身份政治,尤其是所谓20世纪60年代以后英文系培养的自恋主义文化上,但《波士顿评论》最近的文章批评里拉主张的公民民族主义是另一版本的国家层面的象征主义政治,其本身未必不是空洞的。在您看来,什么是民主党和自由派需要在失败中总结的教训?

**答**:对特朗普的胜选原因有偏重经济和偏重文化的不同解释,我认为单一解释都是片面的。特朗普的支持者实际上并不是经济上最贫困的阶层。这个情况与欧洲相似,英国支持脱欧或者法国支持勒庞的核心选民都不是经济上最为穷苦的底层,而是来自中下阶层。福山认为,这些人经历了"社会相对地位的巨大损失",并担心自己会每况愈下,落入最底层。特朗普成功的一个秘诀就是有效地将白人工作阶层的受挫感归咎于"他者"(全球化中的"掠夺者"、享受福利的"懒惰者",以及"窃取"经济成果的外来移民等),从而将其选民基本盘的经济要求与他们的种族认同结合起来,重新建构了("伪装成")美国正统的文化政治论述,并向选民许诺了一个"让美国再次伟大"(再次"变白")的梦想。即便这个许诺落空,特朗普也一定会将其归咎于民主党的破坏或者各种"反美势力"的阴谋,而他将永远是最正确和最具智慧的总统。

对自由派和左派来说,如何对待特朗普的选民基本盘是个艰巨的难题。将他们全部判定为邪恶的种族主义者,然后决一死战?或者应当分化和瓦解支持特朗普的民众?如何建立支持民主党政治议程的政治联盟?在这个问题上,马克·里拉对身份政治的批评引起了广泛的关注。他认为2016年民主党政治失败的教训之一是"身份政治"陷入了歧途。在他看来,以特殊群体的身份来塑造政治,在道德上或许很有意义,但在政治实践中(尤其就选举政治的竞争策略而言）是极不明智的。他呼吁重返公民政治，诉诸共同的公民身份和团结，而不是强调各个特殊群体的独特差异。他的新书《曾经与未来的自由派》发表之后引起很大争议。有一半以上的书评都是批评性的，而在不到一半的赞赏者中又有一半是来自保守派的声音，这使他像是自由派阵营中的"变节者"。

我对里拉的问题意识有些同感，但对他的观点持保留态度。在我看来，重建公民政治的目标是正确的，但路径不是放弃，而是经由身份政治来实现（正如寻求世界主义的目标，也无法抛开而是要通过民族主义来实现）。身份政治理论实际上并不排斥公民政治，并且非常重视在多样的族群身份之间建立"交叉性"（intersectionality）。但自由派建立"交叉性"的政治努力在实践中并不成功。比如，在策划女性群体支持希拉里竞选的一次集会中，一个基督教背景的女性团体要求参加却被拒绝在外，因为她们大多倾向于反对堕胎（所谓 pro-life）的立场。里拉曾对美国两大政党的网站主页做过对比，共和党的主页上推出的《美国复兴的原则》文件十分醒目，包括对广泛关注的政治问题的立场声明。然而，民主党的网站主页上却找不到类似的原则性声明，只有多达十七个不同身份群体的网站链接，其内容是各个群体分别提出的不同的主张和诉求。这样的多样性照顾到每一个身份群体的特殊性，却很难形成有效的政治联盟。在这个意义上，里拉提出的问题是值得被认真对待的。

另外，在坚持道德原则的同时如何保持良好的政治现实感，也是自由派需要反思的问题。比如，去年拆除罗伯特·李的塑像等南方邦联纪念碑的动议出现了很大的分歧，在夏洛茨维尔爆发了严重的冲突。我注意到安德鲁·扬（Andrew Young）的意见，他算是元老级的民权运动领袖，是马丁·路德·金的亲密战友，曾担任国会议员和美国常驻联合国代表。他当然反对极右翼的"白人至上论"，但他却主张保留那些纪念物。他的理由是，一项正当的动议如果会造成民众的严重分裂，会丧失多数支持，那么在政治上就应当尽可能避免。当时有六成的美国民众认为应该保留这些纪念碑（即便在非洲裔美国人当中，也有44%主张保留，高于主张移除的40%）。扬本人注重经济而轻视象征物的看法或许过于老派，但他的意见发人深思：什么问题可以妥协？什么样的妥协就变成了背叛？回答这些问题需要道德原则的指南，也同样需要具有现实敏感性的政治智慧，需要情景化和策略性的思考。

**问**：您在述评文章里说，去年欧洲经历了"马克龙时刻"，像哈贝马斯就认为，马克龙给欧洲带来了新机遇。不过，法国《世界报》也刊登了两种左翼的批评声音。梅朗雄背后的政治哲学家尚塔尔·墨菲认为，"新工党""第三条道路"呼唤出的"中左"共识，废弃了左右之分，导致了代表性危机，而马克龙的政策则是这种后政治逻辑的最高阶段；传说是马克龙老师的艾蒂安·巴里巴尔虽然支持"重建"欧盟，但认为马克龙的方案无助于政治对经济治理的统御，公民代表将只有咨询功能，而一些民族相对其他民族的霸权地位将被进一步强化。您会怎样回应这样的批评？

**答**：在我看来，激进左翼的批评常常会带来很独到的思想启迪，巴迪欧、齐泽克和墨菲等理论家总是带来令人兴奋的刺激，但在政治实践上会带来什么可行的策略往往不得而知。"代表性"是左翼人士老生常谈的议题，只有神一般的政治家才能彻底解决这个问题。在现代民主政治中，代表性从来不是全有和全无的问题，泛泛而论"代表性断裂"而不做差异化的分殊辨析，就连文字游戏都谈不上。在国民议会选举的五百七十七个席位中，梅朗雄的政党与法共联盟才拿下二十七席，如果推他做法国总统可能是更严重的代表性危机。当然，左翼理论家会说，在政治上以"数量"把握"本质"是极为肤浅的，那么深刻理解的本质与数量无关吗？他们很可能也不会断然否认，然后就会在暧昧玄妙的语词中进行更精彩的概念游戏。我从年轻时就偏爱激进理论的智识挑战，那种"我有哲学，你是意识形态"的说辞对我没有什么威慑力。这类理论拿来做博士论文的题目可能非常有趣，但在讨论公共政治议题的时候我会谨慎甄别，依据其相关性和现实感来选择使用。

哈贝马斯比墨菲的现实感好一些。他自称左派，说自己不可能是一个"马克龙主义者"（但在激进左翼看来，哈贝马斯至多算自由左派）。他对马克龙的支持和赞赏是基于务实的态度，他认为，马克龙代表了欧盟摆脱解体危机最现实可行的希望。

马克龙在社会议题上偏左，但在经济政策上有偏右的取向，与当年的托尼·布莱尔或者比尔·克林顿有相似之处，他们在经济政策上距离里根－撒切尔的新自由主义可能就一步之遥。放眼全球，左翼政党在经济上成功的例子太少了。那些在政治社会议题上偏左的政治家，在执政之后往往会倒向偏右的经济政策。这不是说左翼在经济上完全没有成功的可能，但这首先需要全球经济结构发生革命性的变迁，而获得这个前提的希望仍然非常渺茫。从左翼的立场看，更好的替代方案总是可能的，无论如何也不应当放弃革命的希望。因此不少激进理论家实际上期待出现一个危机总爆发的时刻，想象这会带来真正意义上的政治机遇。但如果危机真的爆发了，最后胜出的政党未必是激进左翼，也有可能是极右翼，是新法西斯主义。因此，马克龙代表的中左调和主义可能是最可行的欧盟改革路线，目前看来有相当大的潜力。在当前欧洲的形势下，坚定推进欧洲一体化的进程，赞成开放的多元文化主义，支持女权主义，并且具有广泛的民众支持，已经相当难能可贵。在德国，默克尔的联盟最近终于与社民党成功组建了联合政府。作为欧洲一体化领导者的"法德轴心"幸存下来，在2016年英国脱欧公投之后，欧盟似乎看到一点光明的前景。

然而，欧盟的前景仍然是非常不明朗的，最近意大利议会选举的结果又给欧盟的事业带来了阴云。法国国内对欧盟的态度仍然存在严重分歧，很难说未来勒庞或其同党就不会当选总统。"德国选择党"在短短几年内就位居第三大党，也有可能在未来主导政府。根本的结构性问题在于欧洲几乎所有国家都处在文化内战的分裂状态，每个国家都有部分民众支持全球化和欧洲一体化，而另一部是倾向于本土主义的疑欧派或脱欧派。双方会长期处在拉锯战之中，欧盟的事业也注定将经受相当长期的反复摇摆的考验，常常会陷入不进则退又进退两难的困境。

但是，我一直认为，欧盟的危机无论多么严重，只要不彻底解体，就是一个非凡的成就。欧洲的民族国家建设，从威斯特伐利亚和约开始，经过整整四百年，到20世纪下半叶才发展成熟。相比之下，欧盟过于年轻了，它的建构应当是百年尺度的事业。欧洲人通过自觉反思自己的历史遗产，包括战争的灾难和痛苦，有意识地来构建一个新的政治共同体，超越已经习惯固化的民族国家结构，这显示了人类的政治努力能够企及近乎乌托邦的理想。这是值得付出巨大耐心的事业。

**问**：去年，"#MeToo"运动席卷欧美。在齐泽克看来，"#MeToo"运动解决问题的方式——签订性契约——低估了性互动的复杂性。伴随这一运动的展开，您觉得我们应当如何对待有性侵问题的作者的作品？

**答**："#MeToo"运动关乎个体和女性群体的基本权利，同时也有很强的道德主义倾向。这种道德主义与人的尊严、平等这些重要的价值关联在一起，应当予以关切和支持。这场运动出现的反对和异议也并不令人意外，同时有些来自（常常是伪装过的）男权主义意识的反弹。正当的批判往往并不反对运动的价值目标和原则，而是针对这些原则在具体情景中的运用，这一点往往涉及分寸的适度性。展开这些讨论是有意义的，虽然未必能达成共识。像齐泽克提出的问题涉及人类交往的复杂性。平等的道德原则在大部分人际关系中具有优先地位，但两性或同性的亲密关系可能是最为复杂和丰富的人类活动，道德因素并不是其中唯一要考虑的要素，有时（在达到基本底线之上时）甚至不是优先考虑的因素。这当然不能为性侵和明确的性骚扰提供借口，因为这些行径已经落在基本的道德底线（甚至法律底线）之下，使得道德问题凸显为最为优先的问题。

双方合意是亲密关系的基本原则，这要求双方充分尊重彼此的意愿。复杂的情况在于，亲密关系中"意愿"有时是复杂的、变化的。比如婚内的性关系，婚姻的合法性本身并不意味着某一方随时都保持性活动的意愿，违背对方意愿的强制性行为也构成性侵。而在亲密关系建立的最初阶段，性意愿处于一个相互试探和逐渐明确的形成过程，常常有暧昧不清的时刻。这里可以明确的原则是，任何一方在任何时刻说出的"No"都足具分量，另一方应当即刻停止。但是没有明确说出"No"是否就意味着"Yes"呢？比如，肢体语言含混流露出的"勉强"应当被视为拒绝还是微妙的试探？其中有一个模糊不清的"灰色地带"。2018年年初，美国喜剧演员阿齐兹·安萨里受到性骚扰指控，引起了激烈的争议，部分原因就与这种"灰色地带"有关。当然，更安全的做法是事先签订契约，并且在亲密活动的每一步都明确询问对方（"Are you OK with this?"之类），在获得明确的肯定答复后再继续进展，但这很可能会将亲密关系变成一种道德纯洁却乏味无趣的关系。

另一个复杂的问题涉及意愿与权力结构。许多女权主义者主张，如果是处在不对等权力关系的弱势一方，即便明确表达"自愿"，也不能算作"本真的意愿"。通常我们认为，职场中直接的上下级、校园中的师生处在明显的不对等权力关系之中，所谓"自愿"实际上往往是权力效应的结果，因此明令禁止他们之间发生亲密关系，这可以成为正当的通则。但是，权力对意愿的影响几乎是无所不在的，如男性对女性、明星对粉丝、富人对穷人、年长对年轻（或者相反）、高颜值对低颜值、高智商对低智商、专业熟手对专业新手、健康对体弱、母语对非母语、开放对保守……所有的前者都可能在亲密关系中处于强势的一方。因此，完全免于任何权力效应的"本真的意愿"几乎是不存在的。如果一个成年人自我明确表达的"自愿"不足为信，那么应当由谁、根据什么来判断一个意愿足够真实（从而免于性侵的嫌疑）？权力对意愿的影响是一个真命题，但具体情境下的个案判断却是复杂的，有时是极为困难的。

有道德嫌疑的作者与其作品的关系也是值得讨论的问题。我个人以为，二者应当作必要的切割。实际上，以我们今天的标准来看，历史上的大部分作者都可能有某种"政治不正确"的弊病，他们很可能是男权主义者、种族主义者、宗教迫害者、沙文主义者、西方中心主义者或阶级压迫者……如果他们的作品都被禁止，那么人类文明史可能必须从当代开始。另外，对当代人可能需要更严格的标准，对性侵者，通过限制或禁止他们的作品对其不当行为予以惩罚可能是一个选项，但也需要考虑比例原则，而且这不是惩罚的唯一方式，也未必是最好的方式。

**问**：您这些年在构想一种"广义政治学理论"。为什么我们今天还需要这样一种听起来颇为宏大的政治理论？它与您在《重建全球想象：从"天下"理想走向新世界主义》一文中关于未来国际秩序的展望有什么关联？

**答**：这个理论虽然酝酿了许多年，但现在仍然停留在构想层面。最初的构想只是为研究民族主义与世界主义的关系寻找一个恰当的理论框架，并没有这么庞大的计划。后来，对许多当代政治问题的思考都激发我去扩展这个框架。比如，一个民族的文化是独特的，那么这意味着存在一种区别内外的疆界，但文化又是变化的，其变化的动力是什么？疆界是什么意思，它可以改变吗？国家的疆界不是无中生有的，它是此前更小单位的政治共同体在相互碰撞和融合之后的产物，那么这种融合会进一步扩展到整个世界吗？另外，为什么同一个民族国家的成员彼此之间会出现那么大的分歧，因为他们处在不同的疆界之中吗？在微观的层面上，个体的身份认同是如何形成的？个体与他人以及群体的关系对身份的建构有什么作用？个体的多重身份之间的关系是什么？实际上，所有这些问题都可以用各种现成的理论获得解释，但这些理论不在一个统一融贯的系统之中。由此，我就逐渐产生了发展一个系统理论的想法。书名都想好了，比较刻板的书生气，叫"疆界与遭遇：广义政治学理论纲要"。

简单地说，就是以"疆界"（boundary）与"遭遇"（encounter）为核心范畴，在政治本体论的基础层面上，系统性地重新阐述政治本身与政治原理。政治在根本上关涉人类所有形态的关系，而所有关系都需要根据彼此间的疆界来界定。人类基于各个层级的疆界——从个体自我，到家庭、宗族、部落和领地，到城邦与地域，再到民族国家和"星球"之间的物理意义与精神意义的疆界——来构成内部与外部、自我与他者、主体与客体、自由与秩序、主权与服从、合法与非法、友爱与敌对等一系列基本的政治范畴。而遭遇是政治变迁的动力学，跨越疆界的物质与精神的遭遇，成为引发疆界改写、瓦解和重建的动力机制。这项基础性的研究是从哲学、文化人类学、思想史与社会科学的多学科角度，建构新的政治学理论范式的尝试。之所以称其为"广义政治学理论"（general political theory），在于它以两个范畴及其辩证关系为核心，容纳了最为广泛的政治现象——从经典的国家政治、国际政治与世界政治到后现代的"生命政治""身体政治"和"性别政治"等，并且试图打破规范性政治理论与经验政治科学之间的传统壁垒。

这种宏大的理论构造是否有意义？我觉得至少需要通过三个标准的检测：第一，它自身是简洁、清晰和融贯的理论，这是一个形式标准；第二，它能够解释以往理论已经解释的现象和问题；第三，最重要的是它能够更有效地解释既有理论难以解释或未能充分解释的现象和问题。如果不能满足这三个标准，那么这个理论只是对既有理论的转译，就是换一种说法而已，至多只有形式简约的意义。比如说，所有关系都可以界定为"遭遇"的亚类型，卡尔·施米特讲的"敌我关系"为一端，列维纳斯讲的"对他者的责任"是另一端，中间存在多种亚类型。不过即便成功地完成了"遭遇"的类型学处理，这仍然只获得了形式意义。

但这种理论构想也可能具有创新的潜力。比如，如果把疆界划分为居住地域、人际互动、物质交换和信息交往这四重疆界，那么在原始的部落社会，对同一部落的人而言，这四重疆界是基本重叠且共享的，而随着历史的发展，个体的四重疆界不再重叠，而且同一社群的成员也不再共享相同的疆界。这是多种跨疆界的遭遇的结果，也形成了同一共同体内部的差异性。如今，在国际大都市中，受到良好教育的人群的信息交往是全球性的，物质交换是跨国的，人际互动是跨地域的，虽然他们可能长久居住在一个固定的地方。他们的四重疆界不再是重叠的。而身处同一个国家中欠发达地区的人群，他们的各种疆界可能要狭隘得多。这个视野或许能更为精微地阐述从古代到现代的转变。在这种视野中，同一国家中倾向于全球主义与忠实于本土主义的人口之间的差异，很可能被解释为双方处在不同的疆界之中。疆界的政治含义可能是权利义务的边界，在文化上可能是伦理判断的适用性边界。在这个意义上，对"他者"的暴力就是疆界之外的人群不被当作具有伦理意义的存在。这可能为理解各种歧视打开新的研究视野。

从最原始的两性关系，到小共同体的形成，遭遇是能动者的基本存在形式。如果说疆界确定了结构和秩序的边界，那么遭遇使疆界的扩展成为可能，从洞穴、家族、部落，扩展为小公国、王国、帝国等。遭遇有多种类型，包括疆界的瓦解、改写、重建，带来文化的征服、同化、分化和融合等。遭遇提供了一个从生成（becoming）视野来理解政治共同体的变化和发展的视角。这当然有建构主义的取向，但建构本身受到疆界自滞性的限制，防止了激进建构主义的任意性。这个理论也为发展新的世界主义理论奠定了基础。

另外，我仍然在思考"疆界—遭遇"的理论模式是否有可能对社会科学中经典的"能动者—结构"问题（agency-structure problem）进行新的、更精确的类型化处理。这里需要认真考虑，在什么意义上它能够弥补比如吉登斯的"结构化理论"以及布尔迪厄的"实践理论"存在的局限。这当然都是很费力的工作。

**问**：这一构想的学术渊源是什么？《疆界与遭遇：广义政治学理论纲要》大约会在何时完成？

**答**：关键的两个范畴都是从其他学者那里获得的启发。在对文化多元主义的研究中，有几位结构主义取向的学者发展出了"边界理论"（Border Theory），他们有时候也用"boundary"的概念，在处理文化差异和身份认同的问题上对我有很大启发。后来，当我联系到"遭遇"这个概念，就感到有可能在更宽泛和更系统的层面上使用"疆界"这个范畴。"遭遇"的概念最初来自受到韦伯影响的社会理论家本杰明·纳尔逊（Benjamin Nelson）的意识结构（structures of consciousness）理论，该理论近年来通过英国的世界主义理论家德朗迪（Gerard Delanty）等人的努力获得复兴。我是在和德朗迪的交往中开始了解并研读这些文献的。

至于什么时候能够完成，我完全没有把握。三年前我制定的计划是今年完成,现在看来这是多么不切实际的幻想。专业的学术工作,需要与前人对话,一个庞大的理论构想需要处理的文献太多。如果我现在就退休了,用五年时间有希望完成。实际上,学术界极少有人会公开谈论一个自己尚未充分发展的理论构想。恰恰是因为没有把握,不知道自己能否完成以及何时完成,所以才会有这样奇怪的"事先张扬",将其用作对自己的激励。听说有人公开宣布自己戒烟,就有更大的概率成功。困难的事情可能有相同之处,或许理论创造也是如此。

# 西方主流正在从"单声部"重回"多声部"[1]

北京曾举办过"读懂中国"论坛，现在上海举办"读懂世界"论坛，二者可相映成辉。我们需要内外兼具的视角，因为中国是处在世界之中的中国，无法理解世界实际上就无法真正理解中国。我们谈起世界，关注的往往是西方世界，但必须意识到西方并不是世界的全部。虽然我今天要谈的是西方问题，但必须指出这个可能的盲点。另外，今天在讨论西方的时候我们也需要注重"内在视角"，就是要进入西方的自我理解和世界图景中。中国讲究"知己知彼"，无论是将对方当作朋友、竞争者还是敌人，如其所是地"知道"对方非常重要。日本学者在对待中国问题时，特别强调"知华"。中国对于西方问题也应该如此，比如对待美国，无论采取所谓"反美"还是"亲美"的立场，你首先要成为"知美派"。我的主要研究领域是西方现代思想史，西方思想内部有显著的多样性，所谓"主流"，不是只有一个声音，而是众多声音汇集而成的潮流。这是西方主流思想长期的特点。

---

[1] 本文系作者于上海"读懂世界"论坛（2016年1月）上发表的演讲，收录时有所删减。——编者注

受时间限制，我只能冒着简单化的风险，讨论两个方面，一是文化的，一是意识形态的，这是西方内政外交的思想基础。

我每年在年底都要写一份西方思想文化热点的综述，已经持续了十多年。大家比较关注政治发展趋势和意识形态问题，而比较容易忽略文化领域。近年来，在新的技术文明下，互联网带来了虚拟空间与虚拟的现实性，文化变迁在很深的层面上改变了人的自我认知、存在体验、社会感、社会意识和对国家的感知。有一个从事IT行业的年轻人，给我看过一张"世界地图"，这个地图不是按照国别来划分世界，而是根据互联网的人口分布来分割：这是"Facebook国""Twitter国""QQ国""微信国"……这样一张"世界地图"给出了不同于传统的认知框架，以及一种相当不同的"世界图景"。

新技术文明带来的文化冲击引发了许多问题，包括大学在将来是否还会存在？古典人文教育在今天到底意味着什么？网络时代是否造成文化的扁平化甚至弱智化？对这些问题的看法一直存在激烈的争论，有人特别警觉新技术的破坏作用，有人则为互联网时代叫好。负面的例子有很多，比如网络游戏上瘾、网络色情的泛滥等，但我今天要举几个相当正面的例子。

大家所熟悉的维基百科（Wikipedia）是非常惊人的了不起的事业，将世界上这么多人的智慧聚沙成塔，形成了公民自发性、非营利支持的一个文化标杆。维基百科到现在已经整整运营十五年了。在创办之初，有一群物理学家曾评估维基百科的物理学词条的正确率，结果令人惊讶，它的错误率非常低，与各大著名的百科全书不相上下。维基百科依然在不断更新和改进，这是新技术文明带来的新的文化生产的样态。

对互联网文化一个常见的批判是其"文化快餐"性质，即迅即而浅薄的消费。但也有反潮流的例子。比如，Aeon网络杂志（https://aeon.co/）创设以来，覆盖的主题有哲学、科学、心理学、健康科学、社会与文化，而且着眼于大视野和深度讨论，大多数文章都是几千单词的长文，许多作者都是著名学者和专栏作家，网站上还有质量很高的纪录片。我写年度综述时，仅关于ISIS的问题就读了近七十篇文章，其中发表在Aeon网站上的两篇完全是一流水准。这个网络杂志提倡"长阅读、慢阅读和深阅读"的模式，呈现出反潮流的样态，短短三年就已经在英语知识界获得了非常好的声誉。

2016年，美国拉开了又一轮总统竞选的帷幕。西方竞争性民主为人诟病之处主要有两个方面：一是大财团用金钱干预政治，一是政治家越来越像明星一样操纵选民。这两个问题很难从根本上解决，但在互联网条件下，出现了一些新的应对方式。比如，奥巴马第一次当选时，他的大部分竞选经费来源于网络小额捐款（二十美元以下），如果没有互联网，这一点完全不可想象。2016年，美国有哲学家出面组织，带一群年轻人一起搞了一个活动，就是借用在年轻人中流行的"弹幕"形式（一边看电视剧一边评论，评论随之在屏幕显示），来为候选人的电视辩论节目做即时的在线评论，专门指正其中的事实错误和逻辑论证错误。这当然需要很丰富的专业知识储备和高强度的工作节奏。一个竞选人给出一个数据或者提出一个观点不到一分钟，他们就在弹幕上评论说，这个数据是不确切的，或者这个观点的前提有问题，或者这里的逻辑推论是错误的，等等。在民主政治时代，哲学家可能做不了哲学王，但可以发挥自己的强项来提高民主政治的辩论质量，来抵制政客利用煽情和错误事实来误导和操纵选民，让政治辩论在一定程度上接受事实和理性的检验。

总之，新技术文明下的文化是一个仍然在发展的过程，在未来会对政治、经济和社会产生什么样的影响，眼下很难有确切的答案。人们谈论负面的问题比较多，但我们不应当忽视其积极的方面，这其中有一种公民的首创性，一种主动的、自发的自治精神，一种具有动员力量的民主文化。而像Aeon网站这样的新文化形态，是对传统的创造性的再发展。我感到，在新技术条件下形成的许多新的亚文化，有可能具有在未来改造主流文化的潜力。

在意识形态方面，如果回顾冷战年代，有社会主义和资本主义两大阵营，实际上是两种世界秩序的对峙，但其实还潜伏着另一种伊斯兰的世界秩序，只是在冷战时期被肢解和掩盖了，两大阵营的冲突非常显著。这种现象直到1991年苏联解体，才逐渐改变。

大家都很熟悉，在冷战终结后的最初几年，福山的"历史终结论"曾经非常流行。这个理论在二十五年前特别吸引人，"历史终结"当然不是说历史事件不再发生了，而是说无论发生什么惊心动魄的斗争，都是过眼云烟，用黑格尔的话说是"理性的诡计"而已，无法改变终点，也就是说，在意识形态上除了自由主义民主，没有其他真正的选项。这是因为西方阵营在冷战中获得了压倒性的胜利，产生了极度自信，但这种过度自信付出的代价就是思想的封闭，对政治图景的想象变得狭隘。当时的西方主流思想慢慢变得有点单一，从"多声部"变成了"单声部"。但近几年来，这种自信遭到了严峻的挑战。这里有三个主要因素，第一是中国的崛起，有人说"世界中心从大西洋转向了太平洋"；第二是2007年左右开始的金融危机；第三是伊斯兰激进主义的兴起。这三个因素都跟全球化有关。所以，近年来，西方思想的主流慢慢转向反思和忧虑，用中国人的话说就是"忧患意识"。2016年的恐怖主义袭击问题也在思想上对西方造成了冲击。去年是冷战终结的二十五周年，法国社会高等研究院的皮埃尔·马南，英国伦敦政治经济学院的约翰·格雷和美国哥伦比亚大学的马克·里拉分别发表文章，追溯自由主义与民主政治的历史起源，阐明其演变历程，检讨当今流行的自由主义论述和实践何以偏离了其本源和精髓，陷入了盲目、教条的危机。三位作者都体现出自由主义者的反思和正本清源的努力。

马南可以说是雷蒙·阿隆的传人，他在《自由主义的危机》一文中指出，自由主义的兴起源自特定历史条件下展现的政治治理优越性。"我们作为公民的愿望是被善治；我需要的是一个好的政府，而不是一个自由主义的，或基督教的政府。"他认为，自由主义首先是一种政治学说，其次才是关于"自由竞争"的经济学说，这两者之间曾长期兼容，但在当今全球化的处境中却彼此冲突。"如果遵循纯粹自由竞争的经济原则，我们已经灭亡了"，那些高劳动力成本和社会保障开支巨大的国家，如何可能对那些低劳动力成本和微弱社会保障的国家保持竞争力？最终，在美国主导的全球化进程中，经济活动与人们归属的政治共同体相互分离，自由主义失去了曾经的治理优越性。西方支配世界的时代已经达至其能力的极限，从而陷入了难以自拔的政治和精神危机。至于如何应对这种危机，马南坦言自己没有答案。

格雷是名教授，也是对公众很有影响力的知识分子。他在《自由主义的错觉》中指出，西方自由主义者最大的错觉就是以为"自己站在历史的正确一边"，而自由主义的敌人总是站在历史的对立面。但用"站在历史的对立面"来解释苏联阵营在冷战中的失败，是过于简单化的解释，其中过滤了许多复杂的政治社会因素（包括民族主义、宗教、战略以及许多偶然的因素），这种阐释不只是抽象简单的，而且歪曲了事实。这妨碍了西方政治家和决策者真正理解俄罗斯、中国、欧洲的转型国家以及阿拉伯地区的真实状况与关键问题。格雷认为，"历史没有明确的方向"。在可以想见的未来，"将会存在许多文化，以及各种各样的生活方式，它们持续不断地变化和互动，却不会融为一体，成为类似于某种普世文明的东西"。因此，地缘政治冲突会加剧，战争会以新形态或者混合形态出现，宗教将会在国家的形成与毁灭中成为一种决定性因素。自由主义的价值需要一种现实主义的思想才能存活。西方正在应对日益混乱的世界，而最大的危险恰恰是来自那种无根据的信念——"历史站在自己这边"。

里拉是一位思想史家，曾到华东师范大学做过讲座。他在《关于我们自由放任主义时代的真相》中，把意识形态和教条区别开来。冷战中的共产主义和自由主义是两种宏大的意识形态，而我们时代的"自由放任主义"（libertarianism）则是一种极致的教条。它始于基本的自由主义原则（个人尊严、自由优先、怀疑公共权威、提倡宽容），但就此停步不前，完全无视这些原则与现实世界之间变化多端的复杂关系。就此而言，它不是那种孟德斯鸠、美国制宪者、托克维尔或密尔会承认的自由主义。实际上，民主是一种罕见的政府形式，在长达两千年的历史中被视为低劣、不稳定、具有潜在暴虐性的制度。在西方世界，民主迟至19世纪才被认为是一种好的政体，直到第二次世界大战之后才被当作最佳政府形式，且只是到最近二十五年才被看作是唯一正当的政体。而在教条主义的影响下，今天美国的政治思考中只存在两种类别，即民主或者"洪水滔天"，这种简单化的思维模式完全无法对当今世界形形色色的非民主政体做出差异化的考察。许多自由民主的价值可能被非民主国家的人们所分享，但这并不意味着他们愿意接受民主化终将带来的种种后果，比如社会与文化的个人主义后果，他们珍视的那些（可能被个人主义摧毁的）传统，对地方的忠诚，对长者的尊重，对家庭和部落的责任，对虔敬与美德的投身，等等。里拉认为，面对世界上非民主制度将长期存在的现实，自由主义者需要回答一个明智的问题：除了民主化的方案之外，还有什么备选计划（Plan B）？但现在没有人有意愿去提出这种明智的问题，这标志着今日西方政治思考的沦落。

如果要说西方主流思想的发展走向，那么有一点是清楚的，那就是从冷战之初的"单声部"重新呈现出"多声部"的汇流趋势。虽然西方思想界有对当下的思想状况自觉地进行批判和反思，但他们并没有放弃自己的立场和自我期望，大多数人也不认为中国的崛起能够提供一个真正的另类世界秩序，来取代西方主导的"自由秩序"。也就是说，批判与反省的主流趋势是呼唤一种审慎的态度，这也是西方政治思想的一个悠久的传统，在内政外交方面都是如此。就国际问题来看，美国主导的"自由秩序"有明显的收缩，特别是在中东地区。有人认为，这是因为奥巴马时代的美国进入了全球性的衰落时期，选择退入孤立主义，但这可能是一种误解。最近《外交事务》杂志发表的一组文章指出："奥巴马政府并没有抛弃传统的美国大战略，而是试图从其前任的失当处置中拯救这一战略。奥巴马已准备好拯救自由秩序的核心，但为了做到这一点，他甘于牺牲功能和区域上的边缘地带。"

我们应当注意，美国对自身的特殊理解，以及它对世界图景的特殊想象，其中包含着与老欧洲那种"根植于土地"的观念相当不同的思想传统。在根本上，美国战略并不依附于领土要求。德国公法学家卡尔·施米特曾经说美国外交是"无迹可寻但又无处不在"，"缺席"和"在场"奇妙地融合在一起。小布什的外交把美国战略与海外领土的占据过于紧密地交织在一起，这不是美国外交传统的典型体现，而是一种偏离。美国主导的"自由国际秩序"是诞生在第二次世界大战中并发展至今的全球体系，其核心部分根植于多重交叠的制度性架构，其基础不是地理、种族、血缘、宗派或带有其他被给定的土地性自然身份，而是契约性的"自由共同体联盟"。奥巴马的外交战略是从海外土地撤离，回归到更具弹性的扩张的"自由秩序"。

最后，我们可以看到西方思想界如何对世界讲述自己的故事。他们坚持自己的价值和立场，宣扬自己的优势，同时也严肃地甚至激烈地批评自己的问题，思考自身面对的挑战，并重新回到多声部的辩论之中。这种警觉的态度对我们或许不无启发。今天我们也要对世界讲好中国的故事，但这并不意味着只是去讲"好中国"的故事，我们也要直面自己的困难与问题，并由此展开深入的思考，这样或许能更好地讲述中国的故事。

# 世界主义与身份政治[1]

**问**：对于如何解决民族身份给世界带来的冲突，您提出了"新世界主义"。对于这个问题，赵汀阳老师提出过"天下体系"，许纪霖老师也有他的"新天下主义"。您如何看待他们的观点？

**答**：我所构想的"新世界主义"当然是一种普遍主义的论述，但是，所谓"新世界主义"，它要强调的是，任何普遍主义的论述并不是现成的，而是构成的，或者说是建构的、是做成的，因为普遍主义的文明都不是无中生有的，而要发源于特定的地方和人群，发源于特定的民族文化。这也是我们要守护特定的文化的一个理由。其实每一种高级的文明都有一些具有普遍主义潜力的要素。但这种普遍主义的要素一旦创生以后，它要在文化遭遇的过程中超越"原产地"的范围，对更广泛的人类事件发生影响，而且要在新的适应与调整过程中获得持续的发展。所以它就不能仅仅是属于"原产地"的，而是要转化为人类共享的文明要素，这就是"新世界主义"所理解

---

[1] 本文系上海外国语大学思索讲坛对作者的访谈（2018年6月）文稿，收录时稍有删改。——编者注

的一种叫"跨文化的普遍主义"的特征。

至于和其他学者提出的观点的差别呢？我觉得，无论是赵汀阳老师还是许纪霖老师，他们都有非常丰富的论述，非常简短地来讨论可能是有失公允的。赵汀阳老师的工作是非常了不起的。他提出了一种想法，就是说，我们虽然在谈论世界，但是我们仍然是在地方性地思考。他看到的"天下体系"的理想，是启发我们不仅要去思考世界，更需要世界性地思考。在这个意义上，赵汀阳老师的洞见是非常值得重视的。如果说我跟他有一些不同的话，那就是我认为以世界性的视野来思考世界，并不意味着必须否定国家视野和国际视野。在赵汀阳老师看来，国际视野也是有局限的，所谓 international 还是以 national、nation 为本体的。他对 nation 和 national 的视野有相当多的批评，认为要世界性地思考，但是我认为不能够否定国家视野或者民族视野、国际视野的局部正当性。因为民族国家和国家利益的存在是当今世界政治的一个现实，你要超越民族国家和国家利益的恰当方式并不是取消他们或者无视他们的存在。我的看法是要经由民族国家来建构世界主义。所以从这个观点来看，赵汀阳老师对天下主义的阐释可能一方面过于激进，一方面又过于保守。他的激进性在于把天下理解为一种完全否定任何特定的、地方性的立场，他叫作无立场的眼界，英文是 view from everywhere。从这种所谓无立场的眼界，他构想了一种世界政治的理想，但另一方面他好像又过于保守了。他认为只有中国文化产生了这样一种超越任何地方的无立场眼界，这是一种比西方优越的哲学思想。这种观点实际上承认了无立场的眼界并非无中生有，而恰恰来自一种特定角度的眼界，只不过赵汀阳老师确信，唯有一种来自中国思想的特定角度才能产生这种无立场的眼界。所以，我认为赵汀阳老师的论述里边有一种张力。一方面，他强调一种脱离了任何具体地方的无立场的眼界；另一方面，他又说只有中国这种特定的地方才能产生这种无立场的眼界。我认为这里边有一个矛盾要解决。

许纪霖老师跟我有更多的相同之处，但是我们用的术语不同。一方面，他说的"新天下主义"是要继承传统的天下理想；另一方面，他又主张对传统的天下主义进行一些改造，包括要去除华夏中心主义，去除等级化等。他是要在人类共享的普遍文明基础上来寻求这种世界政治。我跟许纪霖老师的差别可能是术语和技术性上的。我认为，如果还用天下，哪怕是"新天下主义"，传统的气息和风格也太浓了，也就说你很难摆脱华夏中心主义和所谓的等级结构。

所以我想，"新世界主义"能在更多地在保留天下理想的同时，将其转化为更加普遍的、更加现代的论述，从而也更容易跟世界的其他学者来沟通。既然我们要建立一个"世界主义"的话，与中国以外的思想界进行沟通是相当重要的，所以我用了"新世界主义"这样一个术语。

**问**："新世界主义"是经由民族走向世界的，最终的目标是拥有重叠的共识的多元世界，这种共识是通过对话并做出改变才能形成的。那么这种共识是否会成为不能质疑的普世价值？我们在倡导多元的世界时，是否不可避免地要把"多元"作为普世价值？我们该如何面对无法容忍异教徒的宗教极端主义者？

**答**：这种理解大部分是正确的，但是有一点差别。拥有重叠的共识不会成为不能质疑的普世价值，因为这种理解暗含了这样一种想法，即好像我们通过对话和改变，就能够一劳永逸地达成普世价值。

普世价值的建构不可能一劳永逸，它永远是一个动态的过程。这也就意味着任何建构的共识都可以质疑，但不是随意质疑，需要提供相当的证据和理由。建立一种经由民族文化、地方性的文明达成的共享的、跨文明的普遍性，是生生不息的思想努力的过程。这当然不是说没有任何稳定性，任何东西都可随意更改，而是说这个过程并不是凝固的，而是不断发展演变的，所以它永远会面对正当的质疑，但并不是所有的质疑都需要回应。比如我们现在视为普遍规范的男女平等、性别平等，在很多传统文明中并不是一个内在的价值，而是随着世界的发展，经过各种文明间的对话慢慢生成的一个比较具有普遍主义的规范性价值。你当然可以质疑男女平等，但是质疑男女平等需要理由和证据，对于你的质疑，还可以有反驳。这个过程是生生不息的，当你的理由不够充分、不够正当的时候，男女平等还是能够作为普遍主义被人辩护，并且能够得到正当的维持。

多元世界对于普世价值是一个无法消除的背景，所谓普遍主义的价值是建立在多元主义的背景和前提之上的，但是我们要克服这种多元造成的、可能冲突的差异来获得共同性。这就是中国人讲的"和而不同，求同存异"。我们要尽可能地允许丰富的多样性，但是这种多样性本身不能够极端到使我们的共同生活无法维系。所以"求同存异"说起来简单，实际上很难。我认为求同存异的要点在于"求"。"同"不是自然产生的，而是人们经过努力，甚至通过改变自己的一些习惯达成的。

对于异教徒的容忍问题，我觉得有两个方面。第一，我们需要以更加开阔的视野来看待宗教宽容。在这个意义上，我坚持包容的必要性和谨慎对待异类文化、对待他者的必要性。第二，一个多元、包容的世界，也不可能把任何差异都包容进来，我们必须有取舍，必须有批判，有的时候需要有排斥。

# 谁害怕贝尔纳—亨利·莱维？[1]

算上今年（2009）的这部《美国的迷惘：重寻托克维尔的足迹》，贝尔纳—亨利·莱维已经有三本书在中国翻译出版（此前还有《自由的冒险历程》和《萨特的世纪》），而他的新作《黑暗时代的左翼》据说也被列入了汉译出版计划。[2] 看来，"BHL"（众所周知的莱维全名的缩写）——这个二十多年来法国"媒体知识分子"的第一名牌——在进军美国多年之后，似乎正跃跃欲试地登陆中国。

但是，BHL值得翻译吗？应当被认真对待吗？或者，如何阅读他的作品才是恰当的？对诸如此类问题的回答完全取决于你的学识、品位以及（同样重要的）文化与政治立场，因此也必定充满争议。当然，"哪里有BHL，哪里就有争议"，而"挑起争议"又恰恰是BHL的品牌营销策略……那么，也许更明智的方式是干脆置之不理、全然鄙视或淡然漠视，以免败坏了我们的品位、降低我们的格调。但"BHL现象"可能不只是媒体商业炒作那么简单，可能还透露出当今世界

---

[1] 原载《东方早报·上海书评》2009年8月2日。
[2] Bernard-Henri Levy, *Left in Dark Times: A Stand Against the New Barbarism*, Random House, 2008.

政治文化的某种征兆。"所幸",我们早已在更坏的品位与更低的格调中千锤百炼。我们不害怕BHL。

那么,贝尔纳-亨利·莱维究竟是谁?

一个出生在阿尔及利亚的法国籍西班牙裔犹太人,1968年(时年20岁)进入巴黎高师攻读哲学(他的老师包括德里达和阿尔都塞)。"五月风暴"期间积极参与激进左翼活动。1971年获得哲学教师资格,随后作为战地记者前往孟加拉国,参加反抗巴基斯坦的独立战争,并成为穆吉布·拉赫曼总统的顾问。在1973年返回法国后,莱维先后在斯特拉斯堡大学和巴黎高师任教,并曾进入密特朗总统的专家班子。1977年发表《带着人性面目的野蛮》,在左翼内部发起对马克思主义和斯大林主义的批判,成为所谓"新哲学"(Nouvelle Philosophie)运动的领袖人物并因此声名鹊起。在不到三十岁的时候,莱维已经是法国引人注目的青年哲学家、政治活动家、记者和公共评论家。

此后三十年,莱维成为公共传媒的超级明星:他是(或被称为)哲学家和作家,发表了三十多部著作(包括理论性著作《上帝的遗嘱》和《法兰西意识形态》以及获奖小说《心魔》),并在耶路撒冷创办列维纳斯研究中心;他是影视制片人和导演(作品包括纪录片《波斯尼亚》、《萨拉热窝死亡中的一天》和故事片《昼与夜》);他是出版家(创办杂志和担任出版社顾问);他是政治与外交活动家(1979年随"无国界医生"奔赴柬埔寨,2003年作为希拉克总统的特使前往阿富汗);他是公益积极分子(创立反种族主义组织SOS Racisme);他是记者(他的《谁杀了丹尼尔·珀尔?》畅销美国,声称查出了《华尔街日报》记者珀尔在阿富汗遭绑架后被害的真相);他是无可匹敌的媒体知识分子(为欧洲多种报刊撰稿,在电视节目上频频亮相),在几乎每一次知识界的抗议书中都有他的签名,在所有重大的公共辩论中都有他第一时间发出的激昂声音……

2003年《名利场》杂志发表关于莱维的长篇特写,称他是"超人与先知，我们在美国没有类似的人物"。岂止于美国，就是在全球范围内又有谁可与之相提并论？克里斯托弗·希钦斯在英语传媒中也相当有影响力，但涉猎领域相对狭窄而且风格邋遢"土气"；齐泽克在许多方面旗鼓相当，但缺乏名流政要之类的朋友也就不够"powerful"。

是的，莱维几乎无处不在、无所不能，但还不止这些。BHL得以成为超级名牌，还仰仗莱维得天独厚的"大众偶像要素"。首先，他的外貌英俊（实际上对一个作家来说"过于英俊了"，说他属于影星阿兰·德龙的级别也毫不夸张），而且腔调十足——他标志性的白衬衣总是标志性地解开最上面的两三个纽扣（有好事者告诫"切勿模仿"：如果你也解开几个纽扣，那你的衣领就会很难看地塌下来。而莱维的衣领总是高耸的，因为这是四百美元定做的领子）。其次，他极为富有（1995年继承父亲的企业遗产，两年后卖出7.5亿法郎），目前跻身于法国前一百名富豪之列。最后，还有他连绵不断的风流韵事，直到1993年演员暨歌星阿丽尔·朵巴丝勒（Arielle Dombasle）（在经历了长达七年的秘密婚外情之后）成为他第三任妻子。但他仍然常常陷入八卦传闻。

当然，这位媒体的宠儿也总是身处舆论的围剿。在过去五年中，至少有四部关于莱维的传记著作在法国问世，其中有三部是批评性的，2006年出版的《一个法国冒牌货》（*Une Imposture Francaise*）更是充满攻击性。实际上，从莱维崭露头角的时期开始，各种批评与责难就与他如影随形。有些是人身攻击，有些是文人相轻，有些是出于严肃的学术批评，有些是因为政治立场的分歧。的确，莱维的显赫权势与精英地位会让许多他的"劣等同类"因羡慕嫉妒而心生仇恨，如画家雅克·马丁内斯（Jacques Martinez）所说："他英俊、他才华横溢、他富有、他有位美丽的妻子——当然，他们会恨他。"但对莱维的非议并不能以这种低级的阴暗心理来一并打发。他炫耀虚荣和故作惊人之语的风格以及令人发指的自恋气质，会让许多严肃正派的人深感厌恶。但个人风格与气质问题还在其次，关键是他的著作文章在品质上十分可疑：他的理论性文字有概念错乱，他的历史性写作有误用的硬伤，他的调查纪实性报道失实甚至虚构。无论对他的各种指控在分寸上是否公允得当，这些问题都着实存在，更与他显赫的公共声誉形成强烈反差，这使莱维在法国学术界几乎成为一个笑柄。

早在三十年以前，法国几位重要的思想家就对莱维（以及"新哲学家"们）持有异议或批评。德勒兹认为莱维的作品是"浅薄的"，是将哲学化为"市场产品"。萨特在晚年拒绝了莱维的探访请求（怀疑他是美国中情局的间谍）。德里达干脆断绝了与莱维的师生关系。雷蒙·阿隆在《回忆录》中用两三页的篇幅谈论过莱维以及"新哲学家"们，说他们的成功主要是靠媒体的宣传，也受惠于"在今天的巴黎，缺少一个公正的、令人信服的评判"。"《上帝的遗嘱》，书名和整本书的过分自负，以及冒充渊博，对耶路撒冷和雅典所作的不容分说的评论，使我难以欣赏这种华丽辞藻的魅力。这种浮夸的修辞方法受到了马尔罗的影响，其中既汲取了他的某些特长，也继承了一些不足。"

2004年佩里·安德森在《伦敦书评》上刊登一篇长文，评论法国的当代思想历史与状况。他在一个段落中，惋惜逝去的思想大师后，如是写道："贝尔纳-亨利·莱维是这个国家最为著名的不满六十岁的'思想家'，他奇异的显赫地位暗示着智识生活的普遍境况。虽然无数次地表明他无能去弄通一个事实或理念，但法国公共领域对这个粗鲁的傻瓜（crass booby）予以如此关注，很难想象还有比这更为显著的国民智力与品位标准的逆转。这样一个怪物可能在任何其他主要的西方文化中兴盛吗？"[1]

---

[1] "Dégringolade," *London Review of Books*, September 2, 2004.

我相信，所有这些批评与指控都是中肯的。但这只是点明症状而不是诊断，至少不是充分的诊断。将 BHL 现象仅仅解释为商业传媒时代一个自恋狂的幸运，只是表明了"国民智力与品位的逆转"，这听上去太像是文化批评理论的粗鄙解释———一种短见而陈腐的敷衍或者推诿。安德森教授疑惑于莱维"奇异的显赫"（bizarre prominence），大概是因为他没有看到或是不愿意看到一个更有解释力的事实：莱维在法国甚至欧洲意识形态光谱中抢占了一个独特的位置，这是欧洲在对苏联社会主义的幻灭之后出现的空虚地带，而正统的左翼力量（萨特一代以及后来的学院左派）从未真正收复过这个空虚地带。

　　冷战年代之初，多少欧洲知识分子将希望与未来深切地寄托给斯大林的苏联？对他们而言，这是人类最终战胜邪恶资本主义世界的理想和实在的前景，这是思想预见与道德情感的双重寄托。一系列的幻灭事件发生：从赫鲁晓夫的秘密报告、匈牙利事件、布拉格事件、"古拉格"，直到柏林墙的倒塌。半个世纪的历史，曾经的理想实际上在严酷的现实中破灭。但正统左翼如何对待自己的这段历史？如何对待这智识与道德的双重创伤？他们从未有过真正坦诚的自我批判与具有思想力量的历史解释。因为这里有一个巨大的困难，如果彻底自我清算，是否会陷入投降主义？是否会失去最后的抵抗？整个世界是否会落入资本主义的宰制之中？这是一个真实的困难，一种源自深刻道义感的负担。这个心结（complex）并没有解开。这仍然是左翼一个无法消除的心病、一个道德情感上的创伤内核。于是他们宁愿等待，如果相信资本主义的内在矛盾是不可自我化解的，那么历史终究会出现那个时刻——那个危机总爆发的时刻，那个濒临崩溃的时刻。到那个时刻，在历史证据的支持下，再来收复失地。而在此之前，左翼不得不被哈姆雷特的幽灵所俘获——深邃而高贵地背负着道义负担，怀着哈姆雷特式的迟疑与延宕。

但是，法国民众不是哈姆雷特。他们的"智力与品位"都不足以承受这种高贵的犹豫不决。于是，莱维这种毫无担当的投机分子才得以乘虚而入。的确，他们没有任何深刻的哲学见解，阿隆一开始就看得很准："'新哲学家'们首先引起轰动的，是他们彻底地反对苏维埃主义，甚至反对马克思主义的立场。"莱维并不是什么先知先觉，他告别他的激进左翼立场是在1973年，那一年索尔仁尼琴的《古拉格群岛》在法国出版，像他自己坦白承认的那样，正是阅读索尔仁尼琴使他"幡然觉醒"。因为正统左翼中具有一流见识与道义感的思想家们的迟疑与延宕，这个三流货色才得以找到了自己独特的位置。他的"幡然觉醒"并没有径直倒向右翼或极端自由派，他依然声称自己是"另类的左翼"（甚至"终身左翼"）。他的"新哲学运动"同志已经倒向了保守派，公开支持萨科奇的竞选，而莱维却拒绝了萨科奇的"招安"（无论这多么像一次表演）。他在最近的电视访谈节目中适时地谴责"自由放任派"导致的金融危机。在《美国的迷惘》中，他对资本主义的"异化"（比如对巨大购物中心的隐喻性阐释）和"暴力"（比如对美国多所监狱的实地考察）做出了无情的（当然是拾人牙慧的）批判。他的小聪明帮他发明了各种标签：他是"反反美主义"（anti-anti-Americanism），而不是亲美主义（pro-Americanism）；他作为左翼的使命是捍卫普世人权，是反抗所谓"宗教极权主义"。他用诸如此类的似是而非的概念来标榜自己的独特政治立场。近三十年来，他一直在这个真空地带舞蹈。

但是，这是三十年的成功演出。三十年的"BHL现象"可能远远超出了一个小聪明的把戏。也许，在另一个意义上，莱维的立场是前后一致的,对应了某种正统左翼一直回避的现实(也是民众的"现实感"的基础)：野蛮主义——贫困、暴力和不公具有形形色色的形态和来源，并不能全部归于邪恶资本主义的名下，而美国也不能简单化约为这个邪恶资本主义的化身。那么，一厢情愿地将所有野蛮都归咎于美国，或者"迂回地"最终归咎于美国，就失去了说服力和对民众的感受力。如果大众听不懂这么"迂回的"解释，如果他们不再相信比如（乔姆斯基著名的断言）"红色高棉的大屠杀只是《纽约时报》编造的谎言"，那么就很容易接受莱维的花言巧语，倾听他的"反反美主义"——谴责"将美国看作是其他国家的错误、无能以及矛盾的替罪羊的荒谬言论"。而莱维的修辞术格外具有挑逗性："当战争正在摧毁达尔富尔，当尼日尔上百万男人、女人和儿童在饥饿中死去的时候，当新塔利班成员羞辱阿富汗村庄里的妇女的时候，当巴勒斯坦原教旨主义者把活烧妇女叫作荣誉犯罪的时候，当最贫穷的国家中那些无能的、腐败的领导人把百姓敲骨吸髓，放在自己平庸利益的祭坛上牺牲的时候，这些偏执狂在这些问题前束手无策，他们只会像失控的机器人一样重复：'都怪美国！都怪美国！'"接着，莱维就用他惯常的"推理"伎俩作出断言："在欧洲，反美主义一直和我们卑劣的本能相吻合。"

谁害怕贝尔纳－亨利·莱维？他只不过是在正统左翼的沉默失语处高声喧哗，但无论他多么蹩脚，多么浅薄，多么怪异，只要这个位置仍然空着，他仍然会表演下去。只要"反美"与"反暴政"不是永远统一的，只要在两者出现裂缝时正统左翼仍然犹豫不定，那么莱维就继续会有他的媒体市场——不只在法国，甚至不只在"其他的主要西方文化"中——"怪异的"BHL现象还会持续,直到"那个时刻"的来临。"9·11"事件或许还不是那个时刻（因为它最终导致了保守主义的猖獗回潮）。但终于，2008年全球性的金融危机爆发了。欧洲正统左翼应该在暗中指望它加剧升级吗？指望美国资本主义的彻底垮台、指望这个"世界秩序"的最终崩溃，好"待从头，收拾旧山河"？这个时刻终于来临了吗？

## 萨义德轶事

爱德华·萨义德曾在《伦敦书评》发表过一篇文章，回忆了他与福柯及萨特相遇的经历。文章透露了这三位享誉世界的左翼知识分子在巴以冲突问题上的立场分歧。

1979年1月，萨义德在纽约收到一份电报，法国《现代》杂志邀请他赴巴黎出席一个关于中东和平问题的研讨会，电报的落款人是波伏瓦和萨特。他在惶恐之中竟然怀疑这是个玩笑，用他自己的话说，这就"如同收到艾略特和伍尔夫的邀请去《日暮》杂志的办公室做客"。他用了两天的时间才确认这份电报的确属实，随即接受了邀请。萨义德那时已经四十四岁了，刚刚出版了《东方学》，并由于积极介入中东政治问题而为人注目。为什么他仍然会为收到这份邀请而惶恐？因为在他心目中，"萨特一直是20世纪最伟大的知识分子英雄之一，在我们时代的几乎每一个进步事业中，他的洞见与知性天才都发挥了作用"。

萨义德到达巴黎后，在下榻的宾馆中收到了一个神秘的通知："由于安全原因，讨论会改在福柯的家中举行。"第二天上午萨义德赶到了福柯的居所，几位与会者已经就座，波伏瓦在谈论她去德黑兰组织示威的计划，却迟迟不见萨特露面。他对波伏瓦的喋喋不休没有好感，而且觉得她虚荣得无以争辩。一个小时左右波伏瓦就离开了。

在福柯的书架上，萨义德发现了自己的著作《开端：意图与方法》，这使他感到高兴。但福柯表示，自己对这个研讨会无可贡献，一会儿就要去国家图书馆。福柯与萨义德之间的交往一直是友好而亲切的，但他从不愿对萨义德谈论中东政治问题。直到福柯去世之后，萨义德才渐渐明白其中的原委。他从福柯的传记中获知，1967年福柯在突尼斯目睹了反犹太主义的疯狂，便中断了在那里的教学工作返回巴黎。但后来突尼斯大学哲学系的一位教授告诉萨义德，福柯的离去是由于当时与一名学生的同性恋关系"败露"，被校方辞退。萨义德不知道哪一个版本的故事更为真实准确。后来他从德勒兹那里得知，在巴以冲突问题上福柯因为倾向于支持以色列而与德勒兹争执，这两位一度最亲密的朋友也渐渐疏远。

萨特终于到场了，被一群助理和翻译簇拥着。使萨义德深为吃惊的，不只是萨特的苍老与憔悴，还有他在讨论中几乎一言不发，消极而冷漠。只有他的助理以权威口吻不断插话。萨义德打断了讨论，坚决要求听到萨特自己的发言。萨义德最后获得的是萨特事先准备好的两页文稿，其中只有对埃及总统萨达特陈腐而空洞的赞美，而对巴勒斯坦的诉求不置一词。萨义德终于明白，自己一直被萨特在阿尔及利亚独立运动中的英雄故事所迷惑，其实萨特始终是一个犹太复国主义的同情者。萨义德带着对萨特的极度失望回到纽约，这是他们之间仅有的一次会面。次年，萨特的去世仍然使萨义德深为哀恸。

《爱这个世界：汉娜·阿伦特传》是阿伦特传记作品中较有影响的一部。可以肯定的是，萨义德读过这本书，并引用了其中的一个"史料"。不幸的是，他所征引的"史料"是作者的一个"笔误"。美国《高等教育纪事报》资深编辑作家斯科特·麦克里米就此采写了一篇报道，透露了其来龙去脉。

这部传记在1982年由耶鲁大学出版社出版，经过修订在2004年10月推出了第二版，作者伊丽莎白·扬-布鲁尔更正了初版中的一个重要错误，涉及阿伦特与犹太恐怖主义组织的关系。传记第一版中提到，阿伦特曾在1967年和1973年两次捐款给"犹太保卫联盟"（JDL）。JDL于1968年在美国建立，具有恐怖主义倾向，曾涉嫌策划几十起暗杀、爆炸和其他恐怖事件（在其攻击目标的"黑名单"中就包括萨义德）。JDL的行为甚至受到犹太人的批评。例如，著名的犹太组织"反诽谤同盟"（Anti-Defamation League）曾谴责JDL的"种族主义、暴力和政治极端主义"。但实际上，阿伦特从未对JDL捐款，她第一次捐款时JDL甚至还没有成立。扬-布鲁尔在传记的第一版发表之后才发现阿伦特捐助的是一个和平主义组织——"犹太人联合呼声"（the United Jewish Appeal），并对自己在匆忙之中造成了重大失误后悔不已。

在第二版的序言中，作者用一个注释特别指出了这个失误，同时也披露，萨义德曾引用这个误传，并对她更正的要求置之不顾。在1985年秋季号的《批判性探索》（*Critical Inquiry*）中，萨义德发表《差异的意识形态》一文。其中写道："虽然阿伦特在战前帮助犹太人移居巴勒斯坦，但她始终是批评犹太复国主义的主流……不过，她在1967年曾给JDL捐款，在1973年又捐了一次。"这篇文章发表时，JDL的创建者开始对以色列政治施加影响，鼓吹要将所有阿拉伯人从以色列驱逐出去。这个关于阿伦特的误传无疑对她构成了严重却不实的指控。

扬-布鲁尔在读到萨义德的文章后大惊失色，立即写信给萨义德和《批判性探索》编辑部，解释这一错误的来由并表达了深切的歉意。她在信中恳求，如果文章结集重印请一定对此予以更正，"你可以对我说任何话，是我罪有应得，但请不要继续对阿伦特以讹传讹"。但是，萨义德从未给她回复，而且只字未改地将这篇文章收录在他1986年出版的文集中。扬–布鲁尔在新版序言中说："萨义德拒绝对此予以更正，使这个错误被更为广泛地流传。"

但问题在于，究竟是萨义德没有收到过扬–布鲁尔这封信，还是他不愿对此更正？扬–布鲁尔认为，他收到了信，但"他选择不做更正"。扬–布鲁尔近年也在萨义德生前任教的哥伦比亚大学工作，但从未就此与他进行当面交涉。对于去世不久的萨义德来说，这是否也构成了一个不实的指控呢？对此，我们大约需要萨义德的传记作者以后来澄清了。

# 德里达引发的争议

德里达去世后的两天，美国知识界的主要论坛《纽约时报》刊出一篇轻佻的"讣告"，引起轩然大波。这让人想起十二年前关于德里达的另一次著名的争议。

1992年5月，当剑桥大学决定授予德里达荣誉哲学博士学位的时候，以巴里·史密斯教授为首的十八位著名哲学家联名致书剑桥大学表示反对。他们认为，德里达的写作虽然具有原创性，或许在电影或文学等领域也有一定的意义，但作为"哲学家"，他的作品没有达到专业学术所要求的基本的"清晰与严谨"（clarity and rigour）。剑桥大学最后不得不启动特殊的投票表决程序来解决这场争端，结果以三百三十六票赞成、二百〇四票反对通过了荣誉学位的授予。

德里达注定是个充满争议的人物，生前死后都是如此。对于德里达来说，"一切都在文本之中"，而任何文本一旦遭遇"解构"，便无法获得其确定的意义。那么，德里达自己的作品，甚至德里达之死本身，也不能不是一个"文本事件"，也不得不引起多义性的阐释。也许，德里达自己很清楚，解构效应最终会指向他本人。于是，"解构德里达"将成为一种悖论性的阐释行动，既是对他的颠覆又是对他的肯定。

然而，对"解构"最流行的误解就是将它看作一种无可不为的"知识无政府主义"力量，可以滥用，达成任意的结论。但是，在最原初的意义上，解构只是一种批判性阅读的分析策略，它所激发与"邀请"的多重阐释并不支持"任意阐释"的正当性，它对形而上学绝对真理的颠覆也并不意味着我们将陷入彻底的虚无主义。实际上，彻底的虚无主义本身正是"解构"所要质疑的一种形而上学。在更为宽泛的意义上，解构是一种持续而积极的斗争，它所反抗的是唯理主义对生命真实复杂性与矛盾性的独断压制。也许就是在这个意义上，德里达说"解构是对生命的肯定"。

2001年9月，在香港中文大学，德里达在演讲之后的答问中，将我的提问看作一个可疑的挑衅而格外严肃。在第二天的交谈中他变得谦和起来，也许是看到我手上的那本 *Dissemination*（《散播》）里面写满了旁注，他说自己最怕那种从不阅读而又肆意攻击的"批评者"。他愉快地在那本书的扉页上签了名。此刻，看着他的签名我在想：德里达死去了吗？"德里达之死"究竟是什么意思呢？

# 桑塔格之于我们这个时代

将"沉痛"之类的字眼与苏珊·桑塔格的名字并置是不太适宜的,哪怕是用来凭吊她的逝去。桑塔格的一生是对生命最为热烈的礼赞。她的高傲、自信与坚定是摄人心魄的,她的博学、睿智和才华是夺目的,而她的激情、诙谐和热忱是感人至深的。面对令人哀伤的时刻,她的书写或格外沉静或极度义愤,但几乎从不流露伤感与悲痛。对于桑塔格来说,死亡如同疾病,不是"隐喻",而是一个质朴的事实。正如她在第一次被确诊身患癌症之后写到的那样,"每个人生来就持有双重公民的身份,在健康的国度与疾病的国度",而"疾病是生命的阴面,是更为费力的公民义务"。桑塔格的辞世是承担了自己最后的生命义务,从容走入永远的夜色中。我们追忆她,心存敬意地寻访她走过的路程,寻求她赋予的启示。

## 早年

1933年1月16日,桑塔格在纽约出生,童年在亚利桑那州和洛杉矶市度过。她的生父是犹太裔的皮货商人，主要在中国经商。在她五岁时，母亲独自从中国返回美国，告诉她父亲因患肺病已在中国去世。家境贫困加上母亲酗酒，她很少感受到童年的温暖与欢乐。在桑塔格的回忆中，童年是"一场漫长的徒刑"，而唯一的避难所就是文学书籍。她从三岁开始阅读，八岁时用积攒的所有零花钱买了一套文学丛书，其中有莎士比亚和雨果的作品。她回忆说，那时她躺在床上看着书架，如同看着自己的五十位朋友，而每一本书都是通向一个世界的大门。桑塔格一生寻访各种书店购书，去世前将两万五千册个人藏书转交给了加州大学图书馆。

桑塔格十五岁的时候，校长说她的水平已经超过学校的老师，决定提前三年让她毕业，将她送到加州大学伯克利分校读大学。不久后她转学到芝加哥大学，与她交往密切的教师中有著名批评家肯尼斯·伯克和政治哲学家列奥·施特劳斯。

大学二年级的时候，一天她走进教室听一个关于卡夫卡的讲座。演讲者是社会学教师菲利普·里夫，他在结束时问了她的名字。十天以后他们结婚了。那一年桑塔格十七岁，丈夫年长她十一岁。1951年她本科毕业后随同丈夫迁居波士顿，次年生下了儿子大卫。桑塔格在哈佛大学读研究生时，哲学家马尔库塞曾在他们家住过一年。桑塔格回忆说，那时候她所接触的文化与当代毫无关系，"我的现代性观念是尼采所思考的现代性"。1954年和1955年桑塔格分别获得哈佛大学英语和哲学两个硕士学位，之后在宗教哲学家保罗·蒂利希指导下攻读哲学博士，修完了所有的课程，只差博士论文。1957年她获得一笔奖学金到牛津大学学习，但不满于那里的男权主义习气，很快转到巴黎大学。巴黎的先锋文化艺术使她眼界大开。一年以后她回到美国，丈夫开车到机场接她，还没等到打开车门，桑塔格就对丈夫提出了离婚。

这是1958年的苏珊·桑塔格，虽然还默默无名，但已经拥有两个硕士学位，领受了十年欧美最优秀的学院文化熏陶，见识了欧洲新锐的艺术探索。作为女人，她已经结婚八年，做了母亲，然后离婚。她经历了这一切，却还不满二十六岁。此时的抉择成为她人生的一个转折点：放弃了唾手可得的博士学位，抛开了体制化的学术生涯，谢绝了丈夫的赡养费。用她自己的话说，就是执意要在大学世界的安稳生活之外"另起炉灶"。1959年，她带着七岁的儿子、两只箱子和仅有的七十美元移居纽约。在一间狭小的公寓里，她开始疯狂写作。她说，自己像一名身披新甲的武士，开始了"一场对抗平庸、对抗伦理和美学上的浅薄与冷漠的战斗"。

## 智性

20世纪60年代，桑塔格在哥伦比亚大学有过短暂的教学经历，此后一直是独立的自由作家。她发表过十七部著作，其中包括小说、诗歌、随笔评论集、电影和舞台剧本，被翻译为三十二种语言。相对于四十多年的写作生涯，这并不算非常高产。许多人惊叹她的天赋才华，但她说，自己是一个迟缓的作者，一篇几千字的文章常常需要六到八个月才能完成。三十页的文章会有几千页的草稿，因为每一页都要改几十遍。她一直梦想成为小说家，但她早期的小说创作并不特别成功，90年代以后的两部小说《火山情人》和《在美国》较为畅销并获奖。但她对知识界和公众的影响主要来自她的评论与随笔，许多重要篇章最早发表在《党派评论》与《纽约书评》等杂志上。

1964年至1965年，桑塔格相继发表了《关于"坎普"的札记》《反对阐释》《论风格》《一种文化与新感受力》等文章，这使她几乎一夜成名，也使她成为争议的焦点。这并不是因为她开创或发现了一种离经叛道的"坎普"文化，而是她将潜伏已久的"高雅文化"

与"流行文化"之间的冲突以最为锐利的方式挑明了、激化了。但还不止如此，桑塔格的独特之处在于她的"双重性"，她既是高雅古典的，又是时尚前卫的，或者说，她是来自精英文化阵营的"叛逆者"。她的文章旁征博引、论题广泛，从康德、尼采和莎士比亚到卢卡奇、卡夫卡、本雅明、艾略特、萨特、加缪、巴特、戈达尔和布列松，不一而足。涉及领域从哲学、美学、文学、心理学到电影、美术、音乐、舞蹈、摄影和戏剧，几乎无所不包。以精英式的博学和睿智的写作反叛精英文化的等级观念，使她成为一个醒目的"偶像破坏者"（iconoclast），同时又是先锋文化的新偶像。这种双重身份对于桑塔格来说并没有多少反讽的意味，因为她所抗拒的正是教条化的等级秩序，正是要打破"高雅与流行""理智与激情"和"思考与感受"等习惯的疆界——这类观念分野是"所有反智主义观点的基础"。

桑塔格的广泛声誉有一半是来自她作为公共知识分子的政治参与。从越战期间的"河内之旅"开始，她一直是美国知识界最为激越的异议之声。她的许多"政治警句"格外富有挑衅性，诸如"美国创立于种族灭绝"、"美国人的生活质量是对人类增长可能性的一种侮辱"以及"白色种族是人类历史的癌症"等。她将"9·11"事件称作"对一个自称的世界超级强权的攻击，是特定的美国联盟及其行动所遭受的后果"。如此评论引起轩然大波，其中《新共和》杂志刊登文章问道：本·拉登、萨达姆和桑塔格的共同之处是什么？答案是：他们都希望美国毁灭。桑塔格对美国政府一贯的激烈批判，以及她对古巴卡斯特罗革命的同情，使人们很容易给她贴上"左翼"的意识形态标签。但她在政治上和她在美学上的作为一样，依据的不是教条的类别标签而是听凭自己内心的感受与判断。她反对美国的全球霸权，但在1993年她几乎是孤独地呼吁，美国和西方国家应该对南斯拉夫的种族冲突进行人道干预，为此她甚至在战火纷飞的萨拉热窝导演荒诞派戏剧《等待戈多》。

　　以"左"还是"右"的派系尺度来衡量桑塔格的政治倾向常常会陷入迷惑。桑塔格虽然调整过自己的立场，但她总的倾向是清晰一致的：她始终是独立的、批判性的人道主义者，持久地抗议全球的、国家的和地区性的所有霸权以及各种政治、经济和文化上的压迫。

## 启示

　　桑塔格在四十三岁时曾被诊断患有乳腺癌，只有四分之一存活的可能。但经过三年的强度化疗，医生宣布她痊愈了。对疾病与生命关系的探索，以及对社会疾病的隐喻观念的批判，产生了她后来的两部优秀作品《疾病的隐喻》（1978）以及《艾滋病及其隐喻》（1989）[1]。2004年12月28日，桑塔格在纽约因白血病去世，享年七十一岁。西方主要媒体纷纷发表讣告和悼念文章，予以她各种名号和赞誉："唯一的明星知识分子"、"知识分子英雄"和"最后的知识分子"等。英国BBC称她是"美国先锋派的大祭司"。

　　桑塔格自己愿意接受这些名号吗？她生前曾有一位朋友在媒体上赞誉她是"美国最聪明的女人"。她却为这样一种形容感到"羞辱"。"首先，这是如此具有冒犯性和侮辱性，它如此强烈地预设了你所做的事情不适合它所命名的那种类别，即女人。其次，这是不真实的，因为从不存在这样（最聪明）的人。"桑塔格并非无可挑剔。对她的批评与攻击虽然有许多出自偏见与误解，但也不乏正当的质疑。甚至在极端保守派学者的著作（如保罗·霍兰德的《政治朝圣者：寻

---

[1] 在上海译文出版社于2018年出版的苏珊·桑塔格全集中，这两部作品被收入《疾病的隐喻》一册。

求美好社会的西方知识分子》）中，也存有值得认真对待的批评。

但桑塔格的文化批评最为重要的意义在于反对陈词滥调，反对教条的概念，反对类别标签式的见解。20世纪60年代释放出的解放能量如今已经烟消云散，生机勃勃的"坎普"文化最终沦为枯竭的、可怜的流行名词。作为反对现代性教条的"后现代主义"在公共话语中成为一种新的观念教条。保守派失去了尊严，激情派失去了活力，这是何等的讽刺。

桑塔格的审慎早在1964年的文本中就已经留下了印记。她在文章中特别提示了"坎普"与流行艺术的区别，甚至在结尾处关照，"只有在某些情况下，才能这么说"。她曾一再表示，她并不是为了简单地鼓吹现代主义。"我所有的作品都是在说，要认真、要充满激情、要觉醒。"她批评美国传媒对"9·11"事件的报道，其批评不仅是政治的，也是智识性的，甚至是美学的。她所憎恶的是电视评论员在"童智化"美国公众。"我只是在说，让我们一起哀悼，但别让我们一起愚蠢。"论及知识分子的身份，桑塔格说自己属于一种"过时的物种"，一种"老派的自由民主知识分子"，但却处在一个对自由和知识分子都没有多少热爱的国家。

桑塔格的政治与美学是一种镜像关系，其共同的追求是向着勇敢而持久的批判敞开无限的空间。她说："在我们生活的文化中，智性的意义在一种极端天真的追求中被否定，或者作为权威与压制的工具而得到辩护。在我看来，唯一值得捍卫的是批判的智性，是辨证的、怀疑的、反单一化的智性。"她还说，一部值得阅读的小说是一种"心灵的教育"，"它扩展你的感觉：对于人性的可能性、对于什么是人的天性、对于发生在世界上的事情"，"它是一种灵性的创造者"。

激发心灵的感受力、想象力和创造力，开启智性的敏锐、严谨与深广，她为此矢志不渝。也许这就是她留给世人的精神遗产：如此"激进"又如此传统,但却是格外珍贵的遗产。苏格拉底曾说"我一无所知"。桑塔格说,她一生内在的动力就是"知道一切"。不同的表述或许有着相似的寓意。

# 领略罗蒂

理查德·罗蒂最后一次访问中国时已经七十三岁了，在二十天里他跑了中国的六个城市，却看不出一丝倦容。无论是公开演讲、讨论对话，还是餐桌旁的闲聊，他的执着自信总是与亲切和蔼同在，一种从容不迫的风范浑然天成。这不仅来自博学、睿智和敏锐，来自对生命的深切关怀与对常识的真实领悟，还蕴含着经由岁月洗礼的坦然。而只有面对罗蒂，才能领略他那份独有的从容气质。

第一次知道理查德·罗蒂的名字是在十七年前。当时我买了《哲学和自然之镜》的中译本，那是三联书店出版的"现代西方学术文库"中的一本。3.65元的定价在1987年已经是比较贵的了，况且我基本没有读懂，于是十分沮丧，就此不愿问津。而且在当时流行的偏见中，罗蒂秉承的实用主义传统被看作二三流的哲学，不值得费工夫去研读。到美国读书时，正好遇到所谓"杜威的复兴"，罗蒂是其中的核心人物。因为功课的缘故，我不得不认真对待罗蒂的文本，才开始明白他的非同寻常之处，从此对他另眼相看。

无论就学术传统还是政治立场而言，罗蒂在当代西方思想的谱系中都是极为独特的。他对尼采、海德格尔的推崇以及对德里达和福柯等人的偏爱,使他有点像是欧陆思想界派到美国的一名"卧底"。而他对进步主义的热忱与信念,又让他像个天真的美国"爱国主义者"。所以,用他自己的话说就是,"我的哲学观点在多大程度上冒犯了右派,那么我的政治学观点就在多大程度上冒犯了左派"。

罗蒂这种"左右难断"的角色与他个人独特的思想成长经历有关。这位十五岁进入芝加哥大学的"神童",曾在以后的几年中信奉列奥·施特劳斯的教诲,与他的同学艾伦·布鲁姆一样,试图成为一个柏拉图主义者——以博学和智慧超越各种纷争,以抵达真理与道德的完美统一。但这种努力始终伴随着挥之不去的怀疑,终于使他的梦想破灭。后来,与德里达的一次邂逅使他再度探索海德格尔的意义,并重新思考杜威的思想与当代哲学语境的关系。

还是在1987年,艾伦·布鲁姆出版的《美国精神的封闭》一书震撼全美,罗蒂一眼就看出其中的要害。这本书的副标题是"高等教育如何致使民主失败,并使今日的学生灵魂贫乏"。而罗蒂在评论文章中点破,这个副标题实际上是在说"民主如何致使哲学失败,并使学生不愿意再理会柏拉图"。而今他在上海说得更直截了当,"施特劳斯不是一个非常重要的哲学家"。大概也只有罗蒂才敢发出如此犀利的评论而不怕被嘲笑为不学无术。他从十五岁就和布鲁姆一起在施特劳斯的指引下研修柏拉图了,还有什么玄奥神秘的哲学黑话能吓得倒罗蒂?

罗蒂是那个经典阵营的"变节者",一个"叛徒"。但他坦诚而磊落,他就是执意要将背叛进行到底。因为他相信,与大多数哲学家的信念相反,我们的道德与政治生活并不需要一个普适的理性主义基础才可能改善。不是启蒙主义开启的民主与自由使人类面临所谓的"虚无主义"的困境,而是执着于"柏拉图主义"和"康德主义"的说教才使职业哲学家自己误入歧途,如果他们继续执迷不悟,那么哲学的命运就是"持续增长的无关紧要"(steadily increasing irrelevance）。

在西方学界的政治谱系中，罗蒂的位置属于"自由左派"。在2004年7月19日下午一个十多人参与的讨论会中，我第一次听到他明确地将自己的社会政治立场与哈贝马斯、罗尔斯、泰勒、德沃金以及沃尔泽等人等同起来。他说："我们这些人分享着基本相同的社会理想或者乌托邦。我们之间的差别是微小的，这些差别只对哲学家才有意义。"他说的理想是"社会民主主义"的某种版本。在欧美存在着更为激进的学院左派，他们是法国激进理论的信奉者，对资本主义制度有更为彻底的批判。但在罗蒂看来，他们始终没有提出任何有效的政治方案。

罗蒂关注的主要问题触及了现代性的基本困境：在传统的形而上学从根本上被动摇之后，一个社会如何可能达成关于普遍政治原则的共识？他的思想予以我们最重要的启示就是，哲学层面上的绝对主义与本质主义的瓦解并不必然导致社会层面上的政治与道德的虚无主义。人们对于普遍政治原则的共识是一种实际需要，但达成这种共识并不依赖于任何形而上学的一致，这不仅不可能，而且不必要，也不可欲。在罗蒂看来，寻求政治原则的共识是一场永恒的实践，只能在不断面对实际问题的具体应对中才可能获得。而杜威的实用主义哲学为此提供了丰富的可能，这就是罗蒂所谓的"后形而上学希望"。

在当代西方哲学家中，罗蒂的"现实感"极为突出，他的哲学言说从来不离开"常识"（common sense），丝毫没有许多学院派哲学家那种装神弄鬼般的神秘玄奥，他格外热忱地投身于社会与政治的公共论辩，而且总是带给人出乎意料的洞见与启示。他的中国之行也许同样如此。看着满头银发的罗蒂时而倾听、时而答辩，间或有短暂的沉思停顿，我一直在想：他在上海真的能遭遇什么新的挑战吗？还有什么可以使他出乎意料？他在欧美学术界最凶险的唇枪舌剑中已经厮杀了五十年，而他自己秉持的"后形而上学主张"竟然存活下来。这种身经百战的履历使他从容，因为他明白各种修辞策略背后的用意或诡计。

　　罗蒂来过了，很快就走了。这个柏拉图主义的叛徒、不够"后"的后现代主义者、不够"左"的左派、反哲学的哲学家，令人意犹未尽。

一页 folio

始于一页，抵达世界
Humanities · History · Literature · Arts

出品人　范新
特约编辑　胡晓镜　任建辉
版权总监　吴攀君
印制总监　刘玲玲
装帧设计　渡非
内文制作　燕红

Folio (Beijing) Culture & Media Co., Ltd.
Bldg. 16-B, Jingyuan Art Center,
Chaoyang, Beijing, China 100124

官方微博：@一頁 folio ｜ 官方豆瓣：一頁 folio ｜ 联系我们：rights@foliobook.com.cn

一页 folio
微信公众号